HEYNE
BÜCHER

SACHBUCH

BASSAM TIBI

Krieg der Zivilisationen

Politik und Religion zwischen Vernunft und Fundamentalismus

Aktualisierte und erweiterte
Taschenbuchausgabe

WILHELM HEYNE VERLAG
MÜNCHEN

HEYNE SACHBUCH
19/578

Vom Autor revidierte, aktualisierte und erweiterte Taschenbuchausgabe
im Wilhelm Heyne Verlag GmbH & Co. KG, München
Copyright © 1995 by Hoffmann und Campe Verlag, Hamburg
Copyright © 1998 Vorwort, Einleitung und Kapitel 7
by Wilhelm Heyne Verlag GmbH & Co. KG, München
Printed in Germany 1998
Umschlaggestaltung: Atelier Adolf Bachmann, Reischach,
unter Verwendung des Originalumschlags
von Werner Rebhuhn, Cuxhaven
Druck und Verarbeitung: Ebner Ulm

ISBN 3-453-13200-9

Inhalt

Kapitel 1

Der globale Aufstand gegen den säkularen Nationalstaat: Ethnizität und religiöser Fundamentalismus

Kapitel 2

Gibt es eine für alle Zivilisationen gültige Ethik der Menschenrechte? Islamisches Recht/Schari'a gegen individuelle Menschenrechte

Kapitel 3

Gottesherrschaft als Gegenmodell zu Demokratie und Menschenrechten im Zivilisationskonflikt

Kapitel 6

Entwestlichung der Welt:
Zwischen Relativismus und Neo-Absolutismus
im Krieg der Zivilisationen

Kapitel 7 – Nachtrag zur Taschenbuchausgabe

Im Schatten der Huntington-Debatte:
Zivilisationskonflikte
zwischen Dialog und Konfrontation

Anhang

»Die Heterogenität der Zivilisationen ... wird vielleicht auf lange Sicht schwerwiegendere Folgen nach sich ziehen als die feindliche Gegenüberstellung zweier Regime ... Aber diese Heterogenität ist vorläufig durch die Bildung zweier Blöcke ... verschleiert.«

Raymond Aron, *Paix et guerre entre les nations*, Paris 1962

»Der Konflikt zwischen Zivilisationen wird ideologische und andere Konfliktarten als vorherrschende Konfliktform in der internationalen Politik ersetzen. Internationale Beziehungen, historisch ein Spiel, das innerhalb der westlichen Zivilisation ausgetragen wurde, werden zunehmend entwestlicht und somit zu einem Spiel nicht-westlicher Zivilisationen ... Der Westen ist gefordert, eine profunde Kenntnis der religiösen und philosophischen Grundlagen der anderen Zivilisationen zu erwerben, um die Weltsicht der Menschen dieser Zivilisationen besser zu verstehen ... Für die absehbare Zukunft wird es keine universelle Zivilisation geben, dafür aber eine Vielfalt miteinander rivalisierender Zivilisationen. Jede von ihnen muß lernen, wie sie mit den anderen koexistieren kann.«

Samuel P. Huntington, »The Clash of Civilizations?«, in: *Foreign Affairs*, Bd. 72 (1993), Nr. 3, S. 22–49

Vorwort zur Taschenbuchausgabe

Mit der im vorangestellten ersten Motto von Aron angesprochenen »Heterogenität der Zivilisationen« im Hinterkopf habe ich bewußt die provokative Formel »Krieg der Zivilisationen« als Titel dieses Buches ausgewählt. Jedoch wird der aufmerksame Leser schnell erkennen, daß dieses Buch einen Friedensentwurf für die Beziehungen zwischen den Zivilisationen im Übergang zum 21. Jahrhundert bzw. zum dritten Millennium enthält.

In unserer Zeit des Zerfalls der Lesekultur beinhaltet eine solche Titelwahl ein Risiko. Denn die Zahl der Menschen, die über die Wahrnehmung eines Buchtitels hinaus noch nicht einmal das Vorwort lesen, scheint leider zu wachsen. Mich stimmt traurig, daß diese Veröffentlichung von mir in ihrer ersten, bei Hoffmann und Campe 1995 erschienenen Fassung – trotz des sich in einer hohen Auflage ausdrückenden Erfolgs – ein Opfer dieses Zerfalls geworden ist. Ich staune darüber, wie vorschnell ich in die Nähe des Huntington unterstellten »Kulturkampfes« gerückt worden bin. Ohne diese Arbeit überhaupt gelesen zu haben, haben bestimmte »Kritiker« nicht verstehen wollen, daß mein Buch die bestehenden weltanschaulichen Differenzen zwischen den Zivilisationen lediglich als Realität feststellt, sie untersucht und über sie informiert, um auf dieser Basis vor einer Politisierung dieser Weltanschauungen zu warnen. Aus dieser Politisierung folgt der »Krieg der Zivilisationen«. Dieser ist ein Krieg der Weltanschauungen und keine militärische Auseinandersetzung, weil Zivilisationen nicht über Armeen verfügen.

In diesem neuen Vorwort möchte ich hier nicht lamentieren, weil es in Europa durchaus noch der Lesekultur verbundene Menschen gibt, die dementsprechend nicht nur Buchtitel zur

Kenntnis nehmen. Zu diesen erfreulichen Lesern, die sich die Mühe machen und versuchen, einen Autor zu verstehen, gehört ein Rezensent in der Wiener Zeitschrift *Eckhartbote*, der mein »Schicksal« richtig erfaßt hat, als er vermutend ausführte:

> »Bassam Tibis Verdienst ist es, auf eine Entwicklung hingewiesen zu haben, die die meisten Europäer, auch Politiker, einfach nicht zur Kenntnis nehmen wollen, aber auch darauf, daß die Menschheit eine Einheit sei, ihre Vielfalt aber erhalten bleiben müsse.« (*Eckhartbote*, Heft 11/1995)

In der Sache ist mein Anliegen am besten von Eberhard Toeger begriffen worden:

> »Der liberale Humanist Bassam Tibi hält einen globalen, aus der menschlichen Vernunft geborenen Minimalkonsens im Blick auf Toleranz und Achtung der Menschenrechte für notwendig, um den Weltfrieden zu gewinnen.« (*Idea Spektrum* vom 20. April 1995)

Als ein Mensch, der aus dem arabo-islamischen Orient, also aus der islamischen Zivilisation stammt und in der westlich-europäischen Zivilisation seine Wahlheimat gefunden hat, lebe ich bewußt in der Spannung zwischen beiden. Aus diesem Grund war es stets mein Anliegen, verantwortungs-, nicht gesinnungsethisch zu argumentieren, um zu vermitteln und Brücken zwischen den Zivilisationen zu bauen; das ist alles andere als ein »Kulturkampf« – übrigens eine völlig falsche und dementsprechend irreführende Übersetzung von Huntingtons »*Clash of Civilizations*/Zusammenprall der Zivilisationen«. Huntington hat diesen Zusammenprall nicht erfunden; das Problem liegt eher darin, was er aus dem festgestellten Konflikt ableitet. Ich teile die Position von Huntington nicht, wie ich in der Einleitung näher ausführen werde. Doch weigere ich mich, mich dem Chor der PC-Sittenwächter anzuschließen, die ihn, ohne sein Buch gelesen zu haben, verfemen.

In diesem Buch verwende ich die Begriffe »Kultur« und »Zivilisation« nicht deckungsgleich und auch nicht in dem traditionellen deutschen Gebrauch, wonach Geistiges der Kultur und

Materielles der Zivilisation zugeordnet wird. Hier wird unter Kultur stets »lokale Sinnstiftung« verstanden, während mit Zivilisation die Gruppierung zahlreicher verwandter Kulturen – wie z. B. die islamischen Kulturen – als eine abstrakte Einheit bezeichnet wird. Kulturen und Zivilisationen sind keine konstanten Größen, weil sie stets dem Wandel unterliegen. Der »Essentialismus«-Vorwurf ist daher nicht nur falsch, sondern auch gegenstandslos.

Meine Analyse über weltanschauliche Zivilisationskonflikte enthält eine realpolitische Perspektive für den Frieden, also keine am Schreibtisch entstandene Friedensutopie. Denn längst ist das Ende der Utopien verkündet worden. Ernst Bloch machte auf den Unterschied zwischen phantastischen und realen Utopien aufmerksam. Daran erinnernd, möchte ich fragen: Ist es eine reale Utopie, sich auf der Basis des Friedens der Zivilisationen eine geeinte Menschheit vorzustellen? Wir leben in einer »kleiner« werdenden, zu einem »globalen Dorf« zusammengeschrumpften Welt. Die Weltwirtschaft und die ihr zugrundeliegenden techno-wissenschaftlichen Errungenschaften sowie das globale System der Staaten vernetzen die Strukturen, bringen die Menschen näher zueinander und lockern somit die früheren Grenzen zwischen den regionalen Zivilisationen entscheidend auf. Dieses »Schrumpfen der Welt« bezeichnet man in der Fachsprache als »Globalisierung«. Aber dadurch, daß die Zivilisationen strukturell einander näherrücken, ist die Menschheit sich in ihren Anschauungen nicht einiger geworden. Angesichts der Verflachung des angeführten Fachbegriffs haben manche Personen Probleme zu verstehen, daß diese »Globalisierung« nicht alle Bereiche und erst recht nicht die Sphäre der Weltanschauungen umfaßt. Auch im »globalen Dorf« behält jede Zivilisation ihre eigenen Weltanschauungen, ein Weltethos gibt es somit nur in den Köpfen mancher Theologen, und eine zu einer »Globalisierungsfalle« standardisierte Welt ist eine Falle, in die nur Flachdenker stolpern.

Nach dem Zweiten Weltkrieg sind im Rahmen des Kalten Krieges die verfeindeten politischen Blöcke entstanden, deren Grenzen ebenso künstlich wie langfristig unhaltbar waren. Der Grund hierfür war, daß Menschen sich nicht nach politischen Ideologien – in diesem Fall: des Kommunismus und des Kapitalismus – einordnen lassen; sie gehören spezifischen lokalen Kulturen an und werden in ihrer Weltsicht und Sinnstiftung im Rahmen ihrer Sozialisation durch sie geprägt. Lokale Kulturen gruppieren sich, wie ich soeben argumentierte, zu übergeordneten Zivilisationen, deren im Motto von Aron hervorgehobene Heterogenität im Gegensatz zu der der bisherigen politischen Blöcke als natürlich angesehen wird. Damit meine ich, daß die Menschen in lokalen Kulturen und regionalen Zivilisationen aufwachsen; in ihnen finden sie den Bezugsrahmen ihrer Identität und Werteorientierung. Lokale Kulturen und regionale Zivilisationen sind real und keine Konstruktionen; als Ort der Sinnbildung bieten sie den Menschen Heimat und Geborgenheit.

Kein Wunder, daß die schon immer bestehende, bisher jedoch politisch verdrängte Zugehörigkeit der Menschen zu Zivilisationen nach dem Ende des durch Machtpolitik künstlich verlängerten Kalten Krieges in unserer Zeit wieder entscheidend wird. Hieraus entstehen Konflikte neuen Typs. Neu daran ist, daß Weltpolitik und die Unterteilung der Menschheit in Zivilisationen ineinander übergehen. In der Geschichte der Welt – schon lange vor der Globalisierung – haben Zivilisationen einander gleichermaßen bekämpft und gegenseitig befruchtet. Doch geschah dies stets angesichts des Fehlens globaler Strukturen in einem regionalen, niemals in einem die gesamte Welt umfassenden Maßstab. Am Beispiel der islamischen und der westlichen Zivilisation zeige ich in diesem Buch (vgl. S. 180 ff.), daß sich beide gleichermaßen sowohl durch *Djihad* und Kreuzzug bedrohten als auch durch die positive Beeinflussung – sei es die Hellenisierung des Islam oder die europäische Übernahme des islamischen Rationalismus am Vorabend der Renaissance – gegenseitig befruchtet haben.

Worum geht es? Universalisten – die in unserer Zeit oft unter dem Deckmantel des Globalismus auftreten – glauben ungebrochen an den Fortschritt von Wissenschaft und Technologie als Allheilmittel bzw. an die »Globalisierungsfalle« der Weltwirtschaft, wenn sie sich dem Materiellen verschrieben haben, oder aber an ein »Weltethos«, wenn sie Theologen wie Hans Küng sind. Beide Parteien unterschätzen die weltanschaulichen Unterschiede zwischen den Zivilisationen, weil sie oft lebensgeschichtlich nur monokulturelle Erfahrungen haben; sie glauben, daß bestehende Unterschiede sich auf Dauer – sei es durch Coca-Cola oder Weltethos – als hinfällig erweisen und verschwinden werden. Aus diesem Grund vermeinen sie, den Sieg der globalisierten Wirtschaft, der »Parabolantenne« oder des »Weltethos« über die trennende Wirkung der Weltanschauungen vorauszusehen.

Haben sie hierin recht? Pessimisten verweisen auf das generelle Aufblühen religiöser Fundamentalismen in der potentiell zunehmenden »globalen Unordnung« einander bekämpfender Zivilisationen. Obwohl ich mich ihnen – dem Bloch'schen »Prinzip Hoffnung« folgend – nicht anschließen möchte, spreche ich in diesem Buch realistisch von einem weltanschaulichen »Krieg der Zivilisationen«. Das ist zunächst eine wertfreie, also realpolitische Beobachtung, die von Tatsachen und nicht von Wunschdenken ausgeht. Weder will ich den ungebrochenen westlichen Fortschrittsglauben und naiven Universalismus, noch den von Huntington vertretenen Determinismus des Zusammenpralls der Zivilisationen teilen.

Der Autor dieses Buches ist ein Mensch, der nicht nur in seinem Denken, sondern auch in seinem Lebensalltag in zwei Zivilisationen und damit mit dem dazugehörigen Zivilisationskonflikt lebt. Seit zwei Jahrzehnten verbringe ich abwechselnd mehrere Wochen oder Monate in Europa, Nordamerika und unterschiedlichen Teilen der Welt des Islam (Asien und Afrika), als Pendler zwischen den »Welten«. Daher weiß ich und erfahre sinnlich, daß jeder intellektuelle Universalismus pures Wunschdenken ist.

Dieses Vorwort habe ich im Juli 1997 in Australien begonnen, wo ich den fünften Kontinent für mich entdeckt habe. Es wurde in den USA im August abgeschlossen. Das Buch selbst ist in mehreren Teilen der Welt entstanden. Die erste Fassung des Buches habe ich in Berkeley im Frühjahr/Sommer 1994 geschrieben. Mich bindet vieles an die USA, ich bin also nicht wie viele linke Deutsche anti-amerikanisch eingestellt. Als ein in Europa aufgewachsener Orientale kann ich aber in Amerika kein westliches Modell sehen. Der Westen ist für mich die kulturelle Moderne, nicht die amerikanische Mc-Kultur von Coca-Cola, Hamburgern und anderen Konsumartikeln. Durch diese sich alltäglich wiederholende interkulturelle Lebenserfahrung bin ich frei von den Papiervisionen westlicher monokultureller Autoren, verfalle aber auch nicht in unbegründete Skepsis: Seit den 80er Jahren und lange vor Huntington zeige ich in meinen Büchern zunehmend die Grenzen zwischen den Zivilisationen auf, frage aber – und dies offen im Gegensatz zu Huntington – gleichzeitig nach den Möglichkeiten des Brückenbaus als Strategie des Überlebens der Menschheit. Über diese »Fragen« hinaus ist das Brückenschlagen durch einen aufrichtigen Dialog zwischen den Zivilisationen einer der zentralen Inhalte meines Lebens. Ich bin stolz darauf, von Bundespräsident Roman Herzog nach dem Erscheinen dieses Buches den Verdienstorden der Bundesrepublik Deutschland als Anerkennung für meine Vermittlung zwischen den Kulturen erhalten zu haben, und auch auf die Einladung, an einer Debatte über dieses Thema im Bundespräsidialamt im Berliner Schloß Bellevue mitzuwirken.

Mein Standort ist Deutschland, meine Wahlheimat, obwohl ich nur einen Teil des Jahres hier verbringe und – offen gesagt – gemeinhin, abgesehen von aufgeschlossenen Deutschen, nicht als »Deutscher« akzeptiert werde. Meine Lebenserfahrung sowie die Erfahrung wiederholter Abweisungen halten mir täglich vor Augen, daß ich als westasiatischer Muslim ethnisch eben kein Europäer sein kann. Der westlichen Zivilisation kann ich nur als

Bürger im Sinne von *Citoyen* angehören. Schon aus diesem Grund bin ich bei meiner Wahrnehmung des Zivilisationskonflikts und meiner Beschäftigung damit – von meinem Erkenntnisinteresse her – in keiner Weise für die von Huntington anvisierte »Verteidigung des Westens gegenüber anderen Zivilisationen« geeignet.

Ganz im Gegensatz zu Huntington bin ich durch die Bestimmung meines Lebens als Grenzgänger zur Rolle eines Vermittlers verurteilt, denn ich gehöre nicht nur Europa, sondern auch der islamischen Zivilisation, der ich entstamme, wenn auch nicht mehr in vollem Umfang, an: Ich bin zwar in der Welt des Islam aufgewachsen, bleibe ihr kulturell verbunden und verleugne meine Herkunft nicht – als Nachkomme einer der ältesten Damaszener Notabeln-Familien (Banu al-Tibi) habe ich hierzu auch keinen Anlaß. Doch habe ich mich mit der Aneignung westlicher Denkstrukturen sowie der säkularen Tradition von Demokratie und Menschenrechten weit von der islamischen Welt entfernt. Jeder Aufenthalt dort erinnert mich als ein Mensch, der zwischen Religion und Politik trennt, daran, daß sich meine geistige Basis nicht mehr in jener Welt befindet. Deutschland ist mir, trotz seiner nicht nur von seiten der Rechtsradikalen getragenen, oft fremdenfeindlichen politischen Kultur, dennoch zur emotionalen Heimat geworden. Das liegt auch daran, daß Deutsch unter den vier Sprachen, mit denen ich täglich arbeite, meine Denksprache geworden ist – mehr als meine arabische Muttersprache. Bei jeder Landung auf dem Frankfurter Flughafen empfinde ich ein Heimatgefühl, auch wenn das Verhalten mancher Deutschen in mir den Wunsch erweckt, in die nächste Maschine zu steigen, um wieder im Ausland Zuflucht zu suchen.

Als geistiger Begründer und Streiter für den Euro-Islam – das ist eine Synthese von offenem Islam und aufgeklärtem Europa – verteidige ich europäische Verfassungen gegen die Einführung orientalischer Zustände der Unfreiheit nach Europa im Namen der Toleranz. Ich wehre mich vehement gegen die Einführung der Intoleranz im Namen der Toleranz. Als ein Verfassungspatriot messe ich dem deutschen Grundgesetz dieselbe Bedeutung für mein Leben bei wie als Muslim dem Koran als ethische Quelle. Es ermutigt mich sehr, daß mir der Herr Bundespräsident Roman Herzog für diese euro-islamische Vermittlung zwischen den Zivilisationen die bereits angeführte Ehrung als Anerkennung gewährt hat.

Der Untertitel meines Buches lautet »Politik und Religion zwischen Vernunft und Fundamentalismus«. Dies kündigt die These an, daß Zivilisationen auf der Basis der Vernunft zueinander finden können. Die islamische Geschichte bietet hierfür, wie ich in meinem 1996 erschienenen Buch *Der wahre Imam* nachgezeichnet habe, deutliche Beweise. Dagegen führt die Politisierung der weltanschaulichen Differenzen zwischen den Zivilisationen zum Fundamentalismus, der die Gräben zwischen ihnen vertieft. Meine Erkenntnis dieser Zusammenhänge basiert auf meinen ersten achtzehn Lebensjahren im arabo-islamischen Orient und der anschließenden Sozialisation in Europa, bei der ich mir das Vorbild der kulturellen Moderne und ihres Humanismus zu eigen gemacht habe. In diesem Rahmen bin ich bemüht, die kulturelle Moderne mit meinem liberalen Verständnis von einem offenen Islam in Einklang zu bringen.

Um kein Mißverständnis aufkommen zu lassen, »westlich« bedeutet für mich: *die kulturelle Moderne Westeuropas.* Nach langjährigem Leben und Wirken in Nordamerika (seit 1982) bin ich der US-amerikanischen Gesellschaft gegenüber sehr kritisch eingestellt. Das ist ganz gewiß kein Anti-Amerikanismus, wie eine oberflächliche Rezensentin vermutete. Obwohl ich Amerika als Land der offenen Möglichkeiten bewundere, ist es als »Westen« kein Vorbild für mich. Die globalisierte Welt als eine Art Groß-Kalifornien – wie manche es predigen – ist eine Schreckensvision für mich, der die erste Fassung dieses Buches 1994 im kalifornischen Berkeley schrieb. Und mehr noch: ich schränke den Begriff Europa ein: Der orthodox-slawische Osten mag geographisch zu Europa gehören – kulturell ist er aber nicht westlich;

das Europa der Aufklärung ist das okzidentale Europa. Am Europa unserer Gegenwart stört mich, daß es uns Fremden keine europäische Identität bietet, für die ich in der Tradition des von mir sehr verehrten Heinrich Heine kämpfe: das heißt »Ja« zur Integration in ein Gemeinwesen, aber »Nein« zur Assimilation! Warum?

Im Zeitalter der Migration verändert sich die Zusammensetzung der demographischen Struktur der europäischen Gesellschaften und damit auch Deutschlands. Wir können meine persönliche Erfahrung als Beispiel nehmen: Obwohl Deutschland sich nicht als ein Einwanderungsland versteht – eben weil ein Gesetz hierfür fehlt –, habe ich als Migrant hier eine Heimat gefunden, und obwohl das deutsche Staatsangehörigkeitsgesetz von 1913 den Deutschen nicht im westlichen Sinne als abstrakten Bürger, sondern eindeutig physisch, nach blutsmäßigen Abstammungskriterien ethnisch bestimmt, bin ich mitten im weltanschaulichen Krieg der Zivilisationen ein deutscher Staatsbürger und zudem ein Verfassungspatriot geworden. Dennoch bin ich aber nicht assimiliert, ich kann und will es nicht werden, ebenso wie viele deutsche Juden es nicht wollten. Für mich ist die erworbene Staatsbürgerschaft *im Sinne von Citoyennité* westlich bestimmt; deutsch sein heißt für mich, politisch das Grundgesetz zu verteidigen und kulturell die Heimat gefunden zu haben, die mir die deutsche Sprache für mein Denken bietet.

Es ist redlich einzuräumen, daß nicht alle Einwanderer so denken und daß – im Gegenzug – auch nicht alle Deutschen uns Fremde als dazugehörig akzeptieren möchten. Wenn es den europäischen Politikern angesichts der für die nahe Zukunft zu befürchtenden massiven Migrationsschübe nicht gelingt, Integrationskonzepte und Identitätsmuster für uns »Fremde« zu entwickeln, dann werden auf dem europäischen Kontinent die sozialen Konflikte unausweichlich in Zivilisationskonflikte transformiert. Bereits in meinem Buch *Im Schatten Allahs. Der Islam und die Menschenrechte* habe ich als Migrant und Nicht-

Europäer die Furcht vor bosnischen Verhältnissen in Westeuropa zum Ausdruck gebracht. Es schmerzt, wenn Gesinnungsethiker solche verantwortungsethischen Warnungen als »Panikmache« abqualifizieren, weiterhin die Augen verschließen und hierbei PC-Denkverbote verordnen. Wenn die befürchteten Konflikte eintreten, dann zahlen wir »Fremden« die Zeche. Und die Gesinnungsethiker wiederholen heuchlerisch die historische Lüge: »Wir haben es nicht gewußt.«

Nun einige Bemerkungen zum inhaltlichen Aufbau dieses Buches: Ich befasse mich darin sowohl angesichts meines bereits angegebenen persönlichen Hintergrunds als auch wissenschaftlich objektiv mit den fünf entscheidenden Bereichen des Zivilisationskonflikts in folgender Reihenfolge der Kapitel: mit *Staat*, *Recht*, *Religion*, *Krieg/Frieden* und *Wissen*. An diesen Bereichen läßt sich aufzeigen, wo die Wertvorstellungen auseinandergehen und es zu einem Zusammenprall der Zivilisationen kommen kann. Meine Argumentation verläuft analog zu dieser Gliederung nach folgendem Aufbau:

- Die Gefährdung des Weltfriedens beginnt in unserem Zeitalter mit dem institutionellen Zerfall der Staaten (Kapitel 1) in Asien und Afrika, aber auch in Europa (Bosnien, Albanien). Die Entkolonialisierung versprach eine bessere Zukunft, aber die Realität ist eine rasant zunehmende Verelendung. An der Südgrenze Europas, im Mittelmeerraum, verdoppelt sich die Bevölkerung alle zehn Jahre bei gleichzeitiger Verschlechterung der ökonomischen Bedingungen. Die Folge sind zunehmende Migrationsschübe nach Europa mit dem Ergebnis, daß die Zusammensetzung der europäischen Bevölkerung sich ändert. Neue Formen des Zusammenlebens werden hierbei als Garantie für den inneren Frieden benötigt. Dies erfordert eine neue europäische Politik, die leider bisher noch nicht in Sicht ist.

- Im zweiten Kapitel präsentiere ich als gemeinsamen Nenner für ein friedliches Miteinander in der Krisensituation unseres

»globalen Dorfes« das Konzept einer internationalen Moralität. Säkulare Demokratie und Menschenrechte und die hierzu gehörigen Spielregeln machen die Substanz dieses Konzepts aus.

- Die Politisierung der bestehenden religiösen Anschauungen resultiert in einem religiösen Fundamentalismus, der die Menschheit trennt und unüberbrückbare Grenzen schafft. Deswegen enthält Kapitel 3 eine Analyse der Politisierung von Religion und der parallelen Entwicklung religiös begründeter Ordnungsvorstellungen. Das Vorhandensein unterschiedlicher Weltanschauungen muß nicht unbedingt zum Konflikt führen, wenn Toleranz gilt und Angehörige unterschiedlicher Zivilisationen miteinander mit Zivilität umgehen können. Fundamentalismen sind Auslöser und Leitmotiv im Krieg der Zivilisationen, weil sie das Gegenteil bewirken.

- Europäer reden vom »Frieden« oft im Kant'schen Sinne, d. h. allgemein, aber jede Zivilisation füllt diesen Begriff mit anderen Inhalten; für Muslime z. B. bedeutet Weltfrieden Islamisierung der Welt; Weltfrieden kann es nach ihrem Verständnis nur unter dem Banner des Islam geben (Kapitel 4). Zivilisationen müssen sich auf einen allgemein gültigen kulturübergreifenden Friedensbegriff einigen.

- Schließlich behandle ich die Frage, ob die Menschheit dasselbe Wissen teilt. Der Anspruch jeder Zivilisation auf ihr eigenes Wissen (Kapitel 5) erzeugt einen Anspruch auf Ausschließlichkeit und sondert jede Zivilisation weltanschaulich von anderen Zivilisationen ab, was auf einen Krieg der Weltanschauungen hinausläuft.

- Das sechste Kapitel enthält Berichte über interkulturelle Dialogveranstaltungen auf der Suche nach der benötigten internationalen Moralität.

- Kapitel 7 ist neu für diese Ausgabe verfaßt worden und enthält eine Bilanz der internationalen Diskussion über Zivilisationskonflikte in der Weltpolitik.

Dieses Vorwort zur vorliegenden Heyne-Ausgabe habe ich im Juli 1997 in Australien entworfen und in San Francisco Ende August abgeschlossen. In den großen australischen Städten Adelaide, Melbourne, Canberra und Sydney habe ich in Vorträgen und Diskussionen meine in diesem Buch enthaltenen Ideen vorgestellt. Die hierbei durchlaufenen Lernprozesse habe ich im August in aller Ruhe in Honolulu in den Text der völlig neu geschriebenen Einleitung eingearbeitet. Das Buch selbst ist – wie angeführt – in vielen Teilen der Welt entstanden. Vorarbeiten zu diesem Buch sind in den Jahren 1990–1993 in den USA (vor allem in Harvard) betrieben worden. Die erste deutsche Fassung von Kapitel 1 bis 5 ist während meiner – leider nicht nur im positiven Sinne – lehrreichen Gastprofessur während des Frühjahrssemesters (Spring Term) 1994 in Berkeley entstanden. Das sechste Kapitel ist nach meiner Rückkehr aus Berkeley nach Europa auf der Basis vieler Kulturdialoge zum Zweck der Entfaltung einer kulturübergreifenden internationalen Moralität im Frühherbst 1994 geschrieben worden. Hierbei ging es um die Bewältigung des Zivilisationskonflikts in Projekten, die in Amsterdam (Erasmus), Kopenhagen (Danish PEN), Louvain-la-Neuve (Institute for Asian Studies), London (Westminster Synagoge/Bertelsmann) sowie Frankfurt (Römerberggespräche) und Dresden (Renaissance 2000) durchgeführt worden sind. Das Ergebnis ist das schon angeführte Kapitel 6 über den interkulturellen Dialog.

Die Schlußfassung der 1995 erschienenen Hoffmann und Campe-Ausgabe ist in Neu-Delhi im Spätherbst 1994 fertiggestellt worden. Diese in Australien und in den USA von Anfang Juli bis Ende August 1997 bearbeitete Heyne-Ausgabe unterscheidet sich erheblich von der Erstauflage. Dies betrifft gleichermaßen Umfang und Inhalt des Textes. Über die Entstehung dieses neuen Vorworts sowie der ebenso neuen Einleitung habe ich bereits berichtet. Das siebte Kapitel ist für diese Ausgabe ebenfalls neu angefertigt worden. Es enthält Ideen, die ich als Gast des Bundespräsidenten Roman Herzog und der Bertelsmann-Stiftung bei der ganztägigen Diskussion im Berliner Präsidialamt in Schloß Bellevue im September 1995 vorgetragen habe[1].

Für ihre Assistenz bei der Anfertigung sowohl der ursprünglichen Fassung von 1994 als auch dieser Heyne-Ausgabe von 1998 mit den Mitteln der globalen Kommunikation gebührt mein besonderer Dank meiner Mitarbeiterin an der von mir geleiteten Abteilung für internationale Beziehungen, Daniela Heuer, M.A. Auch Katja Bruder und Silke Fauzi haben durch Anregungen und stilistische Verbesserungsvorschläge an der redaktionellen Bearbeitung dieser Schlußfassung des Manuskripts mitgewirkt. Frau Anke Ringe habe ich ebenfalls für wertvolle stilistische Vorschläge sowie für ihr Engagement bei der höchst sorgfältigen technischen Anfertigung des Manuskripts zu danken.

Die globalisierte Welt ermöglichte es, die in verschiedenen Kontinenten dieser Welt angefertigten Teile dieses Buches – gleichermaßen bei den Fassungen von 1994 und 1997 – schnell nach Göttingen zu befördern und mit meiner Göttinger Abteilung bei der redaktionellen Bearbeitung in einem ständigen Dialog zu stehen.

Die Hoffmann und Campe-Fassung wurde vorzüglich von Frau Dr. Anneliese Schumacher lektoriert. Die neue Heyne-Fassung hat Stephanie Ehrenschwendner dankenswerterweise betreut. Mein Dank gebührt auch Anja und Rolf Heyne für die Aufnahme meiner Arbeit in ihren Verlag.

Zwischen Adelaide/Melbourne Anfang Juli 1997 und
San Francisco/Honolulu Ende August 1997

Bassam Tibi

---

[1] W. Weidenfeld, Hg., *Dialog der Kulturen* – mit Beiträgen von Roman Herzog, B. Tibi u. a., Gütersloh 1997 (mein Beitrag auf S. 43 ff.).

Einleitung – Erneutes Nachdenken über den Zivilisationskonflikt

Zwei Szenarien:
Von der Politisierung der Weltanschauungen zum weltanschaulichen Krieg der Zivilisationen
oder:
Vom Kulturdialog zur internationalen Moralität

»*Mit dem Anspruch auf göttliche Wahrheit sind unvermeidbar Dogmatismus und Intoleranz verbunden. Aus diesem Grund wurden einige der blutigsten Kriege der Geschichte unter dem Banner der Religion geführt... Die Menschheit kann sich nicht vereinigen, bevor die spaltenden Einflüsse der institutionell organisierten Religionen nicht ausgelöscht sind... Unter der Dominanz der Religionen wird die Menschheit nie den notwendigen globalen Konsens in Fragen universeller Bedeutung erreichen... Es gibt nur eine Menschheit... Die Zivilisationsfrage kann nur durch zunehmende Kooperation zwischen allen Zivilisationen bewältigt werden.*«

Leslie Lipson, *The Ethical Crisis of Civilization*, 1993

»*Die Unterschiede zwischen den Zivilisationen sind grundsätzlicher Natur... In den kommenden Jahren werden die meisten lokalen Konflikte... zu Kriegen eskalieren. Die Frontlinien werden als solche zwischen unterschiedlichen Zivilisationen verlaufen. Der nächste Weltkrieg, sollte ein solcher stattfinden, wird ein Weltkrieg zwischen den Zivilisationen sein.*«

Samuel P. Huntington, »The Clash of Civilizations?«, *Foreign Affairs*, 1993

Als Fremder unter den Deutschen!
Zivilisationskonflikte sind kein »Kulturkampf«!

Auf dem 24. Römerberggespräch, der Kulturinstitution der Stadt Frankfurt, über die Thematik »Europa im Abseits?« war ich im Juni 1997 entsetzt, daß der Titel meines Referats mit »Steht ein Kulturkampf bevor?« angekündigt war. Vorab war thematisch abgesprochen: der »Kulturdialog«. Gleich zu Beginn meiner Rede auf dem Römerberg habe ich eine Richtigstellung vorgenommen, in der meine Erregung nicht zu überhören war. Nicht anders ging es mir auf der 1997-Jahrestagung der Deutschen Gesellschaft für Kommunikationswissenschaft und Publizistik, zu der ich mit Bundesaußenminister Kinkel zu einer Podiumsdiskussion zum Thema »Deutschland im Dialog der Kulturen« eingeladen war. Als ich begonnen hatte, über weltanschauliche Unterschiede zwischen Zivilisationen, so wie in diesem Buch, zu sprechen, wurde ich von den linken Vertretern der aus den USA importierten und gesinnungsethisch deutsch gefärbten »*political correctness*« in die Ecke des »Kulturkampfes« gerückt.

Es ist eigenartig, wenn ein in Deutschland lebender »Fremder«, in meinem Falle ethnisch ein Westasiate, als semitischer Araber muslimischen Glaubens, sich von atheistischen, wertelosen »Urgermanen« über »Rassismus« und »Anfeindung fremder Kulturen« belehren lassen muß. Noch eigenartiger ist es, wenn diese »Aufklärung« zudem noch mit einem Wink mit dem Zaunpfahl auf gültige PC-Denkverbote verbunden wird. Bei solchen Anlässen frage ich mich, warum ich meine ursprüngliche Heimat Damaskus mit der Wahlheimat Deutschland getauscht habe. Ich tat dies allein aus Freiheitsdurst, keineswegs aus wirtschaftlicher Not, da ich aus einer Damaszener Notabelnfamilie stamme.

Im Übergang zum 21. Jahrhundert muß ich entsetzt feststellen, daß die »neuen Deutschen« gerade von Grundfreiheiten, vor allem vom freien Denken, nichts halten. Im Kontext der Thematik dieses Buches frage ich mich ferner, warum weltanschauliche

Unterschiede zwischen den Zivilisationen von deutschen Links-intellektuellen als »Kulturkampf« aufgefaßt werden. Auch in Österreich hat der Wiener Verlag von Huntingtons *The Clash of Civilizations?* das Buch falsch mit »Kampf der Kulturen« übersetzt und im Text die Begriffe Kultur und Zivilisation durch synonyme Verwendung laufend miteinander verwechselt bzw. durcheinandergebracht.

In Deutschland höre ich oft die fromme Rede, man solle »über seinen Tellerrand« hinausschauen, und ich stelle hierbei mit Schrecken fest, daß die von mir angesprochenen Prediger die große Welt über ihre deutsche Provinz hinaus nicht kennen. Die deutsche »Kulturkampf«-Diskussion gehört in diesen traurigen Zusammenhang, für den ich nach dem angeführten Publizistenkongreß in einem *FAZ*-Artikel die Formel verwendet habe: »Am deutschen Wesen soll die Welt genesen« (*FAZ*-Sonntagszeitung vom 1. Juni 1997, S. 4). Zur Ehrenrettung aufgeschlossener Deutscher möchte ich hinzufügen, daß sie nicht pauschal mit den lautstarken Gesinnungsethikern gleichgesetzt werden dürfen. Ich bin stolzer Bürger der Bundesrepublik und werde nicht pauschalisieren. Als Semit habe ich im Ausland bei Fragen, wie ich es unter »den Deutschen« aushielte, die Gleichsetzung von »deutsch« und »Nazi« immer wieder entschieden als falsch zurückgewiesen.

Gegen die hier kritisierten deutschen Gesinnungsethiker argumentiere ich: Es ist immer besser, von Realitäten statt von gesinnungsethischen Glaubensbekenntnissen auszugehen. In diesem Sinne läßt sich zunächst folgendes beobachten:

Seit dem Ende des Kalten Krieges melden sich in der weltpolitischen Szene immer mehr Vertreter nicht-westlicher Zivilisationen zu Wort und fordern mit Recht eine globale Umverteilung der Macht sowie mehr Gerechtigkeit in der politisch und ökonomisch auch an der Schwelle zum 21. Jahrhundert noch westlich dominierten Weltordnung ein. Oder im Klartext: Die Wortführer nicht-westlicher Zivilisationen erheben Anspruch auf eine grundlegende Revision der bisher geltenden, westlich geprägten Weltordnung. Hierzu gehört die Diskussion über die asiatischen Werte.

Die zitierten Forderungen wären zunächst legitim, wenn die europäisch-westliche Hegemonie nur politisch herausgefordert wäre. Problematisch dagegen ist es, wenn die von nicht-westlichen Zivilisationen angestrebte Entwestlichung die säkularen Grundprinzipien der Weltordnung in Frage stellt, ja de-säkularisiert. Damit beginnt zunächst im Bereich der Werte und Normen sowie der mit ihnen verbundenen Weltsichten ein weltanschaulicher Konflikt, den ich »Krieg der Zivilisationen« nenne. Dies bedeutet wohl etwas anderes als der deutsche Begriff vom »Kulturkampf«, der der deutschen, nicht der globalen Geschichte unserer großen Welt entnommen worden ist. Es ist also, wie gesagt, notwendig, über den eigenen Tellerrand hinauszuschauen.

Die Welt wird entwestlicht, nicht »McDonaldisiert«

Die Bedeutung des beschriebenen Trends in der Weltpolitik wird von den Vertretern der umfassenden Globalisierung bestritten; sie glauben an eine im Sinne einer standardisierten Mc-Kultur mcDonaldisierte Welt und nehmen also den Ruf nach einer Entwestlichung der Welt entweder nicht wahr oder nicht ernst. Dem Bestreben der nicht-westlichen Zivilisationen nach einer Entwestlichung der Welt liegt der unübersehbare Machtrückgang des Westens sowohl in der Politik als auch in der Ökonomie zugrunde, parallel zum wachsenden Selbstbewußtsein der Nicht-Westler unter den veränderten Bedingungen der Weltpolitik.

Ein weiterer entscheidender Faktor im weltanschaulichen Krieg der Zivilisationen ist das Bevölkerungswachstum. Während die demographische Wachstumsrate im Westen sinkt, oder bestenfalls stagniert, nehmen die Bevölkerungszahlen in nicht-westlichen Zivilisationen rapide zu (z. B. betrug die arabische Bevölkerung in der Mittelmeerregion 1996 240 Millionen und wird bis 2025 auf 490 Millionen anwachsen). Dabei entstehen soziale Konflikte, die in Zivilisationskonflikte übersetzt werden.

Vertreter von zwei Zivilisationen haben sich anläßlich der Weltbevölkerungskonferenz in Kairo im September 1994 besonders bei diesem Thema zu Wort gemeldet. Im Jahre 1994 gab es 1,8 Milliarden Christen aller Konfessionen in der Welt, dagegen aber nur 1,3 Milliarden Muslime. Unter dem Vorwand der Verteidigung christlicher Werte trat der Papst aus der, allerdings nicht offen ausgesprochenen, Befürchtung heraus, daß im kommenden Jahrhundert die Zahl der Muslime die der Christen übersteigen wird, mit allen ideologischen Mitteln gegen eine wirksame Bevölkerungspolitik ein. Zwar wurde die Befürchtung, daß die Zahl der Muslime im kommenden Jahrhundert die der Christen übersteigen werde, nicht ausgesprochen, aber wie sehr man sich in der Kurie dieser Entwicklung bewußt ist, zeigte das Buch des Papstes *Die Schwelle der Hoffnung überschreiten*. Johannes-Paul II. setzt sich in einem eigenen Kapitel – »In der Minderheit dem Jahr 2000 entgegen« – damit auseinander.[1]

Auch die islamischen Fundamentalisten, die – mit umgekehrter Motivation – in Kairo mit dem Papst einen Schulterschluß gegen eine Kontrolle des Weltbevölkerungswachstums vollzogen, haben ähnlich gedacht – aber dies nicht laut ausgesprochen. Demographen erwarten einen Anstieg der Weltbevölkerung von 5,6 Milliarden im Jahre 1994 auf 8,5 Milliarden im Jahre 2025 bzw. auf 12,5 Milliarden im Jahre 2050. Jede Zivilisation will eine machtmäßige Entsprechung für ihr demographisches Gewicht in der Weltpolitik erkämpfen.[2] Der katholische Theologe Norbert Greinacher kritisiert, daß der Vatikan im Zusammenhang mit der dritten Internationalen Konferenz über Bevölkerung und Entwicklung der Vereinten Nationen in Kairo »durch seine verantwortungslose Haltung an Glaubwürdigkeit eingebüßt und der Kirche damit einen Schaden zugefügt (hat), der kaum wiedergutzumachen ist.«[3] Werte und Normen dienten in Kairo dem reinen Machtstreben, um den Widerstand gegen eine international benötigte Bevölkerungspolitik, die diese Welt noch bewohnbar erhalten kann, zu legitimieren. Werte und Normen stehen hier im Mittelpunkt, weil die Vormacht im 21. Jahrhundert jener Zivilisation gehören wird, die nach der Entwestlichung der Welt ihre Weltanschauung durchsetzen kann. Westliche Marxisten, Post-Marxisten und Nicht-Marxisten haben stets die Bedeutung der Weltanschauungen in der Weltpolitik sträflich unterschätzt, wodurch ihnen nicht-westliche Zivilisationen fremd und unverständlich bleiben.

Der wichtigste Unterschied zwischen den politischen Ideologien der Systemkonkurrenz des Kalten Krieges und den zivilisatorischen Weltanschauungen im Streit um die Vormacht im Übergang zum neuen Jahrtausend besteht vor allem darin, daß Ideologien, wie etwa Kommunismus oder Kapitalismus, aufgesetzt sind und nicht Basis einer Identität sein können. Dagegen werden politisierte Religionen als Weltanschauungen geglaubt und bieten Muster für eine Identitätsbildung und somit für darauf basierendes politisches Verhalten.

Am Beispiel des Islam nennt der französische Islamologe Rodinson diese Glaubensanschauungen von Zivilisationen »mobilisatorische Ideologien«. Im Namen der Globalisierung halten westliche Ideologen die ganze Welt für westlich oder verwestlicht; hierbei verschließen sie ihre Augen vor einer Wahrnehmung der Bestrebung nicht-westlicher Zivilisationen, die Welt der Zukunft zu entwestlichen, also keine McDonaldisierung zuzulassen. Mein indischer Freund und Kollege T. K. Oommen hat seinem mit mir verfaßten Buch *Citizenship and Identity* den Untertitel »From Colonialism to Globalism« (Neu Delhi und London 1997, darin mein Beitrag S. 199–226) gegeben, um damit anzudeuten, daß die Ideologie des Globalismus der des Kolonialismus ähnelt.

In der Welt des Islam nehmen die anti-westliche Orientierung und der Widerstand gegen die Globalisierung die Gestalt des islamischen Fundamentalismus an. Dies stellt ein prominentes Beispiel für die Politisierung der Religion zu einer Weltanschauung im Zivilisationskonflikt dar. Muslimische Fundamentalisten sind wortstark und rechnen sich die besten Chancen bei der Ablösung des Westens in Zukunft aus. Nüchterne Beobachter meinen jedoch, daß die Zukunft den »Tigern« Ost- und Südostasiens gehören wird, obwohl auch dort 1997 nicht unerhebliche ökonomische Schwierigkeiten offen zutage treten. Dennoch kämpfen die Ost- und Südostasiaten beharrlich um die Macht durch wirtschaftliche Leistung.

Im Gegensatz zu den westasiatischen und nordafrikanischen Mittelmeer-Muslimen erheben Ostasiaten – und zwar ohne rhetorischen Lärm – ihre Weltanschauungen zur Quelle ihrer im Wirtschaftsalltag praktizierten asiatischen Werte. Diese Ostasiaten wirken auch als Minderheiten, z. B. in Australien, wirtschaftlich sehr erfolgreich. In den großen australischen Städten (vor allem Sydney und Melbourne) habe ich im Juli 1997 erlebt, wie westliche Australier – ebenso wie die Deutschen – ein verlängertes Wochenende zu genießen pflegen, während in den Büros der asiatischen Firmen die Menschen auch am Wochenende bis tief in die Nacht an den Computer-Bildschirmen arbeiten. Fleiß und Arbeitsethik sowie Respekt vor Sachautorität und natürlich Ehre sowie Selbstrespekt gehören zu den asiatischen Werten. Hedonismus und Wertebeliebigkeit in unserer Gegenwart sind dagegen westliche Erscheinungen. Im sechsten Kapitel werde ich noch auf diese Fragen bei der Erläuterung der Zukunftsperspektiven zurückkommen. Zunächst aber möchte ich in dieser für die Heyne-Ausgabe völlig neu geschriebenen Einleitung den Gegenstand dieses Buches erläutern und zur Lektüre motivieren. Ich hoffe, daß die bisherigen Ausführungen überzeugend klargestellt haben, daß weltanschauliche Zivilisationskonflikte kein »Kulturkampf« sind und daß Globalisierung nicht zur Standardisierung, d. h. nicht zur McDonaldisierung der Welt führt.

Vom Widerstand gegen westliche Hegemonie zur anti-westlichen Orientierung

Es ist richtig, kritisch gegenüber dem Westen zu sein, dennoch lehne ich anti-westliche Ideologien ab. Leider werden bei den weltanschaulichen Zivilisationskonflikten die berechtigte Kritik an der jahrhundertealten westlichen Hegemonie und der Haß gegen den Westen durcheinandergebracht. Hierbei werden die Errungenschaften der kulturellen Moderne Europas mit dem europäischen Imperialismus verwechselt. Die Transformation der abendländisch-christlichen Zivilisation in eine säkular-westliche gehört zu den positiven Errungenschaften.

Das auffallendste weltpolitische Merkmal unserer Zeit ist der anti-westliche Trend zur Entsäkularisierung. So fordern in Indien Hindu-Fundamentalisten der BJP (Bharatiya Janata Party) beispielsweise die Aufgabe der westlich-säkularen Organisationsform ihres Staates.[4] Die Mehrheit der indischen Bevölkerung besteht (je nachdem, welche Statistik man heranzieht) zwischen 62 und 85 Prozent aus Hindus. Der weltanschaulich anvisierte Hindu-Staat wird als Alternative zum modernen, westlich geprägten säkularen Staat, in dem Hindus, Sikhs, Muslime und Christen sowie andere Religionsgruppen zusammenleben, propagiert.

Ein anderes Beispiel: In der Welt des Islam erschallt der Ruf nach der *Hakimiyyat Allah*/Gottesherrschaft als einer angeblich spezifisch islamischen Herrschaftsform, die im Gegensatz zum modernen Nationalstaat steht und authentisch islamisch sein soll.[5] Nach dem globalen Scheitern des Marxismus und seiner leninschen Epigonen erwachen Konfuzius' Staatslehre in China und Buddhas Lehren im übrigen asiatischen Raum zu neuem Leben. Die grüne Flagge wird für islamische Fundamentalisten zum neuen Symbol der Frontstellung gegen die Werte der westlichen Zivilisation. Und das orthodox-slawische Europa entwickelt ebenfalls ein ethnisch-religiös artikuliertes Zivilisationsbewußtsein. In Rußland ruft der rechtsradikale Schirinowski zum Kampf gegen den Islam auf und fordert von den Amerikanern einen »christlichen Pakt gegen den vordringenden Islam«.[6] Trotz solcher Rufe läßt sich auch in Rußland eine anti-westliche Orientierung beobachten. Dieser Trend wurde während des Balkan-Krieges deutlich; seinerzeit wurde die Neubelebung der Spaltung Europas in ein Ost- und ein West-Christentum bereits in vollem Umfang betrieben.[7] Auch nach dem nur scheinbaren Kriegsende politisiert der slawisch-orthodoxe Ethno-Fundamentalismus mit seiner serbischen Speerspitze weiterhin den Ruf »Byzanz gegen Rom« und wendet sich zugleich gegen den Islam. Der Konflikt schwelt weiter.

Das »Schlachtfeld« im weltanschaulichen Zivilisationskonflikt ist vor allem der Mittelmeerraum, es liegt aber auch in Ostasien. Die Zerstörung des Religionsfriedens auf dem Balkan könnte ein unwillkommener Vorbote für die globale Entwicklung im 21. Jahrhundert sein.[8] Das ist eine realpolitische Warnung, keine Panikmacherei. Im Gegensatz zu Huntington denke ich, daß diese Entwicklung durch eine verantwortungsethische Politik abgewehrt werden kann. Mit einem *political correctness*-Denkverbot über diese Thematik kehrt man die Probleme nur unter den Teppich!! Auch mit gesinnungsethischen Predigten lassen sich Zivilisationskonflikte nicht aus der Welt schaffen.

Westeuropäer, und nach meinem Dafürhalten besonders die Deutschen mit ihren »Kulturkampf«-Idiosynkrasien, haben große Probleme, die angesprochene anti-westliche Orientierung und die mit ihr korrespondierenden Zivilisationskonflikte angemessen zu verstehen. Die Bemühung, die politisch aktualisierte, wohl klassische Spannung zwischen den Anschauungen unterschiedlicher Zivilisationen in unserer Epoche nach dem Ende des Kalten Krieges und im Übergang zum neuen Millennium zu deuten, wird durch Vorwürfe wie »Rassismus«, »Schaffung von Feindbildern« u. ä. m. verfemt. Dadurch wird eine an Konfliktlösung orientierte sachliche Erörterung der Problematik verhindert. Abgenutzte Klischees ersetzen das Denken, und sie können die politisch entfachte Feindschaft unter den Zivilisationen als besorgniserregendes Merkmal der Weltpolitik unserer Zeit weder erklären noch ungeschehen machen. Das innenpolitische Problem der Fremdenfeindlichkeit in Deutschland ist nicht zu verwechseln mit dem globalen Konflikt der Zivilisationen und ihrer untereinander verfeindeten Weltanschauungen. Die deutsche Diskussion über Huntingtons These vom Zusammenprall der Zivilisationen[9] trübt hierbei die Sicht. Ich werde auf diese Diskussion noch in dieser Einleitung und nochmals in Kapitel 7 eingehen. Hier möchte ich mit einem Lob die aufklärerische Arbeit von Siegfried Kohlhammer anführen. Dieser nüchterne deutsche Autor hat die Qualität dieser deutschen Diskussion am Beispiel des Islam zunächst in einem bemerkenswerten *Merkur*-Aufsatz (Heft 9/10, 1995) dargestellt. Darin zeigt er: es geht gar nicht um den Gegenstand, also den Islam, sondern nur um die deutschen »Feinde und Freunde des Islam«. Diesen Aufsatz hat er inzwischen zu einem lesenswerten Buch unter diesem Titel ausgebaut, das 1996 in Göttingen erschienen ist.

Obwohl das angesprochene Phänomen der anti-westlichen Orientierung global geworden ist, d. h., fast alle Zivilisationen unserer Welt einschließt, findet der anstehende Zusammenprall am nachhaltigsten zwischen zwei Zivilisationen statt; beide sind im Kerngebiet der Zivilisationsgeschichte, also in der Mittelmeerregion, beheimatet. (Damit will ich nicht etwa die großen Leistungen z. B. der chinesischen Zivilisation übersehen. Meine Aussage bezieht sich auf weltgeschichtliche Interaktionen, und in diesem Sinne war die Mittelmeerregion zentral.) Es sind die Zivilisationen des Islam und des Westens.[10] Die Erklärung hierfür ist einfach: Die islamische und die westliche Zivilisation haben beide *universelle Ansprüche*. Wo ihre Interessen aufeinandertreffen, entstehen Reibungsflächen. Der Dialog zwischen beiden kann nur dann effektiv sein, wenn diese Spannung in vollem Umfang erkannt und auch angesprochen wird. Auch müssen beide auf ihre Ansprüche auf universelle Geltung verzichten.

Die Diskussion über den anstehenden Gegenstand wird mit der

Behauptung vom »Feindbild Islam« als Ersatz für den Anti-Kommunismus abgewertet. Um über die hierauf basierende gesinnungsethische These, der Westen benötige einen Feind als Ersatz für den Kommunismus, hinauszugehen und dieses Phänomen angemessen sachlich einschätzen zu können, müssen wir uns die historischen Wurzeln dieses nunmehr im großen weltpolitischen Zusammenhang neu belebten Konfliktes vergegenwärtigen. Im Rahmen dieser für die Heyne-Ausgabe neu geschriebenen Einleitung kann dies jedoch nur in Stichworten erfolgen. Im neuen Kapitel 7 werde ich meine Analyse dieser Problematik vertiefen.

Vorab möchte ich hier festhalten: Ohne eine nähere substantielle Beschäftigung mit den einzelnen Zivilisationen[11] kann in unserer Zeit niemand mehr Weltpolitik verstehen und erklären. Diese Beschäftigung geht weit über das geisteswissenschaftliche Studium der lokalen Kulturen hinaus. Die Analyse der zivilisatorischen Weltanschauungen wird zu einer zentralen Aufgabe der internationalen Politik.

Statt der »Neuen Weltordnung« eine Aufkündigung des weltpolitischen Konsenses

Der Zivilisationskonflikt ist politischer Natur, aber unter den gegenwärtigen globalen Bedingungen tritt er zunächst einmal in Form des bereits verkündeten Anspruchs auf Entwestlichung der Welt im Bereich universell gültig geglaubter Normen und Werte in Erscheinung. Dies schließt eine Herausforderung an die gültigen Spielregeln des Zusammenlebens im globalen Dorf ein. Und wo dies noch nicht erfolgt ist, läßt sich im politisierten Zivilisationsbewußtsein zumindest ein gefährlicher Erosionsprozeß des bestehenden Konsenses feststellen. Um nun die Bedeutung dieses weltweiten Phänomens richtig einzuschätzen, müssen wir uns fragen: Welcher Art war dieser in unserer Zeit aufgekündigte Konsens?

Der Konflikt an sich war immer präsent, nur wurde er bisher durch die unangefochtene westliche Übermacht in Wirtschaft und Politik sowie durch die globalen Formen des Ost-West-Konflikts in der Atmosphäre des Kalten Krieges aus der Politik verdrängt. Im Übergang zum 21. Jahrhundert wird dieser klassische Konflikt unter den neuen globalgeschichtlichen Bedingungen politisch wirksam. Mit *Globalgeschichte* meine ich nicht die altbekannte *Weltgeschichte,* sondern die Umgestaltung der Welt *nach* der europäischen Expansion und der sie begleitenden Globalisierung. Den Unterschied werde ich noch näher im ersten Kapitel (vgl. S. 75–78) erläutern.[12]

Nach dem Niedergang des Kommunismus kündigte der damalige US-Präsident George Bush voreilig eine »Neue Weltordnung«[13] an. Doch das Ende zweier Kriege – genauer das Ende des Kalten Krieges und des von eben jenem Präsidenten mit viel Säbelrasseln geführten heißen Golfkrieges – machte den Weg frei für das Erwachen bisher unterdrückter weltpolitischer Ansprüche anderer Zivilisationen. In diesen Zusammenhang gehört auch die Tatsache, daß *der Westen im Golfkrieg die islamische Zivilisation und deren Angehörige als Kollektiv symbolisch gedemütigt hat.* Leider kenne ich nur wenige Westler, die mit der Tatsache dieser bestehenden Wahrnehmung vertraut sind. Zu diesen gehört der in diesem Buch mehrfach zitierte John Kelsay (vgl. Anm. 23).

Vor dem Golfkrieg kündigte Francis Fukuyama *Das Ende der Geschichte*[14] an. Der selbst-gefeierte »Held« des Golfkrieges, Bush, widersprach zu Recht, indem er die Formel umkehrte und von *reemergent history*/wiederkehrende Geschichte redete. Doch brachte diese neue historische Wende nicht die von ihm erhoffte »Neue Weltordnung«, sondern genau das Gegenteil: nämlich die Aufkündigung der Prinzipien der bis dahin gültigen Weltordnung in dem beängstigenden Prozeß eines sich ankündigenden weltanschaulichen Krieges der Zivilisationen zwischen den Fundamentalismen, der in *disorder*/Unordnung, nicht in einer neuen

Ordnung resultiert. In diesem Sinne trägt mein amerikanisches Buch über *The Challenge of Fundamentalism*, das parallel zu dieser Heyne-Ausgabe bei University of California Press in Berkeley erscheint, den Untertitel »Political Islam and the New World Disorder«. Darin argumentiere ich, daß auch Fundamentalisten ihre eigene neue Weltordnung ankündigen, das Resultat ist aber Destabilisierung und Unordnung.

Auch der einstige US-Präsidenten-Berater Zbigniev Brzezinski gebraucht in einem nach dem Golfkrieg veröffentlichten Buch in angemessener Weise den Begriff »*global disorder*/globale Unordnung«[15], die unsere Zeit im Zeichen der *out of control*/außer Kontrolle geratenen Welt präge.

Die zunehmende Aufkündigung der bisher als universell geglaubten Normen, Werte sowie Spielregeln und Verfahrensweisen, die der Weltordnung zugrundeliegen, scheint das Merkmal dieser Zeit zu sein. Genau hierauf bezieht sich die These dieses Buches vom weltanschaulichen Krieg der Zivilisationen. Um den Hintergrund dieser besorgniserregenden Entwicklung zu verstehen, müssen die Begriffe »Weltordnung« und »internationales Staatensystem« samt ihren historischen Wurzeln für den Laien erklärt werden. Ich werde dies im folgenden in einer allgemein verständlichen Sprache tun:

Fachleute unterscheiden zwischen den Begriffen »internationale Gesellschaft« und »internationales System«.[16] »Souveräne Staaten« im modernen Sinne (vgl. Kap. 1), d. h. solche, die gegenseitig ihre Souveränität anerkennen, bilden ein Staatensystem, das auch »internationales System« genannt wird. Seit der Etablierung des Prinzips der Volkssouveränität durch die Französische Revolution wird der moderne Staat zumindest formal als ein demokratischer Nationalstaat[17] begriffen.

Ein »Nationalstaat« ist also nicht das, was die Deutschen aufgrund ihres geschichtlichen Sonderwegs darunter verstehen. Er beherbergt keine ethnisch-nationale, exklusive »Kulturnation«, sondern eine *politisch* homogene Bevölkerung, die ein Gemeinwesen bildet. Die westliche, sowohl angelsächsisch als auch französisch geprägte Vorstellung von »Nation« bezieht sich also *nicht* auf ein ethnisch exklusives Gebilde, sondern auf die Legitimität eines politischen Gemeinwesens, das sich auf der normativen Basis eines demokratischen Konsenses bildet.

Analog zu einer Bestimmung der Nation als ein Gemeinwesen ist die Vorstellung von einer auf der Gemeinsamkeit von Normen und Werten begründeten »internationalen Gesellschaft«. Diese ist, wenn auch nicht gerade ein globales Gemeinwesen, so doch im Hinblick auf Konsensbildung vergleichbar mit einer nationalen Gesellschaft mit einer Leitkultur.

Mit anderen Worten: Ein internationales System der Staaten kann erst dann zu einer internationalen Gesellschaft werden, wenn die beteiligten souveränen Staaten über einen Wertekonsens verfügen. In diesem Sinne war das erste aus europäischen Staaten bestehende System eine internationale Gesellschaft. Das globale, alle Zivilisationen umfassende heutige internationale System kann dagegen schwerlich eine internationale Gesellschaft sein. Ich werde dies gleich erklären.

Halten wir zunächst fest: Das erste internationale System souveräner Staaten der Weltgeschichte ist in Europa nach dem Westfälischen Frieden im Jahre 1648 entstanden. Zwar hatten andere Zivilisationen auch ihre eigenen internationalen Systeme; diese blieben jedoch regional beschränkt.[18] Die Teileinheiten des zunächst europäischen internationalen Systems der neueren Geschichte waren zu Beginn jenes Prozesses, im Vokabular dieses Buches, Bestandteile derselben Zivilisation; sie waren alle westliche Staaten. Mit der europäischen Expansion und der sie begleitenden Prozesse der Globalisierung[19] haben die Europäer zunächst einen großen Teil der nicht-europäischen Welt kolonial erobert und dann – nach Verwandlung der Kolonien in formelle Nationalstaaten – die ganze Welt nach den Prinzipien ihres eigenen Staatensystems und ihrer eigenen internationalen, zunächst auf Europa beschränkten Gesellschaft umstrukturiert. Das Endprodukt ist das die gesamte Welt umfassende internationale System unserer Gegenwart.

Unsere Weltordnung ist demnach eine im Ursprung westliche Ordnung: im Hinblick auf die politische Hegemonie ebenso wie auf die normativen Prinzipien, die dieser Ordnung als Strukturmerkmale zugrunde liegen; die nahöstlichen »Nationalstaaten«[20] sind uns hierfür ein Beispiel. Diese westlich geprägte Weltordnung scheint im Übergang zum 21. Jahrhundert zu zerbröckeln. Der Zusammenbruch der Sowjetunion und das Ende der Bipolarität leiteten diese Entwicklung ein. Mehr hierüber findet der Leser im ersten Kapitel über »den Staat«.

Das Ende des Kalten Krieges wird von der Krise des Westens selbst begleitet, die nicht nur politisch und wirtschaftlich, sondern auch eine zivilisatorische Sinnkrise ist. Nur krude Materialisten und »Konsumeristen« verstehen diese auf Werte-Verlust bezogene moralische Krise des Westens nicht; sie ermöglicht es, daß die außerwestlichen Zivilisationen erwachen. Dieses Erwachen ist an sich eine gesunde Erscheinung. Das Problem hierbei ist nur, daß es mit der Ideologie des religiösen Fundamentalismus verbunden wird und im Rahmen eines Werte-Absolutismus einen Krieg der Zivilisationen auslöst.

Im Westen findet ein gegenläufiger Prozeß statt. Die sogenannte Postmoderne predigt Wertebeliebigkeit und macht aus dem Westen ein sich selbst zerfleischendes Gebilde, das lediglich mit einem geringen Zivilisationsbewußtsein ausgestattet ist. Im Gegensatz dazu entfalten nicht-westliche Zivilisationen ihr Bewußtsein *in Abgrenzung zum »wertelosen« Westen* voll. Es ist erstaunlich, wie wenig die Menschen im Westen – unter ihnen insbesondere die in auffälligem Maße auf sich selbst zentrierten Deutschen – diesen Prozeß der Entwestlichung der Welt wahrnehmen, geschweige denn verstehen! Ich hoffe, daß ich mit diesem Buch Abhilfe schaffen kann und versichere meine deutschen Leser meines guten Willens. Die Lage ist zu ernst – jede Polemik ist daher fehl am Platz.

Warum stehen »der« Islam und der Westen im Mittelpunkt?

Bei der Diskussion über den Zivilisationskonflikt fällt auf, daß »der« Islam in den Mittelpunkt gerückt ist. Stimmt die schon angeführte Befürchtung mancher Beobachter, daß der Westen ein Feindbild benötige und der Islam für diese Funktion als »Sündenbock« herhalten müsse? Im Jargon des »Kulturkampfs« wird allgemein von einer »islamischen Kultur« geredet. Nun ist der Islam die zivilisatorische Klammer zahlreicher Lokalkulturen. Ehe ich auf die zitierten Verdächtigungen eingehe, ist es wichtig, den anstehenden Gegenstand selbst näher zu klären.

Nach meiner Begriffsbestimmung ist eine Zivilisation stets eine übergreifende weltanschauliche Einheit, während Kulturen stets lokale Gebilde sind, die ihre eigene sozial bedingte Sinnproduktion haben. So haben wir beispielsweise nur eine einzige kulturübergreifende islamische Zivilisation, deren Vielfalt jedoch in zahlreichen lokalen Kulturen zum Ausdruck kommt. Ähnlich gibt es nur eine westliche Zivilisation, die wiederum zahlreiche europäische und nordamerikanische, miteinander verwandte Kulturen umfaßt. Bereits im Vorwort habe ich angekündigt, daß ich der geläufigen deutschen Begriffsbestimmung von Kultur und Zivilisation im Sinne materieller Zuordnung von Zivilisation und geistiger Bestimmung von Kultur nicht folge. Zudem wird in diesem Buch Zivilisation im Sinne von Norbert Elias als ein historischer Prozeß begriffen, während Kultur im Sinne des Anthropologen Clifford Geertz – wie angeführt – als eine »lokale Sinnproduktion«[21] gedeutet wird. Kulturen sind lokale Erscheinungen, während Zivilisationen historisch-regionale Einheiten, d. h. lokale Kulturen, auf bestimmten Ebenen (vor allem hinsichtlich ihrer Weltsicht) vereinigen.

Die einzige Zivilisation in der Weltgeschichte, die bisher einen globalen, sprich globalhistorischen, weit über die ihr zugehörigen Kulturen hinaus reichenden Rahmen hat erreichen können, ist die westliche Zivilisation (vgl. S. 75–79). Mittels ihrer Expansion und der von ihr ausgelösten Globalisierung wurden westliche Strukturmerkmale sowie ihre Normen und Werte zum universell gültigen Weltstandard erhoben, jedoch ohne die Zustimmung der Nicht-Westler einzuholen. Es geschah hegemonial!

Im Gegensatz konnte die islamische Zivilisation zwar im Rahmen der islamischen *Djihad*-Eroberungen (vgl. Kap. 4) weite Teile der Welt islamisieren, nicht aber einen solch globalen Rahmen entfalten. Damit blieb sie eine auf die Welt des Islam beschränkte regionale Zivilisation.[22] Dennoch hat die islamische Zivilisation mit der des Westens gemeinsam, daß sie die mehrfach angesprochenen *universellen* Ansprüche und Vorstellungen erhebt, die für die gesamte Welt gelten sollen (vgl. Kap. 4). Eben wegen dieses islamischen Universalismus erfuhr die islamische Zivilisation ihre größte Kränkung durch die globale Expansion der europäischen Zivilisation, weil Muslime sich durch die westlich dominierte Globalisierung um ihre Ansprüche gebracht sehen.

Halten wir fest: Unter den bestehenden großen Zivilisationen beanspruchen einzig der Westen und der Islam universelle Geltung für sich. Diese Tatsache erklärt, warum beide weltanschaulich im Zentrum des Zivilisationskonflikts im Übergang zum 21. Jahrhundert stehen. Das ist nicht das Werk von NATO-Generälen. Weltfriedenspolitik erfordert einen westlich-islamischen Friedensdialog, bei dem beide Abstriche an ihrem Universalismus vornehmen müssen.

Im Vorfeld des Dialogs müssen Westler folgenden Tatsachenhintergrund verstehen: Die europäische Expansion und die sie begleitende Umgestaltung der Welt nach westlichen Ordnungsprinzipien betraf – und betrifft noch immer – alle Zivilisationen; doch hat diese Europäisierung der Welt die islamische Zivilisation aus dem soeben angeführten Grund am härtesten getroffen. Damit wird klar, warum die islamische Rebellion gegen den Westen – etwa im Vergleich zur Rebellion anderer nicht-westlicher Zivilisationen – mit einer solchen Vehemenz und rhetorischen

Aggressivität erfolgt. Wer heute den politischen Islam allein als Ausdruck einer einfachen Revolte gegen die westliche Hegemonie oder als Zeichen einer nostalgischen Sehnsucht nach der einstigen islamischen Größe deutet, verrät eine mangelnde Vertrautheit mit der innerislamischen Debatte. <u>Der politische Islam fordert nicht mehr und nicht weniger, als die westliche Hegemonie abzulösen: durch die islamische Führung der Welt.</u>[23] Die Umsetzung dieses Anspruchs ist natürlich eine andere Frage. Daraus folgt, daß der benötigte Dialog nur mit dem »offenen« Islam, nicht aber mit dem »politischen« Islam (sprich mit dem Fundamentalismus) möglich ist.

Islamische Weltordnung versus westlich dominierte Weltordnung

Zwar verfolgen die islamische und die westliche Zivilisation ähnliche Ziele – jede der beiden verfügt über eine auf Frieden, Ordnung und Gerechtigkeit bezogene weltanschauliche Moralität –, doch driften beide völlig auseinander, wenn es darum geht, diese Ziele sinnstiftend mit Inhalten zu füllen. Im Mittelpunkt stehen verschiedene Ordnungsvorstellungen.

Mancher »Islam-Experte« behauptet, daß der Islam – etwa im Gegensatz zum Christentum – keine missionarische Religion sei. Diese »Experten« scheinen nie davon gehört zu haben, daß die *Da'wa* (Aufruf zum Islam) im Mittelpunkt der islamischen Mission steht und daß hierfür auch das kriegerische Mittel des *Djihad* als legitim erachtet wird (vgl. Kap. 4). Die Anfänge der westlichen Zivilisation standen auf ähnliche Weise im Zeichen des missionarischen, auch Eroberungen betreibenden Christentums.

Im Rahmen der europäischen Expansion wird der westliche Missionarismus säkular. Umschreibungen des säkularen westlichen Universalismus lauteten etwa *Mission Civilisatrice* bei den

Franzosen, *The Burden of the White Man* bei den Engländern und *Kulturbotschaft* bei den Deutschen der Kolonialzeit. Heute werden diese missionarischen Symbole anders präsentiert, etwa in der westlichen Entwicklungspolitik oder im propagandistischen Missionarismus der USA, angeblich für Demokratie und Menschenrechte. Natürlich hält sich die US-Realpolitik nicht an die Maßstäbe dieser Mission. Denn dieser missionarische Feldzug findet seine Grenzen dort, wo er auf westliche Interessen stößt. So stört es die meisten westlichen Politiker kaum, daß es in Saudi-Arabien und anderen mit dem Westen verbundenen Ölmonarchien[24] oder in der Volksrepublik China weder Menschenrechte noch Demokratie gibt. Aber nicht hier, also nicht auf staatlicher Ebene, wird der Zivilisationskonflikt ausgetragen. Es ist bedauerlich, daß diese Zusammenhänge für Experten, die auf den Staat als Handlungseinheit in der internationalen Politik fixiert sind, schwer verständlich bleiben.

Kurzum: Islam und Westen als unterschiedliche Zivilisationen hatten immer konkurrierende, für sie universell gültige Vorstellungen von Frieden, Krieg, Ordnung und Gerechtigkeit. Erst nach dem Ende des Kalten Krieges und seit die Sinnkrise im Westen den Muslimen durch die Massenmedien vor Augen geführt wurde, treten diese Differenzen offen zutage. Die Muslime wagen es nun, den Anspruch auf Ablösung des Westens in der Weltführung laut zu artikulieren, obwohl ihnen für dieses Ziel *noch* die Mittel fehlen. Der Ruf nach einer alternativen, d. h. hier vom Islamismus geprägten Weltordnung wird laut!

Für die angesprochene neue Entwicklung ist folgender Hintergrund von entscheidender Bedeutung: Der bisherige bipolare Frieden unter westlicher Hegemonie galt den nicht-westlichen Zivilisationen als eine Zeit der Stagnation und der Unterwerfung. Das Ende des Kalten Krieges ermöglicht es den Wortführern dieser Zivilisationen, wie der auf die Zivilisation des Islam spezialisierte und gut informierte Religionswissenschaftler John Kelsay es ausdrückt,

»ihren traditionellen Vorstellungen von Frieden, Ordnung und Gerechtigkeit Nachdruck zu verleihen. Konflikte waren die natürliche, wenngleich bedauerliche Folge dieser Freiheit ... Wie auch andere religiöse und kulturelle Traditionen, so ist auch der Islam im Besitz einer eigenen Vision – genauer gesagt, einer *Vision von Weltordnung*«.[25]

Genau diese rivalisierenden Ordnungsvorstellungen bilden den Gegenstand des weltanschaulichen Krieges der Zivilisationen. Es mag ironisch erscheinen, daß zu einer Zeit, in der unsere Welt durch Weltökonomie und Weltpolitik, durch Technologie und moderne globale Kommunikations- und Transportmittel in ein »*global village*« verwandelt wird, Zivilisationen oft gerade aus archaischen weltanschaulichen Gründen auseinanderdriften. Nur die Unterscheidung zwischen *Globalisierung* und *Universalisierung* kann helfen, diese »Ironie« zu verstehen. Global kommt von »Globus« und bezieht sich auf Strukturen. Der Westen hat die Welt global vernetzt, aber seine Expansion konnte westliche Normen und Werte nicht zur Basis einer universell gültigen Anschauung erheben, d. h., nicht universalisieren, obwohl dieses Ziel als Anspruch besteht.

Es scheint widersprüchlich, ist aber wahr. Je näher lokale Kulturen und Zivilisationen zusammenrücken, um so mehr spüren ihre Angehörigen, wie unterschiedlich ihre Weltsicht, ihre Normen und Werte und die hiermit zusammenhängenden Einstellungen sind. Auf der Basis der durch die globalen Strukturen möglichen gegenseitigen Wahrnehmung des Andersseins entwickeln sie Feindbilder von den anderen sowie ihr Zivilisationsbewußtsein, das sie von diesen anderen abgrenzt. Nochmals: Globalisierung führt nicht zur Werte-Universalisierung. In früheren Arbeiten habe ich für diese Erscheinung die Formel »Gleichzeitigkeit von struktureller Globalisierung und kultureller Fragmentation«[26] geprägt; diese Erscheinung liegt dem Konflikt zwischen den Zivilisationen zugrunde.

Unter diesen Bedingungen gilt: Je postmoderner, d. h. kulturrelativistischer Europäer ihre eigenen Werte in Frage stellen, desto stärker wird das Zivilisationsbewußtsein der anderen, die den Westen für »verfault« und »bankrott« halten und ihn auch deshalb in der Führung der Welt ablösen möchten. Im sechsten Kapitel werde ich diese Vorgänge als eine Begegnung oder einen Zusammenprall zwischen Kulturrelativismus und Neo-Absolutismus darstellen. Die Kommunikation zwischen beiden ist ein Dialog der Taubstummen. Der benötigte Kulturdialog erfordert dialogfähige Parteien, welche weder Kulturrelativisten noch Fundamentalisten sind.

Grenzen und Brücken zwischen den Zivilisationen

Bereits im Vorwort habe ich mein Credo artikuliert: Dieses Buch ist von einer Liebe zum Frieden geleitet. Meine Argumentation ist jedoch realpolitisch, nicht gesinnungsethisch; sie verfolgt das Ziel, Menschen unterschiedlicher Zivilisationen zu gegenseitigem Verständnis, aber ohne Selbstverleugnung, zu bringen. Dieses Unterfangen erfordert eine realpolitische Diagnose, frei von moralisierenden Beteuerungen sowie von einem unterstellten, jedoch in der Realität nicht vorhandenen »Weltethos« (Küng).

In einer weltpolitischen Lage des Zivilisationskonflikts wird eine *real*politische Strategie, und nicht katholisches Weltethos oder protestantische Weltfrömmigkeit benötigt, welche oft nur naive Konstruktionen christlicher Theologen sind, denen die Welt außerhalb Europas fremd ist. Zugegebenermaßen, wir Muslime haben Reformen bitter nötig, aber auch die westlichen Christen dürfen nicht selbstgefällig sein, auch sie scheinen Bedarf an einer zweiten Reformation zu haben. Der Gegenstand ist zu ernst, um polemisch behandelt zu werden. Ich bitte daher meine Leser darum, diese Sätze ernst zu nehmen und nicht als Polemik zu verfemen.

Mein Ausgangspunkt ist die Tatsache, daß jede Zivilisation ihr eigenes Ethos hat, und es geht darum, Brücken zu schlagen, ohne die bestehenden Grenzen blind oder moralisierend zu verleugnen. Zwischen Europäern und Muslimen beispielsweise liegen Welten, und dennoch glaube ich an die Möglichkeit, Brücken zu bauen. Die Europäer, die meine Aussage über Differenzen mit »Feindbildern« in einen Zusammenhang bringen, können nur solche sein, die nie in der Welt des Islam gelebt haben. Andere Zivilisationen zu verstehen hat wenig mit christlicher »Nächstenliebe« oder Selbstaufopferung zu tun.

Eine zivilisatorische Selbstverleugnung im Namen einer oft falsch verstandenen Toleranz oder Postmoderne ist nur ein Zeichen von Ahnungslosigkeit über die absolutistischen Ansprüche der anderen. Bestenfalls kann diese Selbstlosigkeit den Europäern die Geringschätzung durch die anderen einbringen, wie ich dies aus meinem eigenen Kulturkreis und darüber hinaus in meiner Zivilisation kenne. Wirkliche Toleranz setzt gegenseitigen Respekt und Anerkennung der Spielregeln durch die beteiligten Parteien voraus. Toleranz als Einbahnstraße ist eine Eigenart von europäischen Gesinnungsethikern und »Weltfrommen«, für die Angehörige anderer Zivilisationen nur Verachtung empfinden. Als Kulturvermittler muß ich dies meinen deutschen Lesern ohne Heuchelei offen mitteilen. Wer sich selbst nicht respektiert, kann von anderen keinen Respekt erwarten.

Sehr hilfreich in diesem Zusammenhang ist ein bemerkenswerter Essay über Toleranz in der Zeitschrift *Ethik und Sozialwissenschaften* (Heft 4/1997, dort auch mein kritischer Kommentar), der von dem Philosophen der Frankfurter Schule Werner Becker stammt. Becker hebt hervor, daß Toleranz nicht vorschreibt, »alles Abweichende und Andersartige zu dulden« und macht klar, daß diese Norm dazu verpflichtet, Positionen zu tolerieren, die man nicht teilt und somit »Konfliktlagen, jedoch nicht die moralische Selbstaufgabe« einschließt. Auf die christliche Nächstenliebe angewandt, erläutert er, daß »Toleranz unter der Bedingung der Gegenseitigkeit« stehe und führt dann aus, daß

»das Gebot Jesu, demjenigen auch die andere Wange hinzuhalten, der einem bereits einen Schlag auf die eine Wange versetzt hat, mit Toleranz ... in diesem Sinne *nicht vereinbar ist*«.

Die zitierte »Selbstaufgabe« im Namen falsch verstandener Toleranz gilt für Nicht-Westler als Ausdruck eines schwachen Zivilisationsbewußtseins der Europäer unserer Gegenwart. Dies ruft bei den Angehörigen anderer Zivilisationen Reaktionen hervor, die Europäer weder erwarten noch verstehen. Demut mag als Gebot in der Kirche, nicht aber in der internationalen Politik oder im Kulturdialog angemessen sein. Mir selbst als europäisiertem Muslim sind solche Werte einfach fremd, und es ist bedauerlich, wenn für solche Normen Universalität gefordert wird, für die es keine Grundlage gibt. Wegen solcher Offenheit bin ich beispielsweise in der *Evangelischen Rundschau* als »Schüler Huntingtons« und mit sehr unchristlichen Worten eines Polemikers verfemt worden. Offenere Christen räumen dagegen ein, daß es für sie nicht leicht sei, bestimmte Wahrheiten zur Kenntnis zu nehmen. So schrieb ein Rezensent der ersten Hoffmann und Campe-Auflage dieses Buches in *Unsere Kirche* vom 26. März 1995:

> »Toleranz ist für Tibi kein Allheilmittel ... der gutgemeinte Dialog, sei nicht geeignet ... geradezu naiv. Toleranz könne sogar eine Sackgasse sein, Demokratie gegen sich selbst ... Tibi verabreicht ... den Dialogwilligen im Westen manch bittere Pille.«

Ob »bittere Pille« oder nicht, der benötigte Weltfrieden geht nicht aus einer Kirchenpredigt, sondern aus einem in der Sache harten Dialog hervor, bei dem – wie z. B. beim islamisch-westlichen Dialog in Karachi vom Oktober 1995 (vgl. dazu die ausführlichen Berichte in *DAWN*/Karachi vom 26., 27. und 28. Oktober 1995) – offen über »how to deal with differences/wie können wir mit Unterschieden umgehen« gesprochen wird. Ein solcher Dialog erfordert von beiden Seiten Toleranz im Sinne von Werner Becker und auch gegenseitige Kompromißbereitschaft. Selbstaufgabe hat dagegen weder mit Toleranz noch mit Dialogfähigkeit zu tun. Diese »bittere Pille« müssen manche Christen im Interesse des Weltfriedens schlucken!

Materialistische Globalisten und christliche Weltethiker mögen verkünden, was immer sie wollen, die ungeschminkte Realität ist, daß der Islam und die westliche Zivilisation nun einmal unterschiedliche Weltsichten und Vorstellungen von Weltordnung haben; man kann sie nicht gesinnungsethisch wegzaubern. Man muß diese Tatsache anerkennen und lernen, mit Unterschieden in dem soeben erläuterten Sinne umzugehen. Das ist die erste Voraussetzung für den Weltfrieden.

Der bereits zitierte Religionswissenschaftler John Kelsay hat fachkundig, präzise und frei von der Überheblichkeit des »Orientalismus« westlicher Islam-Experten die angesprochenen Unterschiede in Form von Fragen dargestellt, die ich der Einfachheit halber hier in vollem Umfang zitieren möchte. Kelsay vertritt mit Recht die Auffassung:

> »In den Begegnungen zwischen dem Westen und dem Islam wird darum gekämpft, wer die Definition einer Weltordnung durchzusetzen imstande sein wird. Wird es der Westen sein, mit seinen Vorstellungen von territorialen Grenzen, Marktwirtschaft, privater Religiosität und Priorität von individuellen Rechten? Oder wird es der Islam sein, mit seiner Betonung einer stammesübergreifenden Gemeinschaft (*Umma*), die dazu aufgerufen ist, eine auf einem reinen Monotheismus, welcher der Menschheit natürlicherweise angemessen sei, basierende Sozialordnung zu errichten? Für diejenigen, die eine Weltordnung begründen wollen, stellt sich dann die Frage: Wer bestimmt die Form, die eine solche Ordnung im neuen internationalen Kontext annehmen soll? Genau diese Frage verweist auf eine Konkurrenz zwischen zwei Zivilisationen mit einem jeweils eigenen Verständnis von den Konzepten Frieden, Ordnung und Gerechtigkeit. Sie legt daher eine pessimistische Sichtweise nahe, wenn es um den Ruf nach einer, auf der Idee einer gemeinsamen Humanität basierenden, neuen Weltordnung geht.«[27]

Doch dürfen wir uns angesichts dieses Dilemmas keinem Pessimismus hingeben. Es müssen Mittel und Wege zur Überwindung dieser Grenzen gefunden werden. Die Menschheit hat keine andere Wahl.

Bei den Versuchen, anstehende Probleme zu bewältigen, müssen wir erkennen, daß es nicht möglich ist, globale Strukturen aufzulösen, wie dies einst modisch orientierte Entwicklungsexperten – wie z. B. Dieter Senghaas im Rahmen einer illusionären »Abkoppelung« der Entwicklungsländer vom industriellen Zentrum der Welt – vorgeschlagen haben. Solche in den sechziger und siebziger Jahren vor allem in Deutschland verbreiteten weltfremden Vorstellungen von Schreibtisch-»Experten« sind heute Makulatur.[28] Bei der Bemühung, interzivilisatorische Brücken zu bauen, müssen wir Grenzen wahrnehmen und von Tatsachen ausgehen. So ist es in unserer Gegenwart einfach nicht mehr möglich, den bestehenden grundsätzlichen, weltanschaulichen Unterschieden zwischen den Zivilisationen im Hinblick auf die Organisation der Weltordnung aus dem Wege zu gehen.

Migration und Zivilisationskonflikte

Die Problematik der Gleichzeitigkeit von Globalisierung und der – angesichts des stets wachsenden Zivilisationsbewußtseins – zunehmenden kulturellen Fragmentation zu bewältigen, ist nicht nur eine Friedensaufgabe zwischen den Zivilisationen in der internationalen Politik. Die Tatsache, daß wir in einem Zeitalter globaler Migration leben, macht deutlich, wie der Zivilisationskonflikt für Europäer ins eigene Haus getragen wird.

Im Mittelalter konnte die imaginäre Grenze zwischen der Welt des Islam und der westlichen Zivilisation zwischen dem Norden und dem Süden der Mittelmeerregion gezogen werden. Dies ist heute nicht mehr möglich. Ich habe bereits die Tatsache der gleichzeitigen Stagnation des Bevölkerungswachstums in Westeuropa parallel zu der bisher unvorstellbaren Bevölkerungsexplosion in der islamisch geprägten südlichen Mittelmeerregion angeführt. Es liegt auf der Hand, daß die Folge davon eine rapide wachsende Migration ist, die bereits voll im Gange ist. Ich bin nicht gegen Migration, weil ich selbst Migrant bin, aber sie erfordert eine Politik der Integration, die nicht vorhanden ist. Politiker verdrängen diese Problematik.

Berücksichtigen wir die potentiellen Migrationsschübe, dann erkennen wir: Der Zivilisationskonflikt findet nicht mehr nur zwischen Staaten unterschiedlicher Zivilisation, sondern im Westen selbst statt. Meine in Stockholm im House of Nobility/Ridder Husset im April 1997 gehaltene *Global Village Lecture* hatte den Titel »Der Islam und Europa – Der Islam in Europa« (gekürzt veröffentlicht in: *FAZ*, 16. September 1997 S. 11–12). Darin argumentiere ich, daß eine gegenseitige islamisch-westliche Verständigung nicht nur eine ethische Aufgabe ist, sondern auch und vorrangig den europäischen inneren Frieden betrifft. Die »islamische Präsenz in Westeuropa« (hierzu mein *FAZ*-Artikel vom 28. Juni 1996) setzt die westliche Zivilisation – in diesem Sinne – unter Druck, nach Wegen für ein friedliches Zusammenleben mit dem Islam zu suchen; denn Frieden heißt hier nicht nur eine friedliche Mittelmeerregion, sondern auch innerer Frieden in Europa bzw. im Westen allgemein.

Kulturpluralistische Konzepte und Lebensweisen werden benötigt. Die »multikulturelle Gesellschaft« ist keine Lösung dafür, weil sie, von westlicher Seite gesehen, auf eine kulturrelativistische Selbstaufgabe hinausläuft und in einer multi-ethnischen Gesellschaft resultiert; sie ist in unserer Zeit ebenso eine Illusion wie einst jene von der »Abkoppelung«, der sich selbsternannte »Entwicklungsexperten« in den siebziger Jahren hingaben. Auf diese Weise lassen sich weltanschauliche Konflikte nicht lösen: So vertragen sich *Schari'a* und Säkularität im Rechtsbereich wie Feuer und Wasser (vgl. meinen *Spiegel*-Essay vom 12. September, Heft 37/1994). Weltanschauliche Differenzen zwischen den Zivilisationen können wie Grenzen, also nicht wie Schranken sein. Eine Schranke ist überwindbar, behebbar, nicht aber eine Grenze. Genauer: bestimmte weltanschauliche Unterschiede, z. B. zwi-

schen den Normen der Volkssouveränität und der Gottesherrschaft, sind unüberbrückbar.

John Kelsay, der als Religionswissenschaftler eine gewisse
Sympathie für die islamische Moralität hat, ohne jedoch seine
westliche Position aufzugeben, hat das Migrationsproblem klar
erkannt:

> »Die Geschwindigkeit der muslimischen Immigration und das Phäno-
> men der Konversion zum Islam (besonders in Nordamerika) deuten
> darauf hin, daß wir schon bald gezwungen sein könnten, nicht nur
> vom Islam und dem Westen, sondern vom Islam im Westen zu spre-
> chen.«[29]

Wie ich selbst in meiner soeben angeführten *Global Village Lecture*, so hofft auch Kelsay zwar, daß Migranten durch Integration
und Annahme der kulturellen Moderne[30] in westlichen Gesellschaften Brücken zwischen den historisch verfeindeten und in
ihren Weltanschauungen oft exklusiven Zivilisationen bilden
könnten. Aber ähnlich wie ich sieht auch er die Gefahr, daß Migranten eine »sektiererische Enklave ... im Westen, die ihm nicht
zugehört«, bilden könnten. Ich spreche lieber von Ghettos.

Ein auf die Bildung kommunitaristischer Strukturen innerhalb
Europas gerichteter Ghetto-Islam wird im Gegensatz zum integrati-
ven Euro-Islam den Konflikt zwischen beiden Zivilisationen
schüren, anstatt ihn zu entschärfen (hierzu mein Essay *Wider den
Ghetto-Islam*, in: *FOCUS* vom 21. April 1997). Der »Schleierkrieg« in
Frankreich war ein Zivilisationskonflikt.[31] Auch die türkische Sozio-
login Nilüfer Göle deutet in ihrem Buch: *The Forbidden Modern. Civilization and Veiling* (Ann Arbor 1996) den Schleier als »Emblem
des Islamismus« im westlich-islamischen Zivilisationskonflikt.

Ausländerfeindlichkeit auf seiten der Europäer und ethnisch-
religiöser Rechtsradikalismus auf seiten der nicht-europäischen
Migranten vertiefen die Barrieren zwischen den Zivilisationen im
Zeitalter der Migration; beide Richtungen spielen einander in die
Hände! Es ist falsch und folgenreich, nur die eine Gefahr zu sehen
und die Augen vor der anderen zu verschließen.

28

Den Zusammenhang von Migration und Zivilisationskonflikten anzusprechen, ist die heikelste Domäne dieses Gegenstandes, weil man hier Tabus brechen muß und sich von Rechtsradikalen beider Konfliktparteien abzugrenzen hat. Aber ein »Heilmittel«, sprich eine Lösung, wird benötigt, und deswegen muß hierüber gesprochen werden. Jeder Wahl eines Heilmittels muß zunächst die Diagnose vorausgehen. Hierzu will dieses Buch beitragen.

Weil die schon länger geführte Debatte über den anstehenden Gegenstand erst durch Huntingtons These vom Zivilisationskonflikt an Brisanz gewonnen hat und populär geworden ist, werde ich sie im folgenden Abschnitt näher erörtern. Danach werde ich, über Huntington hinausgehend, nach Wegen suchen, die diese von ihm realpolitisch aufgezeigten »Frontlinien des Konflikts« zu entschärfen vermögen. Oberflächlich betrachtet ähnelt meine Diagnose in gewissen Punkten der Huntingtons, aber meine Vorstellung von einer politischen Lösung ist eine ganz andere. Im Zivilisationskonflikt will ich helfen, Brücken zu schlagen; schließlich gehöre ich zwei Zivilisationen an, so daß ihr Frieden zugleich mein innerer Frieden ist.

Huntingtons These vom »Zusammenprall der Zivilisationen«

Einleitend möchte ich hervorheben, wie zweischneidig Huntingtons Beitrag zu der in diesem Buch aufgegriffenen Problematik ist: Er hat der Thematik zu einer nie erhofften Prominenz verholfen, aber unsere Arbeit leider dadurch erschwert, daß jeder, der über diesen Gegenstand arbeitet, als »Kulturkämpfer« verfemt werden kann. Das liegt nicht nur an einigen problematischen Schlußfolgerungen sowie an den auf den Islam bezogenen unglücklichen Formulierungen Huntingtons. Seine »Sünde« besteht vielmehr darin, daß er eine tabuisierte Thematik in einer sehr offenen Form angesprochen hat. Daraus folgte dieser Mechanismus: PC-Sittenwächter verteufeln Huntington als Feind Nummer eins. Jeder mißliebige Autor wird dann in die Nähe von Huntington gebracht und entsprechend »exekutiert«. Ich möchte gleich einleitend klarstellen, daß ich die Position von Huntington nicht vertrete, aber die Methode der Verteufelung seiner Person schlicht verabscheue. Ich habe schon einen protestantischen Gesinnungsethiker aus der *Evangelischen Rundschau* zitiert, der meine Argumente mit dem Satz abfertigt, ich sei »ein Schüler Huntingtons«. Demnach stehe ich also in der Nähe des »Teufels« und gelte, dämonisiert zu werden. Auf dieses primitive Niveau möchte ich mich nicht herablassen.

Samuel P. Huntington ist ein prominenter Harvard-Professor für Internationale Beziehungen; er ist nicht mein Lehrer, sondern ein geschätzter Fachkollege. Sein Versuch, den Zivilisationskonflikt zu erläutern, ist auch in Deutschland breit diskutiert worden, und ich habe in zwei *FAZ*-Artikeln erheblich zu dieser Diskussion beigetragen.[32] Sein Aufsatz vom Sommer 1993 hat eine internationale Debatte ausgelöst. Bei der ersten Auflage meines vorliegenden Buches von 1995 habe ich mich zwar positiv zu Huntington geäußert, jedoch gleichzeitig schon im Vorwort deutlich gemacht, daß unsere Ansätze grundverschieden sind und wir zudem ganz unterschiedliche Belange verfolgen.

Nachdem Huntington seinen Aufsatz von 1993 zu einem 1996 veröffentlichten Buch (Wien 1996, New York 1996) entwickelt hatte, bin ich mit meinem ein Jahr zuvor (1995) vorgelegten *Krieg der Zivilisationen* mehrfach, und zwar nicht in guter Absicht, in seine Nähe gerückt worden. Seitdem stehe ich stark unter Druck, den Ansatz dieses Buches näher zu erläutern: Die Formel »Zusammenprall der Zivilisationen«, die die Deutschen mit »Kulturkampf« falsch übersetzen, teile ich, nicht aber Huntingtons sicherheitspolitisch motivierte Bemühung, die Konfliktpotentiale in den Beziehungen zwischen den Zivilisationen als Grundlage für eine Weltordnung zu verwenden. Die Bedeutung der Zivilisationen und die mögliche Wirkung der Unterschiede zwischen ihnen auf die Weltpolitik des postkommunistischen Zeitalters wurde bereits von Aron 1962 vorausgesagt (vgl. Motto S. IX und Kap. 7). Somit ist Huntingtons zentrale Aussage, daß nach dem Ende des Kalten Krieges eine neue Form des internationalen Konflikts eingetreten ist, nicht neu.

In meinen früheren Arbeiten habe ich seit 1981 (*Die Krise des modernen Islams*, München 1981, dritte Auflage Frankfurt/M. 1991) mehrfach vom Bewußtsein der Menschen von ihrer Zugehörigkeit zu einer Zivilisation am Beispiel des Islam und von der kulturellen Dimension der internationalen Beziehungen berichtet (dort S. 22–78). Meine These war und ist seitdem: Fundamentalisten grenzen sich auf dieser Basis von den Menschen ab, die einer anderen Zivilisation angehören. Dieses Bewußtsein ist nicht neu, es wurde in der alten weltpolitischen Konstellation nur in den Hintergrund gedrängt.

Im Gegensatz zu mir befaßt sich Huntington auch mit anderen Zivilisationen; er nennt sieben, in zahlreiche lokale Kulturen untergliederte große Zivilisationen: den Westen, den Islam, den Konfuzianismus, die japanische Zivilisation, den Hinduismus, die orthodox-slawische Zivilisation und den Latino-Amerikanismus; er läßt dabei offen, ob Afrika als eine Zivilisation gelten kann. Aufgrund meiner eigenen Erfahrungen bei der Ausbildung von Diplomaten in Afrika während der achtziger Jahre glaube ich, daß es schwierig ist, eine zivilisatorische Klammer für die vielen, miteinander nicht verbundenen Lokalkulturen Schwarzafrikas zu finden. Somit gruppieren sich die schwarzafrikanischen Kulturen nicht zu einer Zivilisation. Es wäre zudem rassistisch, eine Zivilisation an der Hautfarbe ihrer Angehörigen festzumachen. Ich möchte zunächst meinen eigenen Ansatz erläutern, ehe ich näher auf Huntington eingehe.

Meine eigene These lautet: In unserem Zeitalter kommen die Menschen durch die Globalisierung im Sinne struktureller Vernetzung einander näher, aber das neue Bewußtsein von der eigenen Zivilisation schafft gleichzeitig Barrieren zwischen ihnen und trennt sie wieder. Meine Leser sind bereits mit meinem Argument vertraut, daß die vereinheitlichenden Tendenzen der Globalisierung kulturell durch Fragmentation unterbunden werden. Der Grund hierfür ist, daß Menschen aus unterschiedlichen Zivilisationen sich voneinander abgrenzen (vgl. Kap. 7). Dieses Argument wird in der Formel von der »Gleichzeitigkeit von struktureller Globalisierung (im Bereich der Politik, Ökonomie, Kommunikation und des Transports) und kultureller Fragmentation« (vgl. Anm. 26) auf den Begriff gebracht. Mit anderen Worten: Ich versuche, das Phänomen zu erfassen, daß die Menschheit, obgleich sie so nah wie noch nie zuvor in der Weltgeschichte zusammengerückt ist, trotzdem in Gruppen und Grüppchen zerfällt. Der Grund dafür ist, daß jede Einheit sich lokal als Kultur zusammensetzt und sich auf einem höheren Level als eine Zivilisation begreift. Das Bewußtsein hiervon untermauert ihr Anderssein gegenüber den anderen, das bei Konflikten aggressiv zum Ausdruck kommt.

Nun zu dem Beitrag von und zu dem Unterschied gegenüber Samuel P. Huntington: Er nennt zivilisatorische Abgrenzungen *faultlines of conflict between the civilizations*/Frontlinien des Konflikts zwischen den Zivilisationen. Er zeigt, daß jede Zivilisation ihre eigene, alle Bereiche des Lebens umfassende und bestimmende Weltsicht hat, die sie nicht nur von den anderen unterscheidet, sondern leider auch trennt und die somit zum Konfliktpotential wird. Aus einer eurozentrischen Perspektive sieht Huntington in Kriegen früherer weltgeschichtlicher Epochen solche zwischen Königen (vor 1789); dann im Zeitalter der Französischen Revolution wurden sie zu solchen zwischen Nationen und schließlich nach 1945 zu solchen zwischen Ideologien (Kalter Krieg). In unserer Gegenwart, so glaubt Huntington, tritt die Menschheit in ein neues historisches Zeitalter – er nennt es die Epoche der Kriege zwischen Zivilisationen. Er meint nicht weltanschauliche Konflikte, wie sie in diesem Buch thematisiert werden. Huntington hat noch Sicherheitspolitik militärischen Musters im Sinn und spricht deshalb von einem möglichen »Dritten Weltkrieg zwischen den Zivilisationen«. Meine Position ist eine ganz andere!

Bei der sachlichen Auseinandersetzung mit Huntington – abseits der primitiven Verteufelungen seiner Gegner – habe ich drei zentrale Kritikpunkte an seiner Sicht des Zivilisationskonflikts:

1. Wenn die zitierte Periodisierung der Geschichte überhaupt zutrifft, dann wohl nur auf Europa. Die Tatsache, daß es eine europäische Eroberung der Welt im Rahmen des europäischen Expansionismus gegeben hat, durch die die Weltgeschichte eine Globalgeschichte geworden ist, übergeht Huntington völlig. Zeit und Ort der zitierten Geschichtsbetrachtung, unabhängig davon, ob sie stimmt oder nicht, sind auf Europa bzw. den Westen bezogen. Huntington will den Eurozentrismus überwinden, indem er die Augen dafür öffnet, daß andere Sichtweisen bestehen. Leider bleibt er aber völlig dem Eurozentrismus verhaftet.

2. Huntington verwechselt Zivilisation mit ihrer Politisierung durch den Fundamentalismus. Beispielsweise macht er keinen Unterschied zwischen Islam und Islamismus/Fundamentalismus.

3. Zivilisationen haben keine Armeen und können folglich keine Kriege führen. Der angesagte »dritte Weltkrieg zwischen den Zivilisationen« ist aus diesem Grunde eine Fehlanzeige!

Huntington erkennt richtig, daß der zentrale Zivilisationskonflikt jener zwischen dem Islam und dem Westen ist. Der bereits angegebene Grund hierfür ist, daß diese beiden im Gegensatz zu anderen Zivilisationen, z. B. dem Hinduismus, über jeweils eigentümliche, universelle, die Werte der anderen in Frage stellende Weltanschauungen verfügen und einen hierauf bezogenen, jahrhundertealten Konflikt haben. Das bedeutet, daß beide für ihre zivilisatorischen Visionen einen weltweiten Anspruch erheben und dies schon immer getan haben, so daß sie einander unausweichlich ins Gehege geraten.

Trotz seiner heftigen Sinnkrise repräsentiert der Westen noch kraft seiner Wissenschaft und Technologie die mächtigste Zivilisation der Welt. Dies wird aber nicht von Dauer sein. Huntington ist im Recht, wenn er sieht, daß der Westen schwächer wird. Das ist der globale Prozeß, der in der angeführten Forderung nach einer Entwestlichung der Welt resultiert. Hierbei bieten Vertreter des politischen Islam als Gegenuniversalisten die islamische Zivilisation als eine Alternative an. Doch verwechselt Huntington islamische Fundamentalisten, d. h. Islamisten, mit Muslimen schlechthin. Leider weiß Huntington wenig über den Islam und erkennt nicht, daß die Islamisten durch ihre politisch-religiöse Rhetorik nur ihren Anspruch auf politische Führung artikulieren und hierfür die Aneignung moderner Wissenschaft und Technologie anstreben.[33] Fundamentalismus ist die Politisierung der Weltanschauungen der religiös definierten Zivilisationen, nicht die jeweilige Zivilisation selbst – auch dies sieht Huntington leider nicht.

Im folgenden möchte ich die postbipolare Welt kurz beschreiben und in diesem Rahmen fragen, ob Huntington ihren Wandlungen gerecht wird. Das Ende des Kalten Krieges als eine Form des globalen Konflikts erweckte zunächst die Hoffnung, daß die zahlreichen regionalen Konflikte in unserer Welt entschärft werden könnten. Nach dem Ende der Bipolarität, das heißt nach dem Ende jener Zeit, als noch die Sowjetunion und die USA als die zwei rivalisierenden Pole der Weltpolitik galten, endete der globale Konflikt. Aber heute gibt es mehr regionale Konflikte als je zuvor; sie haben sich vermehrt, nicht verringert. Konflikte treten in unserer Gegenwart in einer anderen Konfiguration auf – dies hat Raymond Aron schon 1962 in seinem im Motto zum Vorwort (vgl. S. IX) zitierten Buch vorausgesehen. In der Zeit des Ost-West-Konflikts waren alle weltpolitischen Konflikte eingebettet in den Wettbewerb der beiden damaligen Supermächte.[34] Mit dem Wegfall der globalen Dimension bleibt die regionale Eigendynamik erhalten[35], aber auch sie ist in globale Strukturen einge-ordnet.

Seit der Auflösung der weltpolitischen Blöcke brechen die an-geführten regionalen Konflikte zunehmend aus; sie sind brutaler und weniger kontrollierbar geworden. Den neuen Charakter die-ser Konflikte, wie beispielsweise die bereits angeführten Kriege auf dem Balkan und im Kaukasus, können Experten für Weltpoli-tik, die auf die bisherigen politischen Blöcke der Bipolarität fixiert waren, nicht mehr überzeugend erklären. Huntingtons These von den Frontlinien des Konflikts zwischen den Zivilisationen und deren Auswirkungen auf das Entstehen weltpolitischer Konflikte unterscheidet nicht zwischen globalen und regionalen Konflik-ten, auch leistet sie keine Vermittlung zwischen der globalen Di-mension der Weltpolitik und der Regionalisierung unserer post-bipolaren Welt.

Trotz dieser Kritik weigere ich mich, mich dem Chor der Pole-miker anzuschließen, die Huntington verteufeln. Das ist falsch und ungerecht. Huntington ist ein international bedeutender Wissenschaftler, der ein Erklärungsmodell vorlegt, das seriös und kritisch, aber nicht polemisch mit Verteufelungsmethoden zu diskutieren ist.

Für Experten der Weltpolitik war an Huntingtons Aussage überraschend, daß die »Hauptquelle des Konflikts weder eine ideologische noch eine ökonomische sein wird. Ein Zusammen-prall der Zivilisationen wird die Weltpolitik bestimmen.«[36] Hun-tington merkt kritisch und richtig an, daß man im Westen wenig über andere Zivilisationen, vor allem über den Konfuzianismus und den Islam weiß. Er fordert deshalb zur Revision und Erneue-rung der weltpolitischen Perspektiven im Westen und zur Über-windung des eurozentrischen Horizonts auf. Das ist eine sehr be-deutende Forderung an die internationale Politik aus der Feder eines sehr einflußreichen Vertreters seines Faches. Ich habe je-doch bereits gezeigt, daß Huntingtons Perspektive leider westlich zentriert bleibt. Menschen aus anderen Zivilisationen denken anders als Menschen, die der westlichen Zivilisation angehören; sie zu verstehen erfordert den Erwerb eines vertieften Wissens über ihre Weltanschauungen. Huntington erkennt diesen Bedarf richtig, erfüllt ihn aber nicht.

Im Westen, besonders unter den Experten für internationale Politik, fehlt das von Huntington geforderte Wissen weitgehend. Für mich als ein Nicht-Westler sind diese Aussagen einfache Selbstverständlichkeiten; leider aber nicht für die Mehrheit der Angehörigen der westlichen Zivilisation. Allein die Hervorhebung der Bedeutung von Weltanschauungen parallel zu der Argumentation, daß nur »Vernunft« Menschen aus unterschiedlichen Zivilisationen einander näher bringen kann, hat mir in der Zeitschrift der deutschen Politikwissenschaft, *Politische Vierteljahresschrift* (Bd. 1995, S. 765), die Einordnung in die Schublade »alte idealistische Vision« eingebracht. Unter diesen Umständen ist es Huntington – bei aller Kritik – zu danken, daß er auf die Bedeutung der Zivilisationen und ihrer Anschauungen aufmerksam gemacht hat. Leider ist er deshalb angeprangert worden. Man kann seine Schlußfolgerungen und manche seiner Vorurteile kritisieren, nicht aber seine Bemühungen, den Gegenstand »Zivilisationen« als zentrale Thematik in die internationale Politik einzuführen.

Bisher wurde die Konfliktstruktur des internationalen Systems als ein Zusammenspiel der existierenden Nationalstaaten in Ökonomie und Politik konzipiert. Um die Erweiterung dieser Struktur zu einer solchen, in die auch die Differenzen zwischen den Zivilisationen und ihren Weltanschauungen eingehen, zu erkennen, muß der Westen – laut Huntington – »profundere Kenntnisse erwerben, die helfen können, religiöse und weltanschauliche Orientierungen, die den anderen Zivilisationen zugrunde liegen, besser zu verstehen«. Damit unterstreicht er den bereits hervorgehobenen Bedarf an geisteswissenschaftlichen Grundkenntnissen über Zivilisationen (vgl. Anm. 11) bei den Experten der internationalen Beziehungen, die in dieser Domäne in der Regel oft ungebildet sind.

Huntington wird noch emphatischer und betont, daß die

»Weltpolitik in eine neue Ära« eintritt, die die Einbeziehung der Zivilisationen in das Studium der internationalen Politik unabwendbar macht. In dieser Ansicht stimme ich mit Huntington überein, die Erörterung der Details trennt uns dagegen, und zwar weitgehend. Dennoch lehne ich es ab, Huntington zu dämonisieren (vgl. Kap. 7) und bewahre meinen Respekt für ihn als einen der bedeutendsten Wissenschaftler des Faches »Internationale Beziehungen« unserer Gegenwart.

Demokratie ist kein universeller Wert, doch eine wichtige Brücke

Die Debatte mit Huntington ist viel älter als die These vom Zusammenprall der Zivilisationen. Die neue Sicht klingt weniger euphorisch als die seines zuvor, im Jahre 1991, erschienenen Buches *The Third Wave*, worin er sehr zuversichtlich eine dritte Welle der weltweiten Demokratisierung ankündigt.

Der ersten Welle der Demokratisierung nach der Französischen Revolution folgte, laut Huntington, eine weitere nach dem Zweiten Weltkrieg.[37] Die dritte Welle der Demokratisierung in unserer Gegenwart leitet Huntington aus wirtschaftlichem Wachstum und der diesen Prozeß begleitenden Modernisierung ab. Das Ende des Kommunismus reiht sich in das Ende des Feudalismus bzw. des Faschismus ein und ebnet den Weg für die »Dritte Welle der Demokratisierung«. War dieser Optimismus je begründet?

Bei der Beantwortung dieser Frage ist eine Hintergrundgeschichte, die die Debatte zwischen Huntington und mir betrifft, berichtenswert. Als ein Mensch aus dem Orient, für den Loyalität ein fester Bestandteil seines Ehrenkodexes ist, bleibe ich Huntington, auch wenn ich von seinem neuen Ansatz Abstand nehme, dafür dankbar, daß er seit 1982 meine Verbindung zu Harvard, das mir eine sehr wichtige wissenschaftliche Heimat geworden ist, ermöglicht und mehrfach gefördert hat. Viele meiner Bücher sind während der achtziger und neunziger Jahre in Harvard entstanden und verdanken dem dortigen akademischen Milieu, das mir in Deutschland fehlt, zentrale Anregungen.

Im Rahmen des an der Harvard University von den Professoren Samuel Huntington und Myron Weiner geleiteten Kolloquiums über politische Entwicklung, bei dem sich einmal im Monat ein ausgewählter Kreis von Professoren der Boston/Cambridge-Region zur Diskussion trifft, bat mich Professor Huntington im Frühjahr 1991, ein Referat über Demokratisierung im Nahen Osten nach dem Golfkrieg[38] zu halten. Damals, bevor Huntington die These vom Zivilisationskonflikt entwickelte, widersprach ich in meinen Ausführungen seiner optimistischen Einschätzung von einer »dritten Welle der Demokratisierung« mit der Begründung, der erstarkende islamische Fundamentalismus wirke diesem Prozeß entgegen. In jener Zeit war ich parallel zu meiner Tätigkeit in Harvard (u. a. als VW-Harvard-Fellow) Mitglied des *Fundamentalism Project* der American Academy of Arts and Sciences. Im interkulturellen und interdisziplinären Team-Work mit Wissenschaftlern aus aller Welt habe ich dort gelernt, wie unterschiedliche Fundamentalisten ihre Religion politisieren und hierbei politische Anschauungen vorbringen, die im Widerspruch zu jeder Demokratisierung stehen. Diese Fundamentalisten sind Vertreter ihrer jeweiligen Zivilisationen.

Demokratie und individuelle Menschenrechte, so führte ich bei dem Harvard-Kolloquium aus, beruhten auf einer westlichen Tradition, deren Verbreitung in der Welt des Islam und anderswo in nicht-westlichen Teilen der Welt an kulturell-weltanschauliche Barrieren stoße. Man könne nicht allein Indikatoren des wirtschaftlichen Wachstums und der Modernisierung als Maßstab für die Demokratisierung heranziehen. Ich brachte meine in dieser Einleitung skizzierte Vorstellung von zivilisatorischen Weltanschauungen vor. Huntington reagierte seinerzeit, zweieinhalb Jahre vor dem Erscheinen seines Aufsatzes in *Foreign Affairs* (vgl.

Anm. 9 und 32), auf diesen Einwand wie stets intellektuell offen, aber doch ziemlich skeptisch.

Im Westen glaubte man zu jener Zeit – Frühjahr 1991 –, der Golfkrieg würde im Nahen Osten Prozesse der Demokratisierung auslösen. Angesichts der bedauerlichen Tatsache, daß westliche Beobachter orientalische Sprachen zumeist nicht beherrschen und somit weder die dortige Presse lesen noch die intellektuellen Debatten in der Welt des Islam verfolgen können, wußten sie damals und wissen sie heute immer noch nicht, daß der zweite Golfkrieg von Muslimen – unabhängig von Huntington – als ein Zivilisationskrieg wahrgenommen worden ist. Seinerzeit war ja noch gar keine Rede von Huntingtons *Clash of Civilizations*. Obwohl wichtige arabische Länder (Ägypten und Syrien parallel zu den Golfrat-Staaten) auf westlicher Seite standen, wird der Feldzug gegen den Irak in der islamischen öffentlichen Meinung als ein »Kreuzzug der Christenheit gegen die Welt des Islam«[39] gesehen. Diese Linie wurde bei der islamischen Wahrnehmung des Balkankrieges (vgl. Anm. 8) weitergesponnen, um auch den Mord an bosnischen Muslimen in einen globalen Zivilisationskonflikt zwischen dem Islam und dem Westen einzuordnen.

Unter Berücksichtigung dieser Tatsachen ist der mehrfach an Huntington gerichtete Vorwurf, zu einer gegen den Islam gerichteten Feind-Fixierung beizutragen, nicht korrekt. Es waren und sind immer noch islamische Fundamentalisten, nicht Huntington, die vom Zusammenprall Islam/Westen reden. Die Kritiker verraten durch ihre Unterstellungen, wie wenig sie über Wandlungen in der Weltpolitik wissen und daß sie mit jenen öffentlichen Debatten im islamischen Orient, in denen Muslime ihrerseits die Spannung zwischen Islam und Westen als einen Zivilisationskonflikt wahrnehmen,[40] selbst nicht vertraut sind. Doch ist an Huntington zu kritisieren, daß er den Zivilisationskonflikt zwar richtig anzeigt, seinem Versuch jedoch leider der Mangel anhaftet, daß er keine Strategien für den Umgang mit dem festgestellten Konflikt zwischen den Zivilisationen bietet. In seinem

Buch von 1996 (deutsche Ausgabe, S. 524–531) schreibt er nur wenige Seiten über die »Gemeinsamkeiten der Kulturen«. Die »Frontlinien« bleiben im Mittelpunkt seines Denkens.

Abweichend von Huntington möchte ich ausführen, daß der Zivilisationskonflikt den in friedenspolitischer Absicht geführten Dialog zwischen den mit historischer Feindschaft belasteten Zivilisationen erforderlich macht. Bei einem solchen Dialog geht es um einen Konsens über kulturübergreifende Normen und Werte sowie Spielregeln der Konfliktlösung. Demokratie gleichermaßen als Regierungssystem und Lebensform ist zwar nicht universell, aber doch eine wichtige Brücke zwischen den Zivilisationen. Aber im Vorfeld der Brückenbildung muß man zuerst begreifen, daß sich die Weltpolitik unserer Epoche um den Zivilisationskonflikt – wenngleich anders als Huntington vermutet – zentriert. Erst danach kann man nach den Mitteln der Konfliktbewältigung sowie den Gemeinsamkeiten suchen. In meiner Klarstellung der christlichen Verwechselung von Toleranz, Dialog und Nächstenliebe habe ich bereits in dieser Einleitung erläutert, daß der Dialog eine harte Auseinandersetzung einschließt; er ist ganz gewiß keine gegenseitige Beweihräucherung. Nur ein seriöser Dialog kann Resultate zeitigen.

Eine Komponente des Dialogs ist ein Konsens über die Annahme einer universellen Geltung der Demokratie. Anders als Huntington in seinem neuen Denken nach 1993 war ich und bin ich immer noch der Auffassung, daß Demokratie als Brücke zwischen den Zivilisationen dienen kann. In diesem Sinne habe ich bei einem von Michèle Schmiegelow geleiteten und an der Université Catholique de Louvain durchgeführten, von der Japan Foundation geförderten Projekt mitgewirkt, das im sechsten Kapitel (vgl. S. 279 ff.) näher gewürdigt wird. Kants Entwurf vom »ewigen Frieden« wird besonders in den USA zu einer These vom »demokratischen Frieden« erweitert (vgl. Bruce Russett, *Grasping the Democratic Peace*, Princeton/N. J. 1993). Unter der Leitung von Prof. Schmiegelow haben wir diese Debatte auf Asien übertragen. Hierbei habe ich argumentiert, daß Islam und Demokratie in Einklang gebracht werden können (inzwischen ist das Buch erschienen: Michèle Schmiegelow (Hg.), *Democracy in Asia*, New York 1997, mein Beitrag auf S. 127–146).

Mit der zitierten These, daß Islam und Demokratie vereinbar sind, werfe ich die Grundposition dieses Buches über weltanschauliche Zivilisationskonflikte nicht über Bord. Aber im Sinne der Entfaltung von zwei Szenarien – so wie in der Überschrift zu dieser für die Heyne-Ausgabe von 1998 neugeschriebenen Einleitung – entwickle ich einen Gegenentwurf zu Huntington. Er stellt zivilisatorische Unterschiede fest und leitet auf deren Basis einen deterministischen Zusammenprall der Zivilisationen ab. Daraus schlußfolgert er in dem Buch von 1996 den Bedarf, eine neue Weltordnung der Zivilisationen aufzubauen. Sein Entwurf ist eine Weltordnung für das 21. Jahrhundert.

Im Gegensatz zu Huntington stelle ich fest, daß Fundamentalisten in allen Zivilisationen gerade die Weltanschauungen politisieren, womit sie einen weltanschaulichen Krieg der Zivilisationen ermöglichen. Als Alternative dazu plädiere ich für den Kulturdialog, auf dessen Basis eine internationale Moralität, d. h. ein Konsens über eine realpolitisch machbare begrenzte Universalität von Normen und Werten erreicht werden kann. Demokratie und Menschenrechte sind die Alternative zum Fundamentalismus, wie ich in meinem Beitrag zum zitierten Schmiegelow-Band und auch in meinem neuesten parallel zu dieser Heyne-Ausgabe erscheinenden amerikanischen Buch *The Challenge of Fundamentalism: Political Islam and the New World Disorder* (University of California Press 1998) argumentiere.

Kurzum: Demokratie könnte helfen, eine Brücke zwischen den Zivilisationen zu schlagen, und globale Demokratisierung wäre im Sinne des Kant'schen »demokratischen Friedens« der Weg, um einen Krieg der Zivilisationen abzuwenden. Der Krieg der Zivilisationen ist ein Krieg der Fundamentalismen.

Jedes Modell hat seine Gegner und einen Gegenentwurf. Die Revolte fundamentalistisch geprägter nicht-westlicher Zivilisationen gegen den Westen bietet bedauerlicherweise das Gegen-modell zur Demokratisierung. So ist der politische Islam durch eine Zurückweisung der Demokratie und der individuellen Men-schenrechte, eben weil diese als westliche Konzepte wahrgenom-men werden, zu charakterisieren.[41] Ich stimme nicht mit John Voll/John Esposito (*Islam and Democracy,* New York 1996) über-ein, daß der Islamismus der »islamische Weg zur Demokratie« sei. Das ist deshalb falsch, weil der religiöse Fundamentalismus eine Spielart des Totalitarismus ist.

Ich warne davor, die anstehende Problematik allein am Islam festzumachen. In diesem Zusammenhang möchte ich den Besuch des chinesischen Ministerpräsidenten Li Peng im Juli 1994 in Deutschland und die chinesische Reaktion auf die deutschen Pro-teste gegen die Verletzung der Menschenrechte in China an-führen. Diese asiatische Einstellung ist zwar kein Fundamentalis-mus, aber doch eine Frontstellung gegen den Westen und seine Werte; sie hat mit dem Islam nichts zu tun. Dennoch steht es den Europäern nicht zu, uns Asiaten über Demokratie zu belehren, so wie dies bei dem Li Peng- und später (1995) bei dem Suharto-Be-such in Bonn geschah. Demokratie als Brücke ist etwas anders als eine belehrende Verschreibung der westlichen Demokratie. In der zitierten, von der Japan Foundation geförderten Schmiege-low-Studie haben wir eine Förderung der Demokratie durch den Westen zwar nicht ausgeschlossen. Aber die Demokratisierung Asiens muß ein interner Prozeß sein, der von der dortigen Zivili-sation getragen wird.

Über den Tellerrand hinaus, ohne Scheuklappen

Neue Situationen erfordern neue Denkmuster. Zivilisationskon-flikte im Übergang zum 21. Jahrhundert sind in solch neue Situa-tionen eingebettet, die die Entfaltung neuer Perspektiven für das

Studium der Internationalen Politik herausfordern. Zu diesen Perspektiven zählt die Einbeziehung der Geisteswissenschaften in die – in Amerika an jeder Universität etablierte, aber in Deutschland immer noch nicht als eine selbständige Wissenschaft vorhandene – Disziplin der »Internationalen Beziehungen«. Die Regionalisierung der Weltpolitik, d. h. die Formung zivilisatorischer Staatensysteme (z. B. südostasiatische, arabische Staaten), im Zeitalter des »Zusammenpralls der Zivilisationen« macht es aber erforderlich, über den eigenen Tellerrand hinauszuschauen. Dazu gehört die schon erörterte Aufgabe, sich mit anderen Zivilisationen näher zu beschäftigen. Man sollte nicht nur moralisch Verständnis für andere Kulturen predigen, wie deutsche Intellektuelle es tun, sondern diese besser kennenlernen und sich ihnen in der Sache öffnen, statt ahnungslos und ohne spezifisches Wissen moralisierend über andere Kulturen und Zivilisationen zu sprechen.

Andere Zivilisationen kennenzulernen heißt, sich zu bemühen, ihre Weltanschauungen als Gegenstand für sich zu studieren, um sie verstehen zu können. Der Islam nimmt in diesem Rahmen eines Nachdenkens über die Zukunft des internationalen Systems sowohl wegen der Größe der Welt des Islam als auch wegen der universellen Orientierung seiner Gemeinschaft eine Schlüsselstellung in der Weltpolitik ein.

Vorab möchte ich für westlich denkende Leser unterstreichen: Die traditionellen, unter den Bedingungen unserer Gegenwart neu ins Leben gerufenen weltanschaulichen Differenzen zwischen dem Westen und dem Islam als zwei historisch durch *Djihad* und *Kreuzzug* verfeindeten Zivilisationen lassen sich nicht allein auf vorhandene ökonomische oder politische Konflikte zurückführen. Dieser »Reduktionismus« ist eine rein westliche, also materialistische Denkweise; die Differenzen beziehen sich auf miteinander *unvereinbare* Weltanschauungen und somit Weltbilder. Auf internationale Politik bezogen geht es – wie wir bereits gesehen haben – um unterschiedliche Vorstellungen von »Weltordnung«.

Auch ist der Bezugsrahmen der Zugehörigkeit zu einer Zivilisation unveränderbar: So konnte etwa ein »Kommunist« während des Kalten Krieges durch einen Frontenwechsel ein Vertreter der »freien Welt« werden; auch können arme Staaten (z. B. Singapur) durch Wirtschaftswachstum in die Klasse der reichen Staaten aufsteigen. Aber ein orientalischer Muslim kann nicht Europäer werden, ohne Grundsätzliches an seinen Normen und Werten sowie seiner kulturell vermittelten Weltsicht aufzugeben oder zumindest zu revidieren. Als ein Muslim, der zwischen unterschiedlichen Zivilisationen konfliktbeladen lebt, weiß ich, wovon ich spreche.[42] Individuelle Fälle einmal ausgenommen, kann es zwischen den Zivilisationen keine Mobilität geben. Die zivilisatorischen Differenzen beziehen sich auf Sprache, Geschichte, Kultur und vor allem auf Religion, und sie bilden sozusagen Barrieren bei der Formierung unterschiedlicher Weltsichten, auch wenn sie wandelbar sind. Damit bestreite ich keineswegs, daß Kulturen sich ständig verändern, ganz im Gegenteil. Aber kultureller Wandel hebt die Unterschiede zwischen lokalen Kulturen und regionalen Zivilisationen nicht auf. In bezug auf das Verständnis von identitätsstiftenden Bestimmungen von Gemeinschaft/Individuum, Freiheit/Pflichten, Gleichheit/Hierarchie u. a. im Rahmen von Religion, Geschichte, Sprache, Institutionen und Bräuchen begründen die zivilisatorischen Differenzen Trennungslinien, die nicht behoben, sondern bestenfalls – etwa durch Dialog und das Finden von Gemeinsamkeiten – entschärft werden können.

In diesem Zusammenhang möchte ich vor der Neigung warnen, gegenseitige Ablehnung bzw. Abgrenzung zwischen den unterschiedlichen Zivilisationen voreilig als »Rassismus« darzustellen. Denn die gegenseitige Ablehnung beruht auf der Wahrnehmung einer Unvereinbarkeit der weltanschaulichen Normen und Werte der jeweiligen Zivilisationen und hat mit »Rassen« nichts zu tun. So wird z. B. der Mensch entweder als Individuum oder alternativ als Teil eines Kollektivs bestimmt. Das ist eben nicht mit einer Einordnung in »Rassen« gleichzusetzen. Ohnehin sind »Rassen« eine

44

Erfindung von Rassisten, lokale Kulturen und regionale Zivilisationen sind dagegen eine Realität der Menschheit.

Ohne Scheuklappen über den Tellerrand hinauszuschauen, heißt nicht nur, nach Gemeinsamkeiten zwischen den Kulturen und Zivilisationen zu suchen, sondern auch, real bestehende, trennende Kräfte wahrzunehmen. Auf diese Weise können wir mit Unterschieden auf verschiedene Weise umgehen lernen. So graben islamische Fundamentalisten die Geschichte aus, um ihren Glauben daran zu untermauern, daß die Beziehungen zwischen Orient und Okzident durch »*Kreuzzug* und *Djihad*«, also im Rahmen der Huntington'schen »Frontlinien des Konflikts«, bestimmt worden seien. Dagegen gibt es die Dialogunwilligkeit als den entgegengesetzten Weg. Wir müssen beide Kräfte wahrnehmen und erkennen, daß islamische Fundamentalisten gar keinen Dialog wollen, wie folgende Aussage von zwei autoritativen islamistischen Autoren, Djarischa und Zaibaq, in ihrer weit verbreiteten Schrift illustriert:

> »Ein auf Annäherung zwischen Islam, Christentum und Judentum abzielender Dialog kann nur auf Kosten des Islam erfolgen, weil der Islam die einzig richtige Religion ist und die anderen falsch sind. Die Annäherung würde dazu führen, auf diesen Anspruch zu verzichten, und das bedeutet den größten Schaden für den Islam.«[43]

Harmonie ist schön und ist auch für mich einer der wichtigsten Sehnsüchte. Deshalb brauche ich aber nicht blind gegenüber den Brunnenvergiftern zu sein und solche zitierten Anschauungen zu übersehen. Das ist deshalb wichtig, weil das Szenario des Kulturdialogs ein Gegenszenario hat: den weltanschaulichen Krieg der Zivilisationen – also das Thema dieses Buches. Ich habe dieses Thema nicht erfunden! Ich untersuche eine bestehende Realität.

Bisher gehörte der Kulturdialog nicht gerade zur Domäne der Experten für Weltpolitik und der Wissenschaft der Internationalen Beziehungen. Wohl gehört aber die Konfliktdiagnose ebenso wie das Konfliktmanagement zu den Aufgaben der Analytiker weltpolitischer Krisen. Zu den Konsequenzen der Analyse des Zivilisationskonflikts gehört gewiß, daß der Kulturdialog als Friedensdialog die neue Form des »Konfliktmanagements« sein wird. Dafür trete ich schon seit zwei Jahrzehnten ein und schätze in diesem Sinne beispielsweise die Arbeit des Goethe-Instituts sehr hoch ein. Einen Dialog kann man aber nur mit jenen führen, die dialogbereit sind; islamische Fundamentalisten lehnen – wie belegt (vgl. Anm. 43) – den Dialog mit dem Westen kategorisch ab. Diese Kritik gilt auch für die exzentrische Selbstbezogenheit der Deutschen. Die eingangs angeführte Jahresveranstaltung der Deutschen Gesellschaft für Kommunikationswissenschaft und Publizistik »Deutschland im Dialog der Kulturen« war ein Dialog der deutschen gesinnungsethischen Intellektuellen mit sich selbst (dazu mein Artikel in der *FAZ*-Sonntagszeitung vom 1. Juni 1997, S. 4).

Ein Gegenmodell: Die Kulturarbeiter der Goethe-Institute sind die lobenswerten Ausnahmen von der Regel. Ihre Offenheit gehört aber keineswegs zu den Grundzügen der deutschen Gesellschaft. Ich bitte meine deutschen Leser um Toleranz für meine Offenheit.

Es ist wichtig, in diesem Zusammenhang anzuführen, daß ich den Begriff »Kulturdialog« gewohnheitsmäßig verwende, obwohl ich den Dialog zwischen den Zivilisationen meine. Im Gegensatz zu den stets lokal begrenzten Kulturen sind Zivilisationen[44] – wie ich schon ausgeführt habe – immer kulturübergreifend; sie vereinigen mehrere Kulturen in einem überregionalen Rahmen von Weltanschauungen. So gibt es – wie mehrfach gesagt – nur eine islamische Zivilisation, aber viele islamische Kulturen – oder Subzivilisationen. Eine einheitliche islamische Kultur gibt es nicht. Ich wiederhole diese Unterschiede auch auf die Gefahr hin, daß mir dies von Rezensenten zum Vorwurf gemacht wird. Denn ich habe mit großem Bedauern bei meinen Lesern – so jüngst bei der Alfred-Herrhausen-Gesellschaft-Broschüre zur Dialog-Veranstaltung mit Huntington *Kampf der Kulturen oder Weltkultur* (Frankfurt 1997) – feststellen müssen, daß diese wichtige Unterscheidung übersehen wird.

Diesen Abschnitt abschließend möchte ich unterstreichen: Über den Tellerrand hinausschauen heißt die Fähigkeit zu erlangen, andere Kulturen und Zivilisationen zu verstehen. Die Universität ist der Ort, wo die Eliten eines Landes gebildet werden. Dies führt zu der Forderung, an deutschen Universitäten eine Synthese zwischen Sozial- und Geisteswissenschaften anzustreben. In bezug auf den Islam sind neue westliche Islam-Studien erforderlich. Die bestehenden, mehr philologisch ausgerichteten Islam-Wissenschaften sind herausgefordert. Leider reagieren deutsche Islam-Kundler auf die neuen Herausforderungen defensiv mit Polemiken gegen ihre Kritiker. Dagegen stellte ich in meinen in der *Frankfurter Allgemeine Zeitung* veröffentlichten Gesprächen mit führenden Islam-Gelehrten in Harvard fest, daß diese nicht nur voller Einsichten, sondern auch höchst aufgeschlossen sind.[45]

Die konstruktive Antwort der Islam-Kunde auf die neuen Herausforderungen könnte – wie ich in dem soeben zitierten *FAZ*-Artikel vorschlage – die Umwandlung dieses traditionell philologischen Faches in eine historische und sozialwissenschaftliche »Islamologie« sein und somit ein Abschied von der traditionellen, auf die Philologie beschränkten Islam-Wissenschaft.[46] Ohne selbstgefällig zu sein, beanspruche ich, daß mein Lebenswerk *Der wahre Imam. Der Islam von Mohammed bis zur Gegenwart* (München 1996, zweite Auflage 1997), an dem ich zehn Jahre gearbeitet habe, ein Beispiel für die vorgeschlagene Islamologie bietet.

Wie die Brücken im Zivilisationskonflikt aussehen – Ist die Türkei ein Beispiel?

Vermittelnde Individuen können durch ihre Arbeit Brücken schlagen. Zu den benötigten Brücken zwischen den Zivilisationen gehören aber auch Staaten, die offen und laizistisch sind und somit Modelle bieten können. Früher galt die Türkei[47] als eine solche Brücke.[48] Heute ist die Eignung der Türkei für eine solche Brückenfunktion höchst umstritten geworden. Ich möchte dies am Beispiel einer Begegnung mit der früheren türkischen Ministerpräsidentin Tansu Çiller in dem Hause des Präsidenten der Harvard Universität erläutern.

Die an einer amerikanischen Universität promovierte Tansu Çiller sagte ihren Harvard-Kollegen bei dem angeführten Gespräch mit Nahost- und Islam-Experten, daß sie von der Wissenschaft zur Politik übergewechselt sei, um ihre Ideale durchsetzen zu können: Die Türkei wolle zum Westen gehören und Mitglied der europäischen Völkerfamilie werden. Das klingt vielversprechend. Doch folgten dem Taten? Vor der Beantwortung dieser Frage möchte ich den Anspruch von Frau Çiller vorstellen. In ihrer Rede hatte Çiller es explizit auf die These von Samuel P. Huntington abgesehen; sie wandte sich dagegen, die kemalistische Türkei in den »Zusammenprall zwischen den Zivilisationen« einzubeziehen. Tansu Çillers Anspruch ist, daß die Türkei eine Brücke zwischen den Zivilisationen sei.[49] Was hat diese Politikerin zur Erfüllung dieses Anspruchs getan?

In meinem ebenfalls bei Heyne erschienenen Buch *Aufbruch am Bosporus* zeige ich, daß die Türkei nach dem Ende des Ost-West-Konflikts an geopolitischer und zivilisatorischer Bedeutung zugenommen hat. Solange in der Weltpolitik noch drei Blöcke (die bisherigen drei Welten) dominierten, gehörte die Türkei der »Dritten Welt« und gleichzeitig, als Nato-Mitglied, dem westlichen Block an. In unserer Gegenwart ist eine andere politische Blockbildung entlang den Zivilisationen im Entstehen begriffen.

Die Bestimmung der Identität der Türkei ist der zentrale Gegenstand der innertürkischen Richtungskämpfe. Ist die Türkei islamistisch, wie türkische Fundamentalisten es wollen? Oder ist sie pantürkisch vom Balkan bis Westchina, also eine Sub-Zivilisation, die Pantürkisten Ostturkestan nennen? Oder ist sie europäisch, wie laizistische Kemalisten es gerne sehen möchten? Bei der Suche nach einer Antwort auf diese Fragen kann man von der Türkei angesichts der dort bestehenden Richtungskämpfe nicht mehr als von einem homogenen Block sprechen.

Nach diesen Ausführungen nun zurück zu Tansu Çiller. In Harvard hieß es, wie bereits Çiller zitierend angeführt worden ist: »Die Türkei ist eine Brücke zwischen den Zivilisationen.« Nach diesem Bekenntnis richtete Frau Çiller dann eine scharfe Kritik an die Adresse der Europäer, die ihre Zustimmung zum türkischen Wunsch nach Zugehörigkeit zur europäischen Familie verweigern. Wörtlich führte sie im November 1993 aus:

> »Sollte die Europäische Gemeinschaft auch in Zukunft ein ›christlicher Club‹ bleiben, dann wird eine solche Politik nur zur Grenzziehung zwischen den Zivilisationen und zur Ausgrenzung der Türkei aus Europa beitragen.« (vgl. Anm. 49)

Drei Jahre später, im Sommer 1996, als Frau Çiller mit den Fundamentalisten eine Koalitionsregierung bildete, erwiesen sich diese Werte als reine Rhetorik.

Auf meine seinerzeit im November 1993 an Frau Çiller gestellte Frage, was denn die türkische Regierung zur Erfüllung der kemalistischen Prinzipien der Säkularität, z. B. gegen die abscheuliche »nicht-europäische« (Un-)Tat der leibhaftigen Verbrennung von 37 säkular orientierten türkischen Schriftstellern in der Stadt Sivas[50] durch türkisch-islamische Fundamentalisten Anfang Juli 1993 unternommen habe, versuchte Frau Çiller abzulenken und schweifte aus; sie sprach statt dessen von dem Mord an Muslimen im Balkan.[51] Dann kam sie auf das Thema zurück und unterstrich, daß ihre Regierung das Ruder fest in der Hand habe und – attestiert durch demokratische Wahlen – die Zustimmung der Bevölkerungsmehrheit genieße.

Frau Çiller behauptete im November 1993, die anti-westlichen Fundamentalisten in ihrem Lande seien eine Minderheit, die höchstens zehn Prozent der türkischen Wähler hinter sich habe. Die türkische Politikerin sicherte ihren westlichen Gesprächspartnern zu, daß die Fundamentalisten niemals an die Macht kommen würden, solange sie, Tansu Çiller, am Ruder sei. Dieselbe Frau bot sich nach der Wahl vom Dezember 1995 als Sprungbrett für die Refah-Partei der türkischen Fundamentalisten an und bildete – wie angeführt – im Juni 1996 eine Koalition mit den Fundamentalisten, die ein Jahr lang die Türkei regierte. Wem und was soll man glauben?

In Harvard ließ sich Frau Çiller noch als Garantin des Laizismus feiern. Der Nahost-Experte und Islam-Historiker Professor Roy Mottahedeh, der durch sein ins Deutsche übersetztes Buch *Der Mantel des Propheten*[52] auch dem deutschen Publikum bekannt ist, sagte in seiner Laudatio auf Tansu Çiller bei dem angeführten Treffen: »Feministinnen mögen stolz darauf sein, daß eine muslimische Frau Ministerpräsidentin geworden ist, wir Harvard-Professoren aber freuen uns, daß eine Kollegin von uns, also eine Professorin, dieses hohe politische Amt bekleiden darf.« Diese schmeichelhaften Worte können aber nicht darüber hinwegtäuschen, daß die jeweils unterschiedliche Stellung der Frau in der westlichen und der islamischen Zivilisation zum Konfliktpotential gehört.[53]

Ob Prof. Mottahedeh die zitierten Worte über Frau Çiller nach ihrer Bloßstellung als korrupte Politikerin wiederholen würde? Die Türkei bleibt – inzwischen mit einigen Einschränkungen – ein wichtiges Land für den Westen. Es ist gut für das Land, daß die Koalition von Tansu Çiller mit dem Fundamentalisten Erbakan durch die Regierung von Mesut Yilmaz im Juli 1997 abgelöst worden ist. Um sich jedoch für die Rolle einer wichtigen euro-islamischen Brücke im Zivilisationskonflikt zu eignen, muß die Türkei Klarheit über ihre Identität erlangen, auch ihre innere Zerrissenheit überwinden und die damit zusammenhängenden Konflikte friedlich lösen. Hierfür wird auch ein klarer Ausgang der Richtungskämpfe zwischen Kemalisten und Islamisten benötigt. Mein Buch »Aufbruch am Bosporus. Die Türkei zwischen Europa und dem neo-osmanischen Islamismus« (Diana Verlag, München 1998) beleuchtete diese Problematik.

Was tun gegen einen Krieg der Zivilisationen?

Bereits im Vorwort habe ich eingeräumt, daß der Titel dieses Buches, »Krieg der Zivilisationen«, manchen Leser irritieren mag. Aus diesem Grunde möchte ich abschließend den verwendeten Kriegsbegriff erläutern. Westliche Leser, gleich ob Laien oder Fachleute, assoziieren mit Krieg spontan einen bewaffneten Kampf organisierter Armeen im Rahmen einer Auseinandersetzung zwischen zwei oder mehr Staaten. Es mag deshalb eigenartig klingen, wenn der große Harvard-Professor für internationale Politik, Huntington, daran erinnert werden muß, daß die Zivilisationen keine Armeen für die Kriegführung hätten. Dies ist auch in der Debatte in *Foreign Affairs* geschehen.[54]

In bezug auf »Krieg« steht in außerwestlichen Zivilisationen nicht mehr der Staat im Mittelpunkt. So zeigt eine Statistik der Kriege seit dem Zweiten Weltkrieg, daß das westliche Muster des *zwischenstaatlichen Krieges* als Erklärungsmuster für unsere Gegenwart nicht mehr ausreicht. Der bekannte Kriegsforscher Kalevi Holsti, der 177 Kriege zwischen dem Westfälischen Frieden von 1648 und dem Ende des Kalten Krieges, 1989, studiert hat, kommt zu dem Ergebnis, daß

> »in der zweiten Hälfte des 20. Jahrhunderts, sich die Formen der bewaffneten Auseinandersetzung bis zu dem Punkt verändert haben, an dem wir nicht länger von Krieg als einer dem Staatensystem eigentümlichen Institution sprechen können ... Wenn Krieg einst eine Institution in dem Sinne war, daß er Normen, Regeln, Verkehrsformen und standardisierte Strategien und Taktiken etablieren half, so ist dies heute nicht länger der Fall. Die Anwendung von Gewalt für politische Zwecke reicht von Intifadas, Terrorismus und Guerillakriegen über friedenserhaltende Interventionen bis hin zu konventioneller Kriegführung zwischen staatlich organisierten Armeen«.[55]

Im vierten Kapitel dieses Buches wird gezeigt, daß selbst die Begriffe »Krieg« und »Frieden« heute keine allgemeine Bedeutung mehr haben, da Angehörige unterschiedlicher Zivilisationen jeweils einen anderen Sinn in sie hineinlesen. Geschichtlich haben

Muslime den Begriff Krieg/*Harb* immer nur für die Beschreibung aggressiver, gegen die Welt des Islam/*Dar al-Islam* gerichteter Handlungen verwendet, während sie für ihre eigene Gewaltanwendung zur Verbreitung des Islam den Begriff Öffnung/*Futuhat* gebrauchten. Mit anderen Worten, sie verstehen ihre eigene Gewaltanwendung also nicht als »Krieg« im westlichen Sinne.[56] Die Übersetzung des islamischen Begriffs des *Djihad* mit »heiliger Krieg« ist – wie im vierten Kapitel ausgeführt wird – eine westliche Wahrnehmung, nicht eine islamische. Denn *Djihad* bedeutet für Muslime »Anstrengung«, die allerdings auch eine mögliche Gewaltanwendung, oder – europäisch ausgedrückt – Krieg mit einschließen kann. Krieg, der von Muslimen geführt wird, heißt im Islam *Qital;* im Gegensatz hierzu heißt *Harb* Krieg der Ungläubigen gegen die Muslime, weshalb die außerislamische Territorialität *Dar al-Harb*/Haus des Krieges genannt wird. Mehr hierüber enthält das vierte Kapitel.

Aus der Feststellung der angeführten kulturellen Vielfalt will ich keine postmoderne oder multikulturalistische Denkweise schlußfolgern, so wie dies heute im Westen Mode geworden ist. Postmodernisten, Kulturrelativisten und Multikulturalisten lassen Begriffe wie »objektive Realität« oder »objektives Wissen« nicht mehr zu;[57] alles sei subjektiv. Ich nehme die modische postmoderne Chaos-Forschung in dem Bereich, über den ich arbeite, nicht ernst, ja, ich warne davor: In der internationalen Politik schließt »Chaos« einen »Krieg der Zivilisationen« ein. Wenn alles »chaotisch« wird und es keine objektiven Kriterien mehr geben kann, dann wäre es nicht mehr möglich, zwischen Ordnung und Unordnung, Krieg und Frieden in der internationalen Politik zu unterscheiden!

Bei der Verwendung des Begriffes Krieg will ich einerseits von der eurozentristischen Fixierung auf den Staat bei der inhaltlichen Füllung des Begriffes Abstand nehmen; andererseits kann ich nicht anerkennen, daß jede Zivilisation bei der Sinngebung beliebig und entsprechend ihrer eigenen Denkweise vorgeht.

Wenn wir den Weltfrieden anstreben wollen, müssen wir von den Vertretern unterschiedlicher, auch verfeindeter, Zivilisationen fordern, sich auf Normen und Werte sowie Verfahrensweisen des Umgangs miteinander und somit auf allgemeine Begriffe von Krieg, Frieden und Ordnung zu verständigen. Die postmoderne und multikulturelle Abschaffung von Verbindlichkeiten auf der Basis von »Wischi-Waschi-Begriffen« würde auf eine Hinnahme jenes von Huntington vorausgesagten Krieges der Zivilisationen hinauslaufen, besonders unter Kenntnisnahme der Tatsache, daß die *postmoderne und multikulturelle, d. h. kulturrelativistische Denkweise westlich ist und von Vertretern nichtwestlicher Zivilisationen, die einem Neo-Absolutismus anhängen, keineswegs geteilt wird.* Diese haben im Gegensatz zu Postmodernisten und Multikulturalisten ein ganz eigenes, distinktes Zivilisationsbewußtsein. Um nun zum Thema Krieg zurückzukehren: Jede Gewaltanwendung ist Krieg. Das ist allgemein verständlich. Und so sind die islamischen Eroberungen, die sogenannten *Futuhat,* auch *Djihad*-Kriege, wenn man von einem allgemeinen Kriegsbegriff ausgeht, obwohl dieser im Gegensatz zur islamischen Auffassung, die ich im vierten Kapitel darstellen werde, steht.

Wie aber verhält es sich mit dem »Krieg der Zivilisationen«? Wie können Zivilisationen Kriege gegeneinander führen, wenn sie keine Armeen haben? Krieg muß nicht immer mit Waffen geführt werden; er kann auch eine weltanschauliche Konfrontation zwischen Normen- und Wertesystemen unterschiedlicher Zivilisationen sein. Als es z. B. in Frankreich zu einer Auseinandersetzung mit den Muslimen über den Charakter der französischen Schulen kam, auf deren *laïcité*/Säkularität (Trennung zwischen Religion und Öffentlichkeit/Politik) die Franzosen bestehen, sprach die französische Presse von *La guerre de Tschador*/Tschador- bzw. Schleier-Krieg. Das war ein eskalierter Zivilisationskonflikt innerhalb der französischen Gesellschaft selbst. Wie Kalevi Holsti sagt, führt man Konflikte und Kriege eher mit seinen

Nachbarn, nicht mit fernen Mächten. Entsprechend ist der Frieden mit den Nachbarn, d. h. mit Muslimen gleichermaßen als Migranten und als benachbarte Zivilisation im südlichen und östlichen Mittelmeerraum, nicht nur ein intellektueller Entwurf, sondern vor allem ein existentielles Bedürfnis. Ich teile Holstis Bekenntnis zu einer der Aufklärung und nicht der Postmoderne verpflichteten Sicht der Politik, derzufolge allein auf der Basis von – für alle Menschen, ungeachtet der Zugehörigkeit zu einer Zivilisation – gültigen Normen, Institutionen und Verfahrensweisen die Gefahr »des Aufkommens von Kriegen zumindest reduziert werden kann«. Holsti führt dann aus:

> »Kriege sind Lernerfahrungen, und meist sollen die Entwürfe für Nachkriegsordnungen dazu dienen, die Wiederkehr des vorangegangenen Krieges und möglicherweise auch anderer Kriegstypen zu verhindern.«[58]

Holsti weiß aber, daß »Nachkriegsordnungen« nicht unbedingt einen Dauerfrieden mit sich bringen, obwohl sie versuchen,

> »neue internationale … Ordnungen zu schaffen und neue Normen zu entwickeln … Große Friedensvereinbarungen bilden die Voraussetzung für zukünftige Zeiten der Konflikte und Kriege … Der Frieden wird zum Vater des Krieges.« (Ebd.)

Wie lassen sich diese Erkenntnisse über das Studium des Krieges in der neueren Geschichte aber nun auf die Situation unserer Gegenwart, die durch den Zivilisationskonflikt charakterisiert ist, übertragen? Ohne sich diese Frage zu stellen, beobachtet Holsti als eine der zentralen Ursachen der Kriege in der außereuropäischen Welt, daß der moderne Nationalstaat dort keine Wurzeln schlagen konnte. Entsprechend schreibt er:

> »Die meisten von ihnen (den nicht-westlichen Nationalstaaten, B.T.) waren nicht in der Lage, die traditionellen rechtlichen Kriterien für Souveränität und Nationalstaatlichkeit zu erfüllen: ein genau abgegrenztes Territorium, die Kontrolle über eine seßhafte Bevölkerung, die Fähigkeit, internationale Vereinbarungen einzugehen, u. ä. m. … Diese Staaten sind häufig schwach in bezug auf verschiedene Formen

sozialer Kontrolle, Legitimität, fest etablierte Verfassungsprozeduren und Regeln für die Nachfolge von Regimen ... Fast alle Kriege seit 1945 haben in dem Gebilde, das wir unspezifisch als Dritte Welt bezeichnen, stattgefunden.«[59]

Diese Erkenntnis ist der Grund dafür, daß dieses Buch gleich in seinem ersten Kapitel mit dem Zerfall des säkularen, aber leider oft nur nominellen Nationalstaates in Asien und Afrika beginnt und diese Problematik in den Mittelpunkt des Zivilisationskonflikts rückt. Diese Vorgehensweise macht Sinn, wenn man berücksichtigt, was im Dschungel der großen Meinungsverschiedenheiten innerhalb der Kriegsforschung als Konsens gilt: nämlich die auf Kants Entwurf eines ewigen Friedens basierende Lehre, daß Demokratien keinen Krieg gegeneinander führen. Diese Tatsache hat die Zeitgeschichte seit 1945 nahezu voll bestätigt. Trennen wir also nach diesem Kriterium die Welt in eine Domäne stabiler Demokratien und eine andere nomineller sowie undemokratischer Nationalstaaten, und nehmen wir hierbei zur Kenntnis, daß in dem einen Weltteil Frieden und in dem anderen Krieg vorherrscht, dann erscheint der Gedanke nicht mehr abwegig, daß wir heute zwei oder gar mehrere internationale Systeme haben. Der eine Teil dieses internationalen Systems, der auf den Westen beschränkt ist, besteht aus demokratischen, zwischen Religion und Politik trennenden, sich vorwiegend nicht ethnisch, sondern auf der Basis der Staatsbürgerschaft definierenden Nationalstaaten, deren Grenzen mit ihrer gewachsenen Souveränität korrespondieren. Der andere Teil besteht aus formell souveränen, also nur nominellen Nationalstaaten, die nicht nur undemokratisch sind, sondern auch ethnisch willkürlich zusammengewürfelte Bevölkerungen beherbergen, die keine Gemeinwesen darstellen.

Die Analyse dieses nominellen Staatstyps wird der Inhalt des ersten Kapitels sein. Die fertige Schablone »Nord-Süd-Konflikt« kann die Spannungen zwischen beiden Teilen des internationalen Systems nicht erklären, eben deshalb, weil der Teil, den wir früher »Dritte Welt« genannt haben, sich heute in regionale Zivilisationen spaltet, die einander – zwischen- und binnenstaatlich (der Konflikt zwischen dem mehrheitlich hinduistischen Indien und dem muslimischen Pakistan und Hinduismus gegen Islam in Indien selbst) – bekriegen.

Die Formel dieses Buches »Krieg der Zivilisationen« ist eine Metapher. Die Neubelebung von ähnlich gelagerten, lokale Kulturen vereinigenden Normen- und Wertesystemen auf der Basis von Zivilisationen führt dazu, daß diese sich in unserem Zeitalter trotz aller Globalisierung exklusiv voneinander abgrenzen. Daraus folgt ein Krieg der Weltanschauungen. Kriegsforscher wie Holsti kennen dieses Muster nicht, auch wenn dieser auf der Basis seiner Untersuchung der mehrheitlich in den außerwestlichen Regionen stattfindenden Kriege nach 1945 feststellt, daß

> »es immer schwieriger wird, traditionelle eurozentrische Kriegs-Konzeptionen für entsprechende Forschungszwecke zu verwenden«.[40]

Diese Erkenntnis hat Holsti veranlaßt, ein neues, nach der Erstauflage von *Krieg der Zivilisationen* erschienenes Buch vorzulegen, das er *The State, War, and the State of War* (Cambridge 1996) nennt. Darin verabschiedet er sich von der universellen Gültigkeit des Clausewitz'schen Kriegsbegriffs, wonach nur bewaffnete Auseinandersetzungen organisierter Armeen von miteinander in Konflikt geratenen Staaten als »Krieg« anerkannt werden. Fast alle neueren postbipolaren Kriege in außereuropäischen Zivilisationen entsprechen diesem »institutionalisierten Kriegstyp« *nicht*. Aus diesem Grunde entwickelt Holsti den neuen Begriff von »*War of the Third Kind*/Krieg der dritten Art«. Hierzu gehören die Kriege in Bosnien, Palästina, Afghanistan, Somalia, Ruanda, Zaire/Kongo, Sierra Leone, Liberia, Algerien und zahlreiche andere. Die Liste ist sehr lang. Bei gleichzeitigem Bestehen auf meiner Verwendung des Begriffs »Krieg der Zivilisationen« als weltanschaulichem Krieg bin ich der Auffassung, daß auch eine Gewaltförmigkeit möglich ist. Diese nimmt die Form des »Krieges der dritten Art« (Holsti) an, den ich in der neuen Ausgabe (1998) meines Buches *Conflict and War in the Middle East: From Inter-State War to New Security* als irregulären Krieg bezeichne.

Meine Gedanken zusammenfassend, stelle ich fest: Wer den Krieg der Zivilisationen einigermaßen verstehen und abwenden will, muß über den eigenen eurozentrischen Tellerrand hinausschauen. Die Suche nach Friedenskonzepten gegen diese neue Bedrohung kann nicht auf der Basis gesinnungsethischer, oft stark selektiver Friedenspolitik (wie z. B. die massive Reaktion auf den Golfkrieg und das Schweigen zu den Grausamkeiten des Bosnienkrieges) erfolgen. Das konsensuelle Streben nach Elementen einer globalen, die Menschheit vereinigenden Moralität verspricht dagegen mehr. Ein Weltfrieden erfordert eine Synthese von Zivilisationsbewußtsein und Kompromißbereitschaft; mit anderen Worten: die Aufgabe der Exklusivität, nicht aber eine Selbstaufgabe im Namen falsch verstandener multikultureller Toleranz.

Dieses Buch ist zwar ein Plädoyer für eine internationale, d. h. von allen Zivilisationen geteilte Moralität, vor allem im Bereich der Demokratie und der Menschenrechte[61], doch bleibt die Diagnose des Zivilisationskonflikts sein eigentlicher Brennpunkt. Ich maße mir – im Bewußtsein meiner Grenzen – nicht an, in dem chaotischen Zeitalter, in dem wir leben, globale Heilmittel zu empfehlen. Als cartesianisch denkender Mensch habe ich meine Zweifel hinsichtlich der Wirkung von Heilsideologien. Mein Eintreten für eine kulturübergreifende Moralität möge der Leser als ein Produkt des Nachdenkens, nicht als ein Heilmittel aufnehmen und es auch von rein moralischen Konzepten wie dem »Weltethos« unterscheiden. Ich bedaure, daß es Menschen gibt, die schreiben, aber nicht lesen. Hierzu gehört der *FAZ*-Journalist K. Adam, der mich, ohne dieses Buch zu kennen, in einer »Glosse«, »Erster Europäer« (*FAZ* vom 17. Juni 1997), als »Mitglied des

Weltethos«-Projekts verfemt. Leider enthielt die zitierte Glosse Formulierungen, die von mir als fremdenfeindlich empfunden worden sind. Es ehrt die *FAZ*-Herausgeber, daß sie sich mir gegenüber schriftlich hiervon distanziert haben.

In den folgenden fünf Kapiteln geht es vor allem darum, den Krieg der Zivilisationen an fünf Gegenständen, und zwar *Nationalstaat, Menschenrechte, Religion/Politik, Krieg/Frieden* und *Wissen,* zu illustrieren. Mir schwebt eine alle Zivilisationen verbindende universelle Moralität vor, von der ich im Kapitel über die Menschenrechte spreche. Ich halte eine Ethik der Menschenrechte und des Friedens, die keine Gesinnungsethik sein soll, sondern sich innerhalb der realpolitischen Möglichkeiten bewegt, für unerläßlich. Eine kulturübergreifende Geltung der Menschenrechte ist in meinen Augen ein essentieller Bestandteil eines geordneten Weltfriedens. Oder noch deutlicher: Ich glaube nicht an Konstrukte, wie sie Hans Küng, in dessen Nähe ich von Ignoranten gerückt werde, mit seinem »Weltethos« vorschlägt. Nur punktuell ist eine internationale Moralität möglich (z. B. im Bereich der Demokratie und Menschenrechte); hier liegen auch die Grenzen der geforderten internationalen Moralität, die realpolitisch die Grenzen der Universalität anerkennt.

Obwohl mein Eintreten für ein für alle Zivilisationen gültiges universelles Wissen, d. h. für Rationalismus, den Einfluß des europäischen Humanismus und der Aufklärung auf mein Denken verrät, hält mich meine Herkunft aus der islamischen Zivilisation von Illusionen westlicher Humanisten wie Leslie Lipson ab, der in seinem sonst bemerkenswerten Buch über die Zivilisationskrise (vgl. Motto zur Einleitung) zuversichtlich prognostiziert, daß die Zukunft nicht den Khomeinis, sondern der Rationalität der Wissenschaft und Technologie gehören wird;[62] ich glaube nicht daran. Meine eigenen Studien über den Krieg der Zivilisationen verbieten mir einen solch fortschrittsgläubigen Optimismus.

Das Buch schließt nach der in Kapitel 1–5 vorgelegten Diagnose mit zwei Kapiteln ab, von denen eines neu für diese Heyne-Ausgabe angefertigt worden ist. Das neue, für diese Ausgabe geschriebene siebte Kapitel enthält eine aktuelle Gesamteinschätzung der Debatte über die Zivilisationskonflikte im postbipolaren Zeitalter und eine systematische Darstellung meiner in dieser Einleitung vorgestellten These von der »Gleichzeitigkeit von struktureller Globalisierung und kultureller Fragmentation«. Zudem enthält dieses Kapitel meinen alternativen Entwurf zum Krieg der Zivilisationen: den Kulturdialog auf dem erhofften Wege zu einer kulturübergreifenden internationalen Moralität. Diese, gegen Ende August abgeschlossene Einleitung möchte ich mit dem folgenden Nachtrag abschließen, in dem ich über einen Dialog mit Huntington in Harvard berichte, der Mitte November 1997 stattgefunden hat.

Über die künftige Weltordnung
Dialog mit Huntington in Harvard

Im Gegensatz zu seinen gesinnungsethischen »Kritikern«, die Verfemung mit Kritik verwechseln, ist Huntington nach meiner fünfzehnjährigen Erfahrung mit ihm ein »open-minded« und toleranter Gelehrter, der in der Lage ist zuzuhören und der auf Angriffe sachlich, ohne Polemik und Marktgeschrei antwortet. Mit den großzügigen Mitteln der von ihm geleiteten *Harvard Academy for International and Area Studies* hat er Gelehrte für internationale Politik aus allen in seinem Buch *Clash of Civilizations* behandelten Zivilisationen dieser Welt nach Cambridge/MA eingeladen, um mit ihnen im Lichte der Erkenntnisse seiner Thesen die Perspektiven der sich entfaltenden post-bipolaren Weltordnung im Übergang zum neuen Jahrhundert zu diskutieren. Unter den Eingeladenen befanden sich heftige, jedoch würdige, weil sachlich kompetente Kritiker Huntingtons, die – im Gegensatz zu den erwähnten deutschen Gesinnungsethikern, unter denen ich als ein »Fremder unter Deutschen« leide – verantwortungsethisch argumentieren und somit diskursfähig sind. Darunter war der prominente Afrikaner Ali Mazrui, der bekannte Lateinamerikaner Carlos Escudé, der Huntington-Gegner aus Singapur, Kishore Mahbubani, der international als Experte anerkannte Japaner Takashi Inoguchi, der Russe Alexei Pushkov vom Außenministerium und nicht zuletzt der Chinese Wang Jisi von der Chinesischen Akademie der Sozialwissenschaften. Ich selbst, obwohl in Deutschland ansässig, war als Vertreter des arabischen Kerngebiets der islamischen Zivilisation beteiligt. Weil die zitierte, an der Harvard Academy of International and Area Studies im November 1997 geführte Debatte »off-the-record«, d. h. nicht öffentlich geführt wurde, kann ich in dieser Ergänzung zu meiner Ende August 1997 in San Francisco abgeschlossenen, für diese Ausgabe geschriebenen Einleitung nicht mit Namensnennung zitieren. Diese mehrtägige Debatte war jedoch keine Geheimsache; als Ergebnis wird ein von Huntington herausgegebenes Buch erscheinen. Deshalb ist es erlaubt, die Grundlinien der Diskussion – wenn auch ohne Namensnennung und ohne Spezifizierung der Positionen – wiederzugeben.

Im Dialog mit Huntington ging es vorrangig darum, wie Eliten unterschiedlicher Zivilisationen die bestehende und die künftige Weltordnung wahrnehmen und welche Präferenzen sie hierbei haben: eine unipolare oder eine multipolare Weltordnung? Die aufgelöste, bis zum Ende des Kalten Krieges vorherrschende Weltordnung war bipolar, d. h. von zwei Mächten, den USA und der damaligen Sowjetunion, getragen. Heute existiert nur noch eine einzige Supermacht, die USA; sie wird nicht mehr als »Superpower«, sondern als »*Global Player*/globaler Spieler« bezeichnet. Eine unipolare Weltordnung, also eine von einer einzigen Macht geprägte, ist mit einer von den USA getragenen Hegemonialmacht gleichzusetzen. Huntington tritt angesichts der Erkenntnis der Vielfalt der Zivilisationen in unserer Welt für eine multipolare Ordnung ein. Er war in der zitierten Diskussion – wie ich ihn nicht anders kenne – sehr offen; es ging ihm vorrangig darum, zuzuhören und die Meinung seiner Diskussionspartner zu erfahren. Um auch eine Gegenmeinung zu Wort kommen zu lassen und eine kontroverse Debatte zu fördern, hatte er auch seinen Freund Zbigniew Brzezinski eingeladen, der von einer unipolaren Weltordnung überzeugt ist. Ich erlaube mir dies anzuführen – was der soeben erklärten gebotenen Zurückhaltung und Diskretion, zu der ich mich bei der Wiedergabe der Harvard-Debatte verpflichtet fühle, nicht widerspricht. Denn Brzezinski hat in seiner Präsentation einen Standpunkt vertreten und wiederholt, den man in seinem bereits veröffentlichten Buch *The Grand Chessboard* (New York 1997, dt. Übers. *Die einzige Weltmacht*, Berlin 1997) nachlesen kann. Vor unserem Treffen in Harvard war Brzezinski in Deutschland und hat auf Einladung der Deutschen Bank und der *Frankfurter Allgemeinen Zeitung* die Thesen dieses Buches vorgetragen. Sowohl sein Berliner Referat als auch die Diskussion hierüber u. a. mit dem deutschen Verteidigungsminister Volker Rühe wurden in der *Frankfurter Allgemeinen Zeitung* (Ausgaben vom 8. und 10. November 1997) veröffentlicht. Volker Rühe rezensierte zudem die deutsche Ausgabe des zitierten Buches, zu der der ehemalige deutsche Außenminister Genscher das Vorwort geschrieben hat, in der *Frankfurter Allgemeinen Zeitung* vom 26. November 1997. Wie gesagt: In Harvard hat Brzezinski die Thesen seines Buches pointiert wiederholt.

Den Ausgangspunkt der Harvard-Diskussion bildete die Feststellung, daß unsere Welt im Übergang zum 21. Jahrhundert gleichermaßen nationalstaatlich strukturiert ist – und auch bleiben wird – und dennoch in zivilisatorische Einheiten unterteilt ist. Hierbei stellt sich die Frage, ob die bisherigen amerikanischen Schulen der internationalen Politik, also der Realismus und der Neo-Realismus, weiterhin das Gerüst zum Verständnis der sich verändernden Welt der Zivilisationen bieten. Diese beiden angeführten Denkschulen gehen, wenngleich mit unterschiedlichen Akzenten, von der »Macht« als Kriterium der Bestimmung der Politik im internationalen System aus. Nun gibt es außer der westlichen Zivilisation, die sich durch die NATO und auf der europäischen Ebene durch die EU mächtig zur Schau stellt, keine andere Zivilisation, die eine vergleichbare Macht besitzt oder nach Machtkriterien einheitlich organisiert ist. Eine Ausnahme bildet vielleicht China als Kern der konfuzianischen Zivilisation. Die islamische Zivilisation hat dagegen viele miteinander konkurrierende Zentren und nirgendwo eine einheitliche Struktur. Die *Organisation der Islamischen Konferenz* (OIC) ist nicht mehr als eine saudisch geförderte periodische Tagungsschau ohne jegliches weltpolitisches Gewicht; die Bedeutung der islamischen Zivilisation liegt anderswo.

Brzezinski wiederholte in Harvard in emphatischen Tönen die These seines Buches, daß die USA bis weit in das kommende Jahrhundert hinein der einzige »Global Player« mit »*Global Supremacy*/globaler Vormacht« bleiben werde. Geopolitisch werde »Eurasien zum zentralen Schachbrett der Weltpolitik«. Die Akteure China, Japan und Rußland würden bei diesem »Schachspiel« nie mehr als den Status einer Regionalmacht erwerben können. Dies ist eine andere Position als die Huntingtons, der dankenswerterweise die reale Vielfalt in der Welt wahrnimmt und sie richtig in die Domäne der Zivilisationen einordnet; in seinem Buch führt er die Türkei als einen Kandidaten für die Führung der islamischen Zivilisation an. In meiner Studie über die Türkei: *Aufbruch am Bosporus* zeige ich, daß die türkischen Islamisten eine ähnliche Strategie verfolgen. Im Lichte der angeführten Kontraste – auf der einen Seite eine US-gesteuerte unipolare, globale Machtordnung, auf der anderen Seite eine auf Vielfalt der Zivilisationen basierende multipolare Ordnung – stellte sich die Frage an die Wissenschaftler, welche Präferenzen die Eliten der einzelnen Zivilisationen haben. Sehr deutlich zeigte sich bei der Harvard-Debatte, daß nirgendwo in der Welt eine amerikanische globale Hegemonialmacht gutgeheißen wird. Die Bevorzugung einer multilateralen Weltordnung war überdeutlich, obgleich realpolitisch erkannt wurde, daß die USA eine globale Hegemonialmacht verkörpern.

Einer auf Zivilisationen basierenden Weltordnung steht die Tatsache im Wege, daß die einzelnen Zivilisationen nicht so einheitlich strukturiert sind, daß sie politische Blöcke bilden können. Die islamische Zivilisation steht in dieser Hinsicht an vorderster Stelle: sie präsentiert sich nicht nur zersplittert und brüchig, sondern auch äußerst ungeordnet und von innerer Gewaltförmigkeit zerrissen.

Zwei Schwerpunkte der Harvard-Diskussion lagen auf der »Bedrohung der Stabilität« und auf »Intervention und Machteinsatz/*Use of Force*«. In diesem Rahmen habe ich die bereits erwähnte These vertreten, daß der traditionelle Krieg institutionalisierter Armeen bestehender Staaten der Vergangenheit anzugehören scheint. Trifft diese auf den Tatsachen der zahlreichen irregulären Kriege unserer Zeit basierende Beobachtung zu, dann wäre die eigentliche Ursache der Destabilisierung eben diese Form der irregulären Gewalt – z. B. Terrorismus. Mit anderen Worten: Statt auf eine neue multipolare Weltordnung müßten wir uns auf eine ungeordnete Welt vorbereiten, die ich mit dem Konzept einer »New World Disorder« beschreibe.

Wenn die Staaten unserer Welt im Rahmen einer wie immer gearteten Ordnung einen Konsens über »Intervention und Machteinsatz« erreichen könnten – dies war ein wichtiger Schwerpunkt der Harvard-Diskussion –, dann bliebe die Frage, wie dies im Zeitalter der Zivilisationskonflikte auszusehen hätte. Parallel zu unserem Harvard-Treffen fand die Irak-Krise mit dem von den Amerikanern vermuteten Bedarf nach einer militärischen US-Intervention gegen Saddam-Husseins Irak statt. Vertreter aller Zivilisationen, so die Experten aus Japan, China, Afrika, Lateinamerika, der islamischen Welt und Rußland, aber auch aus Frankreich, haben gegen den von den Amerikanern befürworteten Militärschlag gegen den Irak schwerwiegende Einwände vorgetragen. Ich selbst argumentiere, daß eine solche Intervention als »use of force« unter Bedingungen einer wachsenden anti-westlichen Stimmung in der islamischen Zivilisation lediglich den islamischen Fundamentalismus und seine irregulären Krieger stärken würde. Nur einige Tage später, also noch mitten im November 1997, schlugen islamische Terroristen – parallel zur amerikanischen Muskelschau am Golf – im ägyptischen Luxor zu und töteten 63 Touristen; damit boten sie ein Beispiel, wie sie staatliche Ordnungen, wie die Ägyptens, durch eine solche Form der Gewaltausübung destabilisieren können und daß der Zivilisationskonflikt in erster Linie innerstaatlich stattfindet (vgl. das Interview mit mir »Es wird weiter Terror geben«, in: *Stern* vom 27. Nov. 1997, S. 25–26.).

In Ägypten, Algerien, Afghanistan und anderswo in der Welt des Islam findet der Zivilisationskonflikt innerstaatlich, also auch innerhalb der islamischen Zivilisation statt. Im Fall von Luxor ist Gewalt die Artikulationsform. Das Mubarak-Regime wird als Vertreter der westlichen Zivilisation gesehen. In der Türkei dagegen findet der Zivilisationskonflikt friedlich in den Institutionen zwischen Kemalisten und Islamisten statt. Beide sind der Türkei zugehörig, stehen aber für den Konflikt zwischen Islam und dem Westen als miteinander wetteifernde Zivilisationen. Aber in beiden Fällen haben wir es mit lokalen und regionalen, nicht mit globalen Konflikten zu tun. Einen globalen Konflikt nach dem Muster des Ost-West-Konflikts wird es im Übergang zum 21. Jahrhundert nicht geben. Der Krieg der Zivilisationen findet vor allem innerhalb der Zivilisationen statt, jedoch nicht nur außerhalb des Westens. Denn alle westlichen Gesellschaften sind Einwanderungsgesellschaften geworden, und auch in ihnen wird der Zivilisationskonflikt wüten, wenn es westlichen Politikern nicht gelingt, die Einwanderer aus anderen Zivilisationen zu integrieren.

Kapitel 1

Der globale Aufstand gegen den säkularen Nationalstaat:
Ethnizität und religiöser Fundamentalismus

»Unsere Zivilisation wird schon bald mit dem zunehmenden Zerfall von Nationalstaaten und internationalen Grenzen konfrontiert sein ... Die wirklichen Grenzen sind ... jene zwischen Kulturen und Stämmen ... Der (säkulare) Staat ... ist ein rein westliches Konzept ... Es spricht nicht viel dafür, daß der Staat ... erfolgreich auf Gebiete außerhalb der industrialisierten Welt übertragen werden kann ... Die Epoche des Nationalstaats und mit ihr die des Staatenkonflikts geht nun zu Ende ...«

> Robert D. Kaplan, The Coming Anarchy, in: *The Atlantic Monthly*, Februar 1994

»Der traditionelle Nationalstaat, die Frucht von Jahrhunderten politischer, sozialer und ökonomischer Entwicklung, ist gefährdet ... Mit der sichtbaren Schwächung einzelstaatlicher Macht ... werden die Staatsbürger intensiver über ihre unmittelbaren Gemeinschaften nachdenken ... Dies wird deutlich in der Ausbreitung ethnischer und anderer Gruppenkonflikte, nicht nur in den Entwicklungsländern und in den Staaten des früheren sowjetischen Blocks, sondern auch im Westen ... Der Verfall der Macht des Nationalstaats ... schafft die Bedingungen für eine Vielzahl von Zugehörigkeiten ... Neue Zugehörigkeitsmuster werden wahrscheinlich die Bindung an die Nation ersetzen ... Pluralismus macht Fragmentation Platz ... Wir werden Zeugen der Umrisse eines globalen Systems ... (dessen) konstitutives Element – der autonome Nationalstaat – seine privilegierte Position verliert.«

> Mathew Horsman/Andrew Marshall, *After the Nation-State: Citizens, Tribalism and the New World Disorder*, London 1994

Einführung

Der allgemein interessierte Konsument der Massenmedien wird fast täglich mit Bildern und Informationen über den Zusammenbruch von Staaten in Asien und Afrika konfrontiert; es gibt Zeiten, zu denen sogar bis zum Überdruß Bilder und tagespolitische Informationen (z.B. aus Somalia oder Ruanda) über ihn hereinbrechen. Dann verschwinden diese Nachrichten plötzlich vom Bildschirm bzw. von der ersten Seite der Tageszeitungen, ohne daß ersichtlich wäre, warum es zu diesen Ereignissen gekommen ist und weshalb die Länder Asiens und Afrikas in zunehmendem Maße unregierbar werden. Nur soviel ist klar: Der moderne, zentral aufgebaute Staat, den man Nationalstaat nennt, scheint in den nicht-europäischen Zivilisationen, in die er als »Transplantat« verpflanzt worden ist, nicht zu funktionieren.

Indessen lassen sich die Hintergründe allgemeinverständlich und jenseits tagespolitischer Sensationen erklären. Es läßt sich zeigen, daß der Zusammenbruch der Institution »Nationalstaat« in nicht-westlichen Kontinenten zu den Zeichen des Krieges der Zivilisationen gehört.

Der Nationalstaat ist in seinem Ursprung eine europäische Institution.[1] Jede Zivilisation hat ihre jeweils eigene Staatsauffassung und -tradition. Dennoch ist der moderne – hier nicht nach deutschem Verständnis, sondern westlich definierte – Nationalstaat als Interaktionseinheit in der Weltpolitik die einzige in unserer internationalen Gesellschaft anerkannte und global gültige Staatsform.

Warum rebellieren die Vertreter der unterschiedlichen religiösen Fundamentalismen nun ausgerechnet gegen diesen global gewordenen Staatstypus? Warum ist ihnen eine globale Zivilisation, zumindest im Bereich der Politik, eine Schreckensvision? Darf jede Zivilisation ihr eigenes Staatsmuster beanspruchen?

Der europäische Nationalstaat ist hervorgegangen aus dem souveränen Staat, der nicht mehr religiös legitimiert wurde. Das erste internationale System souveräner Staaten entstand nach dem Westfälischen Frieden von 1648, der den Dreißigjährigen Krieg beendete.[2] Das Neue an diesem internationalen System war, daß es von Staaten getragen wurde, die ihre Souveränität gegenseitig anerkannten.

Die Idee der Souveränität, die zu gültigem internationalem Recht geworden ist, ist spezifisch europäisch und hat ihre Ursprünge gleichermaßen im griechischen Erbe und im Römischen Recht.[3] Die Wiederentdeckung des Römischen Rechts ab dem 12. Jahrhundert versetzte die Europäer in die Lage, zwischen positivem und sakralem Recht zu unterscheiden. Dieses römische Erbe, zusammen mit der klassisch-griechischen Idee der *Polis* als eines aus Menschen geformten und von Menschen gebildeten Gemeinwesens, hat dazu beigetragen, die Politik zu entsakralisieren.

Ein Produkt dieser Entwicklung ist Jean Bodins *Six Livres de la Republique* von 1576, ein Werk, in dem erstmals in der Geschichte der Menschheit die Idee der Souveränität formuliert wurde. Durch den Westfälischen Frieden von 1648 wurde sie zum Ordnungsprinzip Europas erhoben und in den darauffolgenden Jahrhunderten von der gesamten Menschheit geteilt. Nun, am Ende des 20. Jahrhunderts, bestreiten religiöse Fundamentalisten aller Couleurs, daß Menschen sich selbst regieren können. Islamische Fundamentalisten behaupten, Souveränität habe nur Allah. Sie predigen *Hakimiyyat Allah*/Gottesherrschaft und verwerfen Volkssouveränität als Häresie. Ehe ich auf diese Regression näher eingehe, ist ein Rückgriff auf die Geschichte erforderlich, um die Begriffe »Souveränität« und »säkularer Staat« besser zu verstehen.

Mit der Französischen Revolution von 1789 wandelt sich der souveräne Staat zum Nationalstaat. Seine Legitimation beruht auf dem Prinzip der Volkssouveränität. Und in dieser Form wird der Nationalstaat im Verlauf des 19. Jahrhunderts zur europäischen Institution und in der zweiten Hälfte des 20. Jahrhunderts zur Weltinstitution. Diese Globalisierung stellt den Höhepunkt der europäischen Expansion und zugleich den Beginn der Entkolonialisierung dar. Das in seinem Ursprung europäische nationalstaatliche System wird zum internationalen System, der Nationalstaat zur globalen politischen Organisationsform und zur Basis zwischenstaatlicher Interaktion.

In vielen Regionen Asiens und Afrikas, so auch in der Welt des Islam, entbehrt diese neue globalisierte Staatsform jeder materiellen und kulturellen Grundlage. Daher deuten Experten solche Gebilde als Quasi-Staaten bzw. als nominelle Nationalstaaten.[4] In bezug auf arabische Länder ist der Ausdruck »Flaggen-Staat«[5] (Stämme mit Nationalflaggen) üblich geworden. Dieser Staat mußte angesichts seiner schwachen Legitimation und der fehlenden Voraussetzungen im politischen Umfeld scheitern. Die Folge ist, daß sich jede Zivilisation auf ihre eigene vormoderne und vorglobale, also lokale, Staatstradition beruft. Die verschiedenen Spielarten des religiösen Fundamentalismus sind der beste Beweis dafür. Am deutlichsten wird der Unterschied in der islamischen Vision vom Gottesstaat, die eine unumschränkte Herausforderung der Legitimität des modernen Nationalstaats darstellt.[6]

Noch gilt die nationalstaatliche Organisation des internationalen Systems als Grundlage der Weltordnung. Doch was geschieht, wenn diese gemeinsame Grundlage verlorengeht und jede Zivilisation sich auf ihr eigenes Staatsmuster beruft? Wird dann ein Zivilisationskrieg ausbrechen?

Eine Beantwortung dieser Fragen ist nur möglich, wenn wir die Zeitgeschichte als »global history« verstehen. Globale Geschichte ist, wie ich schon ausgeführt habe, etwas anderes als die Vision einer Weltgeschichte. Letztere ist so alt wie die Menschheit, wohingegen die globale Geschichte ein Produkt der europäischen Expansion ist.

Vom Standpunkt der globalen Geschichte aus ist der Nationalstaat – wie angeführt – die moderne Interaktionseinheit im System der internationalen Beziehungen. Somit sind alle – westliche wie nicht-westliche – Staaten unserer Gegenwart als Nationalstaaten organisiert und weltpolitisch bestimmt. Der Nationalstaat, der sich sowohl durch seine innere als auch seine äußere Souveränität auszeichnet, ist in seiner Entstehungszeit in Europa an die bürgerliche Gesellschaft mit ihren Werten einer demokratischen politischen Ordnung geknüpft. In seiner globalisierten Form wird dieser Gesellschaftstyp heute – auch im Deutschen – als eine zivile Gesellschaft[7] bezeichnet. Zivilgesellschaft ist also ein Begriff, der zum einen die Trennung von Staat und Gesellschaft umschreibt und zum anderen deren säkulare Bestimmung, das heißt: die Trennung von der Religion, akzentuiert. Die Zivilgesellschaft gehört zum Modell eines demokratischen Nationalstaats. Eine solche Zivilgesellschaft und ein islamischer *Schari'a*-Staat vertragen sich ebensowenig wie Feuer und Wasser.

Warum die Globalisierung dieses Staatstyps in unserer Gegenwart bekämpft wird, ist nicht ohne Rückgriff auf eine globale Geschichtsperspektive zu erklären: eine Geschichtsperspektive, die kulturübergreifend und multinational sein muß – und daher frei von einem konstruierten, künstlich vereinheitlichten Bild des Ganzen der Menschheit. Erst die Auflösung dieses künstlichen Ganzen in reale Einheiten ermöglicht die dringend notwendige Einsicht in den Zivilisationskonflikt, der in diesem Kapitel am Gegenstand des Staates illustriert wird.

Nationalstaat als Transplantat

Vor der Neubelebung des Zivilisationskonflikts nach dem Ende des kalten Krieges sprach man von einer globalen Zivilisation, zu der der säkulare Nationalstaat gehörte. Dabei wurde übersehen, daß Nationalstaaten außerhalb der westlichen Sphäre »Transplantate« blieben: Das europäische Modell des Nationalstaats war im Zuge des Kolonisationsprozesses auf außereuropäische Zivilisationen übertragen worden. Daher sind nichtwestliche Staaten unserer Gegenwart nur im nominellen Sinne Nationalstaaten; sie wurden nach westlichem Muster in einem Umfeld gegründet, in dem sich diese Institution nicht entwickeln konnte, weil die hierzu nötigen Voraussetzungen fehlten. So sind diese »Nationalstaaten« weder demokratische, auf einer zivilen Gesellschaft basierende Einheiten, noch ist die Zugehörigkeit der dort lebenden Menschen zu diesen Staaten ein Ausdruck ihrer Staatsbürgerschaft im Sinne von *citoyennité/citizenship*.[8]

Huntington hebt hervor, daß der Nationalstaat von seiner historischen Bestimmung her ein demokratischer Staat sei. Die meisten Nationalstaaten außereuropäischer Zivilisationen fußen jedoch nicht auf demokratischen Gesellschaften, die dadurch charakterisiert wären, daß die in ihnen lebenden Menschen ein Bewußtsein der Staatsbürgerschaft, das heißt der Zugehörigkeit zu einem Gemeinwesen, teilten. Vielmehr dominieren diverse, oft miteinander konkurrierende ethnische Identitäten, die sich eher in eine kulturübergreifende Zivilisation (Islam, orthodoxes Christentum, Konfuzianismus), nicht aber in ein nationalstaatliches Gebilde einordnen lassen. Im Gegensatz dazu ist eine zivile Gesellschaft als Basis eines demokratischen Nationalstaats nicht ethnisch bestimmt; sie geht nicht vom Kollektiv, sondern vom individuellen Bürger als *citoyen* aus.

So liegt beispielsweise im verwestlichten Deutschland der Nachkriegszeit dem deutschen Identitätsmodell der Verfassungspatriotismus und nicht die deutsche Volkszugehörigkeit zugrunde, obwohl noch viele Deutsche, wie ich nach mehr als drei Jahrzehnten in Deutschland bezeugen kann, ethnischen Vorstellungen zur Bestimmung von Nation und Staat anhängen. Ein *Nationalstaat* ist jedoch nicht, wie viele meinen, der Ausdruck einer ethnisch homogenen Bevölkerung, sondern *ein durch einen Konsens über Normen und Werte geeintes Gemeinwesen*, in dem ein Mensch – wie der Autor dieses Buches – zum Beispiel deutscher Bürger sein kann, ohne ethnisch deutsch zu sein.

Deutsche haben große Probleme mit dieser westlich-europäischen Definition des modernen Staates. Das deutsche Staatsangehörigkeitsrecht ist immer noch durch seine Bestimmung als *ius sanguinis* ethnisch, das heißt, es ist nicht an den demokratischen Geist des Grundgesetzes angepaßt worden. Es ist schwer, in Deutschland über den Erwerb des Passes hinaus als Bürger akzeptiert zu werden, wenn man ethnisch kein Deutscher ist. Aber Verfassungspatriotismus bezieht sich nicht auf die ethnische Zugehörigkeit zu einem Volk, sondern vielmehr auf die demokratischen Werte und Normen, die beispielsweise im deutschen Grundgesetz als einer europäischen Verfassung festgeschrieben sind.

In nominellen Nationalstaaten mit nicht-westlichen, vormodernen Verhaltensmustern ist die Identität hauptsächlich ethnisch begründet, und entsprechend werden die Konflikte ausgetragen.[9] Die »Wir-Gruppen« binden ihre »Gruppen-Identität« nicht an die Existenz eines über ihnen stehenden Nationalstaats, sondern an Partikularitäten, die entweder ethnisch (z.B. die Kurden in der Türkei, in Syrien, im Irak und Iran) oder sektiererisch (z.B. die Schiiten im Irak und Libanon) bestimmt sein können.

In den meisten nicht-westlichen Teilen der Welt geht die Entstehung des modernen Staates nach der Entkolonialisierung nicht einher mit einem Prozeß der Nationsbildung. Die jeweils bestehenden partikularen »Wir-Gruppen« erfahren den Staat als einen ihnen aufgezwungenen, sie unterdrückenden Gewaltapparat, mit dem sie sich nicht identifizieren können. In diesen Staaten gewinnen lokale Kulturen gegenüber der oft als Unterdrückungsmaschinerie wirkenden Zentralinstanz die Oberhand, weil dort kein politisches Gemeinwesen existiert, das die unterschiedlichen ethnischen, kulturellen und religiösen Gruppen auf einen gemeinsamen normativen Nenner einer geteilten politischen Kultur bringt.

Daher kann ich einem Optimismus nichts abgewinnen, der sich auf den positiven Einfluß der Globalisierung verläßt und unterstellt, daß die weltweite ökonomische Vernetzung lokale Einheiten auflöst, Völker miteinander verbindet und die »neuen Staaten« in die politische Kultur des globalen Systems einordnet. Der sich abzeichnende Zivilisationskonflikt straft diesen Optimismus Lügen. Mit Bezug auf den säkularen Nationalstaat nimmt dieser Konflikt die Form der Mobilisierung religiöser Traditionen an. Mark Juergensmeyer spricht von einem »religiösen Nationalismus gegen den säkularen Staat« als neuer Form des »kalten Krieges«.[10]

Die Realität unserer Gegenwart, in der alle Staaten, gleich, ob substantielle oder nur nominelle Nationalstaaten, innerhalb der heutigen internationalen Gemeinschaft systematisch aufeinander bezogen sind, fördert die Vermutung, die moderne Geschichte sei eine einheitliche Weltgeschichte geworden. Doch steht der Begriff der Weltgeschichte synonym für ein sehr vages Konzept, das eher mit visionären Vorstellungen als mit real existierenden Strukturen operiert. Mit der Idee der Weltgeschichte wird ein im voraus fixiertes Konzept einer allgemeingültigen Geschichte entworfen, in der die Geschichtserfahrungen unterschiedlicher lokaler Kulturen und regionaler Zivilisationen oft unberücksichtigt bleiben.

Es ist richtig, daß die Globalisierung des nach dem Dreißigjährigen Krieg entstandenen Staatensystems noch von weiteren, umfassenderen Prozessen begleitet ist, die alle politischen und ökonomischen Sphären erfaßt haben. Dennoch ist diese Globalisierung daran gescheitert, eine weltumspannende, von der ganzen Menschheit geteilte politische Kultur in einer damit einhergehenden kulturübergreifenden Zivilisation zu schaffen. Somit bleibt die Weltgeschichte ein visionäres Konzept bzw. eine unverbundene Addition lokaler Geschichten.

In den nicht-westlichen Teilen der Welt stoßen wir auf ethnisch definierte lokale Kulturen, die sich in unserer Gegenwart politisch zu Zivilisationen (z.B. zur Welt des Islam) gruppieren. Mit Kultur ist in diesem Buch – wie in der Einleitung ausgeführt wurde – eine soziale Sinnproduktion gemeint, woraus folgt, daß Kultur immer auf einen lokalen Rahmen beschränkt bleibt. Kurzum: Kultur ist stets lokal und Zivilisation immer übergreifend. Daraus folgt, daß beide weder synonym noch identisch sind.[11] Der Zusammenprall der Zivilisationen ist also nicht »ein internationaler Kulturkampf« (so Dieter Senghaas in: *Universitas* 9/1994). Vielmehr handelt es sich um einen Aufstand weltpolitisch in Zivilisationen gruppierter, lokaler Kulturen – besonders jener in den nicht-westlichen Teilen der Welt – gegen globale Strukturen und als universell anerkannte Werte und Normen. Hedley Bull beschreibt diesen Prozeß als »Revolte gegen den Westen«.[12] Zu dieser Revolte gehört auch die Erhebung gegen den säkularen Nationalstaat, der nicht auf heimischem Boden gewachsen, sondern von außen aufgepfropft worden ist.

Frontlinien zwischen Zivilisationen realpolitisch festzustellen bedeutet keineswegs, daß man die sich bildenden Fronten auch befürwortet. Eine vernunftorientierte Friedensstrategie läßt sich nun einmal nicht im luftleeren Raum, sondern allein auf der Grundlage weltpolitischer Realitäten entwerfen.

Die Rache nicht-westlicher Zivilisationen an Europa hat längst begonnen

Kann das vage Konzept der Weltgeschichte dieses historisch junge Phänomen erklären? Kann es helfen, *die Gleichzeitigkeit der gegenläufigen Tendenzen* der Globalisierung und der – gegen diese zivilisatorische Globalisierung gerichteten – Mobilisierung lokaler Kulturen, die sich wiederum in Zivilisationen gruppieren, zu erfassen? Um dieses Phänomen analytisch zu durchdringen, muß der Prozeß der Zivilisation in Europa parallel zur strukturellen Globalisierung mittels der europäischen Expansion gesehen werden.[13] Doch dieser Prozeß endet nicht etwa in einer Standardisierung, sondern in einer kulturellen Fragmentation, weil die Weltanschauungen der eroberten Zivilisationen durch die strukturelle Globalisierung nicht verschwinden. Ganz im Gegenteil: Sie erwachen in neuer Form. Coca-Cola, Jeans, McDonald's und Video-Clips machen noch keine globale Zivilisation!

Eric Hobsbawm hob in einem Artikel in *Times Literary Supplement* hervor, daß die Geschichte seit dem Zweiten Weltkrieg, besonders im letzten Viertel unseres Jahrhunderts, nur adäquat begriffen werden könne, wenn man der Betrachtung eine »rein globale Perspektive« zugrunde lege. Hierauf bezieht sich Wolf Schäfer bei seinem Versuch, das Konzept der »globalen Geschichte« von dem der Weltgeschichte abzuheben.[14] Oft sind welthistorische Begriffe vage bzw. allgemein gehalten und unterstellen eine teleologische, das heißt auf ein einheitliches Weltgebilde ausgerichtete Entwicklung.

Bei der vorliegenden Analyse des Nationalstaats im Konflikt der Zivilisationen arbeite ich mit dem Globalisierungskonzept, um zu zeigen, daß die Verbreitung eines Staatsmodells noch längst nicht dessen weltweite Akzeptanz bedeutet. Die globale Revolte religiöser Fundamentalisten und ethnischer Nationalisten gegen den säkularen Nationalstaat, die den Übergang zum

21. Jahrhundert begleitet, veranschaulicht diesen Unterschied. Es kann hierbei keine Rede von historischer Teleologie, das heißt zielgerichteter Entwicklung, sein, die ausschließlich eine Konstruktion europäischer Welthistoriker ohne fundiertes Wissen über nicht-westliche Zivilisationen ist. Gegen diese eurozentrische Konstruktion richtet sich die Rache nicht-westlicher Zivilisationen.

Obwohl meine Diskussion über den Nationalstaat als einer politischen Komponente im Rahmen des Globalisierungsprozesses und im Konflikt zwischen den Zivilisationen allgemeiner Natur ist, richtet sich mein Hauptinteresse auf den arabischen Teil des Nahen Ostens als Kerngebiet der Welt des Islam, der zudem exemplarisch ist: Dort findet ein Konflikt zwischen den panarabisch-säkularen und politisch-islamischen Ideologien statt, doch sind sich beide einig in ihrer Ablehnung der nationalstaatlichen Grenzziehung und der daraus hervorgegangenen politischen Ordnungen. Hinzu kommt der Konflikt zwischen lokalen ethnischen Gemeinschaften und Nationalstaaten.[15]

Die weltgeschichtliche Perspektive kann weder zu einem Verständnis dieser Zusammenhänge beitragen noch erklären, warum der Nationalstaat trotz seiner Globalisierung den nicht-westlichen Kulturen eine fremde Institution geblieben ist. Das liegt daran, daß in weltgeschichtlicher Perspektive mit dem Begriff der »universellen Menschheit« gearbeitet wird. Tatsächlich bekommen Historiker, die dem Ansatz der universellen Weltgeschichte folgen, mit ihren eurozentrischen Geschichtskonstrukten den spezifischen und individuellen Charakter außereuropäischer lokaler Kulturen bzw. der sie vereinigenden Zivilisationen nicht in den Griff.

Oft sind europäische Historiker durch zumeist eurozentrische Ideen und Geschichtsbilder sowie überhebliche Einstellungen vorbelastet. Im Gegensatz zu den historischen Fachbereichen der deutschen Universität verfügen die amerikanischen History Departments über Lehrstühle für die Geschichte nicht-westlicher Zivilisationen. An deutschen Fachbereichen für Geschichtswissenschaft wird – aufgrund der eurozentrischen Perspektive – *keine* nicht-westliche Geschichte gelehrt. Unter dem Deckmantel der Spezialisierung wurden die geringgeschätzten Zivilisationen – wie z.B. die islamische, indische und chinesische – in die Orchideenfächer der Islamwissenschaft, Indologie, Sinologie etc. eingeordnet und somit aus der Geschichtswissenschaft verbannt. Wie der deutsche Orientalist Baber Johansen überzeugend gezeigt hat, grenzen deutsche Historiker die Geschichtsforschung über die islamische Zivilisation aus ihren Instituten aus und ordnen sie einer anderen Wissenschaftssystematik zu. Sie tun dies, weil ihrer Ansicht nach die islamische Geschichte nicht zu ihrer Disziplin gehört. Für sie ist nur die europäische Geschichte Inhalt ihres Faches »Geschichte«.[16] Deswegen können deutsche Historiker aus der Perspektive ihrer kleinen Welt weder den Geschichtstrend zur Entwestlichung der Welt verstehen noch einen Beitrag zum Verständnis des Krieges der Zivilisationen leisten. Dagegen ordnet der weltgeschichtliche Ansatz, der von angelsächsischen Historikern wie Toynbee und McNeill entwickelt worden ist, die nicht-europäische Geschichte einer universellen, das heißt einer weltgeschichtlichen Perspektive zu.

Der Unterschied zwischen den selbstzentrierten deutschen und den anscheinend weltoffenen angelsächsischen Historikern liegt allein darin, wie sie den Bereich der Geschichte definieren. Die Normen, die ihren Haltungen zugrunde liegen, unterscheiden sich jedoch nicht. Beide historische Schulen unterstellen die Totalität der vom Westen aus definierten Menschheit und folgern daraus die Totalität der Geschichte. Ihre Konzepte, so Wolf Schäfer, »basieren auf zivilisatorischer Arroganz und geographischer Ignoranz«.[17] Die Entwestlichung der Welt ist die Rache für diese Arroganz.

Der historische Trend im Übergang zum 21. Jahrhundert, der im Zivilisationskonflikt zum Ausdruck kommt, zwingt uns, die alte Weisheit, daß jede Zivilisation ihren eigenen Bezugsrahmen und ihr eigenes Verständnis von Geschichte und Politik hat, zu beherzigen. Europa gerät in einen Konflikt mit anderen Zivilisationen, auf den es anscheinend nicht vorbereitet ist. Um die anti-westlichen Rachegelüste zu verstehen, muß man nicht-westliche Zivilisationen studieren!

Der globalhistorische Ansatz ermöglicht eine Auseinandersetzung mit der Tatsache, daß die Menschheit nicht nur Europa umfaßt und daß sie in Zivilisationen unterteilt ist. Die Geschichte der Welt des Islam war beispielsweise nie Bestandteil einer künstlich konstruierten Weltgeschichte der Menschheit, sondern ist ein Studienobjekt für sich allein. Erst im Rahmen des historischen Globalisierungsprozesses der neueren Geschichte wird die islamische Zivilisation, neben anderen nicht-westlichen Zivilisationen, in ein Globalgefüge integriert, in dem der Zivilisationskonflikt wie eine Zeitbombe tickt. Das Ende des kalten Krieges machte die Öffnung der Büchse der Pandora möglich, die diesen Konflikt verbarg.

Dennoch darf man nicht übersehen, daß die klassische islamische Zivilisation in Interaktion mit anderen nicht-islamischen Zivilisationen, vorrangig der altgriechischen, sassanidischen und indo-asiatischen, stand. Trotz zum Teil weitgehender inter-zivilisatorischer Berührung und Fremdeinwirkung in jener klassischen Zeit behielt jede Zivilisation ihre Weltsicht und Eigenart bei. Ein globales Netzwerk der Interaktion existierte seinerzeit noch nicht. Die auf allen Ebenen auftretenden Globalisierungsprozesse haben parallel zur europäischen Eroberung der Welt ein solches Netzwerk geschaffen, das eine globale Geschichte erst ermöglicht. Man ist versucht, den als Folge der Migrationsschübe mitten im Westen auftretenden Zivilisationskonflikt zynisch als Rache der Geschichte am Europäismus, an der Welteroberung, zu begreifen.

Die Globalisierung wird oft als ein Zusammenschrumpfen der Welt beschrieben. Die vielen Welten der Zivilisationen, so wird unterstellt, werden zu einer Gesamtheit zusammengeschweißt. Dieser Deutung widersprach der 1985 verstorbene Oxford-Gelehrte Hedley Bull nachdrücklich. Er argumentierte,

> »daß das Zusammenschrumpfen des Globus keine einheitliche Weltsicht mit sich bringt und bisher niemals gebracht hat ... Die Menschheit wird gleichzeitig einheitlicher und fragmentierter.«[18]

In Anlehnung an Hedley Bull habe ich als Ergebnis meiner empirischen Arbeiten über die Globalisierung und die derzeitige Revolte der islamischen Zivilisation gegen diesen Prozeß – die eine Revolte gegen den Westen ist – den schon zitierten Begriff der »Gleichzeitigkeit von struktureller Globalisierung und kultureller Fragmentation« geprägt (vgl. Einleitung). Die Revolte gegen den Westen wird mit dem Rückgriff auf die eigene (selektiv konstruierte) kulturelle Authentizität im Rahmen der Neubelebung überlieferter Werte und Normen legitimiert. Dies führt auf globaler Ebene zu einer fortschreitenden kulturellen Fragmentation.

Die derzeit dominierende globale Zivilisation ist immer noch westlich geprägt: in Ökonomie, Politik und Medien. Doch hat die Entwestlichung als Rache nicht-westlicher Zivilisationen bereits begonnen. Weltweit versuchen die einzelnen Zivilisationen dem Westen ihre eigenen Werte entgegenzusetzen. Meine These ist: Diese Revolte lokaler Kulturen und der ihnen übergeordneten Zivilisationen gegen die globale Zivilisation, wie sie den Übergang zum 21. Jahrhundert charakterisiert, ist nicht aufzuhalten; und die Globalisierung wird im Zivilisationskonflikt Brüche erleiden. Wie die entwestlichte Welt im kommenden Jahrtausend aussehen wird, mögen spekulativ Veranlagte beschreiben. Sicher ist nur: Die Rache »der Geschichte« an Europa ist in vollem Gange.

Gegen den säkularen Nationalstaat

In diesem Prozeß der Entwestlichung geht es um nichts weniger als um die internationale Ordnung souveräner Nationalstaaten: die Weltordnung. Sie und der dazugehörige Konsens werden durch den Krieg der Zivilisationen in Frage gestellt.

Historisch gesehen trat diese Weltordnung – wie ich einleitend gezeigt habe – das erste Mal nach dem Westfälischen Frieden (1648) in Erscheinung. Charles Tilly führt aus:

>»Über die Zeitspanne der folgenden 300 Jahre schafften es die Europäer und ihre Abkömmlinge, dieses System der gesamten Welt aufzuzwingen ... Die jüngste Dekolonisationswelle hat die Einbeziehung des ganzen Globus in dieses System nahezu vervollständigt.«[19]

Es fällt auf, daß Nationalstaaten in Asien und Afrika als politische Struktur nur an der Oberfläche existieren, weshalb sie als »Quasi-Staaten« (Jackson, vgl. Anm. 4) beschrieben werden. Unter dieser Oberfläche verbergen sich zusammengepferchte multi-ethnische Bevölkerungen und diverse lokale Kulturen, die nur formal von den territorialen nationalen Strukturen überlagert werden. Allerdings stehen diese lokalen Strukturen über die Vermittlung durch den bestehenden Nationalstaat mit den globalen Strukturen in Beziehung und sind in ihr Netzwerk eingebunden.

Um zu begreifen, was hier geschieht, ist eine mehrdimensionale Betrachtungsweise erforderlich. Wer kein Gespür für Ethnizität und lokale Kulturen entwickelt, läuft Gefahr, den Begriff des Zivilisationskonflikts nur als Klischee, das heißt als hysterische »Bedrohung des Westens durch nicht-westliche Zivilisationen«, wahrzunehmen. Zivilisationen sind jedoch in sich vielfältige und höchst komplexe Gebilde. So mag beispielsweise der einheitliche Begriff »islamische Zivilisation« angesichts der großen Vielfalt islamischer Kulturen zunächst als reine Abstraktion erscheinen.

Bei dem Versuch, lokale Kulturen als Untereinheiten von Zivilisationen zu beleuchten und ihren Aufstand gegen die globalisierte westliche Institution des Nationalstaats bzw. gegen die sie umschließende Weltordnung zu verstehen, erweist es sich als nützlich, den Begriff der Ethnizität ins Spiel zu bringen. Dieses komplizierte Fremdwort bezeichnet einen sehr einfachen Sachverhalt: Menschen, deren Zusammenhalt als Volk auf Gruppenzugehörigkeit beruht, gelten als ethnische (Wir-)Gruppen. Ethnizität beschreibt ihre Einbindung in das Bewußtsein und den Sinnzusammenhang jeweils lokaler Kulturen.

Mit der Globalisierung werden sozioökonomische, soziopolitische und soziokulturelle Strukturen hervorgerufen, in die Ethnizität und lokale Kulturen eingebunden werden. Dennoch vermag die aus der Globalisierung hervorgehende globale Zivilisation nicht, die ethnischen »Wir-Gruppen« und ihre lokalen Kulturen zu integrieren; auch multikulturell lassen sich ethnische Kollektive, vor allem in Deutschland, nicht integrieren.[20] Nur Individuen können integriert werden. Lokale Kulturen formieren sich in der Diaspora zu Ghettos; in ihren Ursprungsregionen bilden sie regionale Zivilisationen und erheben sich gegen die Vorstellung von einer globalen Zivilisation; sie empfinden den Nationalstaat als eine »westliche Verschwörung« (vgl. Anm. 5), als Strategie des »Teile und herrsche!«, um nicht-westliche Zivilisationen besser unterwerfen zu können.

In einer frühen Periode europäischer Expansion leisteten die Nicht-Europäer den Eindringlingen Widerstand, der an ihrer technischen und wissenschaftlichen Unterlegenheit gegenüber den Invasoren scheiterte. Nach einer erfolgreichen europäischen Expansion schien die instrumentelle »Europäisierung der Welt«[21] den Untergang der lokalen Kulturen besiegelt zu haben. In meinen Arbeiten nenne ich diesen Prozeß »Akkulturation« (vgl. Anm. 13). Mit Bezug auf die Fragestellung dieses Buches heißt Akkulturation, daß nicht-westliche Eliten, die im Westen ausgebildet worden waren, in der Phase des Kampfes gegen den Kolonialismus dazu neigten, dem europäischen Nationalstaatsmodell und anderen westlichen Errungenschaften nachzueifern. Die Forderung nach einem eigenen Nationalstaat war seinerzeit eine wirksame ideologische Waffe gegen die europäische Kolonialherrschaft.

Gegenwärtig kann man einen genau gegenläufigen Prozeß beobachten, der seinen Ausdruck im Aufkommen unterschiedlicher Typen religiöser Fundamentalismen findet. In Asien und Afrika sind die verwestlichten Eliten, die früher als säkulare Nationalisten und als Modernisierungseliten auftraten, nunmehr Träger dieser Bewegung.[22] Obwohl in der Ideologie des religiösen Fundamentalismus der Bezug auf eine Zivilisation den Ausschlag gibt, spielen Ethnizitäten eine zentrale Rolle.

Im Falle der Welt des Islam handelt es sich bei der Erhebung des Fundamentalismus insofern um »einen Prozeß der Gegenakkulturation«[23], als die modernisierten Eliten ihre eigene westliche Bildung nunmehr zurückweisen und eine oft aggressive Abgrenzung gegenüber dem Westen an den Tag legen. Diese Revolte gegen den Westen richtet sich gegen den Prozeß einer von Europa ausgehenden, expandierenden globalen Zivilisation; sie formiert lokale Kulturen als regionale Zivilisationen im Kampf für eine »Entwestlichung der Welt«. Praktisch ist diese Revolte die Vorstufe für einen weltanschaulichen Krieg der Zivilisationen.

Der religiöse Fundamentalismus liefert dieser Revolte die Ideologie; er richtet sich gegen den Nationalstaat und setzt sich das Ziel, die verlorene Einheit der Zivilisation wiederherzustellen. Trotz des eigenen Anspruchs, als universelle Zivilisation kulturübergreifend zu sein, finden wir im Islam eine durch zahlreiche lokale Ausprägungen und ethnische Gruppierungen charakterisierte Zivilisation. Tatsächlich zeichnet alle unterschiedlichen islamischen Fundamentalismen eine Spannung aus, die aus dem Gegensatz zwischen der universalistischen Weltsicht des Islam und den partikularen lokalen Kulturen, aus denen die Fundamentalisten selbst hervorgehen, resultiert.

Der gegenwärtige Machtkampf unter den ethnisch verschiedenen islamischen Fundamentalistengruppen Afghanistans kann als Beispiel dafür gelten: Gegen die einstige sowjetische Besatzung der Ungläubigen waren sich alle afghanischen Stämme als Gotteskrieger/*Moudjahidin* einig. Nach Abzug der russischen Truppen flammten die Stammeskämpfe wieder auf. Die Zugehörigkeit zum Islam hindert diese Ethno-Fundamentalisten nicht, das Blut anderer Muslime zu vergießen.

Die Übertragung des europäischen Nationalstaatsmodells auf nicht-westliche Zivilisationen vollzog sich unter der Parole: »Vom Gottesreich zum Nationalstaat«.[24] Der islamische Fundamentalismus beansprucht neuerdings, diesen historischen Prozeß umzukehren. Nun heißt es: »Vom Nationalstaat zur Gottesherrschaft!«

Die Krise des Nationalstaats in der islamischen Welt unserer Gegenwart – wie auch anderswo in der bisher so genannten »Dritten Welt« – offenbart, in welchem Maße diese Staaten künstliche Einheiten bzw. »Quasi-Staaten« sind. Die Antwort auf den gescheiterten Nationalstaat ist die religiös definierte Zivilisation. Die Welt des Islam als selbständige universalistische Zivilisation wird im Übergang zum 21. Jahrhundert unter den Bedingungen des dritten Millenniums neu geboren.

Lokale Kulturen erwachen zu neuem Leben

Die »neuen Staaten«, von denen einst erhofft wurde, daß sie als sogenannte Entwicklungsländer mit dem industriellen Westen wetteifern würden, waren aufgrund der fehlenden institutionellen Voraussetzungen dazu nicht in der Lage. Die gescheiterte

Akkulturation, die in diesem Zusammenhang die Anerkennung der von Europa auferlegten Institution des Nationalstaats bezeichnet, schlägt heute in eine Gegen-Akkulturation, also in eine Frontstellung gegen ebendieses Staatsmuster, um. Dieser Umschwung bedurfte keiner langwierigen Anläufe; vielmehr hatte der Nationalstaat in nicht-westlichen Kulturen nie wirklich Wurzeln geschlagen. Gegen die Auferlegung des europäischen Nationalstaats werden die Werte der lokalen Kulturen nunmehr politisch revitalisiert.

Im Nahen Osten fördert diese Neubelebung lokaler Kulturen nach innen das Wiedererstarken ethnischer Bindungen, die im Nationalstaat latent weiterexistiert hatten. Nach außen wenden sich die lokalen Kulturen – nunmehr zur Zivilisation vereinigt – gegen den Westen. Zivilisatorisch ist der Islam die Summe zahlreicher lokaler Kulturen, wenngleich seine religiös-politischen Ideale kulturübergreifend sind. Die angestrebte islamische *Umma*/Gemeinschaft – der Bezugsrahmen aller Muslime – zielt, genauso wie die »Humanität«, die in der Konstruktion einer »Weltgeschichte Europas« zum Ausdruck kommt, auf eine die gesamte Welt umfassende Weltgemeinde, eine Weltzivilisation, ab. Daß die Projekte beider sich universell begreifenden Zivilisationen kollidieren müssen, erscheint demnach unausweichlich.

Bei näherem Hinsehen zeigt sich, daß die Muslime – trotz allen universalistischen Getöses – untereinander ethnisch und lokal-kulturell gespalten sind. Ihre gegenseitigen Beziehungen zeichneten sich früher eher durch Feindschaft als durch politische oder religiöse Solidarität aus (z.B. Araber, Türken und Perser). Der islamische Fundamentalismus unserer Gegenwart predigt zwar verbal die Solidarität der *Umma*, doch verstärkt er in der Realität die bestehenden ethnischen Spaltungen.

Das Paradebeispiel dafür ist, wie erwähnt, Afghanistan: Hatten die fundamentalistischen Gruppen einst gemeinsam gegen die sowjetische Invasion gekämpft[25], so liefern sie sich bis heute einen äußerst blutigen interethnischen Kampf; sie bleiben ethnisch gespalten in Paschtunen, Tadschiken, Usbeken etc. Diese ethnischen Gruppen hissen die grüne Fahne des universellen Islam, während sie einander als Repräsentanten lokaler Kulturen und ihrer ethnischen Gemeinschaften töten.

Ruanda, Somalia, der Irak oder der Sudan sind weitere Beispiele für einen Nationalstaat, der die in ihm beherbergten lokalen Kulturen nicht integrieren kann und deshalb auseinanderbricht. In der Welt des Islam sind Staaten wie Ägypten, die ein Bewußtsein nationaler Identität haben[26], eher die Ausnahme. Trotz dieser ethnischen Vielfalt können wir bei der *Frontstellung gegen den Westen* von einer *einheitlichen* islamischen Zivilisation sprechen.

Die arabische Welt als Beispiel

Rekapitulieren wir: Zivilisationen vereinen lokale Kulturen nach außen, während Ethnizität Konflikte zwischen den lokalen Kulturen verursachen kann. In diesem Sinne ist unsere Welt als globale Struktur zu umschreiben, die unterschiedliche Zivilisationen beherbergt, wobei die Welt des Islam eine vorrangige Stellung einnimmt. Doch im Gegensatz zu den rhetorischen Äußerungen ihrer Wortführer ist die islamische Zivilisation ethnisch und kulturell keine homogene Einheit. Auch wenn die Welt des Islam durch den religiösen, allerdings kulturell mannigfaltigen Glauben, durch eine damit korrespondierende Weltsicht sowie eine allseits zelebrierte Feindschaft gegen den verhaßten Westen gekennzeichnet ist, unterscheiden sich ihre Regionen doch auf vielen Ebenen voneinander.

Im folgenden konzentriere ich mich auf den arabischen Teil des Nahen Ostens als Ursprung und Kerngebiet der islamischen Zivilisation: die »arabische Welt«. Strukturell ist sie heute als regionales System von Nationalstaaten in die internationale globale Ordnung der Nationalstaaten integriert; dennoch hat es seine regionale Eigendynamik nicht eingebüßt.[27] In diesem Subsystem nahöstlicher Staaten ist Ethnizität in zweierlei Hinsicht eine Quelle für Konflikte: Zum einen liegt das Konfliktpotential innerhalb der verschiedenen staatlichen Einheiten dieses Subsystems, also in den Nationalstaaten selbst (Kurden gegen Araber im Irak, Dinka gegen Araber im Sudan, Berber gegen Araber in Algerien u.a.), zum anderen auf der subsystemischen Ebene zwischen arabischen und nicht-arabischen Staaten (Syrien versus Türkei, Iran versus Irak u.a.).

Die einzelnen Gesellschaften innerhalb des Subsystems, wie z.B. jene in Syrien, im Irak und in Marokko, vereinigen eine Fülle von ethnischen Gemeinschaften. Es handelt sich bei ihnen also nicht um zivile Gesellschaften im eingangs erläuterten Sinne eines vom demokratischen Staat unabhängigen Gemeinwesens (vgl. Anm. 7). Wir treffen hier auf ethnische Sub-Gemeinschaften, die der Autorität des bestehenden Nationalstaats, mit dem sie sich nicht identifizieren, Widerstand leisten.

Wenn man den Begriff der zivilen Gesellschaft unspezifisch, also von der Moderne abgekoppelt, verwendet, lassen sich ethnische Gemeinschaften mit diesem Begriff beschreiben, weil sie unabhängig von der politischen Struktur des Nationalstaats sind, zu dem sie zwar formell gehören, doch innerhalb dessen sie ihre substantielle Eingliederung verweigern. So haben wir das, was Migdal »starke Gesellschaften und schwache Staaten« nennt.[28] Ethnizität erscheint in diesem Rahmen als wahrer Ausdruck lokaler Kulturen sowohl in der arabischen Welt als auch in der gesamten Zivilisation des Islam. Kennzeichnend hierfür ist ein Konflikt zwischen dem idealen, übergeordneten Identitätsmuster – sei es der Islam oder der Nationalismus (Panarabismus oder lokaler Nationalismus wie im Irak, in Ägypten etc.) – und den untergeordneten Identitätsmustern, die alle ethnisch oder sektiererisch bestimmt sind.[29]

Auf der Ebene des Nationalstaats existiert in keinem nahöstlichen Staat eine zivile Gesellschaft im modernen Sinn oder eine allseits geteilte Identifikation mit einem Gemeinwesen. Im Nahen Osten stoßen wir auf aufgesetzte Identitätsmuster, die mit ethnischen Zugehörigkeiten kollidieren. Daher muß bei der Beschäftigung mit vormodernen Zivilisationen und ihren lokalen Kulturen stets das Ethnizitätskonzept herangezogen werden, da ethnische und/oder konfessionelle Identitäten entscheidender sind als die künstliche nationalstaatliche Identität.

Multi-ethnische Gesellschaften im Nahen Osten und anderswo sind der globalen Zivilisation der Moderne ausgesetzt. Die Folge ist eine Wechselwirkung zwischen den lokal und ethnisch bestimmten Kulturen und ihrem globalen Umfeld; den Rahmen für dieses Wechselspiel stellen die nominellen Nationalstaaten Asiens und Afrikas. Um Spannungen unter der Decke zu halten, konstruieren Intellektuelle ideologisch übergeordnete, ideale Identitäten (so z.B. Islam gegen den Westen), die im Hinblick auf den Krieg der Zivilisationen nicht unterschätzt werden sollten. Nach innen aber haben nur die untergeordneten ethnischen und konfessionellen Identitäten eine entscheidende Wirkung. Der Zivilisationskonflikt zwischen dem Islam und dem Westen tritt nur in der Beziehung zur Außenwelt in Erscheinung. Das gilt natürlich gleichermaßen für die anderen Zivilisationen.

Doch ist auch der Konflikt zwischen verschiedenen ethnischen Teilgruppen und dem Nationalstaat nur Ausdruck des Widerstands lokaler Kulturen gegen eine aus einer anderen Zivilisation übernommene Institution. Die Globalisierung des Nationalstaats ist ein Bestandteil des Zivilisationskonflikts, denn der Nationalstaat ist, wie ich gezeigt habe, als eine fremde Institution auf die nicht-westlichen, aus lokalen Kulturen bestehenden Zivilisationen übertragen worden. Interethnische Konflikte werden somit in einen institutionellen Rahmen eingeordnet. Verschwörungsphantasien greifen unter diesen Konfliktbedingungen um sich. Für die Kurden ist der irakische Staat eine westliche Verschwörung gegen sie, wohingegen für die irakischen Araber der kurdische Aufstand gegen sie von »den Geheimdiensten westlicher Mächte« dirigiert wird; das Verhalten der Kurden nach dem Golfkrieg wurde von den Arabern nicht nur ethnisch verurteilt, sondern auch als »Verrat am Islam« gebrandmarkt.

Ethnizität, Nationalstaat und Subsysteme

Nun war der Nationalstaat bei den nicht-westlichen Zivilisationen nicht immer eine verhaßte Größe. Denn die Prozesse der Entkolonialisierung zur Befreiung von der kolonialen Herrschaft fanden ihren Ausdruck im Bestreben der Kolonialvölker, durch Formierung von Nationalstaaten zu Nationen zu werden. Daher geriet das Zeitalter der Entkolonialisierung zu einer neuen Ära des Nationalismus.[30] In unserer Gegenwart hat sich das Interesse von der Nationsbildung auf die Ethnizität verlagert, eben weil bestehende Nationalstaaten in Afrika und Asien gescheitert sind und sich praktisch auflösen. An die Stelle des nationalen tritt nunmehr das ethnische Bewußtsein. Ethnizität wirkt in unserer Gegenwart als Quelle für Konflikte sowohl innerhalb des Nationalstaats als auch innerhalb des regionalen Rahmens zwischenstaatlicher Beziehungen; durch globale Migration hat sie auch internationale Auswirkungen. Entsprechend haben wir es mit zwei Trends zu tun, die sich beide gegen den Nationalstaat als Transplantat richten: auf der lokalen Ebene durch das ethnische Bewußtsein und auf einer übergeordneten Ebene durch das Zivilisationsbewußtsein. Letzteres finden wir z.B. bei islamischen Fundamentalisten, die dem Nationalstaat anlasten, die islamische *Umma* in viele Staaten zu zersplittern.

Vor allem Ethnosoziologen und Anthropologen richten ihr Augenmerk auf Ethnizität und erklären sie als Ausdruck einer lokalen Kultur (vgl. Anm. 9). Regionale und globale zwischenstaatliche Beziehungen sind dagegen das professionelle Feld der Disziplin der Internationalen Beziehungen, die Ethnizität aus der Perspektive der Weltpolitik betrachtet.[31] Ich möchte hier versuchen, beide Ebenen miteinander zu verknüpfen, um auf der Basis eines vorläufig empirisch fundierten Konzepts unterschiedliche Formen von Ethnizität zu erklären, die sowohl in den nominellen Nationalstaaten als auch im regionalen Rahmen zwischenstaatlicher Beziehungen vorkommen.

Die Gruppierung der Nationalstaaten in der Region des Nahen Ostens deute ich – im Anschluß an meine früheren Arbeiten – als ein regionales Subsystem (vgl. Anm. 27) innerhalb der Weltordnung als einer globalen Struktur. Diese Ordnung ist der Bezugsrahmen für die globale Geschichte, die aus der Perspektive der internationalen Politik der Moderne betrachtet wird. Im Gegensatz zu früheren historischen Epochen sind die weltpolitischen Regionen unserer Gegenwart als Zivilisationen in dieses globale Ganze eingeordnet, nicht aber in ihm aufgehoben, das heißt nicht integriert. Denn wären Globalstrukturen in der Lage, das spezifisch Regionale völlig zu integrieren, dann gäbe es in der Weltpolitik keinen Boden für Zivilisationskonflikte. Gleiches gilt für nationale Gesellschaften. Zum Vergleich: Wenn die Deutschen die unter ihnen lebenden Ausländer integrieren könnten, entstünden keine ethnischen Probleme. Dies ist jedoch nicht der Fall.

Bei dem Versuch, ethnisch-lokale, vormoderne Kulturen in eine Zivilisation einzuordnen, verwende ich Ethnizität und Subsystem als themenbezogene Begriffe für den regionalen Kontext. Ethnische Wir-Gruppen sind nach innen oft kleine Größen, nach außen aber können sie im Zivilisationskonflikt ganze Völker umfassen. So sind Muslime ethnisch untergliedert, gegenüber dem Westen bilden sie aber eine einheitliche religiöse »Wir-Gruppe« mit einem eigenen Zivilisationsbewußtsein.

Aufbauend auf meinem Versuch, dieses Problem genauer zu erklären und die gegebenen Fakten begrifflich zu fassen, werde ich im folgenden dazu übergehen, den Nationalstaat als die grundlegende Aktionseinheit der Weltpolitik wie des regionalen Subsystems zu analysieren. Weil diese Einheit in außerwestlichen Zivilisationen künstlich, das heißt: nicht auf heimischem Boden, gewachsen ist, habe ich sie als einen nominellen Nationalstaat identifiziert. Der moderne Staat, der in Form des Nationalstaats auftrat, ist im Hinblick auf die historische Erfahrung jener Zivilisationen in Asien und Afrika ein fremdes Gebilde. Vor der Begegnung mit dem modernen Europa waren Muslime beispielsweise mit dem imperialen und dem dynastisch-territorialen Staat der islamischen Zivilisation, nicht aber mit dem Nationalstaat als einer Institution vertraut. Dieser setzt das Vorhandensein eines übergeordneten, nicht-ethnischen Gemeinwesens voraus, in das subnationale oder ethnische Gemeinschaften zivilgesellschaftlich integriert und somit in die Bedeutungslosigkeit (z.B. Preußen und Bayern in Deutschland) gedrängt werden. Ebenso erfordert ein modernes Gemeinwesen nationale, das heißt nationalstaatlich bezogene, auf *Citizenship* basierende Loyalitäten und Identitätsmuster, die spaltende ethnische Bindungen ablösen. Ethnische Vielfalt geht daher dem Phänomen der Nation voraus. In diesem Sinne spricht der Ethnizitätsforscher Anthony Smith vom »ethnischen Ursprung der Nationen«.[32] Jede Nation hat als eine moderne Formation ihre ethnische Herkunft.

In einem nominellen Nationalstaat, der seinerseits von einer ethnischen oder sektiererischen Klientel regiert wird, existiert kein Bewußtsein von Staatsbürgerschaft im Sinne von *citizenship*, das ethnische Loyalitäten und Identitäten aufhebt. Wenn der schiitisch-alawitische Präsident Assad in Syrien von der arabischen Nation spricht, so vernehmen die sunnitischen Bewohner meiner Heimatstadt Damaskus in seiner Stimme die Zugehörigkeit zur nordsyrischen *Djama'a*/Klientel. Dabei handelt es sich um eine alawitische Bauernsekte und ihre vier Stämme, an die sich Assad wendet. Umgekehrt verhält es sich in Bagdad mit dem sunnitischen Saddam Hussein, der, wenn er das arabische Wort Nation in den Mund nimmt, seine sunnitische Takrit-Klientel anspricht. Aus diesem Grunde werden seine Worte sowohl bei den Kurden des Nordens als auch bei den Schiiten des irakischen Südens, wie der schiitische Iraki Samir al-Khalil (alias Kanan Makiya) in seinem Buch über die »Republik der Angst« eindrucksvoll erläutert[33], als feindliche Drohung wahrgenommen.

Im arabo-islamischen Teil des Nahen Ostens steht der vom Westen transplantierte »Nationalstaat« überdies im Schatten der osmanischen Hinterlassenschaft, was einen Akkulturationsprozeß zusätzlich behindert. Stämme und ethnische Klientel bemächtigen sich hier des Staates und umgeben ihn mit allerlei Gepränge. Doch auch die Aura von Nationalflagge und Nationalhymne kann den anderen (unterdrückten) Ethnien nicht verbergen, daß es eine Nation hinter dieser Fassade einfach nicht gibt.

Unter diesen Bedingungen können die bestehenden subnationalen und subethnischen Spaltungen innerhalb der Grenzen existierender nomineller Nationalstaaten nicht behoben werden, und die Etablierung einer gemeinsamen, verwurzelten nationalen Identität ist nicht in Sicht. Die Folge sind separatistische Bestrebungen (z.B. der Kurden), die aber neben dem vernehmbaren Ruf nach supranationalen, das heißt panarabischen oder panislamischen Einheitsgebilden, bestehen. Die Konflikte werden im regionalen Subsystem also von zwei einander widersprechenden Herausforderungen an den nominellen Nationalstaat ausgelöst: vom ethnischen Separatismus (Kurden, Dinka, Berber) innerhalb des Staates einerseits und von den über den Staat hinausgehenden Pan-Bewegungen auf der Ebene der regionalen Zivilisation andererseits (»Muslime/Araber vereinigt Euch!«).

Die Unterscheidungen auf ethnischer, nationaler und regionaler Ebene machen ebenso wie die Differenzierung zwischen übergeordneten und untergeordneten Identitäts- und Loyalitätsmustern verständlich, wie kompliziert es ist, die lokalen Kulturen und ihre regionalen Beziehungen (regionale Zivilisation) sowie das globale Umfeld (Zivilisationskonflikt) angemessen zu verstehen. Viele westliche Wissenschaftler und Beobachter werden dieser Problematik nicht gerecht. Ihre universalistischen, in sprachlich komplizierter Form vorgetragenen Sichtweisen sind inhaltlich leer und realitätsfremd. Das Studium der Ethnizität ist der erforderliche erste Schritt zum Verständnis. Westliche Politiker (z.B. die Mitglieder der deutschen Verfassungskommission) benötigten Einführungskurse in Ethnizität, die angesichts der massiven Migration von Wir-Gruppen aus vormodernen Kulturen sogar zu einem innenpolitischen Problem in Europa wird.

Um ein konkretes Beispiel zu nennen: Die Mitglieder der deutschen Verfassungskommission scheinen den Inhalt des Begriffs Ethnizität nicht verstanden zu haben, als sie in ihrem Entwurf zu einer neuen Verfassung den Artikel 20b GG konzipierten, der den Staat verpflichtet, »ethnische Identität« zu achten. Ein leitender *Spiegel*-Redakteur riet mir von meinem Vorhaben, zu dieser Thematik einen Essay zu schreiben, mit der Begründung ab, sie sei für die eine Million Deutschen, die dieses Magazin lesen, schwer zu begreifen. Doch ist Ethnizität durch die Zuwanderung bundesrepublikanischer Alltag geworden! Mit der in Deutschland verbreiteten juristischen Paragraphen-Logik bekommt man diese Problematik und das aus ihr erwachsene Konfliktpotential nicht in den Griff. Auch das Gerede von der multikulturellen Gesellschaft verdeckt die Problematik der Ethnizität nur. Gesinnungsethische Rhetorik und Paragraphenklempnerei bieten weder Erklärungen noch Lösungen.

Oft wird der Begriff der Ethnizität in unterschiedlichen Bedeutungen verwendet, so daß er manchen Kritikern als verschwommen und zu vage erscheint. Mit Bezug auf den Nahen Osten zeigt ein kurzer Blick auf den neueren Stand der Ethnizitätsforschung, daß der Minderheitsbegriff durch den der Ethnizität ersetzt worden ist. Die Deutschen reden dagegen noch 1994 von »Minderheiten« im Entwurf für einen neuen Grundgesetz-Artikel 20 b. Bereits in den späten siebziger Jahren haben Ethnizitätsforscher die Begriffe Mehrheit/Minderheit aufgegeben und die entsprechenden Konflikte als ethnische bestimmt. Die Deutschen sind eben in vielerlei Hinsicht eine »verspätete Nation« (Helmuth Plessner).

In bezug auf die Araber, die mehrheitlich Sunniten sind, wird vom sunnitischen Islam als ethnischer Identität gesprochen. Früher wurden nicht-arabische sunnitische Muslime, wie Kurden und Berber, als Minderheiten eingestuft. Muslimische Araber, die keine Sunniten sind, wie schiitische Alawiten, Drusen und andere konfessionelle Ausläufer des schiitischen Islam, galten ebenso als Minderheiten. Doch handelt es sich um ethnische Gruppen im Sinne kommunaler Solidaritätsgruppen (Wir-Gruppen). Die Tatsache etwa, daß die Mehrheit der irakischen Bevölkerung schiitisch ist, widerspricht der früheren Einteilung in Mehrheit/Minderheit. Der Konflikt zwischen den so definierten Minoritäten und der Majorität hat einen vorwiegend ethnischen Charakter, der in der neueren Diskussion berücksichtigt wird.

Angesichts der beschriebenen Situation scheint es unwahrscheinlich, daß Modernisierung im Sinne einer Übertragung des europäischen nationalstaatlichen Modells dazu beitragen könnte, die Solidarität innerhalb der ethnischen Wir-Gruppen im Interesse der neuen Nation aufzubrechen. Die Assimilierung der einzelnen ethnischen Gruppen an den neuformierten Nationalstaat zu forcieren ist fehlgeschlagen. Und genau das erweist sich heute als Quelle »ethnisch-sektiererischer Konflikte«.[34] Das beste Beispiel dafür ist die Situation im Irak nach dem gescheiterten Aufstand der Kurden im Norden und der Schiiten im Süden[35] nach dem Ende des Golfkrieges. Vor dem Golfkrieg hatte Saddam Hussein vergeblich versucht, eine gemeinsame irakische Identität zu schaffen.[36] Der Aufstand nach dem Golfkrieg illustriert nur einmal mehr, daß eine gesamt-irakische Identität nicht durchzusetzen war und die ethnisch-religiösen Gruppen weiterhin nicht geeinigt sind.

Im arabischen Nahen Osten, dem Kerngebiet der islamischen Zivilisation, gibt es eben ethnische Konflikte, die mit den bereits kritisierten Begriffen von Majorität und Minorität nicht adäquat erklärt werden können. Die arabische Nation ist eine ideologische Vision, eine Idee von einer übergeordneten Einheit, der die Untermauerung durch feste soziale und politische Fundamente fehlt; sie basiert auf statischen Kulturmerkmalen (Sprache, Geschichte). Im Vergleich mit Afrika können wir mit Hudson zwar feststellen, daß der arabische Teil der islamischen Zivilisation »in bezug auf seine von vielen Menschen geteilten nationalen und religiösen Werte grundsätzlich homogen ist«. Dennoch müsse, wie Hudson weiter ausführt,

> »der Arabismus in einer politischen Kultur, die sich durch Affektivität und die immer noch besondere Bedeutung primordialer (vornationaler, B.T.) Identifikationen auszeichnet, mit weiteren bestimmten parochialen (traditionell religiösen, B.T.) Identifikationen koexistieren oder mit ihnen konkurrieren ... Es ist zu einfach, ... anzunehmen, daß in dieser Region Modernisierung eine assimilatorische Schmelztiegel-Funktion ausübt.«[37]

Diese Argumentationslinie führt uns weit weg von der Dichotomie des Begriffspaares Majorität/Minorität, da sie die ethnischen und konfessionellen Unterteilungen innerhalb des arabisch-nahöstlichen Teils der islamischen Zivilisation in den Mittelpunkt rückt.

Der Kern der Problematik ist folgender: ethnische Solidarität der Wir-Gruppen nach innen auf der einen und Solidarität aller

Angehörigen der kultur- und ethnizitätsübergreifenden Zivilisation nach außen auf der anderen Seite. Wenn Soldaten der westlichen Zivilisation – wie im zweiten Golfkrieg geschehen – am Golf stationiert werden, sind sich Araber und Perser, Schiiten und Sunniten als Gegen-Zivilisation einig; sind sie unter sich, wie im ersten Golfkrieg, dann führen sie Krieg gegeneinander. Diese Komplexität läßt sich nicht durch einfache Formeln schlecht informierter Journalisten und Schreibtisch-Wissenschaftler auflösen.

Zivilisation und Nation: eine ethnische Aufschlüsselung

In der Welt des Islam stößt man unter dem Deckmantel der großen islamischen *Umma* bzw. der panarabischen Nation (auch: *Umma*) oder deren Sub-Einheiten (Iraki, Syrer oder Algerier) auf die Tatsache, daß jede soziale Gruppe mit den zuvor erläuterten ethnischen Grundmustern und Zugehörigkeiten zusammenfällt. Diese Verbindungen sind die Basis der jeweiligen lokalen Kulturen. Die Wurzeln der Ethnizität entspringen dem sozial produzierten und sich ständig verändernden Quartett von gemeinsamen Mythen, Erinnerungen, Werten und Symbolen (vgl. Anm. 32). Daher kann Ethnizität nicht angemessen auf der Grundlage statisch begriffener kultureller Elemente, wie etwa dem Arabismus, oder gemeinsamer religiöser Glaubensmuster, wie dem sunnitischen Islam, definiert werden. Diese Vorgehensweise mag nur für die Wahrnehmung von außen (z.B. von Muslimen durch Nicht-Muslime) zutreffen.

In Bosnien wurden Muslime als ethnische Gruppe definiert. Diese Wahrnehmung ist nicht nur falsch, sondern auch folgenreich für Europa, wie ich an anderer Stelle gezeigt habe.[38] Denn die Zugehörigkeit zur Zivilisation des Islam ist nicht ethnisch.

Der verbreiteten Definition von Ethnizität als

> »kollektiver Identität und Solidarität, die auf Beschreibungskriterien wie unterstellte gemeinsame Abstammung, Sprache, Bräuche, Glaubenssysteme und Praktiken (Religion) und in einigen Fällen auf Rasse oder Hautfarbe basieren«[39],

liegen eindeutig statische Begriffe zugrunde. Als alternatives Konzept schlage ich das oben angeführte Quartett – gemeinsame *Mythen, Erinnerungen, Werte* und *Symbole* – vor, das eine Gruppe miteinander verbindet und einem permanenten Wandel unterliegt. Diese Bezugsgrößen sind historisch, nicht statisch zu verstehen. So können die Mythen je nach der historischen Situation einen anderen Inhalt annehmen (z.B. im großserbischen Selbstverständnis). Dieses Konzept kann auch auf kommunale Solidaritätsgruppen angewandt werden, zu denen beispielsweise die Alawiten und Drusen in Syrien, die Kurden im Irak, die Dinka im Sudan oder die Berber in Marokko zählen. Kurzum: Die ethnische Zugehörigkeit ist stets lokalkulturell, also anders strukturiert als die Zugehörigkeit zu einer kulturübergreifenden Zivilisation (wie z.B. die des Islam).

Die ethnische Aufschlüsselung der Bevölkerungsgruppen der islamischen Zivilisation bzw. der Araber, von denen behauptet wird, sie bildeten eine homogene moderne Nation, bringt uns der Realität nicht näher. Im Anschluß an Anthony Smith habe ich bereits argumentiert, daß jede Nation, aus diesem Blickwinkel betrachtet, ethnische Ursprünge hat. Nationen sind weder im vormodernen Sinne ursprünglich und unveränderbar noch völlig modern. Vielmehr bilden sie eine Einheit, die in modernen Zeiten aus ethnischen Ursprüngen hervorgegangen ist.

Geistesgeschichtlich ist die Nation ein modernes Phänomen, das aus dem späten 18. Jahrhundert datiert. Ihre ethnischen Ursprünge aber haben die Nationen auch in den modernen industriellen Gesellschaften behalten. Doch ersetzen nunmehr nationale Bande, wie sie den neuen Identitätsmustern zugrunde liegen, die bis dahin vorherrschenden lokal-kommunalen Identifikationen und schaffen somit gemeinsame Fundamente für eine lokale Kultur auf nationaler Ebene. Schwabe oder Westfale in Deutschland zu sein ist also nicht mehr vergleichbar mit der Identifikation, Berber in Marokko, Dinka im Sudan oder Kurde im Irak oder in der Türkei zu sein. Die modernen Kommunikationsmittel fördern Prozesse der Integration und der kulturellen Assimilation, die strukturell standardisiert wurden. Sie machten es

> »möglich und notwendig, eine Vorstellung von gleichermaßen souveränen und begrenzten Gemeinschaften zu entwickeln, durch die nunmehr ein Gefühl der Unsterblichkeit hervorgerufen werden kann und mit der sich auch vormals anonyme Individuen identifizieren können«.[40]

In der westlichen Zivilisation haben sich mittels diskursiver Fähigkeiten Kommunikationsnetze entwickelt, die dieses Muster der nationalen Gemeinschaft lokaler Kulturen festigen. Im Gegensatz hierzu basieren nominelle Nationalstaaten außerwestlicher Zivilisationen nicht auf einem als Kommunikationsgemeinschaft definierten demokratischen Gemeinwesen; ihre künstliche Vereinigung wird durch staatliche Gewalt zusammengehalten. Viele Araber nennen ihre Staaten *Mukhabarat-*/Geheimdienst-Staaten, was sie in der Realität auch sind. Ein Mensch gehört einer solchen »Nation« nicht durch die Entscheidung als freier Bürger an; »Nation« wird zum großen Gefängnis.

Will man Veränderungen innerhalb ethnischer Einheiten und in den mit ihnen verbundenen kollektiven Gefühlswelten beurteilen, so muß man um Unterschiede und Gemeinsamkeiten von modernen nationalen Einheiten und ihren Geisteshaltungen (der Mensch als Individuum) im Vergleich zu kollektiv-kulturellen Geisteshaltungen und ihrer vormodernen Sinnproduktion (der Mensch als organischer Teil eines Kollektivs) wissen. Für diese letztgenannten Einheiten verwende ich den Begriff »Ethnie«. Die Relevanz einer solchen Analyse für das Verständnis des Scheiterns nationalstaatlicher Modelle in außerwestlichen Zivilisationen liegt darin, zu zeigen, daß lokale Kulturen stets entsprechende ethnische Ursprünge haben, die dort nicht zu einer »Nation« weiterentwickelt werden konnten.

Es gilt, die Natur und Dauerhaftigkeit ethnischer Formen und Inhalte zu beleuchten und zu fragen, wie die Transformation dieser ethnischen Formen und Inhalte in nationale Formen möglich wird. Das letztere muß nicht immer erfolgen. Denn Ethnizität kann sich mit großer Beharrlichkeit jeder Umformung entziehen. Es ist nicht leicht, aus einem Kurden einen Iraker oder einen Türken zu machen.

Die kulturelle Homogenität, die der arabischen Bevölkerung im Nahen Osten als »Nation« zugesprochen wird, dient als Beweismittel für die Behauptung, daß im Nahen Osten eine übergeordnete Identität als Basis für eine über-ethnische Gemeinschaft existiert. Viele prominente arabische Autoren, wie das ägyptische Trio Ali Dessouki, Jamil Matar und Saad Eddin Ibrahim[41], vertreten diese Position; für sie ist das Subsystem Naher Osten vor allem ein exklusiv arabisches Gebilde. Dabei schließen sie islamische Länder wie den Iran und die Türkei aus und ersetzen den Begriff »islamische *Umma*« durch »arabische *Umma*«.[42] Mit dieser ethno-kulturellen Dimension, die das arabo-zentrische Selbstbild widerspiegelt, schrumpft die islamische Zivilisation und reduziert sich auf die Bestimmung eines arabischen regionalen Subsystems.

Nun scheint es richtig zu sein, den geopolitischen Raum einer Zivilisation im Rahmen von regionalen Subsystemen zu untergliedern. Konkret kann die Welt des Islam als eine Einheit keine weltpolitische Größe sein, obwohl sie eine Zivilisation bildet. Der geopolitische Raum einer Zivilisation ist jedoch nicht gleichzusetzen mit einem regionalen Subsystem in der internationalen Politik. Deswegen müssen wir den geopolitischen Raum einer Zivilisation in verschiedene Subsysteme wie Naher Osten, Zentralasien, Südostasien, Westafrika etc. unterteilen.

In einer dieser Thematik gewidmeten Monographie habe ich dargelegt, daß die geographische Nähe, die strukturelle Verknüpfung und die Spannbreite der Interaktion[43] als Kriterien für die Bestimmung eines regionalen Subsystems der Weltpolitik gelten können. Jedes Subsystem besitzt seine eigene vorherrschende Zivilisation. Aber im Falle des Islam ist die Zivilisation weit größer als der Kulturraum, der sie hervorgebracht hat (arabischer Osten). Unter den 1,3 Milliarden Muslimen gibt es nur ca. 170 Millionen Araber. Die islamische Zivilisation beherbergt eine Vielzahl ethnisch zwar unterschiedlicher Gruppen, die sich in ihrer Weltanschauung, als der Basis des entsprechenden Zivilisationsbewußtseins, jedoch sehr ähnlich sind. Auch wenn Araber, Perser und Türken als übergeordnete Wir-Gruppen (Nationen) einander ethnisch nicht mögen, so gehören sie doch demselben nahöstlichen regionalen Subsystem als einem Kernbereich der von diesen Völkern geteilten islamischen Zivilisation an. Somit läßt sich die islamische Zivilisation nicht nur ethnisch, sondern auch – nach Einführung der Nation – in übergeordnete Großgruppen als Quasi-Nationen aufschlüsseln.

Ethnische Kollektive und Zivilisationsbewußtsein

Ethnische Identitäten sind zugleich soziale Identitäten, die in lokalen Kulturen ihren Bezugsrahmen für das Kollektiv sehen. Wie gehen lokal-kulturelle ethnische Identitäten und übergeordnetes Zivilisationsbewußtsein miteinander einher?

Um es noch einmal klarzustellen: Wenn hier von Kultur gesprochen wird, dann nicht mit statischen Begriffen wie Sprache, Religion und ursprünglichen, unveränderbaren Werten; Kultur basiert vielmehr auf stets veränderlichen, gelebten Realitäten und Rahmenbedingungen, denen eine in Symbolen wahrgenommene Sinnproduktion (vgl. Geertz, Anm. 21 zur Einleitung) zugrunde liegt. Diese hat in einem gegebenen strukturellen Kontext eine symbolische Dimension sozialen Verhaltens zum Inhalt. Ausgehend von dieser Perspektive, ist jede Kultur lokal bestimmt, solange sich die Sinnproduktion auf ein konkretes soziokulturelles Umfeld bezieht.

Vormoderne lokale Kulturen stehen in hohem Maße mit der von Europa ausgehenden globalen Zivilisation im Konflikt; die Angehörigen weniger technisierter Zivilisationen fühlen sich zunehmend bedroht. Eine Folge davon ist die politische Aktivierung der Zivilisation, die diese lokalen Kulturen als Identifikationsrahmen zusammenbindet. Mit dem so konstruierten Zivilisationsbewußtsein geht man gegen die eindringende westliche Zivilisation, die als fremd identifiziert wird, vor. Der religiöse Fundamentalismus[44], der im Zivilisationskonflikt eines der Artikulationsforen darstellt, wurde zum Sammelbecken dieser Aggressivität gegen den Westen. Ein Zusammenprall beider erscheint unausweichlich.

Das Zivilisationsbewußtsein in diesem Konflikt beruht auf einer doppelten Identität, die sich in beiden Aspekten auf ein Kollektiv bezieht: auf das Kollektiv der lokalen Kultur sowie auf das Kollektiv der Zivilisation. Man ist zugleich Araber, Iraner oder Türke und Muslim; oder Serbe und orthodoxer Christ usw. Die erste Identität ist real und wird alltäglich gelebt, während die zweite ein Ideal ist, das nur in der Abgrenzung zum feindlich wahrgenommenen Umfeld einen Zusammenhalt bewirken kann.

Im folgenden möchte ich den Begriff »kulturelle Identität« am Beispiel der arabischen Kultur illustrieren. Definiert man arabische Kultur mit Hilfe statischer Begriffe wie der arabischen Sprache, dem sunnitischen Schrift-Islam und unterstellten allgemeingültigen Werten (wie männliche Ehre), so müßte das Erscheinungsbild vom Golf bis nach Marokko gleich sein. Jede soziokulturelle Analyse, die die entsprechende Sinnproduktion mit erfaßt, zeigt jedoch, wie stark die lokalen Kulturen voneinander abweichen, auch wenn sie zu ein und derselben Zivilisation gehören. Selbst ein mit der Region nicht vertrauter Tourist kann durch oberflächliche Beobachtungen die kulturellen Unterschiede zwischen Ägypten und Marokko mühelos wahrnehmen.

Pan-nationale Ideologien wie der Panarabismus verleugnen derartige lokale Ausprägungen von Kulturen und die mit ihnen verbundene Ethnizität. In diesem Buch werden die lokalen Identitäten im Nahen Osten als untergeordnete Muster eingestuft und interpretiert. Im Hinblick auf den Widerstand der lokalen Kulturen gegen die globalisierte westliche Zivilisation teilen alle ethnisch und konfessionell unterschiedlichen Gruppen dieser Kulturen eine anti-westliche Einstellung und formieren sich zu einer als Einheit wahrgenommenen Zivilisation, die sich im Krieg der Zivilisationen gegen eine andere richtet. Diese so geschaffene Identität ist – im Gegensatz zu den untergeordneten, oft ethnischen Identitäten der lokalen Kulturen – eine übergeordnete ideale Identität. Die Konstruktion einer islamischen Umma ist ein Ideal, das nur in konkreten Situationen des Zusammenpralls mit anderen Zivilisationen reale Formen annehmen kann.

Auf der Ebene des Subsystems als Teileinheit der Zivilisation sind die übergeordneten Identitäten auf Idealtypen und nicht auf reale soziokulturelle Gegebenheiten bezogen. Besonders der Panarabismus (als konstruierte arabische Zivilisation) und der Islamismus (islamische Zivilisation) sind solche Ideologien, auf die die übergeordneten Identitäten, die ebenso wie die untergeordneten einen ethnischen Charakter aufweisen, als Referenzsysteme zurückgreifen. Folglich steht die behauptete übergeordnete Ethnizität des Arabismus in einem Konkurrenzverhältnis zu anderen untergeordneten lokal-kulturellen Gemeinschaften, die ethnisch ebenfalls arabisch sind, sowie zu nicht-arabischen Identitäten anderer Muslime (Araber gegen Perser u.a.).

Der Islamismus bezieht sich dagegen auf einen im Alltag erlebten religiösen Glauben und verfügt somit über einheimische Wurzeln. Keine Religion kann aber – mit Ausnahme der religiösen Schriftkultur – in dem Nirgendwo abstrakter Glaubensmuster bestehen. Auch religiöser Glaube wird in soziale Realitäten eingebettet. Glauben – und der Islam ist hierin keine Ausnahme – ist immer Teil der konkreten sozialen Sinnproduktion. Wie das Beispiel des frühen Islam, aber auch das seiner späteren Geschichte bis in die heutige Zeit zeigt, kann sich Religion oft mit Ethnizität verbinden. Trotz seines normativen Anspruchs auf einen religiösen Universalismus verbindet sich in realen Situationen die Religion des Islam mit ethnischen Gefühlen und kommt hierbei im Nahen Osten dem Ideal einer arabisch-islamischen, also ethnisch-religiös bestimmten Identität näher. Der reale Islam in Marokko ist deshalb nicht derselbe wie in Indonesien.[45]

Der große Islamwissenschaftler Montgomery Watt führt aus, daß die unter dem Propheten Mohammed erreichte »Föderation der Stämme« im ersten islamischen Stadtstaat, in Medina, auf der Bildung eines idealen »übergeordneten Volksstammes (super-tribe)«[46] basierte. Die *Umma* sei jener Superstamm gewesen. Der Koran verkündet: »Und wir haben euch in Völkern und Stämmen erschaffen, damit ihr euch untereinander kennt« (Sure 49, Vers 13). Die islamische internationale Gesellschaft ist also eine stammesübergreifende, keine nationalstaatliche Ordnung. Bekanntlich bildet diese transtribale *Umma* die Einheit aller Muslime auf dem Globus.

Doch ob in Vergangenheit oder Gegenwart – die *Umma* ist nicht mehr als ein ideales Konstrukt. Im frühen Islam stand die diskriminierende Unterscheidung zwischen Arabern und *Mawalis* (nicht-arabische Muslime) stellvertretend für eine Vielzahl von ethnischen Konflikten. Dies ist ein Beleg dafür, daß Ethnizität – auch im islamischen Stadtstaat Medina: der Konflikt zwischen Mekkanern (Quraischiten) und Medinensern

(Ansar) – als Rahmen der kollektiven Identität nicht aufgehoben war. Im Verlauf seiner Ausbreitung über die arabische Halbinsel hinaus blieb der Islam nicht länger auf die arabische Ethnizität beschränkt, sondern vermischte sich mit anderen ethnischen Großgruppen und ihren Kulturen. Kurz gesagt: Islamismus und Arabismus umfassen ein weites Spektrum lokaler Kulturen, die sämtlich vormodern sind. Daher ist auch die Zivilisation, die sie vereinigt, im Gegensatz zur techno-wissenschaftlichen, globalen Zivilisation, als vormodern charakterisiert worden. Der Islam hat sich die Stämme untergeordnet, es aber nicht vermocht, sie in ein Gemeinwesen zu integrieren (vgl. Anm. 15). Der Zivilisationskonflikt bezieht sich also nicht allein auf eine Revolte gegen die westliche Hegemonie, sondern ist überdies ein Konflikt zwischen Moderne und Vormoderne; es geht auch um einen Krieg der Weltanschauungen.

Im Hinblick auf die Gegenwart gewinnt die ethnisch bzw. lokal-kulturell gespaltene, religiöse Identität des Islam als übergeordnete, universell bezogene Identität einer regionalen Zivilisation an Bedeutung. Für das Verständnis der vielen unterschiedlichen *zwischenstaatlichen* (z.B. Iran/Irak, 1980 bis 1988) wie *innerstaatlichen* Konflikte (z.B. die regierenden Alawiten in Syrien gegen die sunnitische Mehrheit, das Kurdenproblem in der Türkei u.a.) ist es unerläßlich, Ethnizität zu verstehen, um das Bild vom Zivilisationskonflikt zu differenzieren. Unterläßt man dies, dann entsteht der falsche Eindruck eines »islamischen Monoliths«.

Religiöse Sektenidentität und Ethnizität verbinden sich und nehmen einen ethno-religiösen Charakter an; sie spalten die islamische *Umma* in zahlreiche Einheiten. Konfessionalität ist der Motor ethnisch bedingter Verhaltensmuster, wie Anthony Smith hervorgehoben hat:

> »Der Aufschwung religiöser Sekten ... ermöglicht ein ... fruchtbares Zusammenleben einer ethno-religiösen Gemeinschaft. Sektiererische und sogar häretische Formen ... des Islam verbinden sich mit

überkommenen provinziellen Gemeinschaften, deren frühere religiöse Bindungen allmählich ethnisiert werden.«[47]

Ungeachtet ihrer inneren Zwistigkeiten besitzen alle islamischen und arabischen lokalen Kulturen auf globaler Ebene die Fähigkeit, sich gegen die Macht fremder Zivilisationen zu vereinigen, wenn sie eine kollektive Bedrohung wahrnehmen. Ein Beispiel hierfür ist der Golfkrieg des Jahres 1991. In seinem Verlauf schien es so, als habe sich die Welt des Islam gegen den Westen vereint, obwohl der von den USA geführten Staatenkoalition auch arabische und islamische Staaten angehörten. Einige Jahre nach dem Golfkrieg verstehen Menschen im Westen immer noch nicht, daß seinerzeit eine Konfrontation zwischen zwei Zivilisationen stattgefunden hat, deren Folgen bis zum heutigen Tag weiterwirken. Für die Mehrheit der Muslime aber bleibt dieser Krieg ein Kreuzzug. Daß saudische, ägyptische, syrische und pakistanische Truppen als Quasi-Söldner formal auf westlicher Seite gestanden haben, ändert keinen Deut an dieser Wahrnehmung.[48] Und jener Kreuzzug der westlichen Zivilisation gegen die Muslime wird nach muslimischer Wahrnehmung im Balkankrieg fortgesetzt (vgl. Anm. 38).

Das Fazit unserer Analyse bisher lautet also: Berücksichtigt man die Dimension der Identität, so berühren sich auf der Ebene des Nationalstaats und des Subsystems konkurrierende übergeordnete und untergeordnete Identitäten mit religiös-ethnischen Bindungen an »imaginäre Gemeinschaften«.[49] Die meisten islamischen Nationalstaaten (übrigens ein Widerspruch im Beiwort) sind nominelle Nationalstaaten. Es fehlt ihnen die politische und soziale Verankerung; es fehlen aber auch die Fundamente für eine zivile Gesellschaft und vor allem für das Bewußtsein der Angehörigen des Staatsverbandes von einem über-ethnischen Gemeinwesen. Kurzum, die Voraussetzungen für die Bildung einer Nation fehlen. Hinzu kommt, daß der Begriff »Nationalstaat« im Widerspruch zu den Werten der islamischen Zivilisation steht; seine Ideale blieben eine Ideologie der verwestlichten Eliten.

Auf der Ebene des Nationalstaats lassen sich noch andere Spielarten konkurrierender über- und untergeordneter Identitätsmuster mit den ihnen jeweils korrespondierenden lokalen Kulturen ausmachen. So steht beispielsweise die Ideologie der übergeordneten Zugehörigkeit zum nominellen Nationalstaat Irak (das Irakertum/*al-iraqiyya*) als eine vom herrschenden Regime verordnete, Sunniten, Schiiten und Kurden vereinigende Identität in Konkurrenz zu den lokalen Identitäten derselben Gruppen. Hinzu kommt, daß die politische Elite des Irak sich – im Widerspruch zu dieser postulierten Identität – schon immer aus der sunnitischen Bevölkerung rekrutierte. Angesichts dieser Situation haben die unterdrückten Kurden und Schiiten ihre untergeordnete lokale Identität niemals aufgegeben; sie lehnten die ihnen aufgezwungene Identität des Irakertums bzw. des als Pan-Ideologie auftretenden Arabismus stets ab. Auch ist bemerkenswerterweise der islamische Fundamentalismus im Irak schiitischen und nicht sunnitischen Charakters.

Wie das osmanische und das europäische Erbe weiterwirken

Die islamische Zivilisation hat eine Staatstradition. Aber das Phänomen des modernen, zentral verwalteten Staates hat in der Welt des Islam eine sehr junge Geschichte. Eine territoriale Staatlichkeit kennen unter den arabischen Ländern unserer Gegenwart nur Ägypten und, mit Einschränkungen, auch Marokko. Das klassische islamische Kalifat war eine imperiale dynastische Größe[50], keine Zentralinstanz. Die alten Territorialstaaten in der islamischen Geschichte basierten ausschließlich auf dem Statthaltertum lokaler Dynastien.

Der postkoloniale Staat, der als säkularer Nationalstaat in den Nahen Osten in Form eines »Transplantats« (vgl. S. 71 ff.) verpflanzt wurde, muß sich – als fremde Institution – gegen konkurrierende Loyalitäten durchsetzen. Hierzu gehören übergeordnete Ansprüche auf größere Einheiten (Panarabismus und Panislamismus) und damit korrespondierende ideale Identitäten. Aber auch untergeordnete Identitäten, die nicht notwendigerweise an staatliche Formen – wie z.B. im Fall der Berber – gebunden sind, stehen der Etablierung eines Nationalstaats mit funktionsfähiger Zentralinstanz im Wege. Die übergeordneten Identitätsmuster sind oft aufgesetzt, während die untergeordneten Ausdruck von Realitäten des gelebten Alltags lokaler Kulturen sind, die durch subjektive und strukturelle Rahmenbedingungen untermauert werden.

Außer Marokko und Iran, die nie zum Osmanischen Reich gehörten, gehen die gegenwärtigen Staaten im Nahen Osten auf osmanische Provinzen zurück. Nach der Auflösung des Osmanischen Reiches fand eine koloniale Grenzziehung statt, in deren Rahmen die alten osmanischen Provinzen in die neuen europäischen Kolonien Frankreichs und Großbritanniens eingeschlossen wurden. Aus den bisherigen Kolonien wurden auf der Basis kolonialer Grenzziehung Nationalstaaten gebildet. Die willkürliche Grenzziehung zwischen Iran, Irak und Kuwait, die zwei Golfkriege zur Folge hatte[51], ist ein eklatantes Beispiel hierfür. Arabische Beduinen, die überall Wasser und Weide suchen, kannten nie Grenzen. Und der Islam hat diese tribale, nicht auf eine »Grenze« bezogene Tradition übernommen. In der Welt des Islam – wie oft in anderen außerwestlichen Zivilisationen – ist der Nationalstaat daher eine

»historisch bedingte heterogene Kollektivität, die durch die Kolonisationsprozesse zusammengeworfen wurde«.[52]

Dem nominellen Nationalstaat liegt keine eigene historische Erfahrung zugrunde; seine Souveränität ist nominal, also nicht historisch gewachsen. Dem neuen Staatsmuster, das von außen übertragen worden ist, fehlen die nötige institutionelle Infrastruktur sowie die akzeptierte Legitimität. Ein dermaßen künstlich konstruierter Staat kann nur schwach sein und ist kaum in der Lage, Konflikte institutionell zu bewältigen. Entsprechend existieren in ein und demselben Staat um die Macht konkurrierende ethnische Kollektive, die ihre je eigene kulturell vermittelte Identität haben. Die Politisierung dieser ethnischen Vielfalt gipfelt im Kampf um die Vorherrschaft im Staat und rangiert noch vor dem Zivilisationskonflikt. Oft schüren Herrscher und die in Opposition zu ihnen stehenden Fundamentalisten das Zivilisationsbewußtsein sogar, um von der real existierenden Ethnizität abzulenken.

In jeder ethnischen Gemeinschaft gibt es Patron-Klienten-Beziehungen. Der Patron – oft ein Machtinhaber in einer staatlichen Institution mit Zugang zu Ressourcen – nutzt seine Stellung, um seiner ethnischen Wir-Gruppe durch Pfründen Vorteile zu verschaffen. Daraus entstehen Verteilungskämpfe, die eine politisierte Ethnizität und die entsprechenden Konfliktmuster zum Ausdruck bringen.

Dem institutionell schwachen Nationalstaat in der Welt des Islam und in anderen nicht-westlichen Zivilisationen fehlt nicht nur ein nicht-ethnisches Gemeinwesen mit einem substantiellen Konsens, sondern auch die politische Kultur, die die Wettbewerbsregeln zur Regulierung ethnischer Konflikte um Macht und Ressourcen verbindlich bestimmt. Die staatliche Macht wird unter den konkurrierenden Gruppen *nicht* geteilt; sie wird vielmehr von einer Gruppe monopolisiert und bleibt auf die Anwendung importierter technologischer Mittel zur Aufrechterhaltung dieses Machtmonopols angewiesen.

Das Argument, daß der Staat z.B. im Nahen Osten noch nie so mächtig war wie heute, trifft nur oberflächlich gesehen zu, wenn man das staatliche Instrumentarium betrachtet. Denn der nahöstliche Staat ist allein durch die Verfügung über die technologisch modernen Unterdrückungsmittel, mit denen seine *Mukhabarat*/Geheimdienste ausgestattet sind, mächtig; institutionell bleibt er schwach. Gabriel Ben-Dor argumentiert ganz richtig, daß

>»... die europäischen Kolonialmächte die modernste verfügbare Regierungstechnologie als Staatsapparat in den Nahen Osten exportiert haben. Diese Regierungstechnologie besitzt ihre eigene Logik, die jedoch nicht leicht zu exportieren ist ... So besaß die arabische Welt schließlich das Machtinstrument ›Staat‹; statt jedoch dieses Instrument durch die ihm eigene Logik zu mäßigen, wurde an ihm ein leidenschaftlicher Nationalismus entzündet ...«[53]

Dieser Nationalismus ist jedoch nur ein Transplantat; als Ideologie konstruiert er ein Gebilde für eine angestrebte übergeordnete Einheit, für die die strukturellen Voraussetzungen immer noch fehlen. Die Ideologie des Nationalismus ist im Nahen Osten *nicht* dazu angetan, ethnische Konflikte zu regulieren und die Ethnopolitik demokratisch zu bewältigen. (Mit Ethnopolitik wird der Wettbewerb unter realen, untergeordneten ethnischen Gemeinschaften um die sehr knappen Ressourcen eines Staates bezeichnet.) Konkret würde eine demokratische Lösung »*power-sharing*/Teilung der Macht« heißen. Wie kann aber ein nomineller, also institutionell schwacher Staat Mechanismen einer diese Lösung ermöglichenden demokratischen Herrschaft entfalten? Um diese Schwächen erklären zu können, ist es wichtig, sich den Hintergrund des nahöstlichen Nationalstaats, der sowohl grundlegende Einheit des regionalen Subsystems als auch historisches Erbe aus osmanischer und kolonialer Zeit ist, zu vergegenwärtigen.

In vorkolonialer Zeit war die Welt des Islam mit den Formen des imperialen sowie des territorialen Staates vertraut. Erst im Zuge der europäischen Expansion kam es zur Berührung mit dem Nationalstaat. Dieser befindet sich auf zwei Ebenen in unauflöslichem Konflikt mit dem islamischen Erbe: Einmal steht die Idee der Volkssouveränität im Widerspruch zur islamischen

Auffassung, daß allein Allah der Souverän ist, und zum anderen ist der territorial abgegrenzte Staat das genaue Gegenteil zur Grenzenlosigkeit der universellen, transtribalen islamischen Gemeinde.

Dennoch stand, wie Bernard Lewis ausführt, die Idee der Nation seit dem 19. Jahrhundert im Mittelpunkt des Interesses westlich gebildeter Muslime: Sie wollten westlichen Organisationsmustern nacheifern und sie auf ihre eigene Gemeinschaft übertragen[54], was einen bloßen Transfer von Ideen bei weitem überstieg. Allerdings waren durch die europäische Expansion die global-strukturellen Rahmenbedingungen für diesen Prozeß vorhanden.[55] Aber bis an die Wurzeln drang er nicht vor.

Der Nahe Osten umfaßt nach wie vor eine Vielzahl lokaler Kulturen, doch gehören sie – bis auf die christlich-jüdischen, vor allem in Israel – zur islamischen Zivilisation. Islam-Historiker nennen diese Region »*heart-land*«, also Kerngebiet der Welt des Islam. Das hängt mit dem arabischen Charakter[56] des Islam, nicht mit einer arabo-zentrischen Geschichtsauffassung zusammen. Den Nahen Osten unserer Gegenwart können wir ohne seinen islamisch-osmanischen Hintergrund also kaum angemessen verstehen. Bis auf seine Spätphase beruhte das Osmanische Reich auf einer islamischen Ordnung: Neben der universellen islamischen Legitimation war eine gemeinsame Ethnizität für seine Bevölkerung nicht erforderlich. Sie spielte erst für die panturanisch orientierten Jungtürken eine entscheidende Rolle. Wie der bekannte türkische Historiker des Osmanischen Reiches Kemal Karpat in einer bemerkenswerten Arbeit über Ethnizität im klassischen Osmanischen Reich darlegt, hat es in jener islamischen Ordnung keine ethnische Unterdrückung gegeben. Denn

»die Etablierung der Religion als hauptsächliches Identifikationsmerkmal sowohl der Muslime als auch der Nicht-Muslime zerstörte nicht das ethnische Zugehörigkeitsgefühl, sondern festigte es im gleichen Maße wie die religiöse Identität ... Während die osmanische Regierung sich islamisch legitimierte und, soweit dies möglich war, die islamische Rechtsprechung durchsetzte, identifizierte sie sich selbst im 19. Jahrhundert politisch und ideologisch nicht mit der muslimischen Gemeinschaft ... (Diese) beherbergte eine Vielzahl von ethnischen und sprachlichen Gruppen ... Der frühe osmanische Staat erkannte diese ethnischen Unterschiede an.«[57]

Lokale Kulturen waren also vorhanden, wurden aber nicht unterdrückt. Auch waren sie seinerzeit noch nicht mit dem zentralistischen Nationalstaat in Berührung gekommen. Erst durch den Globalisierungsprozeß wurden sie zum artikulierten Angelpunkt der politischen Identitätsfindung lokaler Völker. Es begann mit den Osmanen selbst, die – während der Spätphase des Reiches – die türkisch-osmanische Identität im Sinne nationaler Identität per Zwang auf die gesamte, zahlreichen lokalen Kulturen angehörende Bevölkerung des Reiches übertragen wollten. Die Türkisierungspolitik des späten 19. Jahrhunderts rief andere Nationalismen auf den Plan, vor allem unter den Arabern (vgl. Anm. 24).

Die koloniale Erfahrung des Osmanischen Reiches als »kranker Mann am Bosporus« erstreckte sich über eine lange Zeitspanne, die an die Globalisierung der europäischen Wirtschaft und ihre Vernetzungen gebunden war. Vor den direkten kolonialen Eroberungen griff der westliche Kolonialismus auf seiner Suche nach lokalen Verbündeten auf ethnische Minderheiten zurück. Die europäischen Mächte setzten bestehende ethnische Spaltungen innerhalb der lokalen Kulturen, die bis zu diesem Zeitpunkt unter der osmanischen Herrschaft lediglich zweitrangige Bedeutung hatten, bewußt als Machtmittel ein. Marokko, wo die französische Kolonialpolitik ethnische Gemeinschaften (Berber gegen Araber) geschickt gegeneinander ausspielte, liefert das beste Beispiel. Auch in Syrien[58] wurde diese Politik praktiziert (Drusen und Alawiten gegen Sunniten).

In Europa ging die Nation dem Nationalstaat voraus. In der Welt des Islam dagegen wurden *Nationalstaaten ohne Nation*

110

gegründet. Aus diesem Grund nenne ich diese nahöstlichen Nationalstaaten »Stämme mit nationalen Flaggen« (Anm. 5). Jeder dieser Stämme hat seine eigene lokale Kultur und ethnische Identität. Diejenigen Stämme, die die Herrschaft ausüben, entfalten ihren Klientelismus der Macht. Um diesen auszubalancieren, bedienen sich die anderen ebenfalls eines Netzwerks des Klientelismus, nur eben in der Opposition.[59] Das Syrien des Hafiz al-Assad, der Irak des Saddam Hussein und das Libyen des Muammar al-Gadhafi sind eklatante Beispiele für solche Stammesstaaten.

Koloniale Herrschaft hat ungewollt zum Aufschwung antikolonialer Bewegungen beigetragen, die sich, wie beispielsweise in Syrien, hauptsächlich in urbanen Zentren zusammenfanden. Dort wurde in der anti-kolonialen Bewegung ein Konflikt zwischen einheimischen Kräften entfacht, die sich jeweils dem ethnischen Separatismus oder dem modernen Nationalismus verschrieben hatten. »Die Geburt der Nationalbewegung innerhalb einer relativ geeinten und integrierten politischen Kultur« vollzog sich in den syrischen Stadtzentren und wurde – nach den Worten des amerikanisch-libanesischen Historikers Philip Khoury – von einer »kohärenten sunnitischen Oberklasse in vier Städten« getragen. Im Gegensatz hierzu wurde die ethnische lokale Kultur der Drusen und Alawiten von der französischen Kolonialherrschaft unterstützt. Die Spaltung jener lokalen Kultur entlang der Stammes- und Sippenlinien wird von Khoury als »Separatismus« interpretiert.[60]

Die »nationale Kultur« der größeren Städte war jedoch – in der in dieser Arbeit gebrauchten Bedeutung – nicht weniger ethnisch-lokal bestimmt als die separatistische Kultur der Drusen und Alawiten, auch wenn sie sich mit Bezug auf die Nationsidee einer übergeordneten Identität verpflichtet erklärte. Wie Khoury ausführt, »unterstützten die Franzosen bestimmte Alawitenführer«, um sie gegen die nationale Bewegung zu benutzen. Dieses koloniale Erbe lastet schwer auf dem postkolo-

111

nialen Staat. Erst lange nach dem Erhalt der nationalen Unabhängigkeit konnten die ethnischen Eliten der Alawiten 1970 in Syrien die politische Macht erobern, die sie seitdem innehaben; ihre eigene Herrschaft praktizieren sie ethnisch, entlang von Patron-Klient-Linien, wenngleich sie sie national, das heißt panarabisch, legitimieren.[61]

Sieht man von jenen westlichen Nahost-Experten ab, die des Arabischen nicht mächtig sind, glaubt in der Region niemand an die panarabische Legitimation der alawitischen Sekte. Die islamischen Fundamentalisten in Syrien, die sunnitisch sind, erachten die alawitische Sektenherrschaft des Generals Hafiz al-Assad als koloniales Erbe, indem sie an die Förderung der Alawiten durch die französischen Kolonialherren erinnern. Der Nationalstaat wird in diesem Zusammenhang eingeordnet, als koloniales Erbe disqualifiziert und delegitimiert. Die Alternative zum Machtmonopol der schiitisch-alawitischen Sekte in Syrien ist der sunnitisch-islamische Fundamentalismus.[62] Das würde ganz gewiß keine Demokratisierung, sondern allein eine Gesichtsveränderung der orientalischen Despotie bedeuten.

Ibn Khaldun wird wiederentdeckt

Die Alawiten Syriens sind stammesmäßig organisierte Bauern aus dem Norden, die in einem traditionellen Konflikt mit den Stadtbewohnern stehen. Kein westlicher Theoretiker kann das erklären; wohl aber der islamische Sozialphilosoph Ibn Khaldun aus dem 14. Jahrhundert mit seiner Dualität des Kampfes zwischen Beduinen und Stadtbewohnern. Der bekannte Spruch der ländlichen Alawiten über die städtischen Menschen aus dem sunnitischen Damaskus bringt diese ethnische, traditionelle Spannung auf die simple Formel: »*Kul schami lahu 'alamah wa fihi la'amah*/Jeder Mensch aus Damaskus hat ein besonderes

Kennzeichen und ist niederträchtig.« Als ethnischer Damaszener fühle ich mich dadurch beleidigt. Ibn Khaldun deutet den orientalischen Staat als dynastische Institution; die ihn tragenden Dynastien werden durch nomadisch-rurale Stämme gestürzt, die ihren eigenen dynastischen Staat aufbauen, der wiederum von anderen Stämmen abgesetzt wird.[63]

Der christliche Libanese Ghassan Salamé äußert sich fundiert über die Ruralisierung/Verländlichung der politisch herrschenden Eliten am Beispiel des Aufstiegs der alawitischen Bauern zur Herrschaft. Er führt Ibn Khaldun an und argumentiert mit ihm, daß die Alawiten einer ethnischen »*Asabiyya*« angehören, sich selbst jedoch national legitimieren. *Asabiyya* ist ein Begriff Ibn Khalduns, mit dem er den Zusammenhalt der arabischen Stämme umschreibt. Modern ausgedrückt bedeutet *Asabiyya* so etwas wie *ésprit de corps*, also Gruppenbewußtsein der ethnischen Gruppen. Salamé führt aus:

> »Diese ländlichen Gruppen, die die politische Macht erobern, hassen es, die politischen Praktiken ihrer Asabiyya beim Namen zu nennen. Statt dessen präsentieren sie den von ihnen eroberten Staat, als ob er das exemplarische Instrument im Dienste der gesamten Gesellschaft wäre. Das ist ein Merkmal, das die moderne arabische politische Sprache charakterisiert ... Die herrschenden arabischen Wir-Gruppen leisten ein Lippenbekenntnis zu der Ideologie des modernen Staates, wodurch sie sich gezwungen fühlen, ihren Ursprung zu verbergen.«[64]

Diese Ausführung eines arabischen Politik-Experten mag verdeutlichen, warum westliche Beobachter die Bekundungen arabischer Politiker nicht angemessen verstehen. Daß sich die lokale Ethnizität in ein nationales Kleid hüllt, ist ein moderner Ausdruck der *Asabiyya*. Auch die städtisch-nationalen Eliten tragen ihre Forderungen uneingeschränkt in panarabischer oder universalistisch-islamistischer Sprache vor, wenngleich sie ebenso ethnisch bestimmt und auf eine partikulare Gruppe zugeschnitten sind.

In einer kürzlich erschienenen Monographie über die Ursprünge des palästinensischen Nationalismus wird herausgearbeitet, daß die Unfähigkeit der syrischen und irakischen Stadtnotabeln zumindest den Nährboden dafür bereitet hat. Diese Träger der Macht bedienten sich zwar einer panarabischen Sprache, vermochten es aber nicht, die Anliegen einer anderen ethnischen Gemeinschaft, nämlich jene der ebenso arabischen Palästinenser, wahrzunehmen.

> »Trotz der panarabischen Begeisterung der herrschenden Syrer und Iraker standen die Palästinenser nicht an erster Stelle auf ihrer Tagesordnung.«[65]

Dieses Urteil macht ethnische Elemente sichtbar, die sogar unter der Decke der panarabisch-nationalistischen Bewegung fortwirken.

Abschließend möchte ich festhalten, daß alle in der islamischen Zivilisation vereinigten lokalen Kulturen, gleich, ob städtisch oder ländlich, ihrem Wesen nach ethnisch sind. Untereinander sind sie Rivalen. Vereint sind sie nur gegen einen äußeren Feind, und auch das oft nur rhetorisch: im Widerstand gegen die westliche Zivilisation.

Anhand dieser Differenzierung wird deutlich, wie problematisch die Konstruktion monolithischer Zivilisationen bei Huntington ist. Einheitlich erscheinen diese Zivilisationen nur in Abgrenzung nach außen, nach innen sind sie durch Vielfalt, Kämpfe und Feindschaft charakterisiert. Selbst zur Deutung dieser innerzivilisatorischen Konflikte besteht man im Zivilisationskonflikt auf eigenen Interpretationsmustern. Nicht vom Scheitern des Nationalstaats ist die Rede, sondern von der Aufeinanderfolge der *Asabiyya*-Zyklen Ibn Khalduns (Ablösung der Stammesherrschaft durch eine andere nach der Schwächung ihrer *Asabiyya*-Solidarität). Aber im Kampf gegen den Westen sind sich diese Stämme einig: Sie beanspruchen für sich eine stammesübergreifende *Asabiyya*.

Diese Relativierung darf nicht dahingehend mißverstanden werden, daß der Krieg der Zivilisationen eine geringere Bedeutung bekommt; sie dient lediglich der Differenzierung. Je intensiver die Globalisierung wird, desto mehr werden ethnisch-lokale Differenzen zugunsten der nunmehr nicht nur rhetorischen Frontstellung gegen den Westen in den Hintergrund gedrängt.

Das Erstarken des politischen Islam als Stimme der Muslime steht im Zeichen des Zivilisationskonflikts. Der Ruf nach einer allgemeinen islamischen Ordnung tritt als plakative Formel für die Formierung einer islamischen Zivilisation und gegen die Einordnung der Muslime in eine globale Struktur, in der andere die Führung haben, ein. Die neue Ideologie gedeiht in einer Krisensituation und ist ein Unruheherd im globalen Zusammenprall der Zivilisationen. Wie ich einleitend dargelegt habe, zeugt es von mangelnder Sachkenntnis, diese Ideologie als Nostalgie der einstigen islamischen Größe abtun zu wollen.

Als ein wichtiges Resultat der bisher geführten Diskussion kann festgehalten werden, daß bei der Analyse des Zivilisationsbewußtseins im Konflikt zwischen den Zivilisationen eine Unterscheidung zwischen über- und untergeordneten Identitäten von Wir-Gruppen als Ethnizitätsmuster erforderlich ist; andernfalls rutscht man in Klischees ab. Im Mittelpunkt der Entfaltung des Zivilisationsbewußtseins steht das Scheitern der Übertragung des modernen europäischen, säkularen Nationalstaats auf andere Zivilisationen. Im Falle der islamischen Zivilisation hat es nach der Auflösung der islamischen Ordnung den Versuch gegeben, eine säkulare, also national definierte, übergeordnete arabische Ethnizität zu konstruieren, die aber keine Entsprechung in der Realität hat. Kollektive, die unterhalb dieser Einheit stehen, haben sich inzwischen auf ihre eigenen Traditionen besonnen und beanspruchen für sich die Zugehörigkeit zu einer Zivilisation als Alternative zum Nationalstaat. Doch sind diese Kollektive *Ausdruck von Ethnizität*. Mit dem

Quartett der ständig im Wandel begriffenen gemeinsamen *Mythen* und *kollektiven Erinnerungen* sowie der *Werte* und *Symbole* lassen sich diese Kollektive deuten. Die Prozesse der »sozialen Sinnproduktion« sind die Grundlage der entsprechenden lokalen Kulturen, die sich nunmehr zu Zivilisationen im globalen Rahmen gruppieren. Coca-Cola zu trinken, amerikanische Seifenoper-Videos anzusehen und modische Jeans zu tragen bedeutet nicht, die Sinngebung und die Weltsicht mit den Menschen des Westens zu teilen. Das mißverstehen die Befürworter einer McDonald's-Universalkultur, die die *Djihad*-Kultur nicht begreifen.

Kann der säkulare Nationalstaat weltpolitisch den Krieg der Zivilisationen überdauern?

Zur Substanz des Nationalstaats gehören Souveränität und eine institutionalisierte politische Ordnung eines nicht-ethnischen Gemeinwesens. In politischen Ordnungen, denen diese Merkmale fehlen, nehmen Konflikte die Form ethnisierter Konflikte an. Diese Konflikte stehen dann im Zeichen des Wechselspiels von globaler Zivilisation, zu der der moderne Nationalstaat als Grundkomponente zu zählen ist, und lokalen Kulturen, die gegen ihren Willen in diesen globalen Rahmen eingespannt sind und sich in unserer Gegenwart als regionale Zivilisationen antiwestlich formieren. Die Frage ist nun, ob es in dieser krisenbeladenen Situation eine reale Alternative zum demokratischen Nationalstaat gibt? Will man herausfinden, ob dieser Staatstyp trotz der weltpolitischen Entwestlichung als Organisationsmuster aufrechterhalten werden kann oder ob er Opfer des Zivilisationskonflikts sein wird, so bedarf es einiger grundsätzlicher Überlegungen. Ich habe einleitend die Auffassung von Mark Juergensmeyer zitiert (Anm. 10), wonach der Kampf gegen den säkularen Staat zu einem »neuen kalten Krieg« führen werde: das bedeutet Krieg der Zivilisationen.

Die innere Souveränität eines substantiellen, also nicht bloß nominellen, Nationalstaats basiert auf dem politisch entwickelten Bewußtsein der betreffenden Gesellschaft. In einem wirklich modernen Staat fühlen sich die Bürger einem politischen Gemeinwesen, nicht einer ethnischen Gemeinschaft (z.B. Ostfriesen oder Oberbayern) zugehörig. Wie der in Cambridge lehrende Soziologe Giddens, der das internationale Standardwerk über den Nationalstaat geschrieben hat, ausführt,

> »kann ein Staat nur dann ›souverän‹ sein ... wenn ein Großteil der Bevölkerung dieses Staates sich eine Reihe von Vorstellungen angeeignet hat, die mit Souveränität verbunden sind«.[66]

Mit diesen Vorstellungen gehen Normen und Werte einher, die die politische Kultur prägen und von der Bevölkerung verinnerlicht werden. Diese kulturelle Voraussetzung für die Entfaltung des Nationalstaats wurde in der europäischen Geschichte durch die Entwicklung von Mitteln erfüllt, die Giddens »diskursive Fähigkeiten« nennt. Darunter versteht er die Möglichkeit, daß jede Gruppe ihre Interessen öffentlich artikuliert und mit anderen friedlich darüber streitet. Wenn z.B. Christ- und Sozialdemokraten in Deutschland über ihre unterschiedlichen Interessen streiten, dann tun sie das verbal in den Institutionen und Medien, nicht aber mit der Faust; ein Bayer kann ein Sozialdemokrat und ein »Preuße«, also ein Norddeutscher, kann ein Christdemokrat sein. Politische Zugehörigkeiten sind nicht ethnisch bestimmt und bleiben damit veränderbar.

Um es noch einmal klarzustellen: Sich als Mitglied eines politischen Gemeinwesens – hier im Sinne von Staatsbürgerschaft/*citizenship* – zu verstehen ist nicht nur eine abstrakte Idee, die fern von der Realität, z.B. unter Intellektuellen, debattiert wird. Ein Staatsbürgerschaftsbewußtsein bei der gesamten Bevölkerung erfordert real existierende strukturelle Grundla-

117

gen. Dieses Bewußtsein findet man bei der gesamten Bevölkerung, unabhängig von religiöser, ethnischer oder politischer Orientierung.

>Die politische Kultur industrieller Gesellschaften erfordert die Verbreitung allgemein anerkannter Denk- und Glaubensweisen in der gesamten Bevölkerung. Diese Einstellungen kommen gegenüber dem Staat zum Ausdruck, der sie institutionell koordiniert ... Der desintegrierende Einfluß, der von der modernen ökonomischen und politischen Entwicklung auf die vorher schon existierenden traditionellen Kulturen ausgeübt wird, verstärkt die Suche nach neuen Formen von Gruppensymbolismus, unter denen die Zugehörigkeit zum Gemeinwesen einer Nation die potenteste Form ist.<[67]

Unter struktureller Untermauerung der Staatsbürgerschaft ist die Auflösung vormoderner Strukturen und die Entstehung neuer Formen der Zugehörigkeit zu verstehen. Erst dieses Bewußtsein von einem politischen Gemeinwesen bildet die Basis für die Verinnerlichung einer übergeordneten Identität, die im Gegensatz zu vormodernen Formen der Zugehörigkeit, z.B. zu einer ethnischen Gruppe (ein Kurde kann deutscher Bürger, aber ein Deutscher kann ethnisch nicht Kurde werden), steht. Moderne Formen der Zugehörigkeit erfordern strukturelle Voraussetzungen (industrielle Kultur). Wenn sie fehlen, dann ist es nicht möglich, daß sie

>psychologisch in charakteristischen Merkmalen moderner Gesellschaften verankert werden ... Die Ausbreitung der Kommunikation kann nicht erfolgen, wenn nicht *die ganze Gemeinschaft als ein aufgeklärtes staatsbürgerliches Gemeinwesen* gedanklich mit einbezogen wird. Ein Nationalstaat ist eine gedachte Gemeinschaft, wie es die bisherigen traditionellen Staaten in diesem Sinne nie waren.<[68]

Diese Ausführungen mögen den Begriff >nomineller Nationalstaat< veranschaulichen, mit dem die meisten nicht-westlichen Staaten, denen nur dem Namen nach eine >Nation< als Gemeinwesen zugrunde liegt, bezeichnet werden. Um es noch einmal zu betonen: Die europäische Form des Nationalstaats, nicht aber seine Substanz, ist als »Transplantat« auf nicht-westliche Zivilisationen übertragen worden. Wenn ich hier von modernen Gesellschaften spreche, dann gehe ich stets von der Annahme aus, daß diese ihre Maßstäbe zu Idealen der globalen Zivilisation erhoben haben. Die vormodernen Kulturen stehen im Gegensatz dazu, was sie in zahlreichen Konflikten im Rahmen der Krise des Nationalstaats zum Ausdruck bringen. Die real existierende nationalstaatliche Ordnung unserer Welt ist formal die politische Basis einer Weltordnung, die im Zivilisationskonflikt auseinanderzubrechen droht. Den Begriff Weltordnung verwende ich hier für die globale Ordnung souveräner Nationalstaaten, wozu alle Staaten gehören. Mit anderen Worten: Die Verwendung dieses Begriffs hat nichts mit dem amerikanischen Gerede von »Weltordnung« zu tun. Nach außen besitzen alle politischen Staatseinheiten nationalstaatliche Souveränität, die sie aber nach innen, im Sinne demokratischer Souveränität, oft nicht haben. Dieses Auseinanderklaffen bedingt die Krise der nominellen Nationalstaaten.

Staatsbürgerschaft als Substanz innerer Souveränität eines Staates setzt, wie ich gezeigt habe, ein institutionalisiertes politisches Gemeinwesen voraus, in dem die politische Macht unter den Mitgliedern und Gruppen der politischen Gemeinschaft demokratisch aufgeteilt wird. In den meisten nominellen Nationalstaaten wird die politische Macht dagegen von einer ethnischen oder ethno-religiösen Klientel als einer Subgemeinschaft monopolisiert. Hier spielen die oben angesprochenen Patron-Klient-Beziehungen eine zentrale Rolle: Das ist die politische Kultur des Klientelismus. Als ein Beispiel hierfür habe ich bereits Syrien angeführt, wo die Alawiten die Ressourcen des Landes unter ihrer ethnischen Wir-Gruppe aufteilen. Ein weiteres Beispiel ist der Sudan, wo die muslimischen Araber die negroide Südbevölkerung von der Macht ausschließen. Hier führt die Kombination von Ethnizität und staatlicher Macht zu einer Politisierung ethnischer Loyalitätsmuster und einer Entlegitimierung des Staates als Nationalstaat. Gabriel Ben-Dor unterstreicht, daß,

> »um die Souveränität zwischen dem Staat und den Subgemeinschaften zu teilen, der Staat erst eine ausreichende institutionalisierte Stärke erreichen muß, um in der Lage zu sein, überhaupt mit Souveränität umgehen zu können ...«.[69]

Der nominelle Nationalstaat verfügt nur über schwache Institutionen. Wo keine Kultur demokratischer Teilung von Macht vorhanden ist, werden ethnische Spannungen verstärkt. Mit Bezug auf dieses Phänomen argumentiert Ben-Dor weiter, daß

> »... die Fähigkeit, ethnische Konflikte zu regulieren, davon abhängt, eine Reihe von Techniken, Mechanismen und Prozeduren institutionalisieren zu können. Von der Logik der Sache her ist es äußerst schwierig, ethnische Konflikte in Gesellschaften mit niedrigem Grad der Institutionalisierung unter Kontrolle zu bringen. Genau das ist gerade ein hervorstechendes Merkmal der politischen Kultur des Nahen Ostens ... Ethnischer Konflikt und ethnische Loyalitäten verhindern die Bildung von Institutionen in Staat und Gesellschaft.«[70]

Im Subsystem Naher Osten, hier begriffen als regionale »arabische Zivilisation« oder als Kerngebiet der »islamischen Zivilisation«, können komplizierte Verbindungen zwischen diesen *innerstaatlichen* Quellen für ethnische Konflikte und den *zwischenstaatlichen* Konflikttypen beispielhaft beobachtet werden. Diese Konfliktquellen und ihre Verknüpfungen stehen einerseits in Beziehung zu den lokalen Kulturen und andererseits zur globalen Zivilisation. Lokale Kulturen sind authentisch, die globale Zivilisation ist unübersehbar westlich geprägt. Die Problematik des Nationalstaats und der Ethnizität muß in diesen Zusammenhang eingeordnet werden.

Die Frage, die noch gestellt werden muß, lautet: Warum haben die islamischen Staaten unserer Gegenwart solche Schwie-

rigkeiten, zu Organisationen zu werden, die effektiv die Rechtsnormen und das staatsbürgerliche Verhalten der Gesellschaft
bestimmen? Ein solches Verhalten ist nur dann möglich, wenn
soziale Kontrollen auf viele Organisationen im Rahmen von
demokratischem »*power-sharing*/Machtaufteilen« übertragen
würden. Diese Organisationen könnten dann untereinander in
dem Bestreben wetteifern, konsensfähige, allgemein akzeptierte
Spielregeln für die Regulierung der Gesellschaft aufzustellen.

Formulieren wir diese Frage nunmehr in den Begriffen einer
globalhistorischen Perspektive, wie sie in diesem Kapitel eingenommen wurde, dann stellt sie sich folgendermaßen: Warum
haben islamische Staaten Schwierigkeiten, sich die Moderne
und somit kulturell und strukturell die Erfordernisse einer globalen Zivilisation anzueignen?

Der Nationalstaat ist, wie dieses Kapitel zeigt, auf die Welt
des Islam als Organisationsprinzip für die dort lebenden, ethnisch unterteilten Gemeinschaften nur formal übertragen worden; er bleibt eine importierte Institution, die keine lokalen
Wurzeln hat schlagen können. Auch in Afrika (die Beispiele Somalia, Ruanda, Liberia, Zaire, Äthiopien etc. genügen) und in
Asien (Horrorschauplatz Afghanistan, demnächst wahrscheinlich Indien) ist dieser Nationalstaat mangels struktureller und
kultureller Verankerung gescheitert. Dennoch ist der zugleich
demokratische und säkulare Nationalstaat den partikular-ethni-
schen (Ethno-Diktatur) oder den religiös-fundamentalistischen
(Gottesherrschaft) Alternativen vorzuziehen.

Es wird nicht leicht sein, die hier abschließend beschriebenen
Strukturmerkmale: demokratische Souveränität und institutionalisierte politische Ordnung, im Zivilisationskonflikt und im
Prozeß der Entwestlichung der Welt zu verteidigen. Ein solcher
demokratischer Nationalstaat ist es aber wert, sich für ihn einzusetzen, obwohl er in dieser, den individuellen Menschenrechten institutionell verpflichteten demokratischen Bestimmung
nur im Westen vorzufinden ist.

Die in der Überschrift zu diesem abschließenden Teil gestellte Frage, ob der säkulare Nationalstaat im Krieg der Zivilisationen überdauern kann, bezieht sich nicht allein auf ein »Pro und Contra« der Weltanschauungen, sondern auf reale Probleme, die die bestehenden Staaten nicht bewältigen können. Ich möchte als ein Beispiel das vorausgesagte Wachstum der Weltbevölkerung von 5,6 Milliarden auf mehr als 12,5 Milliarden innerhalb der nächsten fünfzig Jahre anführen und mich hierbei auf Indien beziehen. Die indische Bevölkerung wird von 866 Millionen Menschen Mitte der neunziger Jahre auf voraussichtlich 1,5 Milliarden im Jahre 2025 anwachsen. Die Frage ist: Kann Indien dann als ein säkularer multi-ethnischer und -religiöser Staat bestehen bleiben?

Im vergangenen Jahrhundert haben europäische Philosophen Utopien für eine bessere Zukunft entworfen.[71] Wir leben dagegen in einer Zeit, in der für die Zukunft bei nüchterner Betrachtung eher Horrorszenarien entwickelt werden müssen. Politisches Denken muß darauf abzielen, die Möglichkeiten zu ihrer Abwendung zu finden. Diesen Versuch hat der bekannte amerikanische Publizist Robert D. Kaplan in einem Aufsatz in der Zeitschrift *Atlantic Monthly* unternommen, der in den USA auch durch einen Leitartikel in der *New York Times* große Debatten auslöste. Kaplan meint, daß die Erscheinung von

»Krankheit, Überbevölkerung, grundlosen Verbrechen, Ressourcenknappheit, Flüchtlingsmigration, dem Zerfall der Nationalstaaten ...«

den Übergang in das 21. Jahrhundert prägen werde. In bezug auf den indischen Subkontinent heißt das konkret:

»In Indien und Pakistan ist die Frage der Demokratie immer weniger relevant für die größere Frage der Regierbarkeit ... Es ist schwer vorstellbar, daß der indische Staat das nächste Jahrhundert überleben wird.«[72]

122

Der Leser könnte sich hier die Frage stellen, welche Folgen die demographische Explosion haben wird.[73] Zu den Begleiterscheinungen dieser Explosion gehört der zu erwartende Zusammenbruch der Nationalstaaten, der mit dem hier ins Visier genommenen Krieg der Zivilisationen zu tun hat. Mit anderen Worten: Es gibt einen engen Zusammenhang zwischen dem Krieg der Zivilisationen und der Bevölkerungsexplosion.

Was im Übergang zum 21. Jahrhundert zusammenbricht, ist eine Weltordnung, die auf der Basis der westlich-europäischen Eroberung der Welt aufgebaut und von der westlichen Zivilisation geprägt ist. Gegen sie finden sich lokale Kulturen zu Zivilisationen zusammen. Der in diesem Kapitel untersuchte nominelle Nationalstaat wird als Handlungseinheit in der internationalen Politik immer mehr angefochten.[74] Die massenhafte Zuwanderung aus armen in reiche Länder kompliziert die Lage zusätzlich. Der Westen – Europa und Nordamerika – wird angesichts der globalen Migration davon nicht unberührt bleiben. Der Krieg der Zivilisationen als ein Krieg der Weltanschauungen wird auch in den multikulturellen Gesellschaften des Westens – vorwiegend in Europa – stattfinden. Der Nationalstaat im angelsächsischen und französischen – also *nicht* im deutschen – Sinne als ein Gemeinwesen der Individuen als Bürger/*citoyen* wird auch im Westen selbst beanstandet, wo Migranten Kollektivrechte für sich verlangen und Loyalität gegenüber dem demokratischen Gemeinwesen verweigern. Wie ich in meinem Buch *Im Schatten Allahs. Der Islam und die Menschenrechte* in einer begründeten Analyse über die Zukunft Europas gezeigt habe[75], ist zu erwarten, daß wir im kommenden Jahrhundert für die Geltung der individuellen Menschenrechte nicht mehr universell, sondern in Europa selbst streiten müssen.

Kapitel 2

Gibt es eine für alle Zivilisationen gültige Ethik der Menschenrechte?
Islamisches Recht/Schari'a gegen individuelle Menschenrechte

»In Wien treffen sich Vertreter aller Staaten der Erde im Rahmen einer Konferenz über Menschenrechte. Die Mehrheit der despotisch regierten 183 vertretenen Staaten verfolgt das Ziel, die Menschenrechtsidee zu vernichten ... Die Zerstörer werden von China, Iran, Kuba, Vietnam und anderen Menschenrechts-Ungläubigen angeführt; ihre Strategie wird überhaupt nicht subtil vorgetragen: die Welt solle verleugnen, daß die Menschenrechte universell sind ... Denn Menschenrechte seien eine westliche Erfindung, die nicht-westliche Zivilisationen nicht teilen; diese hätten ihre eigenen Menschenrechte, die, wie ein flüchtiger Blick auf die Liste der asiatischen Unterzeichner der Bangkok-Deklaration im Vorfeld der Wiener UN-Konferenz, z.B. China, Burma und Iran, verrät, das Recht auf Unterdrückung einschließen.«

Charles Krauthammer, Leitartikel in *International Herald Tribune* vom 19./20. Juni 1993, anläßlich der UN-Konferenz für Menschenrechte in Wien

Einführung

Globalisierung führt nicht zwangsläufig zu kultureller Standardisierung. Denn Coca-Cola-Denkweise und Massenkonsumgewohnheiten machen noch keine Kultur. Kultur ist soziale Sinnproduktion, und Sinnstiftung ist im Gegensatz zur unterstellten Coca-Cola-Mentalität lokal begrenzt und ebenso lokal bedingt. Kulturelle Vielfalt ist eine Normalität, aber kulturelle Fragmentation unter Bedingungen der Globalisierung kann möglicherweise auch blutige Konflikte auslösen – bis hin zu einem zunächst noch weltanschaulichen Krieg der Zivilisationen.

Vielfalt und Fragmentation sind zweierlei. So bedeutet eine Hausordnung keineswegs, daß die in dem Haus lebenden Menschen eindimensional werden; sie bleiben Individuen mit unterschiedlichen Gepflogenheiten, achten aber die Normen, die ein friedliches Zusammenleben ermöglichen. Die Welt unter den Bedingungen der Globalisierung müßte einem Haus gleichen, in dem ein Konsens – genauer: eine universell gültige Ethik – die Voraussetzung für ein friedliches Miteinander ist. Es fragt sich, ob es in der von so vielen Problemen heimgesuchten Welt im Übergang zum 21. Jahrhundert gelingen wird, eine solche internationale Moralität – und sei es nur im Bereich der Menschenrechte – zu begründen.

Jede Zivilisation hat – das ist lange bekannt – ihre eigene Ethik. Als die Vereinten Nationen im Jahre 1948 die universellen Menschenrechte feierlich verkündeten, geschah dies in der guten Absicht, die Menschenrechte als Basis einer auf internationaler Moralität beruhenden universellen Ethik anzuerkennen. Fünfundvierzig Jahre später, im Juni 1993, wurde auf der UN-Konferenz für Menschenrechte in Wien dieser Konsens von 1948 praktisch wieder aufgekündigt. Vertreter außerwestlicher Zivilisationen griffen das Konzept der individuellen Menschenrechte als »westlich« an und proklamierten ihre eigene Ethik der Menschenrechte, in deren Mittelpunkt nicht mehr das Individuum, sondern das kulturelle Kollektiv steht.[1] In Wien fiel auf, daß die Gegner der Universalität der Menschenrechte aus Staaten kamen, in denen demokratische Grundrechte keine Geltung haben.

Seit jener Weltkonferenz in Wien scheint die Durchsetzung einer kulturübergreifenden Normativität, die ein friedliches Nebeneinander kultureller und religiöser Vielfalt ermöglichen könnte, eine bloße Utopie geworden zu sein. Vielmehr geht die kulturelle Fragmentation weiter, und der Konsensverlust in der internationalen Politik droht jeden Versuch zur Begründung einer universellen Ethik zu untergraben.

Doch wo sonst als im Bereich der Menschenrechte könnte sich eine universelle Normativität entwickeln? Wäre eine universelle Ethik der Menschenrechte undenkbar, dann würde daraus folgen, daß jede internationale Moralität eine Illusion wäre.

Der Amerikaner Terry Nardin, der sich mit Völkerrecht und Moralität in den zwischenstaatlichen Beziehungen befaßt hat, hebt hervor, daß die Idee der Menschenrechte gerade aus der Vorstellung einer universellen menschlichen Gemeinschaft hervorgegangen sei.[2] Folglich stellt sich die Frage, ob diese nicht auf eine Kultur oder Zivilisation beschränkte Idee der Menschenrechte vielleicht erst dann zur erhofften universellen Geltung kommen kann, wenn es gelingt, eine von allen Kulturen unserer Welt geteilte universelle Ethik der Menschenrechte als Basis für eine internationale Moralität zu entwickeln. Dem steht im Wege, daß in unserer Zeit jede Zivilisation auf ihre eigene Ethik der Menschenrechte pocht. Auf dieser Ebene driften die Kulturen unserer Welt, die zu Zivilisationen gruppiert sind, in zunehmendem Maße auseinander.

Was also kann angesichts dieser Tatsachen getan werden, um eine den Krieg der Zivilisationen fördernde weitere kulturelle Fragmentation zumindest im Bereich der Menschenrechte in Schranken zu halten? Meine Erfahrungen auf der UN-Weltkonferenz für Menschenrechte in Wien und als Beobachter anderer internationaler Veranstaltungen haben mir die interkulturellen Konfliktpotentiale und die Brisanz dieser Problematik deutlich vor Augen geführt. All dies bestärkt mich in der Überzeugung, *daß die Menschheit im Zeitalter des Zivilisationskonflikts nur mit Hilfe einer universellen Ethik, in deren Zentrum die individuellen Menschenrechte stehen, in Frieden leben kann.*

Meine Denkperspektive ist, wie bereits erwähnt, die eines Muslims, der zwischen zwei Zivilisationen lebt und zwischen den Kulturen Brücken bauen will. Trotz meiner deutschen Ausbildung bin ich eher darauf bedacht, Ideen nur am Gegenstand, das heißt zugleich empirisch fundiert und aus der Geschichte, zu entwickeln. Das ist eine angelsächsische, keine deutsche Art zu denken. Die Deutschen lieben den reinen »Begriff« und vergessen darüber die Realität.[3] Hingegen möchte ich meine These von der Ethik der Menschenrechte als einer internationalen Moralität höchst realitätsbezogen darlegen: nicht allgemein-begrifflich, sondern am realen Konflikt zwischen der Sicht der modernen individuellen Menschenrechte und jener ihr entgegengesetzten der islamischen *Schari'a* (islamische *Lex divina*). Nichts zeigt den Konflikt zwischen der ein Fünftel der Menschheit umfassenden islamischen Zivilisation (1,3 Milliarden Muslime, die Mehrheitsbevölkerung von 52 Staaten) und dem Westen besser. Europäer trifft dieser Wertekonflikt im Zeitalter der Migration besonders empfindlich: In Europa leben bisher zwanzig Millionen Muslime (zwölf Millionen Zuwanderer in Westeuropa und acht Millionen als einheimische Bevölkerung auf dem Balkan); infolge der unaufhaltsamen Völkerwanderung, so behaupten Demographen, wird sich die Gesamtzahl zu Beginn des kommenden Jahrhunderts verdoppelt haben.

Ich habe einleitend bereits deutlich gemacht, daß die Konfliktpotentiale nicht allein für die geopolitischen Orient-Okzident-Beziehungen gelten, sondern auch die inneren Konflikte in den europäischen Gesellschaften betreffen. Aus diesem

Grund habe ich in meinem Buch über Islam und Menschenrechte[4] dieser Problematik in Europa mehrere Kapitel gewidmet. Mit dem Islam in unserer Zeit in Frieden leben heißt,
sich um einen gemeinsamen ethischen Nenner für ein friedliches Zusammenleben im eigenen europäischen Haus zu
bemühen!

Individuelle Menschenrechte oder göttliches Recht?

Menschenrechte sind Berechtigungen des Individuums gegenüber Staat und Gesellschaft; diese Rechte leiten sich aus der modernen europäischen Naturrechtsphilosophie her. Die durch die
Ethik und Weltsicht der kulturellen Moderne gestützten Rechte
wurden im Westen zu legal-institutionellen Standards erhoben
und zivilisatorisch verinnerlicht. Infolge der Universellen Deklaration der Menschenrechte von 1948 sowie der beiden Men-
schenrechtspakte der Vereinten Nationen von 1966, die im Jahre
1976 in Kraft traten, sind sie heute international gültiges Recht
und stehen in diesem Sinne auch stellvertretend für eine internationale Moralität. Als ein Muster hierfür dient auf internationaler Ebene das Modell der legalen Herrschaft, in der Rechte
in einem rechtsstaatlichen Kontext institutionalisiert worden
sind. Daher sind Menschenrechte, Demokratie und legale Herrschaft untrennbar miteinander verbunden. Dort, wo individuelle Menschenrechte nicht gelten, kann es weder eine Demokratie noch einen Rechtsstaat geben.

Angesichts des Erstarkens des politischen Islam stellt dieser
Zusammenhang von Demokratie und Rechtsstaat jedoch ein
Dilemma dar: Es gibt durchaus Muslime, die Demokratie befür-
worten, den Begriff der legalen Herrschaft jedoch auf das isla-
mische Recht, die *Schari'a*, beziehen und auf sie beschränken.
Zwar stimmen Muslime und Europäer als Angehörige unter-

schiedlicher Zivilisationen der Feststellung Max Webers zu, daß demokratische Systeme auf legaler Herrschaft basieren. Dieser Konsens tritt jedoch zurück, wenn die hinter den jeweiligen Weltanschauungen stehenden Rechtsvorstellungen und ethischen Grundlagen genauer umrissen werden. Die Substanz des herrschenden säkularen Völkerrechts entfremdet viele Muslime dem Westen und der globalen Zivilisation der internationalen Gemeinschaft: Muslime teilen die darin enthaltene internationale, betont säkulare Moralität nicht. Ihre Alternative lautet: Die *Schari'a* ist göttliches Recht!

Nicht nur fundamentalistische muslimische Laien, sondern auch die traditionellen *Ulema*/Schriftgelehrten glauben, daß einzig die islamische *Schari'a*[5] als exklusive Basis einer für alle Muslime akzeptablen legalen Herrschaft in Frage komme. Im Winter 1992 und im Frühjahr 1993 war ich von mehreren Universitäten des Maghreb zu Gastvorlesungen eingeladen. In den Diskussionen brachten fundamentalistische Muslime immer wieder zum Ausdruck, daß die westliche Demokratie permissiv sei und ihren Feinden erlaube, sie mit ihren eigenen Mitteln zu zerstören; die *Schari'a* sei ihr in dieser Hinsicht überlegen: Die *Schari'a* toleriere ihre Gegner nicht! Ganz zu Unrecht behaupten sie dies nicht. Der Franzose Jean-François Revel bezeichnete dieses westliche Phänomen der Zurückhaltung gegenüber Feinden als »Demokratie gegen sich selbst« und machte geltend, daß islamische Fundamentalisten die Hauptfeinde der Demokratie seien.[6]

Das fundamentalistische Argument lautet: Weil die *Schari'a* klare Grenzen zwischen dem eigenen Kollektiv und anderen Gemeinschaften ziehe, könne sie nicht von innen heraus attackiert werden. Dagegen könnten die Muslime unter Rückgriff auf die Demokratie die Europäer mit ihren eigenen Waffen bekämpfen. Das erinnert an die klassische »Doppelstrategie« der Linken. Die algerische *Front Islamique du Salut/FIS*, die Islamische Heilsfront, die die algerische Verfassung vom Februar

1989 nachdrücklich bekämpft, nahm in diesem Sinne bis zu ihrem Verbot alle Vorteile dieser Verfassung in Anspruch. Der stellvertretende Vorsitzende der *FIS*, Abdulkadir Haschani, sagte nach der Wahl vom 26. Dezember 1991: »Wir haben die Wahlen nach Ihrer Verfassung gewonnen, welche nicht die unsere ist; die unsere ist der Koran.« Wäre die *FIS* an die Macht gekommen, hätte sie als erste Maßnahme die Verfassung außer Kraft gesetzt und auf der Grundlage der *Schari'a* ein *Nizam al-Islami*[7] (islamisches Regierungssystem) ausgerufen. Diese Kritik an der *FIS* darf jedoch keinesfalls als Parteinahme für das korrupte Regime Algeriens verstanden werden.

Dieselben Fundamentalisten sehen keinen Widerspruch darin, zugleich einerseits das europäische, demokratische Asylrecht für sich in Anspruch zu nehmen und andererseits in ihren Ländern dieses Recht für ihre Gegner in einem nach der *Schari'a* zu gestaltenden islamischen Staat abzulehnen. Der von Europa aus agierende Sprecher der *FIS*, Abdullah Anas, machte in einem *Spiegel*-Interview unmißverständlich deutlich:

> »Wir werden die militärische Lösung erzwingen, mit allen Mitteln ... Wir stehen vor einem totalen Krieg ... Wir raten allen Fremden, Algerien zu verlassen ... Wer die *Schari'a*, das islamische Recht, ablehnt, paßt nicht in einen islamischen Staat.«[8]

Von einer aufgeklärten islamischen Position aus argumentiert der muslimische Rechtsreformer Abdullahi An-Na'im nüchtern, daß die Anwendung der *Schari'a* ethisch nicht wünschenswert sei. Dies würde nur zur Entstehung totalitärer Regime beitragen – ähnlich dem in seinem Heimatland, dem Sudan, den er *Schari'a*-Staat nennt. Nach An-Na'im ist die *Schari'a* nicht

> »das adäquate Vehikel für die Selbstbestimmung der Muslime im gegenwärtigen Kontext ... Die *Schari'a* wurde von islamischen Rechtsgelehrten des Mittelalters konstruiert ... Obwohl abgeleitet aus ... Koran und Sunna, ist die *Schari'a* nicht göttlicher Natur, weil

sie das Produkt einer menschlichen Interpretation dieser Quellen darstellt.«[9]

Diese menschliche Interpretation der religiösen Quellen, die als *Schari'a* präsentiert wird, ist zudem weder mit Demokratie noch mit Menschenrechten in Einklang zu bringen, möchte ich An-Na'ims Worten noch ergänzend hinzufügen.

In unserer Zeit ist die Welt des Islam als Zivilisation in ein globales Gebilde eingebettet, dessen Zeitrahmen als eine »Weltzeit« bezeichnet werden kann.[10] Die globale Interaktion findet jedoch zwischen Nationalstaaten statt, da eine Weltregierung als Zentralinstanz nicht existiert.[11] Formal gibt es ein Völkerrecht, jedoch keine Institution, die seine Normen weltweit institutionell durchsetzen könnte. Entsprechend fehlt die materielle Basis für die Untermauerung einer universellen Ethik, um dieses Völkerrecht der Interaktion unterschiedlicher Zivilisationen zugrunde zu legen.

Parallel zu der fast alle Bereiche durchdringenden Globalisierung kann man feststellen, daß die bestehenden Zivilisationen aufgrund ihrer Verschiedenheit Ansprüche auf die Geltung ihrer spezifisch weltanschaulichen Normen und Werte sowie ihrer jeweiligen Weltsicht anmelden. Diese Ansprüche behindern die Etablierung kulturübergreifender Fundamente einer internationalen Moralität. Diese Art Sittlichkeit wäre jedoch eine Voraussetzung für die Entschärfung des Zivilisationskonflikts. Menschenrechte als Basis für eine weltweit gültige Ethik können aber international nicht mit Hilfe ethischer Postulate eines idealistischen Universalismus etabliert werden, sondern nur auf den kulturübergreifenden Fundamenten einer internationalen Moralität.[12] Damit will ich sagen, daß wir *einen internationalen Konsens über Normen und Werte benötigen.* Die Entfaltung kulturübergreifender Grundlagen im globalen System der internationalen Beziehungen erfordert jedoch ihre Verankerung in den lokalen Kulturen.

Bei diesem Plädoyer für die individuellen Menschenrechte als kulturelle Basis einer international gültigen Ethik übersehe ich nicht, daß diese zuerst in Europa entstanden sind. Das Problem besteht – auch das ist klar – in der Tatsache, daß dieses Konzept auf der einen Seite Bestandteil der Globalisierung sein sollte, auf der anderen Seite aber keine universelle Zivilisation existiert.

Die Ethik der Menschenrechte ist der wichtigste Bestandteil der benötigten internationalen Moralität als Voraussetzung für den Frieden bzw. als Alternative zum Krieg der Zivilisationen. Die Globalisierung schafft Strukturen einer globalen, nicht aber eine Moralität einer universellen Zivilisation.

Menschenrechte und internationale Beziehungen

Zumindest soweit herrscht Konsens: Die individuellen Menschenrechte sind ein Produkt der kulturellen Moderne und der mit ihrer Weltsicht korrespondierenden Moralität. Das Naturrecht ist die geistige Basis der kulturellen und sozialen Prozesse der Individuation, die im Zuge der Entfaltung der modernen Zivilisation in Europa stattfanden.[13] Mit der Aufnahme der wichtigsten Inhalte der individuellen Menschenrechte[14] in die Universelle Deklaration der Menschenrechte im Jahre 1948 wurden sie weltweit vom bedeutendsten »internationalen Regime«, von den Vereinten Nationen[15], gefördert und zu einem Handlungsrahmen erhoben.

Doch habe ich bereits parallel zu meiner Feststellung, daß es keine Weltkultur gibt und nicht geben kann – Kultur ist immer lokal –, darauf hingewiesen, daß auch Menschenrechte auf einem (lokal-)kulturellen, das heißt europäisch geprägten, Konzept basieren. Inwiefern ist das nun ein Widerspruch? Kann angesichts dieser Tatsache eine internationale, die Menschenrechte untermauernde Moralität zwischen den weltanschaulich unterschiedlichen Zivilisationen Brücken schlagen?

Zunächst scheint es plausibel zu sein, daß die internationalen Beziehungen zwischen den bestehenden Nationalstaaten eine international begründete Moralität als Rahmen allgemein akzeptierter Spielregeln erforderlich machen.[16] Es fällt jedoch auf, daß das internationale Staatensystem über eine solche Moralität nicht verfügt. Wenn selbst die westlichen Staaten sich nicht nach den Wertvorstellungen ihrer eigenen Zivilisation (das Beispiel Bosnien) richten, wie sollen dann nicht-westliche Zivilisationen diese Moralität akzeptieren?

Kalevi J. Holstis vorsichtig formulierte Frage aufgreifend, ob wir in unserer Zeit überhaupt noch von einem einheitlichen internationalen System sprechen können, gehe ich noch weiter: Müßten wir nicht anerkennen, daß es viele miteinander rivalisierende ethische Einstellungen gibt, die die Menschheit einander entfremden und ein solches einheitliches System in Frage stellen?[17]

Zu Zeiten des kalten Krieges galt die »Dritte Welt« als mögliche Wiege einer neuen und besseren Welt. Ihr Prophet, Frantz Fanon, verkündete den Kult eines romantischen *Tiers-Mondisme*.[18] Heute bilden jene Länder, die einst versprachen, mehr Humanität im politischen System umsetzen zu können, innerhalb der Menschenrechtskommission der Vereinten Nationen in Genf wechselnde Koalitionen, um die verhaßten westlichen Staaten an der Durchsetzung von Resolutionen zu Menschenrechtsverletzungen zu hindern. Was in diesen bisher als Dritte Welt bezeichneten Ländern an Willkür und Unrecht geschieht, soll nicht so genannt und schon gar nicht angeprangert werden. Die Forderung nach einer kultur- und zivilisationsübergreifenden Ethik der Menschenrechte wird als »Kulturimperialismus« zurückgewiesen.

Gibt es also im Hinblick auf die Akzeptanz und Institutionalisierung von Menschenrechten verschiedene internationale

Systeme? Ist eine kulturübergreifende Ethik möglich, oder ist eine solche universelle Ethik bloß eine auf Wunschträumen beruhende Utopie?

Als nach dem Westfälischen Frieden von 1648 aus dem damaligen Staatensystem das erste internationale System in der Geschichte der Menschheit hervorging, war diese Gemeinschaft von Staaten – wie in Kapitel 1 ausgeführt – auch im Hinblick auf ihre moralisch-ethischen Anschauungen exklusiv europäisch. Nach dem Zweiten Weltkrieg und den sich anschließenden Dekolonisationsprozessen erweiterte sie sich zu einem die gesamte Welt umfassenden System. Das Rechtssystem, das die frühere europäische Staatengemeinschaft reguliert hatte, entwickelte sich im Verlauf der Globalisierung zu einem internationalen Recht. Der verstorbene Oxford-Rechtsgelehrte H.L.A. Hart bemerkte dazu:

> »Es ist nie angezweifelt worden, daß, wenn ein neuer unabhängiger Staat seine Existenz erhält ... er durch die allgemeinen Verpflichtungen des internationalen Rechts gebunden ist ... In diesem Zusammenhang ist der Versuch, die internationalen Verpflichtungen des neuen Staates auf eine ›stillschweigende‹ oder ›abgeleitete‹ Zustimmung zu gründen, völlig fadenscheinig.«[19]

Dieses Argument kann auch für das Faktum der »stillschweigenden« Zustimmung der früheren »Dritte-Welt«-Staaten zur Universellen Deklaration der Menschenrechte Gültigkeit beanspruchen.

In den meisten Staaten der einstigen »Dritten Welt« hat dieser formale Konsens in der Realität keine substantiellen Entsprechungen. Denn die kulturübergreifenden ethischen Grundlagen einer internationalen Moralität fehlen ebenso wie die zu ihrer Durchsetzung erforderlichen strukturell-institutionellen Voraussetzungen. An der Spitze dieser Gruppe von Ländern stehen die islamischen Staaten, die nicht nur ihre eigene Ethik haben, sondern hierfür als Zivilisation, die sich nunmehr als ein weltpolitischer Block bildet, Universalität beanspruchen.

Um volles Verständnis für den angesprochenen Problemkreis zu entwickeln, müssen wir die Realität, daß Staaten außerwestlicher Zivilisationen die Menschenrechtsnormen nicht einhalten, mit der Tatsache verknüpfen, daß kulturübergreifende ethische Fundamente der Menschenrechte fehlen. Die adäquate Untersuchung der damit verbundenen Probleme erfordert, daß wir die Menschenrechte in unsere globalisierte, jedoch kulturell fragmentierte Welt, in der kein Weltethos existiert, einordnen. Daher ist es notwendig, sich bei der Diskussion der Globalisierung und des damit verbundenen Zivilisationskonflikts die bereits im vorangegangenen Kapitel erläuterte zentrale Unterscheidung zwischen internationalem System und internationaler Gesellschaft zu vergegenwärtigen.

Der Oxford-Gelehrte Hedley Bull hat sich in seinen Schriften mit dieser Frage intensiv beschäftigt; er definiert das internationale Staatensystem als ein System von Interaktionen zwischen politischen Einheiten, die als souveräne Nationalstaaten organisiert sind. Eine internationale Gesellschaft existiert nach Bull dagegen nur dann,

> »wenn eine Gruppe von Staaten, im Bewußtsein gemeinsamer Interessen und Werte, eine Gesellschaft in dem Sinne formt, daß sie selbst ihre Beziehungen untereinander als an einen verbindlichen Regelkomplex gebunden begreift ... Eine internationale Gesellschaft in diesem Sinne setzt ein internationales System voraus, aber ein internationales System ist denkbar, das keine internationale Gesellschaft darstellt.«[20]

Kurzum: Das internationale politische System wird hier nach den formellen Kriterien der Nationalstaatlichkeit (vgl. Kap. 1) bestimmt, die für die gesamte Welt gelten. Eine internationale Gesellschaft ist dagegen nur dann vorhanden, wenn eine allgemein geteilte Normativität, das heißt eine internationale Moralität, die einzelnen Mitglieder aneinander bindet. Können wir in bezug auf die Menschenrechte von dem Vorhandensein einer solchen internationalen Gesellschaft sprechen? Es ist klar: Die

Globalisierung betrifft wohl das Staatensystem, nicht aber die internationale Gesellschaft.

Unzweifelhaft bleibt – wie ich bereits gezeigt habe –, daß die vorherrschenden gemeinsamen Werte und Regeln in der internationalen Gesellschaft, zu denen auch die Universelle Deklaration der Menschenrechte gehört, in ihrem Ursprung europäisch, das heißt der westlichen Zivilisation entlehnt sind. Die gegenwärtige Welle anti-westlicher Haltungen und der Versuch, die einheimischen lokalen Kulturen gegen die globale Zivilisation zu mobilisieren, sind Bewegungen zur Revitalisierung nicht-westlicher Kulturen. Hedley Bull bezeichnet dieses Phänomen als »Revolte gegen den Westen«.[21] In der Welt des Islam fungiert der islamische Fundamentalismus[22] als Träger einer solchen »Renaissance«, auch und vor allem im Bereich des Rechts.

Obwohl die meisten nicht-westlichen Länder, wenn auch nur halbherzig, die internationalen Rechtsnormen befolgen, ist eine zunehmend ablehnende Einstellung gegenüber dem Westen und seiner Ethik zu beobachten. In seiner Einführung in das Völkerrecht bemerkt Michael Akehurst:

> »Die Staaten der Dritten Welt können sich oft des Gefühls nicht erwehren, daß das Völkerrecht ihre Interessen den Interessen der westlichen Staaten opfert.«[23]

Es trifft zu, daß einige westliche Staaten, insbesondere die USA, die internationalen Menschenrechte »für Propagandazwecke im kalten Krieg«[24] ausgenutzt haben, wie der an der Universität von Princeton lehrende Völkerrechtler Richard Falk feststellt. Das beschämende Verhalten der in die Europäische Union umgewandelten Europäischen Gemeinschaft angesichts der groben Menschenrechtsverletzungen in Bosnien veranlaßte die asiatischen Staaten der ASEAN (darunter besonders die islamischen Länder Indonesien und Malaysia) dazu, nicht nur die tagespolitische Glaubwürdigkeit der Europäer, sondern die Ethik der

Menschenrechte insgesamt in Frage zu stellen.[25] Im Balkankrieg[26] kommt der Krieg der Zivilisationen *en miniature* zum Ausdruck.

Es wäre jedoch völlig falsch, aus der berechtigten Kritik am Westen ohne jede weitere Differenzierung die Schlußfolgerung zu ziehen – wie es fundamentalistische Muslime und andere Vertreter nicht-westlicher Zivilisationen zu tun pflegen –, daß das Konzept der Menschenrechte an sich als Substanz einer universellen Ethik fragwürdig sei. Es ist von großer Bedeutung für den Weltfrieden, kulturübergreifende Fundamente für die Ethik der Menschenrechte zu etablieren. Der Mißbrauch für politische Zwecke, z.B. durch heuchlerische westliche Politiker, sollte weder die Idee noch ihre ethischen Grundlagen diskreditieren.

Für Verfechter der universellen Geltung der Menschenrechte ist es betrüblich zu sehen, daß viele Politiker und Weltpolitik-Experten sich im Grunde nicht für Fragen der Ethik interessieren; sie richten ihr Augenmerk auf Probleme der internationalen Sicherheitspolitik und Weltwirtschaft und beschränken sich, wenn sie auf Menschenrechte eingehen, meistens darauf, tagespolitische Verstöße zu erörtern – und auch dies nur, wenn es opportun oder unumgänglich erscheint. Diejenigen aber, denen an kulturübergreifenden Prinzipien und universell akzeptierten Normen und Werten – als Ethik der Menschenrechte – liegt, sind sich der Tatsache bewußt, daß im internationalen System ständig Menschen verschiedener Zivilisationen mit jeweils spezifischer Weltsicht aufeinandertreffen, was Konflikte fördert. Eine für alle verbindliche Basis der Interaktion ist nicht vorhanden. Der Grund dafür ist das Fehlen eines umfassenden substantiellen (das heißt nicht stillschweigenden im Hartschen Sinne, vgl. Anm. 19) Konsenses über Normen und Werte für die zwischenstaatlichen Beziehungen.

Daher betonen mit dieser Problematik vertraute Wissenschaftler immer wieder die Notwendigkeit einer kulturellen

Analyse im Rahmen der Internationalen Beziehungen: Während es ein objektives Bedürfnis nach einheitlichen Menschenrechtsstandards auf internationaler Ebene gibt[27], findet die Anwendung dieser Rechte in einer von kultureller Vielfalt charakterisierten Welt statt. Es verwundert daher nicht, daß eine kulturübergreifende, von den unterschiedlichen Zivilisationen akzeptierte Ethik fehlt. Erst die Erkenntnis der Folgen des aktuell gewordenen Zivilisationskonflikts in der internationalen Politik hat die Aufmerksamkeit auf die Brisanz dieser Problematik gelenkt.

Eine der Quellen für Spannungen zwischen Zivilisationen ist in der Abgrenzung des kulturellen Selbst von den anderen zu sehen. Es gibt jedoch Muslime, die trotz dieser Selbstfindung zwischen den Zivilisationen Brücken schlagen und auf der Basis einer universellen Ethik verbindliche Interaktionsregeln aufstellen wollen. Zu ihnen gehört z.B. der Rechtswissenschaftler An-Na'im. Er betont seine islamische Identität mit all ihren kulturspezifischen Eigenarten und postuliert dennoch zivilisationsübergreifende internationale Menschenrechtsstandards. Er ist sich des europäischen Ursprungs des modernen Konzepts individueller Menschenrechte voll bewußt und nimmt auch den Konflikt zwischen dem Ruf nach einer Verwirklichung der islamischen *Schari'a* und einer universellen ethischen Begründung von Menschenrechtsstandards wahr. Indem An-Na'im auf die »kulturelle Interdependenz« unserer Welt hinweist, betrachtet er die Durchsetzung von Menschenrechten in der islamischen Welt als ein »legitimes Anliegen der gesamten Menschheit«[28] und nicht nur der Muslime. Ich schließe mich seiner Ansicht an, daß der Vorwurf des »Kulturimperialismus« eine menschenverachtende Polemik westlicher Gesinnungsethiker ist, die nicht wissen, wovon sie sprechen.

Für uns beide als Muslime *ist eine universelle Ethik der Menschenrechte eine Grundvoraussetzung für den Frieden.* Es ist wahr, daß allein die Muslime das vordringliche Projekt verfolgen und vollenden können, das An-Na'im als »eine tiefgreifende Reform des islamischen Rechts«[29] bezeichnet. Zu dieser Reform gehört die Versöhnung der islamischen Ethikvorstellungen mit der universellen Ethik der Menschenrechte. Das ist ein schwieriges Unterfangen. Bis diese Aufgabe erfüllt ist, müssen Verletzungen der Menschenrechte in der muslimischen Welt Gegenstand internationaler Aufmerksamkeit und Verurteilung sein, weil »die Menschheit«, wie An-Na'im schreibt, »nicht länger die Verantwortung für das Schicksal eines Menschen in irgendeinem Teil der Welt abstreiten kann«.

Der inhaltliche Schwerpunkt meiner Überlegungen liegt auf der ethischen Dimension der Menschenrechte; diese sind ihrer Definition nach als Rechte des Individuums gegenüber Staat und Gesellschaft mit der islamischen *Schari'a* unvereinbar. Islamische Fundamentalisten fordern aber auch als Migranten im Westen die Etablierung der *Schari'a* als Weltanschauung ihrer Zivilisation. Die *Schari'a* bedarf einer radikalen Reform, um in Einklang mit der universellen Ethik der Menschenrechte zu kommen (vgl. Anm. 29). Äußerst besorgniserregend ist, daß islamische Rechtsgelehrte eine solche Reform ausschließen, weil sie glauben, die *Schari'a* sei göttliches Gesetz: Sie komme von Allah und könne deshalb nicht reformiert werden.

Scheich Mohammed al-Ghazali, der als Autor eines autoritativen Buches über »islamische Menschenrechte« gerühmt wird, hat im Juni 1993 eine *Fetwa* (islamisches Rechtsgutachten) erlassen, wonach jeder Muslim, »der öffentlich für die Aussetzung der *Schari'a* eintritt, als ungläubig gilt und deshalb getötet werden darf. Für den Mörder eines solchen Apostaten gibt es im Islam keine Strafe.«[30] Diese *Schari'a-Fetwa* steht im krassen Gegensatz zu einer universellen Ethik der Menschenrechte, wie die moderne Welt sie benötigt. Sie ist im Namen der spezifisch-kulturellen Werte einer Zivilisation erfolgt und steht überdies im Widerspruch zum koranischen Vers: »*La ikraha fi al-din*/Es gibt keinen Zwang in der Religion« (Koran, Sure 2: Vers 256).

Der Streit der Zivilisationen um die Ethik
von Menschenrechten

Das Dilemma besteht also darin, daß Globalisierungsprozesse auf allen strukturellen Ebenen im Gange sind, jedoch den Bereich der kulturell bedingten Weltanschauungen, das heißt der Normen und Werte, nicht erfassen. Jede Zivilisation behält ihre entsprechende Weltsicht. Daraus folgt, daß die beiden genannten Ebenen sorgfältig auseinandergehalten werden müssen.

Angesichts der Gleichzeitigkeit von struktureller Globalisierung und kultureller Fragmentation als Kennzeichen unserer modernen Welt lautet demnach die vordringlichste Frage: Wie können für die benötigten legalen Rahmenordnungen, die die universelle Ethik von Menschenrechten stützen sollen, kulturübergreifende Fundamente geschaffen werden? Wie kann dieses Ziel in einer Situation, in der jede Zivilisation auf ihrer eigenen Ethik beharrt und sich somit von anderen abgrenzt, erreicht werden?

Unser internationales System ist keine internationale Gesellschaft in dem bereits definierten Sinn. Kulturen sind von ihrer Bestimmung her immer lokal, und die Globalisierung konnte bisher nicht zur Entstehung einer Weltkultur beitragen. Das ist auch deshalb nicht möglich gewesen, weil eine Weltkultur per definitionem ein Ding der Unmöglichkeit ist; eine Kultur ist stets lokal. Daher erscheint die Idee eines Weltethos als ein moralisches Anliegen ohne Realitätsbezug. Insbesondere im Bereich der Menschenrechte wird es jedoch immer wichtiger, sich den skizzierten Problemen mit Nachdruck zu widmen. Und dazu ist es zunächst einmal erforderlich, über die bekannten rhetorischen, oft nur auf die Tagespolitik beschränkten und selektiven Verdammungen von Menschenrechtsverletzungen in nicht-westlichen Gesellschaften hinauszugehen. Die inhaltliche Substanz der kulturellen Muster, die diesen Verletzungen zugrunde liegen und sie ermöglichen, muß angesprochen werden.

Singulär-ethische Vorstellungen einzelner Zivilisationen (z.B. die zulässige Tötung des Apostaten, das heißt des Andersdenkenden, im Islam), die Menschenrechtsverletzungen zulassen, müßten von der Perspektive einer universellen Ethik der Menschenrechte aus verurteilt werden können.

In Anerkennung der Tatsache, daß das Konzept der Menschenrechte in seinem Ursprung europäisch und gleichzeitig in seinen ethischen und rechtlichen Forderungen universell ist[31], stellt sich des weiteren die Frage, ob dieses Konzept rechtlich auf kulturübergreifenden ethischen Fundamenten etabliert und damit für alle Zivilisationen, das heißt auch für Muslime, akzeptabel gemacht werden kann. Als schwer überwindbares Hindernis erweist sich dabei, daß nicht-westliche Zivilisationen dem Westen nicht nur wegen seiner kolonialen Vergangenheit politisch feindselig gegenüberstehen. Dieses politische Motiv wird jedoch häufig als Forderung nach kultureller Authentizität ausgegeben, was zu einer übertriebenen Betonung lokaler und regionaler Eigenarten führen kann.

Keine Diskussion über Menschenrechte kann heute ernsthaft geführt werden, ohne diesen Problemkomplex eingehend zu behandeln, wie es auf der UN-Weltkonferenz für Menschenrechte in Wien (Juni 1993) geschehen ist. In einem solchen internationalen, konfliktbeladenen Umfeld entwickeln sich Menschenrechtsanliegen schnell zu einer delikaten Frage, vor allem dann, wenn die Akzeptanz ihrer säkularen und ethisch-universellen Ansprüche mit der Haltung der wichtigsten nicht-westlichen Zivilisation, das heißt der islamischen mit ihren rechtlichen Konzepten und Rahmenordnungen, konfrontiert wird. In Wien versuchten arabisch-muslimische Delegationen, der ethischen Konfrontation durch eine Flucht nach vorn zu begegnen, indem sie das Recht auf Entwicklung vor die individuellen Menschenrechte stellten und auf dieser Ebene aggressive Klagen gegen den Westen vortrugen (vgl. Anm. 1).

Nach meiner Auffassung ist der Islam, sofern er offen und

liberal interpretiert wird, mit den westlichen Menschenrechtsnormen substantiell vereinbar. Um diese Aussage zu untermauern, verweise ich auf die historisch bewiesene Elastizität des Islam und auf seine Fähigkeit, unterschiedliche Interpretationen
zu ermöglichen, die für die Menschenrechte sowohl günstig als
auch negativ sein können. Ich bin mir jedoch des allgemeinen,
dieser Offenheit genau entgegengesetzten Trends des Fundamentalismus in der »Welt des Islam« voll bewußt. Seine weitverbreitete, nach außen religiös begründete rigorose Abwehr-
haltung läuft einem erklärtermaßen normativen Versuch, eine
ethische Vereinbarkeit zwischen Islam und Menschenrechten
herzustellen, zuwider.

Es ist traurig zu sehen, daß, abgesehen von einer Minderheit
von Muslimen, die die Menschenrechte in ihrer Substanz un-
zweideutig und insgesamt akzeptieren, die große Mehrheit der
Muslime in dieser Frage gespalten ist.[32] Die eine islamische Partei weist das Konzept von Menschenrechten als ein fremdes, auf
westlichen Begriffen basierendes Konzept oder als eine Art Verschwörung gegen den Islam offen zurück, während eine andere
Partei Anstrengungen unternimmt, innerhalb eines ideologischen Rahmens ein spezifisch islamisches Menschenrechtskonzept zu etablieren, ohne jedoch eine Rechtsreform im Islam anzustreben. Hierzu gehört die »Islamische Deklaration der
Menschenrechte«, die in ihrer Rhetorik den Kern des grundsätzlichen Konflikts verschweigt.[33]

Einige westliche Autoren vermeiden ängstlich jede Kritik am
gegenwärtigen Zustand der islamischen Zivilisation, um sich
nicht der in Mode gekommenen Beschuldigung des »Orientalismus« auszusetzen. Der Begriff »Orientalismus«[34] ist eine li-
teraturkritische Kategorie, die Edward Said zur Beschreibung
der westlichen Wahrnehmung des Orients geprägt hat. Obwohl
diese Kritik berechtigt ist, hat sich daraus schließlich eine die
Verhältnisse umkehrende Polemik entwickelt, wie ich später
noch zeigen werde (vgl. S. 155 ff.). Die »Orientalismus-Kritik«

wird überzogen, wenn Linke, meist atheistische Autoren, die Orientalismusformel in eine Propagandaformel verwandeln. Bücher über das »Feindbild Islam« und »Das Schwert des Experten«, die jede kritische Sicht des Fundamentalismus inkriminieren, wie dies einst auch bei den Auswüchsen des Kommunismus der Fall war, sind das Resultat. In unserer Zeit ist der Vorwurf des Anti-Kommunismus stumpf geworden, und so brauchen jene Kreise die Rede vom »Feindbild Islam« als Ersatz. Hierbei wird Islam mit Fundamentalismus verwechselt, was für die Wahrnehmung der Problematik des Zivilisationskonflikts von folgenschwerer Bedeutung ist.

Ein der Wahrheitsfindung verpflichteter Wissenschaftler kann nicht übersehen, daß islamische Versuche, autochthone, das heißt spezifisch islamische Menschenrechtsentwürfe zu schaffen, lediglich wichtige Bedeutungsunterschiede zwischen diesen und den international akzeptierten Menschenrechten verschleiern. Der Unterschied zwischen den Muslimen, die Menschenrechtsnormen schlechthin als westlich ablehnen, und jenen, die spezifisch islamische und damit auch exklusive Menschenrechtskonzepte konstruieren möchten, besteht nicht darin, daß die einen diesen Rechten feindselig gegenüberstehen, während die anderen eine kulturübergreifende Ethik der Menschenrechte als internationale Moralität wohlwollend aufnehmen. Vielmehr sind beide Parteien der inhaltlichen Substanz der Menschenrechte nicht wohlgesinnt. Die Feindschaft des politischen Islam gegenüber substantiellen Menschenrechten deutet auf eine Zuspitzung der bereits erwähnten kulturellen Fragmentation im Zivilisationskonflikt hin. In ihrem Buch über Islam und Menschenrechte weist uns die Rechtswissenschaftlerin Ann E. Mayer darauf hin, daß die an der Entfaltung spezifisch islamischer Menschenrechtsentwürfe arbeitenden muslimischen Autoren »sehr zögerlich sind, offen zuzugeben, daß die Einhaltung islamischer Kriterien eben die Abweichung von den Normen des Völkerrechts nach sich zieht«.[35]

Im Islam wie in anderen nicht-westlichen Zivilisationen, die zum einen mit den universellen Werten und Normen der kulturellen Moderne, zum anderen mit der globalen politischen und ökonomischen Überlegenheit des Westens konfrontiert sind, kann man beobachten, daß anti-westliche Einstellungen diesen Zivilisationen ihren Stempel aufdrücken. Das sind »defensiv-kulturelle Attitüden«.[36]

Es ist sehr wichtig, für diese globalen Trends Verständnis zu entwickeln. Da Menschenrechtskonzepte sowohl rechtlicher als auch kultureller Natur sind, bedingt jede Diskussion über eine universelle Ethik der Menschenrechte eine Untersuchung von Zivilisationen und ihren jeweiligen Weltsichten. Die Verbindung zwischen Ethik und internationaler Politik beruht auf den Prinzipien kosmopolitischer Gerechtigkeit,

>»die darauf abzielen, in der Sprache der Idee international geschützter Menschenrechte ausgedrückt zu werden. Die Idee der Menschenrechte folgt unmittelbar aus dem Ideal einer universellen Gemeinschaft aller Menschen.«[37]

Im Interesse des Friedens ist es notwendig, über die starren legalistischen Konzepte, die den Juristen eigen sind, hinauszugehen. Denn das geltende, eindeutig westlich geprägte Völkerrecht ruft Konflikte zwischen unterschiedlichen Zivilisationen hervor, die man legalistisch nicht in den Griff bekommt. Auch Denkweisen, die entweder ausschließlich auf politische Ökonomie oder auf politische und militärische Sicherheit fixiert sind, sind hierbei wenig hilfreich. *Das Verständnis der kulturellen Dimension der internationalen Beziehungen ist in unserem Zeitalter unentbehrlich* für die Klärung jener Konflikte, die dem Zusammenprall der Zivilisationen entspringen.

Der Nährboden für alle diese Konflikte ist die *Gleichzeitigkeit von struktureller Globalisierung und kultureller Fragmentation* in der modernen Welt. Der Streit über die Universalität der Ethik der Menschenrechte ist die sicht- und greifbare Folge hiervon. Nur eine offene interkulturelle Kommunikation[38], die keinen politisch-opportunen Rücksichtnahmen untergeordnet ist, kann zur Entschärfung der aus der kulturellen Fragmentation resultierenden Hemmnisse beitragen. Der Weg zu einer internationalen Moralität ist dornenreich, aber eine Alternative hierzu besteht nicht, will man nicht riskieren, daß der Zivilisationskonflikt zu einem Krieg der Zivilisationen wird.

Selbst jene Menschenrechts-Experten, die mit diesen komplexen Zusammenhängen nicht vertraut sind, werden in ihrer täglichen Arbeit mit der politischen und kulturellen Kraft des ethnischen Nationalismus und des religiösen Fundamentalismus, die eine universelle Ethik unter Hinweis auf die eigene Moralität ablehnen, konfrontiert. Parallel dazu wird regelmäßig das Argument der westlichen Hegemonie ins Spiel gebracht, das jedoch nicht ausschlaggebend ist. Denn die Ablehnung westlicher Werte und Rechtsnormen entspringt nicht allein dem Widerstand gegen die politische Vorherrschaft des Westens; sie bezieht sich ebenso auf tiefgreifende Unterschiede zwischen der modernen industriellen Zivilisation und den Wert- und Normsystemen nicht-westlicher vormoderner Gesellschaften. Mit anderen Worten: Die Ablehnung einer universellen Ethik der Menschenrechte resultiert aus der Politisierung der bestehenden kulturellen Fragmentation.

An dieser Stelle erscheint es mir wichtig, aus dem bisher Gesagten Rückschlüsse auf die Anforderungen zu ziehen, die auf die Muslime zukämen, würden sie sich für eine universelle Ethik der Menschenrechte als internationale Moralität in vollem Umfang öffnen. Diese Fragestellung steht auch im Mittelpunkt des Denkens des bereits zitierten Reformers An-Na'im. Die vordringlichste Aufgabe ist eine Reform des islamischen Rechts (vgl. Anm. 29). Darüber hinaus müßten Muslime und Angehörige anderer nicht-westlicher Zivilisationen lernen, zwischen der Dominanz des Westens und der Universalität der internationalen Menschenrechtsstandards zu unterscheiden. Es ist möglich, den einen Aspekt (die politische Hegemonie) zu kritisieren und zugleich den anderen (die Ethik der kulturellen Moderne) zu akzeptieren. Darin sehe ich keinen Widerspruch, denn die Moderne (vgl. Anm. 13) hat zwei Dimensionen.

Menschenrechtsstandards basieren auf der Voraussetzung universeller Rechtsnormen und ethischer Werte und sollten nicht mit politischer Macht und hegemonialer Herrschaft verwechselt werden. Diese Aussage kann auch dann nicht in Zweifel gezogen werden, wenn man sich die Doppelbödigkeit westlicher Politik in bezug auf Menschenrechte vergegenwärtigt. Mit ihrer oft extrem selektiven Berufung auf die Menschenrechte erweisen westliche Regierungen der Sache dieser Moralität, die sie rhetorisch doch zu schützen vorgeben, einen schlechten Dienst. Die Duldung der Verletzung aller Menschenrechte der Muslime Bosniens (von den serbischen Vergewaltigungslagern bis hin zu den Folterungen und »ethnischen« Massenvernichtungen) durch den Westen, parallel zur Bombardierung des Irak (z.B. 1993) mit fadenscheinigen völkerrechtlichen Argumenten, ist nur die Spitze des Eisberges.

Kulturelle Moderne, islamische Zivilisation und Menschenrechte

Wenn sich Muslime die internationalen Standards einer global gültigen Ethik der Menschenrechte uneingeschränkt zu eigen machen sollen, kommen sie an einer Reform des Islam nicht vorbei. Nicht der Islam als unveränderlicher göttlicher Glaube ist hier gemeint, wohl aber das Rechtssystem als ein kulturelles, wandlungsfähiges Produkt menschlichen Geistes.

An anderer Stelle habe ich den Islam kultursoziologisch und religionsanthropologisch als ein eigenständiges kulturelles System dargestellt.[39] In diesem System steht das islamische Kollektiv (die *Umma*/Gemeinschaft der Gläubigen) im Mittelpunkt, nicht das Individuum. Entsprechend ist die Weltsicht der gesamten Zivilisation strukturiert. Das Individuum wird in der islamischen Doktrin als Glied des Kollektivs, der *Umma*, bestimmt. Individuelle Menschenrechte sind jedoch, wie Mayer richtig betont, »individualistisch« in dem Sinne, »daß sie allgemein die Ansprüche eines Teils gegen das Ganze zum Ausdruck bringen«.[40] Der von Mayer angesprochene »Teil« ist das in einer zivilen, vom Staat abgegrenzten Gesellschaft[41] lebende Individuum, während das Ganze der Staat als umfassende politische Struktur ist. Eine solche Unterscheidung gibt es im Islam nicht: Die *Umma* stellt idealiter ein organisches Gebilde dar.

Im Widerspruch zur *Umma* stehen die individuellen Rechte des Menschen, die rechtlich fundierte Ansprüche (*entitlements*) gegenüber Staat und Gesellschaft – also grundlegend verschieden von Pflichten/*Fara'id* – sind. Im Islam haben die Muslime, als Gläubige, eben Pflichten/*Fara'id* vis-à-vis der Gemeinschaft/*Umma*, aber keine individuellen Rechte im Sinne von Berechtigungen. Damit Menschenrechte als individuelle Rechte in der islamischen Zivilisation etabliert werden können, ist es notwendig, *die Betonung der Pflichten durch die Einführung eines Konzepts von individuellen Rechten einzuschränken.* Dazu sind drastische religiös-kulturelle Reformen der Weltsicht – und entsprechend des Menschenbildes – erforderlich. Im Grunde genommen bedeutet dies nicht einfach eine rechtliche Reform, sondern vielmehr die Bewältigung der kulturellen Moderne[42] im Islam. Ohne sie und das von ihr entfaltete Subjektivitätsprinzip mit offenen Armen zu übernehmen, scheint es mir schwer, die individuellen Menschenrechte im Islam ethisch zu untermauern. Damit die Ethik der Menschenrechte universell akzeptiert wird, müßte sie in nicht-westlichen Zivilisationen heimisch gemacht werden (das Fachwort hierfür ist: indigenisieren). Erst wenn die diskutierten Anforderungen für die Etablierung einer islamischen, jedoch nicht exklusiven Menschenrechtstradition erfüllt sind, kann die islamische Ethik in normativen Einklang mit den internationalen Standards der Menschenrechte gebracht werden.

Gegenwärtig werden die Anstrengungen führender islamischer Autoritäten (wie des verstorbenen Pakistani Mawdudi), Institutionen (al-Azhar zu Kairo) und Bewegungen (wie die des in London ansässigen *Islamic Council*, der für die Abfassung der »Universellen Islamischen Deklaration der Menschenrechte« verantwortlich ist) als die entscheidenden Beiträge zur Erarbeitung von spezifisch islamischen Menschenrechtskonzepten angesehen. Eine nähere Betrachtung dieser Versuche führt jedoch zu einem niederschmetternden und ernüchternden Urteil. Die Islamisierungsprogramme, die von vermeintlichen, selbsternannten Exponenten spezifisch islamischer Menschenrechtskonzepte – wie dem Ägypter Mohammed al-Ghazali – befürwortet werden, verwerfen die universelle Ethik der Menschenrechte, sprich eine internationale Moralität, eher, als daß sie sie übernehmen. Ann E. Mayer kommt nach einer eingehenden Analyse islamischer Menschenrechtskonzepte und -dokumente zu der lapidaren Schlußfolgerung, daß »diese islamischen Entwürfe keinen Schutz für das bieten, was im Völkerrecht unter fundamentalen Rechten verstanden wird«. Mayer konstatiert darüber hinaus, daß die autoritativen muslimischen Menschenrechtsautoren »keinen Begriff davon haben, was den Inhalt der Menschenrechte ausmacht«[43], eben weil sie keinen Begriff vom Individuum haben.

Im globalen Zivilisationskonflikt steht der Konflikt zwischen den internationalen Menschenrechtsstandards und dem, was für islamische Menschenrechtsentwürfe gehalten wird, zur Diskussion. In meiner Terminologie: Es ist ein zentraler Konflikt zwischen der Ethik der kulturellen Moderne und vormodernen Glaubenssätzen. Die Diskriminierung von Frauen und Nicht-Muslimen sowie das Recht auf Tötung des Apostaten, des Andersdenkenden, als »Outlaw« und ähnliche Bestimmungen sind, gemessen an international gültigen Menschenrechtsstandards, gänzlich inakzeptabel, in der islamischen Zivilisation aber ein Bestandteil der Normativität. Zusätzlich degradieren Islamisierungsprogramme religiöse Minderheiten zu »Schutzbefohlenen/*Dhimmis*«, das heißt zu Menschen zweiter Klasse. Islamische Menschenrechtsentwürfe sind »in der Frage des Schutzes der Religionsfreiheit ausweichend ... im allgemeinen bekunden sie einen Mangel an Sympathie für die Freiheit der Religionsausübung« (ebd., S. 186), stellt Ann E. Mayer fest.

Kurzum, Verfechter spezifisch islamischer Menschenrechte lassen einen darüber im ungewissen, ob sie ihre Menschenrechtskonzeptionen ethisch auf einer vormodernen Doktrin aufbauen wollen, um sich den universellen Menschenrechten zuzuwenden, oder ob sie über die Rechte von Muslimen im Sinne von Pflichten der Gläubigen sprechen, um eben diese universellen Standards abzuwehren. Mit anderen Worten: Spezifisch islamisch definierte Menschenrechte basieren auf einer Pflichtenlehre. Sie sind hinsichtlich der Menschenrechte ambivalent und werden apologetisch, wenn sie entgegen den historischen Tatsachen behaupten, daß der Islam als erste Zivilisation Menschenrechte etabliert habe[44], während sie gleichzeitig in ihren Entwürfen die kulturübergreifende Ethik der individuellen Menschenrechte als Grundlage für eine internationale Moralität zurückweisen. Der fundamentalistische Scheich al-Ghazali, Urheber der zitierten Apologetik, hat – wie auf S. 141 erwähnt – im Juni 1993 in einer *Fetwa* die »straffreie Tötung des Apostaten« zugelassen. Ist das mit dem Grundrecht auf Glaubensfreiheit vereinbar?

Ein haarsträubendes Beispiel wider die Vernunft ist die Rezension eines Islam-Schwärmers in der *FAZ* über ein iranisch-fundamentalistisch beeinflußtes Buch über Menschenrechte, worin das islamische *Dhimmi*-Prinzip als eine der westlichen Demokratie »überlegene«[45] Bestimmung für den Schutz der Minderheiten angeführt wird. Gerade dieses Prinzip ist in Wirklichkeit jedoch eine grobe Verletzung von Menschenrechten.

Zwischen globaler Zivilisation und lokalen Kulturen

Nach dieser Analyse des Zivilisationskonflikts am Beispiel des Islam und der Menschenrechte aus der Perspektive einer universellen Ethik wende ich mich nun konkreten Fragen zu.

Die erste Frage muß sein, ob es gerechtfertigt ist, das nichtwestliche kulturelle System des Islam anhand von ethischen Maßstäben der globalen, auf der westlichen kulturellen Moderne fußenden Zivilisation zu beurteilen, wie dies hinsichtlich der internationalen Menschenrechtsnormen der Fall ist. Meiner Ansicht nach gehört *die Ethik der Menschenrechte* zum Kernstück einer benötigten *globalen Zivilisation*. Ich vertrete den Standpunkt, daß modernes rationales Wissen universelle Gültigkeit beanspruchen und nicht auf eine spezifische Kultur bzw. Zivilisation eingegrenzt werden kann. Damit unterstelle ich also, daß Rationalität universell und somit nicht nur für den ihr zugrundeliegenden kulturellen, regionalen Kontext gültig ist. Das Wissen um die natürlichen Rechte des Individuums ist universell gültiges Wissen. Ich lehne daher die in Mode gekommene, in Deutschland durch Wolf Lepenies vertretene Position einer »Anthropologisierung des Wissens« ab, welche die Vorstellung eines universell-wissenschaftlichen Wissens nicht zuläßt.[46] Vielmehr stimme ich voll mit Max Webers Ansicht überein, daß die moderne westliche Wissenschaft der einzige universell gültige Wissensstandard ist, den die Menschheit jemals gekannt hat.[47] Daraus ziehe ich den Schluß, daß es zulässig ist, über nicht-westliche Zivilisationen in Begriffen zu denken, die der kulturellen Moderne entnommen sind. (Mehr hierüber Kapitel 5, S. 243 ff.) Für mich gilt dieser Bezugsrahmen auch für die universelle Ethik individueller Menschenrechte, die ich hier vertrete. Universelle Ethik basiert auf rationalem, also universell gültigem Wissen.

Wenn die Annahme in sich stimmig ist, daß internationale Menschenrechtsstandards auch in der islamischen Zivilisation verankert werden könnten, dann stellt sich zweitens die Frage nach den Bedingungsfaktoren und Hemmnissen, die einer solchen zivilisatorischen Übernahme oder besser: einer Bewältigung der kulturellen Moderne durch Muslime im Wege stehen.

Unter Menschenrechtsaktivisten ist es Usus geworden, Menschenrechtsverletzungen allein als Resultate autoritärer oder diktatorischer Regime, das heißt, ihrer Natur nach (primär) *rein politisch* aufzufassen. Mit anderen Worten: Kulturelle Bedingungsfaktoren werden in diesbezüglichen Analysen entweder übersehen, oder es wird ihnen nicht genügend Bedeutung beigemessen. Manche Menschenrechtler meinen, es sei Ausdruck kultureller Überheblichkeit, kulturellen Ursachen von Menschenrechtsverletzungen nachzugehen oder solche auch nur zu benennen. Wenn man von der Tatsache ausgeht, daß Demokratie eine Form politischer Kultur ist, die die westliche Zivilisation hervorgebracht hat, dann ist die Feststellung korrekt, daß diese Kultur noch nicht universalisiert worden ist, auch wenn Huntington einmal die »dritte Weltepoche der Demokratisierung«[48] verkündet hat. Mit seiner These vom »Clash of Civilizations« hat er diese »Ankündigung« längst wieder relativiert, wie ich in der Einleitung zu diesem Buch gezeigt habe.

Obwohl ich selbst als ein Muslim zugegebenermaßen intellektuell westlich denke, ohne mich jedoch mit der Dekadenz des Westens zu identifizieren, kritisiere ich das eurozentrische Übersehen der kulturellen Standards in nicht-westlichen Gesellschaften, in welchen demokratische Werte nicht gewürdigt werden. Dahinter steht die Unfähigkeit, kulturelle Ursachen für das Fehlen von Demokratie zu erkennen.

Nicht zuletzt muß die Frage gestellt werden: Was muß geschehen, damit Angehörige vormoderner, um regionale Zivilisationen gruppierter Kulturen aus eigenem Antrieb die Sprache der Menschenrechte in ihrer eigenen Sprache sprechen lernen?

In meinem Beitrag zu einer interkulturell-komparativ angelegten internationalen Studie[49] habe ich argumentiert, daß

Menschenrechte in nicht-westlichen Kulturen »indigenisiert«, das heißt heimisch gemacht werden können; sie dürfen allerdings nicht von außen aufgezwungen werden. Doch was bedeutet das praktisch? Die hier anvisierte, für den Frieden zwischen den Zivilisationen benötigte globale Zivilisation müßte auf einem kulturübergreifenden Bemühen um die Umwandlung des internationalen Systems in eine internationale Gesellschaft (im Sinne von Bull, vgl. Anm. 20) beruhen. Kurzum: Es geht darum, die Hindernisse, die lokale Kulturen und ihre regionalen Zivilisationen der weltweiten Entfaltung der Menschenrechte in den Weg legen, zu überwinden, um den Weg für eine von allen Zivilisationen akzeptierte internationale Moralität frei zu machen.

Der These, daß »die Einsätze im Kampf um die Menschenrechte zu guter Letzt politisch sind«[50], ist zu widersprechen. Meiner Auffassung nach sind es im Grunde kulturelle Hindernisse, die der Entfaltung von akzeptablen Menschenrechtsstandards – aus der Perspektive einer kulturübergreifenden Ethik internationaler Moralität – in außerwestlichen Zivilisationen im Wege stehen. Die Hindernisse sind Ausdruck eines Zivilisationskonflikts um eine global gültige Zivilisation.

Zunächst ist festzuhalten, daß die gegenwärtige Globalisierung unserer Welt mit dem Prozeß zusammenhängt, den Norbert Elias »Prozeß der Zivilisation« nennt.[51] In diesem Zusammenhang taucht die Frage auf, ob lokale Kulturen als exotische Inseln betrachtet werden können, die von ihrer globalen Umwelt isoliert sind, oder ob sie von der Globalisierung des von Elias beschriebenen Prozesses beeinflußt werden. Ungeachtet der Unterschiede zwischen jeweils eigenständigen lokalen Kulturen muß es eine Basis für Vergleichsmöglichkeiten geben, welche allgemeine, für alle Menschen gültige Schlußfolgerungen zuläßt. Eine internationale Moralität, das heißt allgemein akzeptierte Normen, Regeln und Verfahrensweisen für die Konfliktbewältigung zwischen Nationen, ist dringend erforderlich. Hieraus folgt, daß wir über jeden spezifischen, auf das Studium lokaler Kulturen und ihrer regionalen Zivilisationen begrenzten Bezugsrahmen hinauszugehen haben. Gerade im Bereich der Menschenrechte kann dieses Erfordernis nicht angefochten werden, ohne daß universell akzeptable Standards von Moralität und Recht aufgegeben werden müßten. Westliche Anthropologen und regionalspezifisch arbeitende Wissenschaftler, die von der kulturellen Besonderheit ihres Forschungsgegenstandes gänzlich eingenommen sind, scheinen jedoch nicht in der Lage zu sein, ein adäquates Verständnis der geschilderten Probleme zu entwickeln. Ihre Voreingenommenheit verschließt ihnen die Augen und hindert sie daran, den Zivilisationskonflikt zu verstehen.

Zum Beispiel: Der westliche Orientalismus und seine Umkehrung

Die Orientalismus-Kritik wurde – wie schon erwähnt – von einem Amerikaner palästinensischer Herkunft, Edward Said von der Columbia University in New York, eingeleitet; sie war in ihren Anfängen, solange sie sich auf die westliche, eurozentrische Sicht des Orients bezog, gerechtfertigt. Orientalismus bedeutet, den Orient mit westlichen Augen zu sehen.[52] Dann aber uferte die Orientalismus-Kritik aus: Ihre Anhänger gingen dazu über, die Menschenrechte als eine eurozentrische Angelegenheit zu betrachten, die auf den Orient übertragen wird. Die Folge war ein diffuses Konzept, das kaum noch kritisches Nachdenken über den Orient zuläßt. Durch die Brille des Orientalismus-Konzepts gesehen, kann keine Kritik, weder an den im Orient vorherrschenden despotischen Regimen noch an der vormodernen islamischen Weltsicht, durchgehen, ohne als »Orientalismus« gebrandmarkt zu werden.

Tatsächlich behaupten diejenigen, die in der Tradition des Orientalismus stehen, daß der »Orient« sich vom Westen unterscheide. Zu dieser Ideologie gehört die Konstruktion eines »Homo islamicus« durch westliche Orientalisten.[53] Ann E. Mayer stellt fest, daß die Kritiker des Orientalismus in ihrer Denkweise in bezug auf die Menschenrechte doch auch dem Orientalismus verhaftet sind, das heißt, sie akzeptieren

> »die dem Orientalismus zugrundeliegende Auffassung, daß die Konzepte und Kategorien, die im Westen zum Verständnis von Gesellschaften und Kulturen verwendet werden, auf den Osten nicht übertragbar und irrelevant sind«.[54]

Orientalen selbst verurteilen kritische Vergleiche zwischen ihnen und anderen; sie glauben, in ihnen »finstere politische Absichten« oder gar eine »Verschwörung« zu sehen (vgl. Anm. 6).

Tatsächlich aber ist im Sinne einer kulturübergreifenden, das heißt universellen Ethik einer internationalen Moralität die kulturanthropologische Schule ebenso zurückzuweisen wie die moralische Gleichgültigkeit des Kulturrelativismus. Oder anders ausgedrückt: Vergleiche auf der Basis ethischer, universell gültiger Prinzipien, wie im Falle internationaler Menschenrechtsnormen, sind akzeptabel und können zugelassen werden.[55] Die strukturelle Globalisierung in den internationalen Beziehungen begründet diese Vergleiche zusätzlich und stellt alle kulturrelativistischen Konzepte, vor allem ihre Anwendung auf die Menschenrechte, in Frage.

Auch das neue Buch von Edward Said, *Culture and Imperialism*, enthält neben berechtigter Kritik am Orientalismus eine unerträgliche Romantisierung des Orients und Schuldzuweisungen an den Westen. Dagegen bezog der islamkundige Anthropologe Ernest Gellner in der prominenten Londoner *Times Literary Supplement* auf bemerkenswerte Weise Position. Jürgen Kaube hat in der *Frankfurter Allgemeinen Zeitung* diese 1993 neuentfachte Orientalismus-Debatte folgendermaßen zu-

sammengefaßt: Die europäische Expansion werde von Gellner
– gegen Said – dargestellt als

>>Durchgangsstadium der ökonomisch-technischen Evolution ... Sie
lasse sich gar nicht mit der europäischen Kultur als solcher verbin-
den. Wer den Widerstand gegen sie (das heißt die Globalisierung,
B.T.) von vornherein legitimiere, mache sich eines umgekehrten
Kolonialismus schuldig. Said stilisiere die Unterdrückten zur besse-
ren Auskunftsquelle über den Gang der Geschichte ... Es begegne-
ten sich bis heute romantische Projektion, fundamentalistische
Schriftgläubigkeit und kultureller Nationalismus ... Wo es um die
Evolution von Gesellschaften gehe, halte er (Said, B.T.) sich bei
Schuldzuweisungen auf.<<[56]

Die Problematik des Krieges der Zivilisationen und einer internationalen Moralität als Grundlage einer universellen Ethik der
Menschenrechte gehören genau in diese Debatte. Kann die Evolution von Gesellschaften dazu beitragen, daß Zivilisationen
einander näherkommen, oder zieht jede Partei, sprich jede Zivilisation, mit ihrer eigenen spezifisch zivilisatorischen Wahrnehmung in die Schlacht?
   Um diese Frage zu beantworten, ist zunächst einmal eine
Nuancierung erforderlich. Obwohl es Lokalkulturen verbindende Zivilisationen gibt, ist die Annahme, daß ein einheitlicher
– z.B. islamischer – kultureller Standard existiert, entschieden
falsch. Diesen Standard gibt es im Grunde nur, wenn eine übergeordnete Kraft (oder Idee) die unterschiedlichen Standards
(oder Interessen) vorübergehend ausschaltet. Auf unser Beispiel bezogen: Wenn also die islamische Zivilisation in den
>>Heiligen Krieg<< (auch im übertragenen Sinne) gegen den
Westen, gegen Hinduismus oder Panslawismus zieht. Nach kul-
turwissenschaftlichen Begriffen bleibt sie in eine Vielzahl von
lokalen Kulturen untergliedert. Trotzdem sind die zentralen
Elemente der islamisch geprägten Weltsicht vorhanden und
können unter bestimmten Voraussetzungen mobilisiert und instrumentalisiert werden. Wer also ausschließlich die Mannig-

faltigkeit des Islam betont, übersieht, daß Muslime, ob sie im Nahen Osten, in Südasien oder in Schwarzafrika leben, eine relativ festgefügte Weltsicht teilen.[57] Ohne Berücksichtigung dieser Weltsicht aber kann man zu keinem adäquaten Verständnis der Hindernisse gelangen, die der Etablierung einer kulturübergreifenden Ethik von Menschenrechten in den islamischen Gesellschaften entgegenstehen. Die Betonung von Pflichten und die Ablehnung unveräußerlicher Rechte können wir nicht einfach auf undemokratische, autoritäre Regime bzw. auf Islamisierungsprogramme zurückführen. Orientalische Despoten sind schlimm, aber die Pflichtenlehre haben sie nicht erfunden. Wenn ein Despot – z.B. Saddam Hussein – gestürzt wird, dann folgt auf ihn stets ein anderer Despot und setzt die alten Verhältnisse fort. Warum?

In einem Aufsatz teilt uns ein bekannter ägyptischer Autor unverblümt mit:

>Während arabische Eliten der Demokratie zumindest Lippenbekenntnisse leisten, scheinen demokratische Ideale für die breite Öffentlichkeit von weit geringerem Interesse zu sein ... Zum gegenwärtigen Zeitpunkt ist Demokratie kein hauptsächliches Anliegen der arabischen Massen.<[58]

Es ist wahr, daß sich die undemokratischen Regime im Nahen Osten das Konzept von Pflichten/*Fara'id* zunutze machen. Dennoch handelt es sich um ein islamisches Konzept, das so alt ist wie die islamische Zivilisation selbst; es ist untrennbar mit der von der Mehrheit der Muslime geteilten Weltsicht verbunden. Diese Weltsicht wird transparenter, wenn der individualistische Charakter des westlichen Menschenrechtskonzepts dem vormodernen islamischen Erbe gegenübergestellt wird. Eine Zurückweisung dieser individualistischen Werte in der Sprache des Zivilisationskonflikts macht es für Muslime schwierig, die der Ethik individueller Menschenrechte innewohnenden Normen und Werte zu übernehmen. Wie kann eine Zivilisation, in welcher der einzelne als Glied eines organisch definierten religiokulturellen Kollektivs bestimmt wird, ohne radikale Änderungen in der herrschenden Weltsicht individuelle Rechte zulassen? Man kann diese Zusammenhänge nicht angemessen in den Griff bekommen, wenn diese oft tabuisierte Frage nicht gestellt wird.

Um es zu wiederholen: Für eine universelle Ethik individueller Menschenrechte im Sinne von Rechtsansprüchen freier Subjekte zu argumentieren bedeutet nicht, diese Rechte mit Gewalt zu einem universellen Standard von Moralität zu erheben. Sie können nur in einem lokal-kulturellen Umfeld auf einer kulturübergreifenden Basis entfaltet werden. Es hat keinen Sinn, Menschenrechte von außen übertragen zu wollen; erfolgreich können sie nur durch die Angehörigen der betreffenden Zivilisation mittels Indigenisierung übernommen werden. Dem steht in den meisten nicht-westlichen Zivilisationen das Fehlen einer Ethik von Individualrechten im Weg, das nicht allein auf repressive Regime bzw., im Falle der islamischen Zivilisation, auf deren undemokratische Islamisierungsprogramme zurückgeführt werden kann. Die Menschenrechtsproblematik kann man produktiv nur im Gesamtzusammenhang des kulturellen Systems der jeweiligen Zivilisation in den Griff bekommen. Die Orientalismus-Debatte geht über Schuldzuweisungen jedoch nicht hinaus und ist hier wertlos.

Fazit

Die Diskussion über den Islam und den kulturell bedingten Widerstand gegen Rechte des Menschen muß die strukturelle Globalisierung und die kulturelle Fragmentation mit berücksichtigen: Sie liefern den Bezugsrahmen, um eine kulturübergreifende Ethik der Menschenrechte auf legaler und politischer Basis universell entfalten zu können. Solange Muslime ihre Weltsicht und die mit ihr verbundenen kulturellen Handlungsmuster und Einstellungen nicht ändern, wird der Konflikt zwischen dem islamischen Verständnis von Menschenrechten und der erforderlichen internationalen Moralität mit ihrer Ethik der Menschenrechte, und somit der Zivilisationskonflikt, weiter andauern. Im Zeitalter der Migration, in dem Muslime als Einwanderer nach Europa strömen, findet dieser Konflikt inmitten der westlichen Gesellschaften statt.

Die Bezugnahme auf die kulturell bedingte Opposition gegen die Ethik individueller Menschenrechte hilft uns, den Konflikt zwischen dem Islam und völkerrechtlichen Menschenrechtsstandards auf einer internationalen Ebene zu verstehen. Die in der jüngeren Vergangenheit vorgelegten islamischen Menschenrechtsentwürfe verdecken diesen Konflikt eher. Wir haben gesehen, daß sie den Konflikt nicht offenlegen, geschweige denn bewältigen; sie verbergen die Unvereinbarkeit von individualistisch und islamisch, also kollektivistisch orientierten Menschenrechtskonzepten unterschiedlicher Zivilisationen und verwischen die Grenzen zwischen Pflichten und Rechten. Um dies zu verstehen, müssen wir uns mit der in den Muslimen tief verwurzelten kosmologischen Weltsicht befassen. Ich behaupte, daß die vorherrschende islamische Sicht der Welt der zentrale kulturelle Bedingungsfaktor für die konfliktreiche Beziehung des Islam zum modernen Menschenrechtskonzept ist.

Ann E. Mayer spricht die Prioritäten der muslimischen Menschenrechtsautoren an: »Sie halten den Vorrang der Offenbarung vor der Vernunft aufrecht, und keiner von ihnen heißt die Vernunft als eine Quelle des Rechts gut.«[59] Genau hier liegt das Problem. Es ist der Konflikt zwischen einer auf den Menschen und einer auf Gott ausgerichteten Weltsicht und zwischen den damit verbundenen Zivilisationen, das heißt: zwischen der Ethik der Moderne und vormodernen Lokalkulturen, die sich in unserem Zeitalter zu Zivilisationen gruppieren. Das moderne säkulare Recht, einschließlich der Menschenrechte, ist ein Produkt des »Projekts der kulturellen Moderne« (Habermas), dessen Elemente in eine globale Zivilisation integriert werden könnten.

In anderen Worten: Menschenrechte sind das Produkt der Entfaltung des Subjektivitätsprinzips, das heißt einer anthropozentrischen (Mensch-zentrierten) Weltsicht und der damit korrespondierenden, die individuelle Freiheit bestimmenden legalen Untermauerung. Menschenrechte als Ethik individueller Rechtsansprüche sind ein unverzichtbarer Bestandteil der kulturellen Moderne.

Die »Reform des islamischen Rechts«, welche An-Na'im als »das erklärte Ziel«[60] seines Denkens vorstellt, kann nicht zustande gebracht werden, ohne daß sie mit den zentralen normativen und strukturellen Anforderungen der kulturellen Moderne und der aus ihr entwickelten Weltsicht einhergeht.

Im Gegensatz zur schwammigen Ausdrucksweise des muslimischen Liberalen Mohammed Arkoun, der den Konflikt zwischen Islam und Menschenrechten mit den vagen Worten abtut, man solle von einer Religion nicht mehr verlangen, als diese geben könne[61], stellt An-Na'im mutig fest, es gebe eine »Unvereinbarkeit von islamischer *Schari'a* und modernen Standards der internationalen Beziehungen und Menschenrechte«[62], die er mittels der von ihm vorgeschlagenen islamischen Rechtsreform entschlossen zu überwinden sucht. Die kulturelle Fragmentation im strukturell globalisierten System der internationalen Beziehungen bezieht sich auf diese Unvereinbarkeit der entsprechenden Weltsichten von säkularisierter kultureller Moderne und vormodernen religiös-ethnischen Lokalkulturen. Das Fehlen einer kulturübergreifenden universellen Ethik der Menschenrechte als internationale Moralität verschärft unter den Bedingungen unserer Gegenwart den Zivilisationskonflikt. Der globale Streit um die Universalität der Menschenrechte reiht sich in den weltanschaulichen Krieg der Zivilisationen im Übergang zum dritten Jahrtausend christlicher Zählung ein.

Kapitel 3

Gottesherrschaft als Gegenmodell
zu Demokratie und Menschenrechten
im Zivilisationskonflikt

»Beim Krieg zwischen Muslimen und ihren Feinden geht es im wesentlichen um die Alternativen Glauben (Iman) oder Unglauben (Kufr), Islam oder Djahiliyya (vorislamische Ignoranz).«

> Sayyid Qutb, geistiger Vater des islamischen Fundamentalismus, in seinem Pamphlet: *Ma'alim fi al-Tariq* (Wegzeichen)

»Die griechisch-christliche Kultur ist die gemeinsame Wurzel von ganz Europa ... (Daraus folgt) die dringende Forderung nach einer verstärkten Besinnung aller Europäer auf unsere gemeinsame geistig-kulturelle Grundlage und ihre Werte und nach dem Dialog aller, nicht nur der Christen untereinander, sondern auch der Christen und Muslime. Gegenstand dieses Dialogs sollten ... Toleranz und vor allem die Beachtung der Menschenrechte sein.«

> Theodor Nikolaou, in: Litterae 4/1994

»Ein auf Annäherung zwischen Islam, Christentum und Judentum abzielender Dialog kann nur auf Kosten des Islam erfolgen, weil der Islam die einzige richtige Religion ist und die anderen falsch sind. Die Annäherung würde dazu führen, auf diesen Anspruch zu verzichten, und das wäre der größte Schaden für den Islam.«

> Ali Mohammed Djarischa und Mohammed Sh. Zaibaq, Professoren der Medina-Universität, in ihrer Schrift *Asalib al-Ghazu al-Fikri* (Methoden der geistigen Invasion), 1978

Einführung

Mit der Säkularisierung setzte sich in Europa die Überzeugung durch, daß Religion Privatsache sei. Die Politisierung von Religion am Ende des 20. Jahrhunderts, die nicht nur in der Welt des Islam, sondern überall zu beobachten ist, legt indes ganz andere Schlüsse nahe.

In Südasien rufen Hindu-Fundamentalisten[1] zum Kampf gegen den säkularen Staat auf und fordern für sich – zumindest in Indien, wo sie die Mehrheit stellen – einen religiösen Hindu-Staat. Im Gegenzug verlangen die indischen Muslime, die zweitgrößte in einem Staat lebende islamische Bevölkerungsgruppe der Welt (130 Millionen), daß für sie die *Schari'a* gelten solle. Selbst der 1991 ermordete indische Ministerpräsident Rajiv Gandhi, ein unbedingter Befürworter des säkularen Staates, hatte diesem Bestreben nachgeben müssen. In Osteuropa[2] rufen rechtsradikale slawisch-orthodoxe Fundamentalisten zu einem Kreuzzug gegen den Islam auf, was bei den serbischen Ethno-Fundamentalisten[3] in Bosnien auf fruchtbarsten Boden fällt. Als Antwort darauf erklären die Muslime den *Djihad*, wie das 1994 übrigens auch in Tschetschenien geschehen ist.

Bedeutet dies das Ende des Religionsfriedens? Führt der Kampf zwischen Hindus und Muslimen den demokratischen säkularen Staat als Modell für Asien ad absurdum? Entwickelt sich das Ringen um Kaschmir, über seinen indisch-pakistanischen Territorialcharakter hinaus, zu einem Krieg zwischen Hindus und Muslimen wie damals, als die Muslime Südasien eroberten und das Mogulreich aufbauten? Ist eine Epoche angebrochen, in der Religionskriege zu Kriegen zwischen Zivilisationen eskalieren?

Die Aktualität des Religiösen gehört offenbar zu den Merkmalen unserer Gegenwart. Eine Sinnkrise hat die Menschen befallen und zwingt ihnen Fragen auf, auf die die instrumentelle Vernunft[4] des technisch-wissenschaftlichen Zeitalters keine akzeptablen Antworten hat. Die politische Klasse – nicht nur in Bonn, sondern weltweit – verkommt vor Fernsehkameras zu Selbstdarstellern, die außer Leerformeln nichts zu bieten haben; die Erinnerung an große Staatsmänner, die auf anstehende Fragen bessere Antworten wußten, nährt die Sehnsucht nach vergangenen Zeiten. Religion gewinnt unter diesen Umständen eine neue Dimension und dringt mächtig in den Bereich des Politischen ein. Das läßt sich nahezu überall – auch im Westen – beobachten. Deutschland, wo eine säkular-protestantische Gesinnungsethik vorherrscht, stellt eine der Ausnahmen dar.

Obwohl ich einleitend festgestellt habe, daß Religionen die Menschheit trennen, möchte ich einräumen: Die Neubelebung von *re-ligio* (= Bindung an Gott) in Zeiten einer Sinnkrise kann durchaus ein gesundes Zeichen sein, wenn Religion spirituell auf die Sinnfragen unserer Conditio humana beschränkt, an Toleranz gekoppelt und von politischem Mißbrauch freigehalten wird. Beängstigend ist jedoch, daß die Religion genau entgegengesetzt reaktiviert wird: Die Serben kündigen den Religionsfrieden auf dem Balkan auf und rufen das Ostchristentum zum Kampf gegen den Islam wie gegen das Westchristentum auf. Die Hindus wollen Indien und, wenn möglich, den gesamten indischen Subkontinent von Muslimen und Sikhs ethnisch »säubern«. Die Muslime bleiben ihrerseits nicht tatenlos und instrumentalisieren den islamischen *Djihad*/Heiligen Krieg gegen die Feinde des Islam.[5] Genau das ist das Szenario der Neubelebung der Religion im Übergang zum dritten Millennium christlicher Zählung sowie ihrer Instrumentalisierung als ideologischer Waffe, um einen Krieg der Zivilisationen zu entfachen. Im Übergang zum neuen Jahrtausend werden Zivilisationen von Eiferern religiös definiert.

Religion[6] kann nur dann einen sinnvollen Beitrag zur Suche nach Antworten auf die im Rahmen einer Sinnkrise gestellten Fragen leisten, wenn sie sich von Toleranz sowohl innerhalb der eigenen Glaubensgemeinschaft als auch gegenüber Andersgläubigen leiten läßt. Im Westchristentum haben Renaissance, Reformation, Aufklärung und die große Französische Revolution für religiöse Toleranz gesorgt. Im Ostchristentum fehlt diese Entwicklung völlig; die Serben unserer Zeit sowie andere Slawen (man denke an die Demagogie eines Schirinowski in Rußland, der mit seiner Hetzkampagne, u.a. gegen den Islam, 24 Prozent der Wählerstimmen einfangen konnte) sind der lebendige Beweis dafür. Zwar rufen diese orthodox-slawischen Fundamentalisten zur Einheit des Christentums gegen den Islam auf[7], doch ist das für sie nur eine pragmatische Allianz, weil auch das Westchristentum zu ihren Feinden gehört.

Eine ähnliche Intoleranz läßt sich im Verhältnis zwischen Sunna und Schi'a im Islam beobachten, für die ich folgendes Beispiel anführen möchte: In einem Gespräch über Toleranz, das ich mit dem großen islamischen Philosophen Muhsen Mahdi, einem schiitischen Muslim, in Harvard führte, kamen wir auf die zur pakistanischen Botschaft in Teheran gehörende sunnitische Moschee zu sprechen, in der sich sunnitische Diplomaten zum Gebet treffen. Wie zwischen Orthodoxen und Westchristen unterschiedliche Rituale bestehen (orthodoxe Christen verrichten ihre Rituale durchweg im Stehen, während diese bei den Protestanten und Katholiken in einem Wechsel von Stehen und Sitzen vollzogen werden), gibt es auch zwischen Schiiten und Sunniten rituelle Unterschiede. Schiiten lassen die Arme beim Gebet hängen, während Sunniten (bis auf die Malikiten) die Hände vor dem Bauch falten. Mit Bezug hierauf sagte Muhsen Mahdi:

»Ich bin nicht gerade fortschrittsgläubig, aber es muß etwas Wahres daran sein, daß Fortschritt und Zivilisation zu mehr Toleranz führen. Meine Phantasie reicht nicht aus, um mir vorzustellen, was passieren würde, wenn ein Sunnit in einer schiitischen Moschee nach sunnitischem Ritual beten würde, wie die anderen auf die abweichende Art des islamischen Gebets reagieren würden ... Das ist der Hintergrund dafür, daß Diplomaten aus sunnitischen Ländern in Teheran zu einer sunnitischen Moschee gehen müssen, um eben das Unvorstellbare zu vermeiden.«

Wenn noch nicht einmal die unterschiedliche Haltung der Arme beim Gebet in Richtung Mekka toleriert wird, wie schlimm muß es dann in den Bereichen (Definition des Glaubens und des Kosmos, Gott-Mensch-Beziehung etc.) aussehen, in denen Muslime substantiell voneinander abweichen! Noch grausamer wird es, wenn es um das Verhältnis zu anderen Religionsgemeinschaften geht. Ich befürchte, daß die Zerstörung des Religionsfriedens auf dem Balkan sich als Muster z.B. für Indien (Muslime, Hindus, Sikhs) und andere multireligiöse Gesellschaften, die durch Migration unterschiedliche Religionsgemeinschaften beherbergen, erweisen wird: Die sogenannten multikulturellen Gesellschaften des Westens gehören dazu.[8]

Die Politisierung von Religion erfolgt unter Bedingungen der Globalisierung und verstärkt die Konfliktpotentiale in den Beziehungen zwischen den Zivilisationen. Das sich gegenüber anderen Zivilisationen entfaltende neue Zivilisationsbewußtsein bedient sich der Religion nicht gerade zur schöpferischen und toleranten Beantwortung anstehender Sinnfragen. Im Gegenteil: Der Rückgriff auf die Religion dient als Instrument zur politischen Mobilisierung gegen andere und ist somit Ausdruck der religiösen Intoleranz, womit wir wieder beim Krieg der Zivilisationen wären. Religion kann Liebe lehren, symbolische Liebe zu Gott und zu den Menschen, die er erschaffen hat. Aber aus dem Ruf unserer Epoche nach Religiösem tönt vor allem der Haß, nicht die Liebe. Hindu-Fundamentalisten erheben ihre Waffen gegen Muslime und stürmen ihre Moscheen. Orthodox-slawische Serben wollen Europa im Zeichen des Kreuzes von Muslimen säubern und bombardieren ihre Moscheen. Im Gegenzug erheben Muslime ihr Schwert und fordern eine islamische Weltordnung. In Ägypten und im Sudan verletzen Muslime die Menschenrechte christlicher Minderheiten. Das ist doch wohl keine Renaissance der Religion, wie mancher behauptet, sondern ein Krieg der Zivilisationen!

Die gegenwärtige Weltzeit ist Ausdruck unseres krisengeschüttelten Zeitalters. Krisen haben unter den Bedingungen der Globalisierung nicht länger nur regionale Reichweiten und Auswirkungen. Unsere Welt ist durch eine globale Formation bestimmt.[9] Eine der Antworten auf die gegenwärtige Krise ist eine überall zu beobachtende Hinwendung zu religiösem Glaubensgut.[10] Der Rückgriff auf Religionen im weitesten Sinn bezieht sich nicht primär auf ihre Funktion als Glaubenssysteme, sondern instrumentalisiert sie als politische Ideologien, die religiöse Gemeinschaften als Zivilisationen definieren und hierbei die Form des religiösen Fundamentalismus annehmen.

Fundamentalisms Observed[11] ist der Titel des ersten Bandes eines umfangreichen Projekts unter der Schirmherrschaft der American Academy of Arts and Sciences, in dem interdisziplinäre und kulturvergleichende Anstrengungen unternommen und veröffentlicht wurden.[12] Die an diesem Bemühen beteiligten Wissenschaftler haben versucht, die Flucht in die Religion ohne Einschränkung auf einen Zivilisationskreis zu verstehen und zu deuten. Unter diesem Aspekt lautet die zentrale Frage meiner Untersuchung in diesem Kapitel: Kann Religion einen Ausweg aus der Krise darstellen, oder verhindert eine politisierte Religion deren Lösung?

Bevor ich im folgenden versuche, darauf eine Antwort zu finden, muß geklärt werden, ob die religiöse Sehnsucht als Ausweg aus der Krise oder als Hindernis auf dem Weg zu einer angemessenen Lösung *die gesamte Menschheit* erfaßt hat. Oder müssen wir dabei die regionalisierte Struktur unserer globalisierten, aber noch nicht kulturell vereinigten Welt berücksichtigen, mit der sich daraus ergebenden Konsequenz, daß *keine globale Antwort* gegeben werden kann? Wie können wir die Vorgänge im Nahen Osten als Kerngebiet der islamischen Zivilisation unter diesem Aspekt beurteilen?

Es trifft zu, daß wir in einem Zeitalter des Zivilisationskonflikts leben und globale Antworten benötigen, aber jede einzelne Zivilisation muß in ihren eigenen Begriffen verstanden werden.[13] Die Zeiten der europäischen Arroganz (Europäer denken unwidersprochen für den Rest der Menschheit) sind vorbei. Erst wenn die Beschäftigung mit einzelnen Zivilisationen und den in ihnen vorherrschenden Denkweisen geleistet worden ist, kann die Suche nach allgemeinen Antworten beginnen.

Unsere Welt ist strukturell so vernetzt, daß die heute lebenden Menschen, trotz all ihrer Unterschiede und voneinander abweichenden Mentalitäten, interaktionell auf irgendeine Weise miteinander verknüpft sind. Durch moderne Errungenschaften wie Kommunikation (Medien), Transportwesen (Reisen) und alle anderen Arten von Interaktion sind substantiell unterschiedliche Kulturen und Zivilisationen dieser Welt einander in einem solchen Maße ausgesetzt, daß unsere Zeitgeschichte, insbesondere seit dem dritten Viertel des 20. Jahrhunderts, ein neues, in dieser Weise noch nie gekanntes Stadium der Globalisierung erreicht hat.

Es scheint, als fehlten uns das erforderliche Instrumentarium und auf Grundlagenforschung basierende Einsichten, um mit dem Aufschwung der politisierten Religion im Zeitalter der »coming anarchy« (Robert D. Kaplan) im Übergang zum 21. Jahrhundert umzugehen.[14] Das Phänomen zu verstehen wäre die erste Voraussetzung hierfür. Weder mit einer universalistischen weltgeschichtlichen Vision noch mit der scheinbar komplizierten, an der Systemtheorie orientierten Methodologie der Internationalen Beziehungen, und noch weniger mit den traditionellen philologischen oder völkerkundlichen Kulturwissenschaften kann diese Problematik angemessen behandelt werden. Auch ich bin mir meiner Grenzen durchaus bewußt und kann bestenfalls – allerdings mit dem Vorteil, daß ich zwischen zwei Zivilisationen lebe – meine Erfahrung auf der Basis der von anderen Denkern erbrachten Vorleistungen auf diesem

Gebiet einsetzen und den Versuch unternehmen, eine vorläufige Antwort zu geben. Zauberformeln wie »das Weltethos«, die als Ergebnis selbstzentrierten und dazu noch eurozentrischen Denkens am Schreibtisch entwickelt wurden, mögen für eine esoterische Diskussion und Selbstprofilierung von Interesse sein[15], eine Antwort auf die globale Sinnkrise, die der Flucht in die Religion zugrunde liegt, vermögen sie nicht zu vermitteln. Ich will jenseits solcher »weltethischen« Pauschalitäten fragen, welcher Zusammenhang zwischen Religion und Sinnkrise besteht und weshalb die religiöse Intoleranz diese Erscheinungen begleitet und in ein Konfliktpotential in den Beziehungen zwischen den Zivilisationen umwandelt.

Sinnkrise und Flucht in die Religion: Das Beispiel arabischer Islam

Für einen angemessenen Umgang mit den anstehenden Fragen müssen wir zunächst einmal die Strukturen verstehen, die im Globalisierungsprozeß sichtbar werden und dafür ausschlaggebend sind, daß sich historisch verfeindete Zivilisationen zwangsläufig miteinander befassen müssen. Sodann müssen wir uns davor hüten, den jeweils spezifischen, individuellen Charakter jeder dieser Zivilisationswelten zu übersehen. Allzu leicht wird heute aus der Weltwirtschaft und ihrer Konsumkultur eine Weltzivilisation abgeleitet, während paragraphengläubige Juristen dazu neigen, im Legalismus des Völkerrechts eine allumfassende Universalität zu orten. Man kann die Einsicht nicht oft genug wiederholen – besonders im Westen, wo sie kaum verstanden wird –, daß die Globalisierung weder den Boden für eine Weltkultur bereitet noch die bestehenden, nicht vergleichbaren Kulturmuster standardisiert. Kultur, verstanden als Sinnproduktion, ist immer lokalspezifisch und wird nicht durch weltweit übliche Konsumgegenstände wie Fernsehen und Coca-Cola, moderne Musik oder modische Kleidung symbolisiert. Daß algerische und andere Fundamentalisten Bluejeans tragen, erklärt nicht ihre spezifischen, kulturell bestimmten Aktionen, geschweige denn die damit zusammenhängende Weltsicht. Obwohl diese Fundamentalisten über den lokalen Kontext hinaus auf globaler Ebene strukturellen Zwängen unterworfen sind, bleiben sie Ausdruck der Eigenart ihrer eigenen Zivilisation und ihrer religiösen Muster.

Fragen wir nun, wie Religion in der gegenwärtigen Krise zu betrachten sei, ob als Ausweg oder als nicht zu bewältigendes Hindernis auf der Suche nach einer Lösung der Sinnkrise, so ist in bezug auf den Islam[16] folgendes zu berücksichtigen: Kulturell bildet der arabische Teil des Nahen Ostens das Zentrum der Welt des Islam. Politisch ist der Nahe Osten ein geopolitisches Gebilde, das als regionales Subsystem zu bezeichnen und aus der Auflösung des Osmanischen Reiches nach dem Ersten Weltkrieg hervorgegangen ist.[17] Sowohl in seinem arabischen als auch in seinem nicht-arabischen, jedoch islamischen Bereich (Iran und die Türkei) ist der Nahe Osten eine politisch-kulturelle Welt mit eigenen Kategorien, sosehr sie auch in die dominanten globalen Strukturen eingebunden sein mag. Gelingt es im Westen nicht, die Eigenarten und die Denkweise jener Welt zu verstehen, so bleibt sie ein Buch mit sieben Siegeln.

Der Sinnkrise im arabo-islamischen Orient liegt eine Krise des Nationalstaats zugrunde. Obwohl der Rückgriff auf die Idee einer göttlich-religiösen Ordnung nahezu weltweit zu beobachten ist, kann eine Antwort auf die Sinnkrise nur zivilisationsspezifisch sein: Sie erwächst aus dem Studium des betreffenden Problems und nicht aus leeren, rein konzeptuellen Generalisierungen, die bestenfalls Fachwissenschaftler befriedigen können. Dennoch muß die Antwort aber auch insofern allgemeingültig sein, als sie das Vorhandensein der globalen Rahmenbedingungen, in die der Nahe Osten eingebunden ist, berücksichtigt.

In Kapitel 1 haben wir gesehen, daß der Nationalstaat dem heutigen Nahen Osten von außen aufgezwungen worden und dort ein Fremdtransplantat geblieben ist.[18] Dennoch sind mit Ausnahme von Marokko und Saudiarabien (islamische Monarchien[19]) alle Staaten der Region heute – nach dem Vorbild der modernen nationalstaatlichen Institution – säkular aufgebaut, allem Gerede vom Islam zum Trotz!

Es gibt westliche Autoren, die die Spannung zwischen Islam und Nationalstaat als Hintergrund der Sinnkrise nicht wahrhaben wollen und behaupten, daß die traditionelle islamische Gesellschaft mit der Institution des Staates durchaus vertraut gewesen sei; dabei beziehen sie sich auf die territorialen, dynastischen oder anderen traditionellen Staatsmuster, die in der islamischen Geschichte existiert haben.[20] Diese Autoren scheinen die spezifische Gestalt des Nationalstaats nicht zu verstehen. Definiert man ihn als einen säkularen, der kulturellen Moderne entsprungenen Staat, der auf dem Prinzip der Volkssouveränität beruht, dann muß man daraus folgern, daß es in der islamischen Zivilisation keinen Nationalstaat gegeben haben kann.

Genau dies ist das Argument der islamischen Fundamentalisten, die den Nationalstaat als eine »*hall mustawrad*/importierte Lösung«[21] ablehnen und die Religion als eine politische Ideologie gegen ihn mobilisieren.[22] In gewisser Weise ist der sunnitische Fundamentalismus eine modellhafte Antwort auf das Versagen der modernen Institution »Nationalstaat«, im arabisch-islamischen Teil des heutigen Nahen Ostens Wurzeln zu schlagen. Die politische Kultur des säkularen Gemeinwesens ist nicht nur eine Neuheit, sondern bleibt auch noch an der Oberfläche, weil die strukturellen Grundlagen für sie fehlen. Die Spannung zwischen dem Modell des Staates und den lokalen Realitäten, die ihm nicht entsprechen, erzeugt die Sinnkrise.

Die politische Kultur des Islam ist im Gegensatz zu der des Nationalstaats auf die Gemeinschaft/*Umma*, nicht auf den

Staat/*Daula* hin orientiert. Dem entsprechen die einheimischen Kulturmuster, die auf die Zeit des frühen Islam zurückgehen und die heute dem Rückgriff auf die Religion zugrunde liegen. Dieser Konflikt zwischen Einheimischem und Fremdem bringt den sprunghaft erstarkenden politischen Islam hervor, der in Gestalt des religiösen Fundamentalismus die Religion als Patentlösung für alles präsentiert: Er wird zur großen Herausforderung für die existierenden, nur oberflächlich säkularen Nationalstaaten im islamischen Orient.

Andererseits befindet sich der der Modernität ausgesetzte Islam als religiöses und kulturelles System selbst in der Krise, und zwar in einer doppelten: einer strukturellen und einer Sinnkrise.[23] In dieser Konfliktsituation scheint die Religion Bedürfnisse zu befriedigen, die die säkulare Moderne nicht erfüllen kann. Gleichzeitig wird die Religion jedoch zu einer politischen Ideologie und stellt ein Hindernis bei der Suche nach einer Lösung dar.

Die neuen Herausforderer der Säkularität nennen sich selbst Fundamentalisten, auf arabisch *Usuliyyun*[24]; diese Charakterisierung ist ihnen also nicht von außen auferlegt worden. Aus ihrer Sicht ist der moderne Muslim vor allem ein politischer Mensch. So nimmt er sich selbst primär als »Homo politicus«, nicht als »Homo religiosus« wahr. Der Fundamentalist ist ein politischer Aktivist und kein frommer Sufi-Muslim, wie neuerdings auch das Beispiel Tschetschenien zeigt.

Die Neubelebung des Religiösen in außerwestlichen Zivilisationen erfolgt als Revolte gegen den Westen und seine Moderne. Der religiöse Fundamentalismus ist ein Beispiel für diesen Aufstand, bei dem – wohlgemerkt – die Politik, nicht die Religion im Mittelpunkt steht. Die anti-westliche Orientierung bei der Bestimmung des Selbstbildes kann rational als Versuch der Abgrenzung gegenüber einer fremden Zivilisation verstanden werden: Somit gehören Feindbild und Selbstbild im Rahmen der Religion zur kulturellen Identität des Kollektivs. Hierbei dient der ebenso politisch wie religiös gefaßte Begriff »Westen« – was in den Augen der Fundamentalisten gleichzusetzen ist mit der Welt der Kreuzzügler – als Sammelbezeichnung für eine feindselige globale Umwelt. Die Welt des Islam wird demgegenüber als Antithese wahrgenommen.

Der Abwehrkampf gegen die Kreuzritter[25] des Mittelalters wird in diesem modernen Kontext wiederaufgenommen und in die Gegenwart verlegt; er dient dazu, die Einbeziehung der Welt des Islam in die Globalisierungsprozesse unserer Zeit als »modernen Kreuzzug« des Christentums zurückzuweisen.[26] Danach erscheint die Organisation der Welt des Islam nach dem modernen nationalstaatlichen Vorbild (52 islamische Staaten) als das Ergebnis einer »kreuzzüglerischen Verschwörung« zur Spaltung der islamischen Zivilisation in Territorialstaaten sowie zu deren Einordnung in eine westlich dominierte Welt. Alte historische Erinnerungen werden in diesem sehr neuen Kontext wieder aufgefrischt.[27]

Oder anders ausgedrückt: Die Politisierung der Religion in Form des islamischen Fundamentalismus in der islamischen Zivilisation stellt den Versuch dar, die Welt des Islam, die sich selbst als kollektive Einheit wahrnimmt, als weltpolitischen Block zu formieren. Doch fällt es schwer, die spirituellen Belange der Religion in dieser – auf einen »Zusammenprall der Zivilisationen« hin orientierten – Bewegung zu finden. Auch die Sinnfrage bleibt bei dieser politischen Bestimmung der Religion unbeantwortet.

Es mag ironisch klingen, entspricht aber den Tatsachen: Die nicht-westlichen Fundamentalisten sind einerseits unübersehbar durch die Moderne beeinflußt, andererseits versehen sie diese jedoch mit dem Schimpfwort »Westen«. Meine Forschung über den islamischen Fundamentalismus – verbunden mit Beobachtungen vor Ort – hat mich zu der Feststellung geführt, daß die islamischen Fundamentalisten weder Traditionalisten noch Nativisten sind. Ihre Antwort auf die Herausforderung der Moderne, die sie als feindlich wahrnehmen, steht in hohem Maße unter eben deren Einfluß, weil ihre Gedanken und Handlungen im globalhistorischen Rahmen gefangen bleiben.[28]

Einen Artikel in der *Frankfurter Allgemeinen Zeitung* habe ich mit »Der Traum von der halben Moderne« überschrieben, um die Doppeldeutigkeit der Haltung der islamischen Fundamentalisten gegenüber der Moderne zu charakterisieren.[29] Auf der einen Seite wollen sie deren materielle Errungenschaften (Wissenschaft und Technologie) instrumentell übernehmen und an ihre Zivilisation anpassen; auf der anderen Seite aber lehnen sie die Sinngehalte der Moderne, das heißt ihre menschenzentrierte Rationalität, vehement ab, obwohl sie jene Errungenschaften erst ermöglicht hat. Zwar haben Fundamentalisten mit ihrer Kritik an der Sinnleere der rein säkularen Moderne und ihrer instrumentellen Vernunft (vgl. Anm. 11) recht, dennoch bieten sie mit ihrem politischen Rückgriff auf die Religion keine Alternative an. Die politische Ideologie des religiösen Fundamentalismus ist lediglich eine Waffe im Krieg der Zivilisationen: Sie geht völlig an der spirituellen Substanz des Religiösen vorbei. Die politische Zuflucht zur Religion bietet keine Lösung für die Sinnkrise.

Zwischen Volks- und Gottesherrschaft

Für religiöse Fundamentalisten hat Gott das Universum nicht nur erschaffen, sondern er regiert es auch – als ob Gott ein Staatsmann wäre. Der Mensch sei nur ein Geschöpf Gottes und seinem allmächtigen – also auch politischen – Willen unterworfen. Das *Subjektivitätsprinzip* (Habermas), das den philosophischen Diskurs der Moderne bestimmt[30], ist für religiöse Fundamentalisten ein Ausdruck von Häresie. Die Säkularität der kulturellen Moderne wird von Fundamentalisten als Basis für

176

eine globale Zivilisation abgelehnt. Ihre Alternative lautet: Politisierung des religiösen Glaubens in Form einer Gottesherrschaft.

Mit der Bindung der Religion an die Politik wird der Gedanke, daß der Mensch ein freier Bürger sei, als ketzerisch verworfen. Diese Einstellung führt die Anhänger jeder der politisierten Religionen dazu, die normative Untermauerung des säkularen Staates als Verband freier Bürger zurückzuweisen, sei dies in Indien, in Ägypten oder anderswo. Islamische Fundamentalisten präsentieren in der Krise mit der Zauberformel »*Nizam Islami*/islamisches System« ein Gegenprogramm, das auf der Religion als der Lösung aller Probleme basiert.[31] Damit bietet die Religion den Rahmen für die *Hakimiyyat Allah*/Gottesherrschaft[32], die letztlich mit dem Glauben an Gott gleichgesetzt wird. Die Geißel der *Schari'a* tritt an die Stelle religiöser Spiritualität.

In einer dermaßen politisierten Religion bleibt für Demokratie und Volkssouveränität als Handlungsbereiche der Menschen kein Raum. Das algerische Sprachrohr der fundamentalistischen »Islamischen Heilsfront/*al-jabhah al-Islamiyya li al-inqadh*«, die vor ihrem Verbot wöchentlich erscheinende Zeitung *al-Munqidh*, veröffentlichte eine hitzige Debatte zwischen einem Funktionär der offiziell aufgelösten FLN-Partei und Abbasi Madani, dem Gründer der »Front Islamique du Salut«/*FIS*, in der Madani mit den an den Funktionär gerichteten Worten zitiert wird:

> »Du beziehst dich auf das Konzept der Souveränität und argumentierst, daß es in der Verfassung enthalten sei ... Ich finde es im Koran nicht und kann es daher nicht akzeptieren. Indem du dich diesem Konzept verschreibst, fällst du hinter das Zeitalter des Islam zurück. Du kehrst zurück zur *Djahiliyya* ...«[33]

Algerien-Experten hatten vorausgesagt, daß die Armee, die aus der Befreiungsarmee *ALN* hervorgegangen war und für die Souveränität Algeriens gekämpft hatte, die Fundamentalisten nicht an die Macht lassen würde.[34] Im Januar 1992 bewahrheitete sich diese Prognose.

Das geopolitische Konzept der algerischen Fundamentalisten lautet »al-Maghreb al-Islami al-kabir/der islamische große Maghreb«. Dieses politische Programm weist den – auf seine völkerrechtlichen Grenzen beschränkten – Nationalstaat strikt zurück. Eindeutig sollte der anvisierte muslimische Staat ganz Nordafrika umfassen; hingegen blieb offen, ob dieser Staat auch Europa berühren würde. Einige Flugblätter der FIS, die ich in Algier persönlich gelesen habe, nahmen Bezug auf islamische Eroberungen in Südeuropa: Ein geographisch vergrößerter Maghreb erschien die logische Folge (islamisches Mittelmeer). Das ist ein politisches und kein religiöses Konzept. Auch die Morde der algerischen Fundamentalisten an algerischen Intellektuellen und Schriftstellern[35] (allein 1993 wurden zwölf von ihnen ermordet, u.a. der Soziologe M. Boukhobza und der Essayist Taher Djaut; 1994 sind noch mehr Opfer zu beklagen) können nicht gerade als Erfüllung des Bedarfs an religiöser Sinngebung gedeutet werden.

Die politische Wiedergeburt der Religion präsentiert die Gottesherrschaft als politisches Rezept der eigenen Zivilisation und nährt Feindbilder von den anderen, ebenso religiös definierten Zivilisationen. Der Gottesstaat richtet sich gegen die Volkssouveränität. Schon in der Renaissance warf Machiavelli die Frage auf, ob die Menschen sich selbst regieren könnten. Seine Antwort war positiv, weshalb er nach kirchlicher Ansicht in die Hölle gehörte.[36] Für Fundamentalisten ist diese Antwort gleichbedeutend mit Häresie, da sie ein Ausdruck von Ta'til ist. Dieser Begriff entstammt den mittelalterlichen politischen Ideen des orthodoxen islamischen Juristen Ibn Taimiyya.[37] Ta'til bezieht sich auf menschliche Maßnahmen, die dazu dienen, die Herrschaft Gottes über das Universum auszusetzen.[38] Indem Anhänger der Politisierung von Religion dieses mittelalterliche Konzept in einem modernen Zusammenhang neu beleben, lösen sie einen Konflikt zwischen ihrem Staatsmodell einer Gottesherrschaft und dem existierenden nationalstaatlichen Modell der globalen Zivilisation aus.

Eine derartige Bestimmung des Konflikts unterstellt nicht, daß die bestehenden, von Fundamentalisten herausgeforderten Nationalstaaten in der Welt des Islam wirklich säkular sind, das heißt, auf dem Prinzip der Volkssouveränität basieren; und schon gar nicht, daß sie Ausdruck einer Herrschaft des Volkes über das Volk sind. Alle Regime in der Welt des Islam sind in unterschiedlichem Maße autoritär und despotisch. Die Staaten sind – im strukturellen und normativen Sinne – keine substantiellen Nationalstaaten, sondern nur nominelle[39] oder, wie Robert Jackson für die meisten Staaten der sogenannten »Dritten Welt« vorschlägt, Quasi-Staaten.[40]

In Kapitel 1 haben wir gesehen, daß der Nationalstaat im Prinzip die Existenz einer politischen Gemeinschaft in Form einer Zivilgesellschaft voraussetzt, in der die Menschen grundlegende Normen und Werte auf der Basis eines generellen Konsenses, der sie auf einer pluralistischen Grundlage verbindet, miteinander teilen. Staatsbürgerschaft[41] im Sinne von *citizenship* in einer Zivilgesellschaft, das heißt politisch angepaßt an einen demokratischen Nationalstaat, ist Ausdruck einer säkularen politischen Identität und Loyalität der Menschen, die zum politischen Gemeinwesen gehören. Im Gegensatz zu diesem demokratischen Modell bietet das *Hakimiyyat Allah*/Gottesherrschafts-Modell[42] der islamischen Zivilisation, in deren Namen religiöse Fundamentalisten auftreten, weder Demokratie noch Menschenrechte. Der Gottesstaat im Sudan belegt dies deutlich.[43] Die Religion in der Form, wie sie von muslimischen Fundamentalisten als Lösungsmöglichkeit präsentiert wird, ist in Wahrheit keine Religion; sie ist eher eine totalitäre politische Ideologie. Fundamentalistische Gruppen kontrastieren Religion mit dem säkularen Nationalstaat und betrachten ihren Rückgriff auf sie als Alternative.

Politisierte Religion schürt den Krieg der Zivilisationen. Das gilt nicht nur für den Islam, sondern für alle Religionen, wenn sie politisiert werden, sei dies im orthodoxen Ostchristentum auf dem Balkan oder im Hinduismus auf dem indischen Subkontinent.

Ich bezweifle den Bedarf an Religion in unserem Zeitalter keineswegs. Dennoch steckt hinter dem Aufstieg des religiösen Fundamentalismus das Scheitern säkularer Institutionen, und Lösungen für die Probleme der Menschheit im Übergang zum nächsten Jahrtausend sind von religiösen Bewegungen nicht zu erwarten – auch dann nicht, wenn sie nicht politisiert und zu Fundamentalismen werden. Ganz gewiß verleitet die magische Zahl des Jahres 2000 zu Sensationsmeldungen. Doch über die reale Krise, die uns auch ins dritte Jahrtausend begleiten wird, wird kaum geredet und geschrieben; dabei umfaßt sie alle Zivilisationen.

Vernunft verbindet, politisierte Religionen trennen

Die bisherigen Ausführungen haben gezeigt, daß unser Zeitalter durch das Auseinanderklaffen von zwei entgegengesetzten Trends gekennzeichnet ist: von Globalisierung und einem zunehmenden Drang der hiervon betroffenen Menschen nach Nestwärme, die sie nur in ihren lokalen Kulturen, nicht aber in den globalen Strukturen finden. Das ist – einfach formuliert – der Inhalt der vielleicht zu akademisch anmutenden These von der *Gleichzeitigkeit struktureller Globalisierung und kultureller Fragmentation.* Der Rückzug in die lokalen Kulturen – vermischt mit Religion und eingebettet in die sich auch politisch formierenden regionalen Zivilisationen – wird jedoch sicher keine Lösungen für die angesprochene Krise bieten. Eher werden sich daraus weitere Konfliktpotentiale ergeben.

Der Zivilisationsforscher Leslie Lipson kommt in seinem Werk zu dem nüchternen Ergebnis, daß Religionen zu den Elementen zu zählen sind, die »die Menschen in voneinander getrennte Gebilde« einbetten. Deshalb meint er, wie ich ihn schon im Motto dieses Buches (S. 21) zitiere, daß Religionen auf globaler Ebene Institutionen seien, »die nicht weiterhelfen können«. Denn Lipson ist überzeugt, daß »das Problem der Zivilisation nur auf der Basis der Zusammenarbeit aller Zivilisationen bewältigt werden kann«.[44] Politisierte Religionen schüren den Krieg der Zivilisationen und tragen nicht zu dem benötigten interreligiösen Dialog bei. Der Weltfrieden kann nur ein Frieden der Zivilisationen sein.

Es lohnt sich, diesen Gedanken anhand einer geschichtlichen Illustration zu erläutern und näher zu begründen, was die Zivilisationen trennt und was sie einander näher bringt. Islam und Christentum als universalistische Religionen kennen einander nur im Rahmen des islamischen *Djihad* und des christlichen *Kreuzzugs*; es sind also nicht gerade Religionen, die einander lieben und zu einem friedlichen Zusammenleben beitragen. Die Zivilisationen, die daraus hervorgegangen sind, sind einander jedoch schon einmal positiv begegnet und haben hierbei fruchtbare Ansätze entwickelt. Was Orient und Okzident zu einer gegenseitigen Befruchtung brachte, waren weder die Lehren Jesu noch des Propheten Mohammed, sondern die rationale Vernunft des griechischen Erbes. Es ist nicht nur meine persönliche Einschätzung, daß mit der Hellenisierung des Islam eine beispiellose Glanzzeit jener Zivilisation einherging.[45]

Wenn man von den glorreichen Tagen der islamischen Zivilisation spricht, dann meint man damit die Philosophie und die Naturwissenschaften jener Epoche, also Namen wie Averroës und Avicenna, al-Kindi und al-Farabi. Zur Zeit der Verschmelzung des griechischen Erbes mit der islamischen Zivilisation waren die islamischen Philosophen keine Mönche, sondern Ärzte und Naturwissenschaftler. Ernst Bloch hebt

»die Errungenschaft der bedeutenden islamischen Denker (hervor): Arzt, nicht Mönch, Naturalist, nicht Theologe zu sein. Im mittelalterlichen Europa waren Philosophen mit naturwissenschaftlichen Neigungen so selten wie anormal ... Bei den arabischen Scholastikern steht es umgekehrt: Die Naturwissenschaft, nicht die Theologie überwiegt in ihnen, auch dann, wenn sie Suren des Koran interpretieren.«[46]

Nicht nur in Bagdad, sondern auch im arabischen Spanien[47], in Cordoba und in Toledo, gedieh diese hellenisierte Zivilisation. Die europäische Renaissance, die mit der Besinnung auf das griechische Erbe den Humanismus entwickelte und somit eine höhere Stufe der Zivilisation hervorbrachte, verdankt dies der Berührung mit der arabisch-islamischen Zivilisation. Mehr noch: *Nur* dank arabischer Konservierung sind die griechischen Schriften erhalten geblieben. Manches wurde vom Arabischen ins Griechische rückübersetzt, weil die Originale vernichtet waren. Leslie Lipson merkt hierzu an:

»Aristoteles drang durch die Hintertür nach Europa ein. Seine Rückkehr (nach Europa, B.T.) erfolgte dank der Araber, die das griechische Erbe nach ihrer Eroberung von Syrien entdeckten und die entsprechenden Werke ins Arabische übersetzten. Averroës und Avicenna waren von Aristoteles beeinflußt.«[48]

Die Rezeption des islamischen Rationalismus bildet den Hintergrund der europäischen Renaissance, wie Lipson feststellt:

»Die grundlegende Quelle der europäischen Inspiration verlagerte sich vom Christentum nach Griechenland, von Jerusalem nach Athen. Sokrates, nicht Jesus, wurde nun der Mentor jener Zivilisation, die in den modernen Zeiten ihre Dominanz auf die meisten Teile des Planeten ausweiten konnte.«[49]

Die Schlußfolgerung dieser Ausführungen lautet, daß nur die Vernunft, nicht eine exklusive religiöse Ethik die in religiös definierte Zivilisationen unterteilte Menschheit vereinigen kann. Orthodoxen Muslimen oder kreuzzüglerischen Christen, also nicht nur den Fundamentalisten unter ihnen, schwebt dagegen als Alternative die Utopie vor, die Menschheit unter dem Banner einer Einheitsreligion zusammenzuführen. Der Krieg der Zivilisationen erhält durch diese Bestrebungen neuen Zündstoff.

Es gibt Religionen, die in lokalen Kulturen verankert sind und nur eine begrenzte Gemeinschaft ansprechen, wie z.B. der Konfuzianismus, der Hinduismus und das Judentum. Demgegenüber sprechen Religionen mit einer universellen Vision, wie das Christentum und der Islam, die gesamte Menschheit an und versuchen dementsprechend, die Menschen nach ihrer Façon zu »beglücken«. Das erklärt, warum die westliche Zivilisation, die im Hinblick auf ihren missionarischen Universalismus doch vom Christentum geprägt ist, und die des Islam eben im Mittelpunkt des Zivilisationskonflikts stehen. Im christlichen Universalismus wird das römische Erbe des Strebens nach einer Weltherrschaft bewahrt. Die noch nicht reformierte Kirche vertrat die Idee des »Gottesgnadentums«, die zugleich eine Idee des Imperiums war, womit auch die römische Tradition in christlichem Gewand fortgesetzt wurde.

Rationalismus der Zivilisationen, aber weder Fortschrittsglaube noch Postmoderne

Mir scheint schlüssig zu sein, daß die Menschheit eine Einheit darstellt und die Lösung des Zivilisationskonflikts demnach nur auf dieser globalen Ebene zu bewältigen ist, jedoch ohne die Beherrschung oder Überlagerung einer Zivilisation durch eine andere. Diese Aufgabe wird – nach Lipson – nicht von organisierten Religionen zu leisten sein, sondern nur auf der Basis einer auf der menschlichen Vernunft basierenden globalen Zivilisation. Dem kann ich nur beipflichten. Dennoch bin ich skeptisch: nicht nur, weil ich der kartesianischen Tradition verpflichtet bin, sondern aufgrund meiner Vertrautheit mit außereuropäischen Zivilisationen, die sich auf der Basis ihrer Zugehörigkeit zu einer Religion definieren. Ich vermag also nicht, wie es Lipson tut, rosige Zeiten für das kommende Jahrtausend vorherzusehen, auch wenn er argumentiert:

> »Die Zukunft gehört nicht den Khomeinis ... Der zunehmend transnationale und supranationale Charakter von ökonomischen Prozessen und von Wissenschaft und Technologie ist ein deutliches Vorzeichen für die entstehenden Realitäten des 21. Jahrhunderts ... Ihre Wirksamkeit wird weiter zunehmen. Was überwunden werden muß, ist der Partikularismus von Institutionen, die aufgrund ihrer Bindung an ein vergangenes Erbe dem *Fortschritt* im Wege stehen.«[50]

Am rationalen Inhalt dieser Aussage ist nichts auszusetzen, weil es zutrifft, daß trennende Kräfte der politisierten Religionen die Menschheit auseinandertreiben. Ob aber die globalisierte Ökonomie, Wissenschaft und Technologie die von Lipson beschriebene Wirkung auf das Religiöse und dessen immanente, bindende Kraft haben können, möchte ich stark bezweifeln. Nicht zufällig wird der Ausdruck »Fortschritt« in der zitierten Passage an zentraler Stelle hervorgehoben. Damit verrät Lipson in seiner durchaus herausfordernden und inspirierenden Untersuchung über die »ethische Krise der Zivilisationen« im Übergang zum neuen Jahrtausend und im weltpolitischen Zusammenhang des Kriegs der Zivilisationen, daß er dem Optimismus des Fortschrittsglaubens zum Opfer fällt.[51] Das ist der Grund, weshalb er nur einen Aspekt des politischen Islam versteht, wenn er diesen so deutet:

> »Der islamische Fundamentalismus ist nur ein Vehikel, um die Feindschaft dieser Zivilisation gegenüber dem Westen zum Ausdruck zu bringen.«[52]

Diesem Fundamentalismus traut Lipson kaum Erfolgschancen zu, denn er prophezeit:

»Tatsächlich scheint der Islam unter allen großen Zivilisationen die geringsten Chancen auf eine erfolgreiche Neubelebung im kommenden Jahrhundert zu haben. Zwei Faktoren liegen dieser Schlußfolgerung zugrunde: zum einen die tiefen Spaltungen innerhalb der islamischen Gesellschaften, Spaltungen, die durch Tribalismus und die Unversöhnlichkeit religiöser Sektenbildung noch mehr hervorgehoben werden ... Diese innere Schwäche hängt mit einem anderen Mangel zusammen, den der Geist des islamischen Glaubens noch verstärkt ... die Neigung zur Intoleranz, denn er (der Islam, B.T.) glaubt nur an eine ... Wahrheit ... Der Islam im ausgehenden 20. Jahrhundert ist eine Ansammlung von Völkern, die noch immer an ihr religiöses Erbe gekettet sind.«[53]

Lipson gibt der konfuzianischen Zivilisation mehr Chancen, »ein höheres Niveau zu erreichen« – um einen Ausdruck von ihm zu verwenden –, weil sie homogener und damit fähiger sei, sich über das eigene kulturelle Erbe hinaus neue Standards anzueignen.

Hier bleibt einzuwenden: In der historischen Phase des Hochislam hat auch die islamische Zivilisation höhere Stufen erreicht; auch Lipson und andere Zivilisationsforscher bezeugen das. Das Problem liegt hier in der Verwechslung von Islam mit Schriftgläubigkeit. Letztere gehört zugegebenermaßen zum islamischen Glauben. Aber nur islamische Schriftgelehrte waren strikt schriftgläubig, dagegen kein einziger der großen Geister der islamischen Zivilisation. Wie Bloch sagt, dachten Muslime der besseren Zeiten (also im Hochislam) auch dann naturwissenschaftlich, also rational, »... wenn sie Suren des Koran interpretierten ... Erst viel später ... begann der vernunftfeindliche Einfluß der Orthodoxie.«[54] Bloch hatte hier Avicenna und Averroës vor Augen.

Doch in diesem Buch geht es um den Krieg der Zivilisationen im Übergang zum kommenden Jahrtausend und nicht um vergangene Zivilisationsgeschichte. Der Postmodernismus, den ich hier, wie schon in früheren Publikationen[55], als konturenlos verwerfe, hat nur eine Leistung erbracht, die allerdings gewürdigt werden muß: die Loslösung vom Vernunftsglauben und dem damit zusammenhängenden, ebenso als Glauben zu wertenden Fortschrittsdenken. Ich erinnere mich, wie Max Horkheimer mich als jungen Philosophiestudenten, der damals noch dem Fortschrittsglauben erlegen war, in einem Seminar mit erhobenem Zeigefinger fragte, ob die instrumentell ausgerichtete Technisierung unseres Lebens ein Ausdruck von Fortschritt sei. Das war vor weit mehr als einem Vierteljahrhundert, als unsere Welt noch kein Computer- und Video-Irrgarten war.

Der Ruf der Religion – das beweist unsere Epoche – hat eine weit stärkere Wirkung als der des technisch-wissenschaftlichen »Fortschritts«; Religionen können ganze Zivilisationen mobilisieren und in eine wuchtige, leider auch destruktive Kraft verwandeln. Als Muslim, der zwischen den Zivilisationen lebt, nehme ich die Rhetorik der islamischen Fundamentalisten weit ernster als meine westlichen Kollegen, die immer noch glauben, der Westen könne kraft seiner Wissenschaft und Technik die zersetzende moralische Krise, die ihn am Ende des Jahrhunderts befallen hat, überleben. An den westlichen Fortschritt vermag ich jedenfalls nicht mehr zu glauben.

Sicher bin ich mir dagegen, daß die Rhetorik der politisierten Religionen, die sehr gefährlich ist, ernst genommen werden muß. Sie kann die erstrebte Moralität, die die Menschheit benötigt, nicht erzeugen. Diese kann nur säkular und an der menschlichen Vernunft orientiert sein, weil nur ein solches Muster für alle Zivilisationen annehmbar ist. Eine islamische Ethik als Weltethos ist nicht nur für den Westen untragbar, sondern auch für alle regionalen Zivilisationen vom Hinduismus bis zum Konfuzianismus. Diese Bemerkung gilt auch für den Begriff »Weltethos« des Katholiken Hans Küng. Eine global gültige Ethik, die für alle akzeptabel ist, scheint nicht in Sicht zu sein – sie bleibt Wunschdenken. Ihr Fehlen fördert nicht nur den von Samuel P. Huntington beschriebenen Zusammenprall der Zivilisationen, sondern erinnert auch daran, daß ihn nur die säkulare Vernunft beenden kann – wie jene des antiken Hellas, die einst die Muslime und Europäer ohne *Djihad* und *Kreuzzug* einander näher brachte. Muslime verehrten Aristoteles, und Christen lernten von den muslimischen Philosophen Avicenna und Averroës, rational zu denken. Die Vernunft verbindet, die Religion aber, und erst recht die politisierte Religion, spaltet.

Kapitel 4

Krieg und Frieden zwischen Zivilisationen: Die religiöse Doktrin und ihre Bedeutung für die Zukunft

»Der islamische Djihad verfolgt das Ziel, die Weltrevolution (al-Thaura al-Alamiyya) zu verwirklichen ... Nur durch diese Revolution wird es möglich sein, den Frieden (salam) zu erreichen ... Das Endziel ist der Weltfrieden ... Das ist die islamische Sicht vom Weltfrieden; es ist also kein Frieden im engeren Sinne, der um jeden Preis gegen den Krieg gerichtet ist ... Mit anderen Worten: Frieden im Islam ist ein permanenter Djihad, um das Wort Allahs auf Erden zu verwirklichen (kalimat Allah fi al-ard), das heißt die gerechte Ordnung (al-nizam al-salih), die auf den höheren Werten des Islam basiert, durchzusetzen.«

Sayyid Qutb (gehenkt 1966), geistiger Vater des islamischen Fundamentalismus, in seinem Pamphlet *al-Salam al-alami wa al-Islam* (Der Weltfrieden und der Islam), Kairo-Ausgabe 1992, S. 172 f.

Einführung

Wo religiös sich definierende Zivilisationen aufeinanderprallen, kann der Frieden nur gerettet werden, wenn es gelingt, potentielle und bestehende Frontlinien durch einen kulturübergreifenden Konsens zu entschärfen. Die Aufgabe ist also klar umrissen. Allerdings setzt sie eine gemeinsame Sprache aller Beteiligten über Krieg und Frieden voraus. Objektiv ist jeder Gewaltakt in der internationalen Politik ein Ausdruck des Krieges, auch wenn seine Urheber vermeintlich »Frieden« im Sinn haben. Die Dominanz einer Zivilisation über eine andere kann nicht Frieden bedeuten, sondern ist per se verwerflich. Also ist ein Austausch westlicher Dominanz durch eine islamische Dominanz auch keine Verbesserung. Ein Einvernehmen über diese Streitpunkte wäre der kleinste gemeinsame Nenner für die hohe Kunst des *trouble-shooting* (Konfliktbewältigung).

Im Gegensatz zu Huntington sehe ich im Verhältnis der Zivilisationen zueinander nicht nur »Frontlinien/*faultlines*« des Konflikts. Solange Hegemonialansprüche nicht erhoben werden, bleibt der Austausch von Gütern und Meinungen möglich, was sich in jeder Hinsicht gewinnbringend auswirken kann. Die islamische Zivilisation hat das altgriechische Erbe sowie indische, chinesische und andere Elemente in sich aufgenommen. Die westliche Zivilisation hat ihre »Take-off«-Phase, die Renaissance, erst dank der arabisch-islamischen Vermittlung des Hellenismus an Europa eingeleitet, wie ich in Kapitel 3 gezeigt habe. Leslie Lipson schreibt hierzu: »Aristoteles drang durch die Hintertür nach Europa ein. Seine Rückkehr erfolgte dank der Araber ...«[1]

Mit anderen Worten: Zivilisationen begegnen einander produktiv auf der Basis der Rationalität, das heißt der menschlichen Vernunft, nicht aber auf der des religiösen Glaubens bzw. der damit verbundenen politischen Ansprüche. Auf religiöser Ebene hat es zwischen Europa und der islamischen Welt nur

Djihad und *Kreuzzug,* also einen Krieg der Zivilisationen, gegeben. Im Zeitalter des religiösen Fundamentalismus scheint sich eine Neuauflage solcher Kriege anzubahnen. Viele Europäer verschließen die Augen vor der Tatsache, daß der Balkankrieg bereits ein Beispiel *en miniature* dafür liefert.[2]

Parallel zum Ende des kalten Krieges und seinen dramatischen politischen sowie wirtschaftlichen Folgen machte der Konfliktforscher John Burton darauf aufmerksam, daß internationale Konflikte ihre kulturell-zivilisatorischen Grundlagen haben, ohne deren Berücksichtigung keine angemessene Konfliktlösung möglich ist:

> »Es kennzeichnet unterschiedliche Kulturen, daß sie über unterschiedliche Mittel der Konfliktaustragung verfügen. Wo ... Streitigkeiten ihre Ursprünge im Zusammenprall von Kulturen haben, ist es wichtig, solche Differenzen als substantielle Streitfragen anzuerkennen ... sie als Bestandteil des zu lösenden Problems zu verstehen ... Es ist davon auszugehen, daß der religiöse Fundamentalismus eine Hauptquelle des ... Konflikts ist ... Religion wird häufig zu seinem Vehikel.«[3]

Wie Burton weiter anführt, sind die Unterschiede zwischen den Zivilisationen »oft Differenzen in den Mitteln, nicht in den Zielen«.[4] Der Islam betrachtet sich z.B. als eine Friedensbotschaft. Wenn aber der *Djihad,* ganz gleich ob gewaltlos oder kriegerisch, als Mittel zur Durchsetzung des Friedens gepredigt wird, dann scheiden sich natürlich die Geister, weil andere Zivilisationen hierzu andere Vorstellungen haben, das heißt, islamische Konzepte nicht teilen. Burton hat recht, wenn er die Bedeutung von Kulturen und Zivilisationen in der internationalen Politik als Quellen für die Sinnfüllung der politischen Begriffe hervorhebt. Wenn Muslime von Weltfrieden sprechen, dann meinen sie:

> »Der Weltfrieden ist nicht vollständig gesichert, solange nicht alle Menschen unter dem Schutz eines islamischen Staates leben ... Ein Gebot für Muslime: zu kämpfen, um die Grenzen des islamischen

192

Territoriums zu erweitern ... Gewalt ist ein mögliches und nütz-
liches Mittel, um das Territorium des Islam zu erweitern, und daher ein Instrument zur Erlangung des Friedens.«[5]

Teilen andere Zivilisationen dieses Verständnis von Weltfrieden?

Ich habe das Gefühl, daß in Deutschland noch nicht einmal
diese Frage verstanden wird. So führen protestantische Akade-
mien Symposien über den Weltfrieden als Hauptaufgabe aller
Kulturen und Zivilisationen durch; sie laden Vertreter funda-
mentalistisch-islamischer Zentren ein, denen auf diese Weise
Gelegenheit geboten wird, zusammen mit gesinnungsethischen
Ex-Friedensforschern ihre Zuhörer mit Parolen über den Frieden zu berieseln, z.B. wenn sie vom »Beitrag des Islam zum
Weltfrieden« sprechen. Aber ihr Publikum versteht nicht, was
sie mit Frieden meinen. In dem Sinne, daß »alle Menschen Brü-
der sind«, wird unterstellt, daß die »protestantische Weltfröm-
migkeit« (Helmuth Plessner) allen Menschen auf der Erde gemeinsam sei. Um verstehen zu können, daß unterschiedliche
Zivilisationen unterschiedliche Auffassungen von internationaler Politik, also auch von Krieg und Frieden haben, muß man die
Fixierung auf den Staat aufgeben. Jene Experten der Internationalen Beziehungen, die von der Annahme ausgehen, daß die
Führung eines Staates in Kriegs- und Friedenszeiten von konkreten Situationen abhängig und daher Ausdruck von Realpolitik ist, übersehen dabei den normativ-zivilisatorischen Hintergrund der agierenden Politiker; sie verstehen somit die
zivilisatorischen Grundlagen der Außenpolitik nicht. Es ist
richtig, daß die Realpolitik die Politik der islamischen Staaten
formt. Dennoch ist es falsch, daraus zu folgern, daß zivilisatorische Grundorientierungen, das heißt die Weltsicht der Politiker
und die ihr zugrundeliegenden Normen und Werte, für politische Entscheidungen belanglos seien.

Die erste Frage, die sich in bezug auf Krieg und Frieden stellt,
ist jene nach der Existenz einer Kriegs- und Friedensethik. Trotz

der inneren Vielfalt im Islam existiert nämlich für alle 1,3 Milliarden Muslime, die in 52 Staaten unserer internationalen Gemeinschaft als Bevölkerungsmehrheit leben, ein allgemeinverbindliches ethisches Konzept, das die Handlungen der Menschen auf die Offenbarung Gottes, wie sie durch die verbale Inspiration dem Propheten in arabischer Sprache übermittelt und im Koran gesammelt wurde, verpflichtet. Diese Ethik wird von *allen* Muslimen, seien sie Sunniten oder Schiiten, Araber oder Nicht-Araber, geteilt. Der Islam ist »ein System moralischer Verpflichtungen«[6], das von der göttlichen Offenbarung herrührt und auf dem Glauben basiert, daß menschliches Wissen dem göttlichen untergeordnet ist: Nur offenbartes göttliches Wissen ist wahres Wissen.[7] Darin sind sich islamische Fundamentalisten und der Papst einig. Islam bedeutet wörtlich Unterwerfung, Hingabe. Daraus folgt, daß die Muslime ihr Handeln nach der Offenbarung ausrichten müssen. Die in Verbindung mit Krieg und Frieden stehenden menschlichen Handlungen müssen in voller Übereinstimmung mit dem offenbarten Koran stehen. Es liegt auf der Hand, daß eine Analyse des Korantextes die Realitäten der Welt des Islam nicht erklären kann. Doch kann diese Analyse helfen, die Weltsicht der Muslime zu erkennen und somit ihr weltanschaulich geprägtes Verständnis von Krieg und Frieden besser zu verstehen.

Die islamische Kriegs- und Friedensethik basiert auf der Bestimmung der Territorialität des Islam als »Haus des Friedens« (Koran, Jonas, 10:26)[8]; die Bestimmung des von Nicht-Muslimen bewohnten Gebietes als *Dar al-Harb*/Haus des Krieges läßt sich allerdings im Koran nicht finden. Dennoch gehört dieser post-koranische Begriff zum Gesamtkorpus der islamischen Tradition. Obwohl die gegenwärtige, globalisierte internationale Gesellschaft nicht dichotomisch strukturiert ist und auf einem System zahlreicher souveräner Nationalstaaten basiert, hat bisher keine autoritative Revision dieser auf einer Zweiteilung der Welt fußenden Weltsicht stattgefunden. Ich werde

hierauf noch näher eingehen. Zunächst möchte ich das Grund-
konzept der islamischen Kriegs- und Friedensethik erläutern.

Die islamische Mission im Kriegs- und Friedenskonzept

Der Islam versteht seine Mission als für die gesamte Menschheit bestimmt. Die *Da'wa*, das heißt der missionarische Aufruf
zu dieser Religion, kann entweder kriegerisch oder friedlich erfolgen. Entsprechend bedeutet *Djihad* nicht notwendigerweise
immer Krieg, da *Djihad* auch die Bedeutung von »sich anstrengen« hat. In diesem Sinne ist die friedliche *Da'wa* zum Islam
auch ein *Djihad*.[9] Der *Djihad* kann sich jedoch zum *Qital*/Krieg
im Sinne eines bewaffneten Kampfes gegen diejenigen entwickeln, die die islamische Mission behindern und sich der
Da'wa nicht friedlich unterwerfen. Obwohl der Koran weder
Krieg noch eine andere Form von Gewalt verherrlicht, betrachtet die islamische Offenbarung die Muslime, die für die *Da'wa*
gekämpft haben und für die Verbreitung des Islam gefallen
sind, als von Allah gesegnet.

Wenn es zum Krieg kommt, erlegt der Koran den Muslimen
strenge ethische und humanitäre Restriktionen auf, die sowohl
die Methoden der Kriegführung als auch die erlaubten Kriegsziele betreffen. Diese Beschränkungen sind verbunden mit der
vorislamischen Norm von der *Muru'a*/Mannesehre, auf die ich
später noch eingehen werde. Der Islam verherrlicht das Leben
und verabscheut sinnlose Gewalt. Dennoch kann die Frage nach
der Einstellung der Muslime zu Krieg und Gewaltlosigkeit kurz
und bündig beantwortet werden: Es existiert keine islamische
Tradition der Gewaltlosigkeit und des Vorbehalts gegen Krieg,
obwohl Krieg in keinem Zusammenhang glorifiziert und ausschließlich instrumentell für die Durchführung der *Da'wa*, das

heißt zur Verbreitung der islamischen Mission, gesehen wird. Es ist sehr wichtig, hier anzuführen, daß Muslime den Ausdruck *Harb*/Krieg nicht für ihre eigenen Handlungen, sondern nur für die ihrer Gegner verwenden.

Islamische Kriege werden als *Futuhat*/Öffnungen bezeichnet: Gewaltanwendung dient als kleineres Übel, wenn es um die Verbreitung des Islam über den gesamten Globus geht. In letzter Konsequenz dient der islamische Krieg nach Auffassung der Muslime der Abschaffung des Krieges in der Bedeutung von *Harb*: Der globale Sieg des Islam bedeute die globale Ausweitung von *Dar al-Islam* als *Dar al-Salam*/Haus des Friedens und die Auflösung des *Dar al-Harb*/Haus des Krieges, das heißt auch Abschaffung des Krieges.

Da die Koranüberlieferungen zum Krieg aus jeweils mit sehr spezifischen historischen Ereignissen verbundenen Versen bestehen und somit – aufeinander bezogen – inhaltlich nicht immer konsistent sind, ist es nicht möglich, in bezug auf Kriegs- und Friedensethik einen übereinstimmenden normativen Korpus zu rekonstruieren.[10] Vielmehr lassen sich mehrere Traditionen festhalten, die im Grunde nur auf einer selektiven Heranziehung des Korantextes beruhen. Der Rückgriff auf den Koran erfolgt damals wie heute als bewußt selektive Dienstbarmachung der Verse für die Schaffung von Legitimität. Dadurch hat *Djihad* im Laufe der Zeit eine sehr vage Bedeutung angenommen, was die Wiederbelebung dieser Idee durch den politischen Islam erleichtert.

Der erfolgreiche instrumentelle Rückgriff Saddam Husseins auf das Schlagwort *Djihad* während des zweiten Golfkrieges kann als Paradebeispiel für diese Aussage angeführt werden.[11] Saddam Hussein ist es gelungen, das islamische Konzept von Krieg und Frieden für seine Zwecke nutzbar zu machen und der damit verbundenen Zweiteilung der Welt in *Dar al-Islam* und *Dar al-Harb*/Westen eine neue Gestalt zu geben. Der Golfkrieg scheint im Westen inzwischen vergessen zu sein; in der Welt des Islam lebt die oben geschilderte Zweiteilung im Bewußtsein der Muslime als Sinnbild des Konflikts zwischen den Zivilisationen fort: als »Erbe Saddam Husseins«, wie der amerikanische Religionswissenschaftler John Kelsay richtig beobachtet.[12]

Die Aktualisierung des *Djihad*-Konzepts ist verbunden mit dem Aufstieg des politischen Islam. Die meisten der dem Fundamentalismus verschriebenen islamischen Gruppierungen haben politische Programme, die auf einer Neubelebung islamischer Normen und Werte basieren; sie beziehen sich häufig auf das Konzept des *Djihad*, um Legitimität für ihre politische Aktion als wahre islamische Mission zu schaffen.[13] Beispiele hierfür waren bereits vor dem Golfkrieg der Libanonkrieg sowie der noch immer andauernde Krieg der muslimischen Fundamentalisten im Sudan gegen den nicht-islamischen Süden.[14] Die jüngste Variante stellt Tschetschenien dar: Dort hat der frühere sowjetische Luftwaffengeneral und jetzige Staatschef Dudajew zum *Djihad* gegen »die christlich-orthodoxe Kolonialmacht Rußland« aufgerufen. Aus dem Unabhängigkeitskampf der Tschetschenen wird damit unter dem Aushängeschild »Djihad gegen Kreuzzug« ein Krieg zwischen Zivilisationen.

Djihad heißt nicht nur »Heiliger Krieg«

Die westlichen Medien, deren Reporter zumeist die Landessprachen der islamischen Welt nicht verstehen und zur islamischen Zivilisation keinen rechten Zugang finden, fassen jegliche Gewalt und Militanz von islamischer Seite unter dem undifferenzierten Sammelbegriff *Djihad* zusammen: Dabei dient ihnen nur die selektive, populäre Übersetzung von *Djihad* als »Heiliger Krieg« zur Interpretation. Das *Djihad*-Konzept wird auf diese Weise zu einem populären Medien-Schlagwort zur unqualifizierten Beschreibung von Gewaltaktionen. Der Unterschied zwischen *Djihad* und *Qital*/bewaffneter Kampf ist diesen westlichen Berichterstattern in der Regel unbekannt.

Analysen, die über eine sensationelle Berichterstattung hinausgehen und durch Vertrautheit mit Sprache und Denkweise der islamischen Fundamentalisten besser informiert sind, belehren uns: Die Konzepte von *Djihad* und *Qital* werden auch von den islamischen Militanten selbst nicht klar unterschieden. Der Grund dafür ist sehr einfach: Den meisten islamischen Fundamentalisten fehlt die intime Kenntnis der islamischen Quellen; sie sind zum großen Teil religiöse Laien, die den Islam vorwiegend im politisierten Kontext kennen.

Was heutzutage gebraucht wird, ist eine differenzierte Analyse der islamischen Kriegs- und Friedensethik, die einerseits auf die Schriften des Islam zurückgreift und andererseits in der Lage ist, sie in den jeweiligen historischen Gesamtzusammenhang einzuordnen. Wir müssen uns also bemühen, die islamische Tradition von Krieg und Frieden im Zeitraffer zu rekonstruieren und die Koran-Doktrin zu deuten.

Islam-Kenner sind sich einig, daß sich die meisten der entscheidenden Trends im sunnitischen Islam auf das arabische Kerngebiet der islamischen Welt zurückführen lassen. Da die *Fetwas* (religiöse Gutachten) von *al-Azhar* aus Kairo für sunnitische Muslime bindend sind, werde ich mich in meiner Analyse der unterschiedlichen Kriegs- und Friedensethiken vor allem auf den sunnitischen Islam konzentrieren. Daß neben dem Koran und den Positionen von *al-Azhar* auch die arabischen autoritativen Quellen der Fundamentalisten (Sayyid Qutb und Hasan al-Banna) herangezogen werden, ist nicht etwa auf eine arabo-zentrische Islam-Deutung zurückzuführen, sondern spiegelt die islamischen Realitäten wider. Während *al-Azhar* als islamische Autorität die Bedeutung von *Djihad* im Sinne von friedlicher Anstrengung der Muslime hervorhebt, bestehen islamische Fundamentalisten auf der Rechtfertigung ihrer Gewaltaktionen durch den Rückgriff auf *Djihad*.

Eine historisierende Deutung?

Die Kriegs- und Friedensethik des Islam ist bestimmt durch den historischen Hintergrund der islamischen Religionsstiftung. Die parallel dazu verlaufende Staatsgründung der noch jungen Zivilisation erfolgte in einer beduinischen Umwelt, in der die Stämme allen Staatsstrukturen feindlich gesinnt waren. Dieser spezifische historische Hintergrund wurde später von den lokalen Gegebenheiten losgelöst und verabsolutiert. Muslime, die an die allumfassende Gültigkeit der zentralen islamischen Schriften (Koran und *Hadith*) glauben, meinen, daß diese nicht durch Zeit und Raum begrenzt wird. Islamische Schriftgläubigkeit ist demnach mit der Weigerung verbunden, Religion und Zivilisation aus einem historischen Blickwinkel zu betrachten.

Das wird vor allem in den gegenwärtig geführten Debatten über die islamische Kriegs- und Friedensethik deutlich. Die meisten Muslime beziehen sich dabei schriftgläubig und ahistorisch auf die Offenbarungen, die das frühe, verabsolutierte Modell des Stadtstaates von Medina betreffen. Die ahistorischen Bezugnahmen auf die Berichte über Krieg und Frieden, auf Ereignisse, die dreizehn Jahrhunderte zurückliegen, sind gekoppelt mit zahlreichen Zitaten aus den betreffenden Passagen des Koran. Sie bilden den Ausgangspunkt aller islamischen Debatten über Krieg und Frieden.[15] Dennoch ist man zu keiner allgemein akzeptierten autoritativen Interpretation gelangt, sosehr die Muslime auch weiterhin die Zweiteilung der Welt in *Dar al-Islam*, als Haus des Islam und des Friedens, und *Dar al-Harb*/Haus des Krieges (oder modern: *al-Gharb*/der Westen), als dem noch zu islamisierenden restlichen nicht-muslimischen Territorium, vertreten. Historisch gesehen geht dieses Modell auf das klassische islamische System zurück.[16] Im Zeitalter der Globalisierung wirkt es dagegen obsolet.

Doch auch in der klassischen islamischen Geschichte entsprach die Zweiteilung der Welt nicht ganz den Realitäten.

Denn das Haus des Islam selbst war bereits im Mittelalter, lange vor dem Eindringen des modernen Nationalstaats und noch vor den Kreuzzügen, zergliedert in eine »Vielzahl von separaten, oft miteinander Krieg führenden Territorialstaaten«, wie Bernard Lewis feststellt. Und es ist auch nicht zu leugnen, daß

> »sich in internationalen ... Angelegenheiten eine wachsende Kluft zwischen der legalen Doktrin und den politischen Fakten aufgetan hat, die die islamischen Machthaber ignoriert und die Schriftgelehrten nach bestem Können unterschlagen hatten«.[17]

Ungeachtet der Tatsachen, die hinter der absolut geglaubten Doktrin des *Djihad* stehen, hat sie also in ihrer ahistorischen Form bis in unsere Gegenwart hinein das Verständnis der Muslime von Krieg und Frieden geprägt. Nach Ansicht des marokkanischen Gelehrten 'Abdullatif Husni[18] beschreibt die islamische Sichtweise des modernen internationalen Systems die Beziehungen der Muslime zu Nicht-Muslimen weiterhin als islamisch-internationale Beziehungen im Sinne der Dichotomie *Dar al-Islam* und *Dar al-Harb*. Die Bezugnahme auf das Ausland im Rahmen von *Harb*/Krieg, ohne daß Krieg herrscht, läßt sich auf die Wahrnehmung eines begrenzten Waffenstillstands zwischen den Muslimen und ihren Feinden als vorübergehenden Frieden zurückführen.

Diejenigen reformerischen Muslime, die diese vergleichsweise friedliche Sichtweise vertreten, berufen sich auf den Koranvers: »Und wenn sie (das heißt die Feinde) sich dem Frieden zuneigen, dann neige (auch du) dich ihnen zu (und laß vom Kampf ab)« (al-Anfal, 8:61). Die Fundamentalisten hingegen deuten die Beziehungen des *Dar al-Islam* zu den Ungläubigen als einen permanenten Krieg der Zivilisationen und beziehen sich auf den Koranvers: »Und kämpft allesamt gegen die Heiden, so wie sie (ihrerseits) allesamt gegen euch kämpfen« (al-Tauba, 9:36). In diesem Aufruf zum Krieg sehen sie ihre religiöse Pflicht.

Dieses Beispiel zeigt, daß der selektive Bezug auf die im Koran enthaltene Kriegs- und Friedensethik sowohl zu einem friedlichen als auch zu einem kriegerischen Standpunkt führen kann; dabei sind beide Positionen streng schriftgläubig. Eine historisierende Deutung des Korantextes würde gewiß zu anderen Ergebnissen führen.

Nur wenige Muslime machen sich die Mühe, die religiöse Doktrin den veränderten Rahmenbedingungen der Weltpolitik unseres modernen Zeitalters anzupassen. Und selbst diese wenigen Versuche schließen nur selten eine kulturelle Bewältigung[19] der veränderten sozialen Realitäten mit ein. Sie beschränken sich zumeist auf eine Modifikation, ohne die Doktrin selbst in Frage zu stellen. So bleibt sie für die kulturelle Untermauerung der islamischen Kriegs- und Friedensethik in Kraft.

Angesichts der fehlenden Anpassung an die veränderten weltpolitischen Gegebenheiten bleibt der Glaube der Muslime an die eigene Überlegenheit anderen gegenüber (Koran, 3:110, »Ihr seid die beste Gemeinschaft«) unerschüttert. Im Sinne der Pluralität der Zivilisationen müßte dieser Glaube sowie der Glaube daran, daß die gesamte Menschheit entweder den Islam annehmen oder sich muslimischer Herrschaft unterwerfen müsse, um zum Weltfrieden zu gelangen, dringend revidiert werden. Das politische Wiedererstarken des Islam bedeutet die Reaktivierung dieser religiösen Doktrin, die über die Jahrhunderte hinweg unverändert das islamische Konzept von Krieg und Frieden geprägt hat und heute zur Legitimation im Krieg der Zivilisationen – als Krieg der Weltanschauungen – mißbraucht wird.

In unserem Zeitalter lassen sich zwei islamische Strömungen beobachten: die fundamentalistische Wiederbelebung des *Djihad*-Konzepts in der Bedeutung von Gewaltaustragung und der islamische Konformismus, der im modernen Zeitalter auf eine gewaltsame islamische Mission verzichtet. Kein Wunder, daß die beiden Richtungen miteinander verfeindet sind, was die notwendige Revision der Kriegs- und Friedensethik behindert.

Djihad und Qital im Koran

Ein näheres Studium des Koran zeigt, in welchem Ausmaß diese heilige Schrift eine Chronik der Ereignisse in Arabien während der islamischen Religionsstiftung als Rahmen für die neue islamische Zivilisation ist. Daraus folgt, daß der Koran grundsätzlich kein konsistentes, das heißt eindeutiges und in sich geschlossenes Konzept zur Bestimmung von Frieden und Krieg enthält. Denn jeder Koranvers ist in der Regel mit sehr spezifischen historischen Ereignissen jener formativen Jahre der islamischen Religionsstiftung verbunden. So ist es historisch gesehen kein Widerspruch, daß es Verse gibt, die zum Frieden aufrufen, wie auch solche, die nach Krieg rufen. Der Koran ist in gewisser Hinsicht ein arabisches Geschichtsbuch der Jahre 610 bis 632 n. Chr. Im Frühislam, vor der Gründung des ersten islamischen Stadtstaates in Medina, das heißt in dem in Mekka (610–622) offenbarten Teil des Koran, wird man vergeblich nach Vorschriften hinsichtlich Krieg und Frieden suchen. Die meisten der in Mekka offenbarten Verse haben einen wahrhaft religiösen – im Sinne von spirituellem – Inhalt. Nach der *Hidjra*, das heißt der Emigration des islamischen Propheten und seiner Anhänger von Mekka nach Medina im Jahre 622 n. Chr., hat er dort mit der *Umma*/Gemeinschaft das erste politische Gemeinwesen des Islam gegründet. Die Beziehungen dieser neuen Ordnung bzw. des neuen Zentrums zur näheren Umgebung erwiesen sich als schwierig. Im Hinblick auf die Kontakte zu den feindlich eingestellten Stämmen mußte die inhaltliche Bedeutung von Krieg und Frieden erst festgelegt werden. Es fand ein Krieg zwischen einer quasi-staatlichen Instanz und staatsungebundenen Beduinenstämmen statt.[20] Alle zwischen 622 und 632 n. Chr. (dem Todesjahr des Propheten) offenbarten Verse waren Ausdruck des Prozesses der Etablierung Medinas als Zentrum der islamischen Ordnung in einem heftigen Kampf gegen die feindlichen Stämme. Kernpunkt des neuen Rufes zum Islam ist der Glaube, daß der Islam eine Offenbarung für die gesamte Menschheit sei:

> »Und wir haben dich gesandt, damit du den Menschen allesamt ein Verkünder froher Botschaft und ein Warner seiest« (Saba', 34:28).

Muslime sind daher religiös verpflichtet, ihre islamische Offenbarung in der ganzen Welt zu verbreiten. Die *Da'wa*, also die islamische Mission, kann, wie schon ausgeführt, friedlich erfolgen, sofern sich die Nicht-Muslime ohne Kampf beugen. Wenn nicht, sind die Muslime verpflichtet, gegen die Ungläubigen Gewalt anzuwenden, was sie aber nicht als Krieg/*Harb* betrachten. Im allgemeinen Verständnis des Islam ist Frieden daher gleichzusetzen mit der Unterwerfung unter den Islam, entweder durch Konversion zur neuen Religion oder durch Akzeptanz des Status von religiösen Minderheiten (*Dhimmi*) unter dem Banner des Islam und durch Zahlung der auferlegten *Djizya*/Kopfsteuer. Der Weltfrieden, als letzte anzustrebende Stufe, wird demnach als das Ende des Krieges betrachtet, nachdem die gesamte Menschheit zum Islam konvertiert ist oder sich ihm als geschützte Minderheit unterworfen hat.

Durch die Gleichsetzung von »Islam« mit »Frieden/*Salam*« und der Abschaffung von Krieg/*Harb* mit der Dominanz des Islam in der religiösen Doktrin wird deutlich, daß der Islam über ein besonderes Friedenskonzept verfügt: Frieden ist identisch mit der eigenen Vorherrschaft. Die diesem Muster zugrundeliegende historische Situation ist die Unterwerfung der Stämme unter die neue islamische Ordnung. In der Epoche der islamischen Religionsstiftung war diese Lehre gleichermaßen verständlich und berechtigt. Überträgt man sie aber ahistorisch auf unsere Zeit, dann bedeutet das: Krieg der Zivilisationen.

Der Glaube an die Universalität des Islam, das heißt an die Gültigkeit seiner Mission für die gesamte Menschheit, ist nicht an spezifische Bedingungen geknüpft. Ebenso ist die Bedeutung von *Salam*/Frieden und *Harb*/Krieg unabhängig von besonderen historischen Gegebenheiten, auf die sich einzelne Koran-verse üblicherweise beziehen. Im allgemeinen ist der Islam – wie bereits erwähnt – die Religion des Friedens in dem Sinne, daß er als »die natürliche Religion« (*Din al-Fitra*) die gesamte Menschheit als eine Gemeinschaft unter seinem Banner ver-eint. Voraussetzung für diesen Frieden ist, daß der Grund für die Teilung der Welt in *Dar al-Harb* und *Dar al-Islam* durch die weltweite Verbreitung des Islam beseitigt wird. Der Koran sagt:

> »Sie rufen ... ›Gepriesen seist du, o Gott!‹ und werden mit ›Friede!‹ begrüßt« (Jonas, 10:10).

In derselben Sure lesen wir:

> »Gott ruft (die Menschen) zum Haus des Friedens. Er führt, wen er will, auf einen geraden Weg« (Jonas, 10:25).

Gemäß dem Koran und den autoritativen Kommentaren islami-scher Juristen sind die Beziehungen zwischen *Dar al-Islam*/Haus des Islam und der Welt der Ungläubigen generell durch Krieg charakterisiert. Schuld daran seien »die anderen«, weil sie diesen Zustand durch Übertritt zum Islam beenden könnten. Nur wenn die Macht der Muslime nachläßt, ist *Hudna*/befristeter Frieden religiös erlaubt. Die islamischen Juristen sind sich nicht einig über die Definition des befristeten Friedens in bezug auf seine zeitliche Begrenzung. Einig sind sie sich aber darin, daß es einen Dauerfrieden zwischen der Welt des Islam und der der Ungläubigen nicht geben kann.

Die Idee des befristeten Friedens führt eine neue Kategorie ein: *Dar al-'Ahd*/Haus des Vertrages für Gebiete, die befristete Verträge mit muslimischen Mächten eingegangen sind.[21] Es ist wichtig zu betonen, daß der Ausdruck *Dar al-Harb* nicht aus dem Koran stammt, sondern im Zeitalter der *Futuhat*/Öffnun-gen, der islamischen militärischen Expansion, geprägt wurde. Ich habe schon ausgeführt, daß Muslime ihre Eroberungen nicht als Kriege (*Hurub*, Plural von *Harb*), sondern als Öffnungen (*Futuhat*) bezeichnen; Kriege führen nur die Bewohner des *Dar al-Harb*, also die Ungläubigen, um die Muslime bei der Verbreitung ihrer Mission zu behindern. Damit ist in der islamischen Tradition die permanente Kriegführung gerechtfertigt worden. Und in diesem Sinne sind die Muslime bis heute davon überzeugt, daß ihre Expansion mittels Krieg kein Ausdruck von Aggression ist, sondern nur die Erfüllung des im Koran offenbarten Missionsauftrags: Er besagt, daß das Streben nach Verbreitung des Islam als Religion für die gesamte Menschheit dem Streben nach Frieden gleichzusetzen ist.

Die Behauptung, *Djihad* in der Übersetzung von »Heiliger Krieg« sei ein »gerechter Krieg«, ist eine moderne Projektion auf den Islam. Man kann keine Unterscheidung zwischen »gerechtem/ungerechtem Krieg« in der islamischen Tradition finden, obwohl man ein solches Konzept darin hineinlesen kann. Wenn Muslime zwecks Verbreitung des Islam Krieg führen, ist es ein »gerechter Krieg«/*Futuhat*. Werden sie von Nicht-Muslimen attackiert, dann ist es ein »ungerechter Krieg«/*'Idwan*. Berücsichtigen wir jedoch, daß durch die Erlangung des Weltfriedens nach der Islamisierung der Welt der Krieg nach der Lehre des Islam abgeschafft sein wird, dann wird augenfällig, daß der Begriff »gerechter Krieg« nicht in die Doktrin hineinpaßt.

Die klassische religiöse Doktrin des Islam erwähnt zweierlei Krieg: 1. den tatsächlichen *Qital*/Krieg im Sinne eines bewaffneten Kampfes als Rückgriff der Muslime auf ein Mittel, das die Verbreitung des Islam garantieren soll, wenn andere sie daran hindern, in Übereinstimmung mit dem Koran zu handeln, und 2. als Dauerzustand zwischen Muslimen und kriegerischen Ungläubigen. Es ist richtig, daß der Koran zwischen *Qital*/bewaffnetem Kampf und *'Idwan*/Aggression unterscheidet. Er fordert die Muslime auf, keine Aggressoren zu sein, wobei er ihre militärischen Handlungen aber nicht als Aggression betrachtet.

»Und kämpft um Gottes willen gegen diejenigen, die gegen euch kämpfen! Aber begeht keine Übertretung! Gott liebt die nicht, die Übertretungen begehen« (al-Baqara, 2:190).

In diesen Koranvers könnten wir durch Überinterpretation das Konzept des »gerechten/ungerechten Krieges« in dem bereits dargelegten Sinne hineinlesen:

»Und tötet sie, wo immer ihr sie zu fassen bekommt, und vertreibt sie, von wo sie euch vertrieben haben ... und kämpft gegen sie, bis niemand (mehr) versucht, (Gläubige zum Abfall vom Islam) zu verführen, und bis nur noch Gott verehrt wird« (al-Baqara, 2:191–193).

Der Koran benutzt hier für »Kampf« nicht den Ausdruck *Djihad*, sondern *Qital*. Wie oben dargelegt, schreibt der Koran Kampf zur Verbreitung des Islam vor: »Euch ist vorgeschrieben (gegen die Ungläubigen) zu kämpfen, obwohl es euch zuwider ist« (al-Baqara, 2:216). *Qital* gegen Ungläubige bedeutet also für die Muslime eine religiöse Verpflichtung:

»... um Gottes willen kämpfen ... Warum wollt ihr (denn) nicht um Gottes willen ... kämpfen? Diejenigen, die gläubig sind, kämpfen um Gottes willen, diejenigen, die ungläubig sind, um der Götzen willen« (al-Nisa', 4:74–76).

Um es zusammenzufassen: Es trifft zu, daß *Djihad* auch Krieg einschließt, sich jedoch keineswegs darauf beschränkt. Wörtlich bedeutet *Djihad*, sich um eines Zieles willen anzustrengen. Es ist daher völlig falsch, die militärische Bedeutung des Wortes herauszulösen und *Djihad* exklusiv mit »Heiliger Krieg« zu übersetzen, wie dies in den westlichen Medien die Regel geworden ist. Auch die gegenwärtigen muslimischen Fundamentalisten übersetzen *Djihad* nicht richtig, wenn sie diese Bezeichnung benutzen, um ihre Hinwendung zu Gewalt und Terrorismus religiös zu legitimieren. In der ursprünglichen Quelle, dem Koran-Konzept, wird die Idee von *Qital*/Kampf als die richtige Bezeichnung für Kriegführung gegen die Feinde des

Islam präsentiert. Eine neue Erscheinung unserer Gegenwart ist die Anmaßung der Fundamentalisten, Muslime zu töten und dies *Djihad* zu nennen.

Um nicht bei den diskutierten grundlegenden Elementen der islamischen Kriegs- und Friedensethik stehenzubleiben, müssen wir uns zu jeder Offenbarung des Koran die spezifische historische Situation des offenbarten Textes vergegenwärtigen. Das kann nicht oft genug wiederholt werden! Unglücklicherweise lehnen die meisten Muslime diese historisierende Betrachtungsweise bei ihrer Lektüre des Koran ab; sie zitieren den Korantext wortwörtlich, das heißt völlig unkritisch und dazu noch auf eine sehr selektive, ahistorische Weise. Der Zusammenhang zwischen Text und Kontext bleibt ihnen verborgen.

Wie bereits angemerkt, war der offenbarte Text zu Beginn der islamischen Religionsstiftung im wesentlichen spirituellen Charakters, ohne jeglichen Bezug auf Krieg und Kampf. In der Mekka-Sure »*al-kafirun*/Die Ungläubigen« fordert der Koran die Träger der neuen Religion auf, ihren Widersachern den Glaubenssatz »Ihr habt eure Religion und ich die meine« (al-Kafirun, 109:6) zu entgegnen. In einer anderen, ebenfalls in Mekka offenbarten Sure werden die Gläubigen vom Koran einfach dazu aufgefordert, den Ungläubigen nicht zu folgen. In jener Zeit war der Bezug auf *Djihad* gleichbedeutend mit einer *Waffe der Überzeugung und nicht gleichzusetzen mit dem Schwert;* der in Mekka offenbarte Teil des Koran erwähnt *Qital*/Kampf nicht. Die Muslime waren damals eine kleine Minderheit, die nicht in der Lage war, zu kämpfen:

> »Gehorche nun nicht den Ungläubigen, sondern setze ihnen damit (das heißt mit dem Koran) heftig zu« (al-Furqan, 25:22).[22]

Dieser Koranvers zeigt eindeutig, daß *Djihad* nicht in der Bedeutung von Krieg benutzt wird. In Mekka war der Gebrauch von Argumenten das Äußerste, zu dem der Koran die Gläubigen auffordern konnte. Islamische Reformer wie Scheich Taha berufen sich daher vorwiegend auf mekkanische Suren.[23] In Medina entwickelte sich der Koran dann Schritt für Schritt – und immer kontext-orientiert – dahingehend, Vorschriften zum *Djihad* im sehr engen Sinne von *Qital*/bewaffneter Kampf zu liefern. Der Koran schützt hierbei jedoch grundsätzlich das Leben als von Gott gegeben und verbietet das Töten, obwohl es auch von dieser Regel eine Ausnahme gibt:

> »Und ihr sollt ... niemand töten, den (zu töten) Gott verboten hat, außer, wenn ihr dazu berechtigt seid« (al-An'am, 6:151).

Es würde in die Irre führen, diesen Vers als Beweis für die Existenz eines Konzepts des »gerechten Krieges« zu werten. Wie bereits zuvor argumentiert, ist dem Islam die Unterscheidung zwischen gerechtem und ungerechtem Krieg fremd. Das ist eine christliche Lehre. Der zitierte Koranvers ist vielmehr Ausdruck eines ethischen Standards, der auch während des *Qital*/Krieges zu beachten ist. Im islamischen Recht/*Scharia* jedoch finden wir die Interpretation: »*al-Darura tubih al-mahzurat*/die Notwendigkeit hebt die Verbote auf«. Das bedeutet, daß in Notfällen Regeln übertreten werden können, wenn auch auf keine freizügige Art und Weise. Es existieren Beschränkungen, aber diese sind, ebenso wie die Kriterien für die Entscheidung, wann ein solcher Notfall vorliegt, sehr vager Natur.

Wenn es zum Krieg kommt, findet man nur geringfügige Unterschiede zwischen islamischer Ethik und der Ethik anderer Zivilisationen der monotheistischen Religionen. Bei der Betrachtung der moralischen Regeln der Kriegführung können wir zwischen zwei verschiedenen Kategorien unterscheiden[24]: Beschränkungen im Hinblick auf die Art der Waffen und die Methoden der Kriegführung sowie Beschränkungen, die sich auf die erlaubten Kriegsziele beziehen. Wir finden im Islam eine Normativität vor, die auf das vorindustrielle Zeitalter des Krieges bezogen ist, als die Vernichtungsmittel der industriellen Kriegführung[25] technisch noch nicht verfügbar waren (Zeitalter der Werkzeuge, nicht der Maschinen[26]). Der Kern der Koran-Doktrin über die Kriegführung ist in höchstem Maße durch die vorislamische Moral der Stammesehre geprägt. In diesem Sinne fordert der Koran die Gläubigen auf, ihre Versprechungen ehrenhaft zu halten und Vereinbarungen zu respektieren:

> »Und erfüllt die Verpflichtung gegen Gott, wenn ihr eine (solche einmal) eingegangen seid, und brecht nicht die Eide, nachdem ihr sie (in aller Form) bekräftigt habt« (al-Nahl, 16:91). »Diejenigen, die die Verpflichtung (die sie) gegen Gott (eingegangen sind) erfüllen und die Abmachung (die sie getroffen haben) nicht brechen ... « (al-Ra'd, 13:20).

In Übereinstimmung mit diesen Normen verbietet die koranische Doktrin den unangekündigten Angriff, also zum Beispiel einen Blitzkrieg, und schreibt vor, daß der Feind vor dem Ausbruch von Feindseligkeiten darüber in Kenntnis gesetzt werden muß. Das erklärte Kriegsziel ist es, den Feind zu zwingen, sich dem Islam zu unterwerfen, nicht aber, ihn zu vernichten oder sein Haus zu plündern. Das Verbot der Plünderung und Zerstörung ist daher in den islamischen Moralvorstellungen vom Krieg essentiell und verbindlich.

Die erlaubten Kriegsziele stehen in Einklang mit dem vorislamischen stammesmäßigen Gebot der *Muru'a*/Mannesehre und dessen striktem Verbot, Schwächere, wie Kinder, Frauen oder alte Menschen, anzugreifen. Die Vorschrift, Gefangene fair zu behandeln (al-Insan, 76:8–9), geht auf die vorislamische tribale Glaubensnorm zurück, daß es kein Ruhmeszeichen für einen Mann ist, dem Schwächeren gegenüber Macht und Stärke zu demonstrieren. Im Gegensatz zur christlich-orthodoxen Kirche, die die serbischen Kriegsverbrecher und Frauenschänder in Bosnien mit religiösen Orden auszeichnet, hat es in der islamischen Zivilisationsgeschichte niemals etwas Derartiges gegeben. Man erinnere sich an den Umgang des islamischen Feldherrn Saladin mit den Kreuzzüglern und vergleiche dies einmal mit den Kriegsverbrechen der serbischen Tschetniks!

Die grundlegende Kriegs- und Friedenstradition zusammenfassend, können wir sagen, daß *Djihad* als Ausdruck der Anstrengung auf allen Ebenen auch *Qital*/Kampf im Sinne von Kriegführung zwecks Verbreitung des Islam, jedoch mit einem höchst restriktiven Ehrenkodex, mit einschließt. Ein in diesem Sinne verstandener Krieg wird nicht in den Kategorien von gerecht und ungerecht diskutiert; er wird ganz einfach als *Furqan* (vgl. Anm. 22), das heißt gemäß der normativen – und natürlich materiellen – Unterscheidung zwischen Haus des Islam und Territorium der Ungläubigen, betrachtet. Obwohl der Islam den Gläubigen in bestimmten Situationen vorschreibt zu kämpfen, glorifiziert er Krieg oder Gewalt nicht, sondern legt den Muslimen in dieser Hinsicht strenge moralische Beschränkungen auf.

In unserer Gegenwart ist jedoch die Glorifizierung von Gewalt – als neuere Hinzufügung zum Islam – im Denken moderner Fundamentalisten (z.B. in der Idee von *Djundiyya*/Soldatentum als dem Charakteristikum eines wahren Muslims im Werk von Hasan al-Banna) nicht zu übersehen.[27] Doch sind orthodox-christliche (auf dem Balkan), hinduistische und auch jüdische (Hebron-Massaker, Februar 1994) Fundamentalisten nicht weniger gewalttätig als die Islamisten. Das gehört zu den Auswüchsen der Politisierung von Religion.

Die islamische Zivilisation im Zeitalter der Überlegenheit des Westens

Daß die Religionsstiftung des Islam mit der Gründung eines neuen Gemeinwesens sowie einer Konfrontation mit den Stämmen, also mit der Führung von Kriegen, gekoppelt war, hat das Bild vom Islam auch nach außen nachhaltig geprägt: Bis in unsere Gegenwart ist im öffentlichen Bewußtsein des Westens das Schwert das Symbolbild für den Islam geblieben.[28]

Die islamische Kriegs- und Friedensethik stand in den formativen Jahren und im klassischen Islam in Einklang mit der Überlegenheit der Muslime gegenüber den Ungläubigen. Von Dauer war dieses Kräfteverhältnis freilich nicht. Globale historische Veränderungen haben dazu beigetragen, daß das islamische Friedenskonzept und die damit verbundene Zweiteilung der Welt bald überholt waren. Trotzdem sind islamische Schriftgelehrte nie über eine Beschäftigung mit den Bedingungen einer zeitweiligen Einstellung der Feindseligkeiten mit den Nicht-Muslimen, dem Haus des Krieges, im Rahmen einer begrenzten Waffenruhe hinausgegangen. Das notwendige Überdenken dieser unveränderten Tradition unter veränderten globalen Bedingungen durch Muslime steht leider bis heute noch aus. Statt dessen wird im Übergang zum 21. Jahrhundert die islamische Zivilisation immer noch religiös bestimmt und erneut politisiert. In diesem Zusammenhang gewinnt die Lehre von der Zweiteilung der Welt neue Aktualität.

Der Übergang zur Moderne begann mit einer sprunghaften Entwicklung der Militär- und Waffentechnik in den Jahren 1500 bis 1800, die letztendlich zum Aufstieg des Westens[29] und parallel dazu zum allmählichen Niedergang der Welt des Islam beigetragen hat. Die techno-wissenschaftliche Modernität war mit entscheidenden Nachteilen für die islamische Zivilisation verbunden. Um die negativen Folgen für die Ausbreitung des Islam und die sich verstärkende innere und äußere Schwäche zu kompensieren, bemühten sich die Muslime seit dem Beginn des 17. Jahrhunderts, die »europäische Armee«[30] zu importieren. Dennoch war die Entwicklung nicht mehr aufzuhalten. Dem Westen als militärisch überlegener Zivilisation gelang eine weltweite Expansion, die schließlich einen allmählichen Globalisierungsprozeß auslöste. Die Folge war, daß das Modell des modernen europäischen Staates auch auf andere Zivilisationen übertragen wurde.[31] Angesichts dieser veränderten Lage erschien es unerläßlich, daß auch die Muslime ihre Weltsicht revidierten und ihre religiöse Doktrin an die neuen Bedingungen anpaßten. Bis zum jetzigen Zeitpunkt ist die Welt des Islam jedoch dieser historischen Aufgabe nicht gerecht geworden.

Es war und ist eine doppelte Herausforderung, die den Muslimen aufgezwungen wurde: Auf der einen Seite ist das Haus des Islam in der modernen Welt in einem Maße geschwächt, daß die *Da'wa*, die islamische Mission, nicht mehr mit militärischen Mitteln (*Djihad*, im strengen Sinne von *Qital*) verfolgt werden kann. Auf der anderen Seite hat sich die moderne Welt zu einem komplexen, aus Staaten zusammengesetzten Gebilde entwickelt. Die Dichotomie *Dar al-Islam* gegen *Dar al-Harb* ist seit langem aufgeweicht. In unserer Gegenwart wird sie im Rahmen der Bestimmung von Selbstbild und Fremdbild der Muslime neu belebt, hat in der Realität aber keinerlei Grundlagen. Die weltpolitischen Veränderungen haben Druck auf die Muslime ausgeübt, die mit ihrer Weltsicht verbundene Tradition und somit ihre Kriegs- und Friedensethik zu überdenken. Dieser Prozeß nahm zu Beginn des 19. Jahrhunderts seinen Anfang und hält bis zum Erstarken der Fundamentalisten in unserer Gegenwart an.[32]

Bekanntlich muß äußerer Druck nicht immer förderlich sein; beim Überdenken der eigenen Tradition kann er zu Trotzreaktionen führen. Das heißt, statt Lernprozesse in Gang zu setzen, kann er ein massives Wiederaufleben der klassischen Doktrin herbeiführen. Die seit dem zweiten Golfkrieg lautstark beschworene Dichotomie zwischen *Dar al-Islam* und *Dar al-Harb* ist von islamischer Seite eine defensiv-kulturelle Reaktion auf den Zivilisationskonflikt. Muslime glauben weiterhin, daß die Welt durch den Kontrast zwischen dem Islam und dem Westen/*al-Gharb* charakterisiert ist. Der Begriff *al-Gharb* ersetzt den alten Begriff *Dar al-Harb*. Der Golfkrieg hat den Muslimen die Richtigkeit ihrer Zweiteilung der Welt scheinbar bestätigt.

Die modernen Kriege von 1798 (Napoleon in Ägypten) über die arabisch-israelischen Kriege bis hin zum Golfkrieg werden als »ungerechte Kriege« in eine historische Folge von »christ-lich-zionistischen Kriegen« bzw. »Kreuzzügen«[33] gegen die Welt des Islam als einer Zivilisation eingeordnet. Der gemein-same Widerstand der Muslime gegen die »Kreuzzügler« er-zeugt ein Gruppengefühl, das schließlich in ein Zivilisationsbe-wußtsein mündet.

Entgegen der naiven Analyse des britischen Nahost-Experten James Piscatori ist das moderne Zeitalter für Muslime durch eine große Spannung zwischen dem politischen Konzept des Is-lam und dem modernen Nationalstaat gekennzeichnet.[34] Trotz allen Geredes vom »islamischen Staat« existiert kein generell akzeptiertes Staatskonzept im Islam. Im Zentrum der islami-schen Doktrin stand stets die *Umma*/Gemeinschaft der Gläubi-gen, nicht der Staat. Mit Ausnahme einiger Fälle (z.B. al-Ma-wardi) haben sich die islamischen *Fiqh*-Juristen in ihren klassischen islamischen Schriften nicht mit der Idee von *Da-wla*/Staat befaßt.[35]

Erstaunlich ist, daß muslimischen Juristen vor Hunderten von Jahren, obwohl sie sich nicht direkt um eine Staatstheorie bemüht haben, sehr daran gelegen war, politische Autorität – natürlich religiös – zu definieren. Politische Ordnung war somit zugleich immer religiöse Ordnung. Für die sunnitischen Mus-lime, die – im Gegensatz zur *Schi'a* – auf diese Weise indirekt eine deutliche Staatstradition im Islam etabliert hatten, war der Kalif der wahre Imam aller Muslime: Der Kalif verband religiöse mit weltlicher Autorität. Diese Bestimmung läßt im sunnitischen Islam kein Widerstandsrecht gegen die politische Autorität zu. Ibn Taimiyya, die größte Autorität unter den isla-mischen *Fiqh*-Juristen des Mittelalters (vgl. Anm. 35), vertrat die Ansicht, daß eine Nacht ohne Sultan, das heißt ohne politi-sche Autorität, viel schlimmer sei als »sechzig Jahre ungerech-ter Herrschaft eines Imams«.[36] Die Problematik des Wider-standsrechts gegen die politische Autorität gehört insofern zu den die Kriegs- und Friedensethik betreffenden komplexen Fragen, als sie die Unterwerfung der Angehörigen der *Umma* unter die Entscheidungen des Kalifen bedeutet.

In unserem Zeitalter haben sich Krieg und Frieden zu einem Komplex entwickelt, der die Beziehungen von Staaten als souveränen Gebilden innerhalb der bestehenden Weltordnung betrifft. Das auswärtige Verhalten der Staaten wird durch die Norm, ihre Souveränität gegenseitig anzuerkennen und ihre Konflikte friedlich durch Verhandlungen zu lösen, bestimmt. Wie der marokkanische Gelehrte Husni in seiner Studie über den Islam und die Internationalen Beziehungen in bezug auf die zeitgenössischen Befürworter der klassischen islamischen Teilung der Welt schreibt,

> »beschränken sie sich selbst darauf, einfach klassische islamische Schriftgelehrte zu zitieren …, in deren Schriften wir noch nicht einmal den Begriff ›Staat‹ finden. Diese vorsätzliche Mißachtung weist auf ihre Absicht hin, den Charakter des modernen Systems der internationalen Beziehungen zu ignorieren. Sie weigern sich, die Vielzahl an Staaten, die souverän und gleichberechtigt sind, anzuerkennen, indem sie an der Idee von *Dar al-Islam* und *Dar al-Harb* festhalten.«[37]

Bis in unsere Gegenwart hat keine kulturelle Bewältigung des mit der Globalisierung des internationalen Staatensystems verbundenen sozialen Wandels im Islam stattgefunden. Meine diesbezüglichen Vorschläge (vgl. Anm. 19) zielen nicht auf einen Konformismus im Sinne einer schlichten Anpassung ab, wie er Piscatori und anderen vorschwebt. Sicher hat es einen derartigen islamischen Konformismus mit dem modernen Zeitalter gegeben, aber es hat kein reflexives Überdenken der Tradition im Sinne des philosophischen Diskurses der Moderne stattgefunden. Zu einer Revision der religiösen Doktrin, das heißt zu Reformation und Reformulierung, ist es bedauerlicherweise nie gekommen.

In bezug auf ihre klassische, von Frühislam und Mittelalter tradierte Kriegs- und Friedensethik ist die islamische Zivilisation in hohem Maße herausgefordert, eine neue Weltsicht zu entwickeln, die eine substantielle Akzeptanz des modernen Friedenskonzepts zum Inhalt haben müßte. Dieses basiert auf Pluralität (kein inklusiver, das heißt auf eine Zivilisation begrenzter Frieden) und dem säkularen Staatensystem unserer modernen Welt.

Die zentrale Idee dieses Buches stützt sich auf eine Annahme, die mit dem besonderen Charakter unseres Zeitalters – der weitgehenden Vernetzung (Globalisierung) und der damit verbundenen, nie zuvor in diesem Ausmaß möglichen strukturellen Nähe zwischen einander fremden Zivilisationen – zusammenhängt. Meine Annahme ist: *Das Überleben der Menschheit wird davon abhängen, ob es gelingt, allseitig anerkannte Gemeinsamkeiten zu finden.* Im zweiten Kapitel – über Menschenrechte – habe ich von der Anerkennung dieser Rechte als Basis für eine internationale Moralität gesprochen. In diesem Kapitel – über Krieg und Frieden zwischen den Staaten – argumentiere ich, daß jede Zivilisation auf ihre Expansion verzichten müßte. Muslime mögen die besten Absichten haben, wenn sie weiterhin die klassische Doktrin vertreten, daß allein in einer vom Islam dominierten Welt, also nur durch die Ausweitung des *Dar al-Islam* auf den gesamten Globus, der Weltfrieden zu erreichen sei. Dem ist jedoch entgegenzuhalten, daß es andere Zivilisationen gibt, die dies nicht akzeptieren und die deshalb nicht als *Dar al-Harb*/Haus des Krieges definiert werden können und dürfen. Diese Zweiteilung der Welt ist einfach nicht mehr aufrechtzuerhalten.

Die erwähnte Gemeinsamkeit als Voraussetzung für das Überleben der Menschheit im Zeitalter der religiösen Bestimmung der Zivilisationen und darüber hinaus der Politisierung der Religion kann nur auf einer säkularen und pluralistischen Basis fußen. Das ist nicht nur eine »Meinung«, gegen die in »postmoderner« Manier eine andere »Meinung« vorgebracht werden kann. Das ist eine Friedensperspektive auf der Grundlage einer globalen Zivilisation. Die Alternative hierzu, die oft sehr absolut vorgetragen wird, lautet: Krieg der Zivilisationen.

Dieses Buch informiert über die Bedingungen, die einen solchen »Krieg« heraufbeschwören. Sie liegen immer in der Exklusivität von Religion als der vereinigenden Kraft einer Zivilisation begründet: einmal als religiöse Bestimmung, zum anderen als Politisierung dieser religiösen Identität.

Definiert man die Menschheit als Einheit, dann folgt daraus die Notwendigkeit einer globalen Zivilisation. Wenn diese von allen Religionen und Zivilisationen akzeptiert werden soll, kann sie nur säkular sein. Die kulturelle Moderne ist die Substanz dieser globalen Zivilisation.

Diese Idee im Hintergrund, will ich in den folgenden Teilen dieses Kapitels drei Muster islamischer Antworten auf das moderne Zeitalter vorstellen, die vom 19. Jahrhundert bis in unsere Gegenwart hineinreichen.[38] Hierbei werde ich zeigen, daß sie alle den Ansprüchen einer globalen Zivilisation *nicht* genügen. Die dritte Variante, der islamische Fundamentalismus, der den Begriff vom Krieg als Terrorismus einführt, am allerwenigsten!

Eine veränderte Weltsicht?

Das erste Muster:
Islamischer Konformismus im 19. Jahrhundert

Unter den gegenwärtigen islamischen Staaten ist der marokkanische *Makhzan* beispiellos für seine seit 1666 anhaltende souveräne Staatstradition, die bis in die gegenwärtige Monarchie hineinreicht. *Makhzan* bedeutet wortwörtlich »Lager«, hat aber in der marokkanischen Geschichte die Bedeutung von »Staat«. Neben Ägypten ist Marokko der einzige islamische Staat unserer Gegenwart, der keine künstliche koloniale Schöpfung ist.

Die marokkanische Dynastiengeschichte ist zugleich eine Staatsgeschichte und präsentiert daher ein gutes Beispiel für den islamischen Konformismus. Marokko war das einzige arabische Land, das die Türken nicht unter ihre imperiale Herrschaft bringen konnten. Die politische Herrschaft in Marokko wurde ebenso wie die osmanische Herrschaft, wenn nicht gerade in Form eines Kalifats, so doch durch den Sunni-Islam legitimiert. Während die muslimischen Gelehrten des 19. Jahrhunderts vom veränderten globalen Machtgleichgewicht zugunsten des aufsteigenden Westens aufs schwerste irritiert waren, befanden sich die in Diensten des marokkanischen Sultans stehenden muslimischen *Ulema* durch die Nähe zu Europa in einer besseren Ausgangsposition, um der neuen Realität gegenüberzutreten.

Der islamische Gelehrte Ahmad Ben Khalid al-Nasiri war der erste muslimische *'alim*/Schriftgelehrte (Singular von *Ulema*) seines Zeitalters, der offen das Fehlen der Einheit in der islamischen *Umma* sowie ihre Schwäche gegenüber ihren äußeren Feinden erkannte. Al-Nasiri (1835–1897) mußte für die religiöse Legitimität seines marokkanischen Sultans Hassan I. und dessen Politik sorgen. Obwohl er sich bemühte, die Existenz des quasi-souveränen marokkanischen Staates als territorial begrenzt zu legitimieren und in diesem Kontext die Pflicht der Führung von Krieg gegen Ungläubige preiszugeben, hat er niemals den Versuch unternommen, die bereits vorgestellte klassische Doktrin zu revidieren. Das politische Denken al-Nasiris bietet sich daher an, die Denkweise des islamischen Konformismus zu entschlüsseln.

Um es zu wiederholen: Konformismus ist nicht das Muster, welches ich unter »kultureller Bewältigung« einordne. Das heißt: Das Überdenken einer Tradition auf eine reflexive Weise ist nicht gleichbedeutend mit einer Anpassung des Verhaltens an veränderte Umstände, ohne die eigene Weltsicht zu revidieren. Letzteres bedeutet Konformismus. Der Glaube an die Doktrin als der heiligen, durch Allah offenbarten, verbalen Inspiration verbietet, sie einem reflexiven Denkprozeß zu unterziehen. Dies geht dennoch einher mit einer flexiblen, pragmatischen Anpassung an veränderte Bedingungen.

Der Konformismus al-Nasiris als »politischer Berater« des Sultans ist ein typisches Verhaltensmuster, dem sich die meisten muslimischen Staatsmänner und ihre Ratgeber bis in unsere Gegenwart hinein verschrieben haben. Dieses Muster ist charakteristisch dafür, wie sich muslimische Staatsmänner den internationalen Standards von Gesetz und Ordnung zwischen den Staaten unterordnen und die formal friedlichen Beziehungen zu nicht-islamischen Staaten akzeptieren. Dabei geben sie jedoch die auf der Überlegenheit des Islam und der dichotomen Teilung der Welt in eine islamische und eine nicht-islamische Territorialität basierende Weltsicht nicht auf.[39]

Al-Nasiri bezieht sich regelmäßig auf *Dar al-Islam*, obwohl er territorial denkt und nur sein eigenes Land Marokko im Sinn hat. Seine Abhandlungen enthüllen den Rahmen dafür: die internationalen Beziehungen des *Dar al-Islam*.[40] Er stützt sich dabei auf zwei Argumente: ein schriftgläubiges und ein materielles. Al-Nasiri bezieht sich am häufigsten selektiv auf den Koranvers: »Und wenn sie sich dem Frieden zuneigen, dann neige (auch du) dich ihm zu« (al-Anfal, 8:61). Diese Koranvorschrift wird von ihm zur normativen Grundlage des Friedens zwischen Marokko und Europa erhoben. Das materielle Argument bezieht sich dagegen auf den Zustand der islamischen *Umma*, den al-Nasiri in seinem Werk folgendermaßen beschreibt:

> »Niemand kann heutzutage die Macht und die Überlegenheit der Christen übersehen ... Die Muslime befinden sich in einem Zustand der Schwäche und Desintegration ... Angesichts dieser Umstände, wie können wir da an der Meinung und Politik festhalten, daß die Schwachen den Stärkeren gegenübertreten sollten? Wie können die Unbewaffneten gegen eine stark bewaffnete Armee kämpfen?«

Trotz dieser sehr realistischen Einschätzung hält al-Nasiri an der religiösen Doktrin fest, derzufolge der Islam gleichermaßen eine »Schari'a des Krieges« wie eine »Schari'a des Friedens« ist. Seine Vorliebe für den Koranvers »Und wenn sie sich dem Frieden zuneigen, dann neige (auch du) dich ihm zu« basiert auf der Idee von al-Maslaha/islamisches Interesse, die seiner Ansicht nach – unter bestimmten Bedingungen – zu der Auffassung führen muß, daß Muslime gegen Ungläubige keinen Krieg führen können:

> »Es hängt vom Imam ab, der in der Lage ist, die Interessen des Islam und seiner Menschen in bezug auf Krieg und Frieden zu erkennen. Es gibt keinen Beschluß, daß sie für immer kämpfen oder den Frieden für immer akzeptieren müssen ... Die Autorität, die nicht angefochten werden kann, ist die Meinung des Imam (Sultan Hassan I.) ... Allah hat ihn dazu auserkoren, unser Schicksal zu bestimmen, und ihn dazu autorisiert, für uns zu entscheiden.«

Die neo-islamische Deutung von Maslaha erinnert stark an die konservative westliche Idee von den »nationalen Interessen« des modernen Staates, die von der realistischen Schule im Fach Internationale Beziehungen vertreten wird.

Die zugleich pragmatische und unterwürfige Fetwa eines der führenden islamischen 'alim aus dem 19. Jahrhundert spiegelt bis in unsere Zeit hinein die Position der meisten Ulema in bezug auf Krieg und Frieden und deren ethische Untermauerung wider. Die Friedensethik der islamischen Schriftgelehrten ist stillschweigend bestimmt durch die Definition der anderen als Feinde, mit denen Muslime bestenfalls einen Muhadana/Waffenstillstand halten und Mu'amalat/Geschäfte betreiben, aber nicht auf Dauer Frieden schließen dürfen. Der Glaube, daß Frieden inklusiv sei, das heißt, nur unter Muslimen selbst möglich sein könne, dauert an und läuft der Idee von einer pluralistischen und säkularen internationalen Gesellschaft zuwider.

Über das vorgestellte islamische Muster aus dem 19. Jahrhundert hinaus stehen wir in bezug auf die Kriegs- und Friedensethik im späten 20. Jahrhundert zwei gegensätzlichen Positionen im Islam gegenüber:

1. Das sunnitische Establishment, autoritativ repräsentiert durch *al-Azhar*, hält an der Tradition des islamischen Konformismus im dargestellten Sinne fest. Auf dem Programm steht eine Neuinterpretation der islamischen *Djihad*-Idee, um Krieg und Gewaltanwendung in unserem Zeitalter auszuschließen, aber kein generelles Überdenken der Tradition.

2. Im Gegensatz zu dieser friedvollen Interpretation der islamischen Ethik der klassischen Doktrin stehen die islamischen Fundamentalisten, die die Kriegsethik des Islam und die Zweiteilung der Welt wiederbeleben. Für sie ist der islamische *Djihad* ein Aufruf zum Krieg: sowohl gegen die derzeitigen islamischen Herrscher als auch gegen den Westen. Das ist ein Novum im Islam. In ihrer Rebellion gegen die politische Herrschaft führen die Fundamentalisten eine neue Legitimität für den Widerstand gegen die Autorität des islamischen Herrschers ein, der in der islamischen Tradition bisher nur von Sekten (wie den *Kharidjiten*) vertreten worden war.

Im folgenden werde ich diese beiden entgegengesetzten Muster islamischer Kriegs- und Friedensethik vorstellen, die in der gegenwärtigen Welt des Islam im Establishment wie in der Opposition vorherrschen; sie müssen vor dem Hintergrund des bereits vorgestellten Musters aus dem 19. Jahrhundert gesehen werden.

Das zweite Muster:
Der Konformismus al-Azhars im späten 20. Jahrhundert

Der Koran ist ein von Gott offenbarter Text, dessen Worte aber interpretationsfähig sind. Wie jede heilige Schrift kann daher auch der Koran als »offener Text«[41] gelesen werden, der mehrere, auch extrem voneinander abweichende Interpretationen zuläßt (*Ta'wil*). Fügt man zur Interpretationsoffenheit noch die

Praxis des selektiven Gebrauchs der Schrift hinzu, dann erleichtert das eine Art von Konformismus, der jede – auch noch so oberflächliche – Reflexion über die Doktrin völlig überflüssig macht.

Die verschiedenen autoritativen Textbücher von *al-Azhar* enthalten eine Kriegs- und Friedensethik und sind durch einen selektiven Gebrauch des Textes, aber auch durch eine sehr freie Interpretation gekennzeichnet. Die von den *al-Azhar*-Autoritäten angewandte Methode ermöglicht es ihnen, mit gegenwärtigen Normen, die der klassischen Doktrin nicht bekannt und der Geschichte, aus der sie stammen, fremd waren, zurechtzukommen.

In dem von einem früheren Scheich von *al-Azhar*, Mahmud Schaltut, verfaßten autoritativsten Textbuch[42] finden wir zwei Behauptungen, die nicht konsistent sind: zum einen, daß der Islam eine für die gesamte Menschheit bestimmte Religion sei – das ist keine neue Aussage –, und zum anderen ein erstaunliches Bekenntnis des Islam zum Pluralismus. Schaltut zitiert zur Untermauerung den Koran: »Wir haben euch zu Verbänden und Stämmen gemacht, damit ihr euch untereinander kennt« (al-Hudjrat, 49:13). Er streitet darüber hinaus ab, daß der Islam den Rückgriff auf den Krieg benötige, um seine Mission/*Da'wa* zu verbreiten. Er zitiert erneut den Koran: »Wenn dein Herr gewollt hätte, wären die, die auf der Erde sind, alle zusammen gläubig geworden. Willst nun du die Menschen (dazu) zwingen, daß sie glauben?« (Jonah, 10:99) Aus dieser Interpretation folgt, daß Krieg nicht das geeignete Mittel ist, um die *Da'wa*/Mission des Islam zu betreiben.

Schaltut vertritt autoritativ die Auffassung, daß Muslime mit Nicht-Muslimen in Frieden leben müssen, weil der »Krieg eine unmoralische Situation« sei, wie er schreibt. Die friedliche Koexistenz, für die er plädiert, muß durch Verträge bindend gemacht werden, die »nicht gegen die grundlegenden Gesetze des Islam verstoßen«.

Schaltut bekundet seinen Stolz darüber, daß der Islam schon vor Jahrhunderten die besten Grundlagen für das internationale Recht, als Basis für Frieden, geschaffen habe. Er spottet, daß in unserem Zeitalter

> »die Staaten der gegenwärtigen (westlichen, B.T.) Zivilisation die Menschen mit ihrem sogenannten Völkerrecht täuschen ... Seht die Massaker, die diese Menschen auf der ganzen Welt begehen, während sie über Frieden und Menschenrechte sprechen!«

Wenn man sich die beschämende westliche Politik in Bosnien vergegenwärtigt, wird man – wenn man aufrichtig ist – kaum Argumente gegen Schaltuts Polemik, die alt ist und sich auf frühere Zeiten bezieht, vortragen können.

Das neueste autoritative Textbuch, bestehend aus zwei Bänden und herausgegeben vom jetzigen Scheich von *al-Azhar*, Djadul-haq 'Ali Djadulhaq, führt die Bemühungen, ein Verständnis der Friedensethik im Islam zu etablieren, das über dem der Kriegsethik rangiert, noch einen Schritt weiter. In dem Kapitel über *Djihad* im ersten Band hebt *al-Azhar* die hier bereits dargestellte Tatsache hervor, daß die Idee des *Djihad* an sich nicht gleichbedeutend mit Krieg sei. Wenn wir über Krieg reden wollen, so argumentiert das *Azhar*-Textbuch, dann müssen wir hinzufügen: »al-Djihad al-musallah/bewaffneter *Djihad*« im Gegensatz zum täglichen

> »*Djihad* gegen die Ignoranz, *Djihad* gegen die Armut, *Djihad* gegen Krankheit und Leiden ... Die Suche nach Wissen ist die höchste Stufe des *Djihad*.«[43]

Nach dieser Aussage setzt das Textbuch die Bedeutung des »bewaffneten *Djihad*« herab, da die *Da'wa* zum Islam auch ohne *Qital*/Kampf verfolgt werden könne. Dieses Argument untermauernd, stellt es fest:

> »In früheren Zeiten war das Schwert notwendig, um den Weg der *Da'wa* zu sichern. In unserer Zeit jedoch hat das Schwert seine Be-

deutung verloren, obwohl der Rückgriff darauf immer noch wichtig ist: für den Verteidigungsfall gegen diejenigen, die wünschen, dem Islam und seinen Menschen Böses anzutun. Für die Verbreitung der *Da'wa* gibt es heute jedoch eine Vielzahl an Möglichkeiten ..., diejenigen, die sich in unserer Zeit auf Waffen konzentrieren, sind von schwachen Werkzeugen in Besitz genommen.«

Das *Azhar*-Textbuch vermeidet es außerdem, die *Da'wa* als Auferlegung des Islam auf andere zu betrachten:

> »Die *Da'wa* ist ein Angebot, daran teilzunehmen, kein Zwang ... Der Glaube kann nicht mit Gewalt auferlegt werden.«

Frühe, in Mekka offenbarte Verse (z.B. »Ihr habt eure Religion, und ich habe meine«) werden in dem Bemühen, die *Da'wa* von jeglicher Verbindung mit *Qital* oder *Djihad musallah*/bewaffneter *Djihad* zu trennen, wiederholt zitiert. Trotz dieser substantiellen Neuinterpretation hält das *al-Azhar*-Textbuch daran fest, daß der Islam eine Offenbarung für die gesamte Menschheit sei, indem es den Koran zitiert: »Und wir haben dich nur deshalb gesandt, um den Menschen in aller Welt Barmherzigkeit zu erweisen« (al-Anbiya', 21:107). Daran ist so lange nichts auszusetzen, wie es den Menschen aus anderen Zivilisationen freigestellt bleibt, dies anzunehmen oder abzulehnen. Der Frieden soll und darf nicht durch einen Übertritt zum Islam erkauft werden.

In Übereinstimmung mit der islamischen Tradition findet der Staat in dem zitierten autoritativen *Azhar*-Dokument keinerlei Erwähnung. Zur Debatte stehen die islamische Gemeinschaft/*Umma* als Einheit und der Rest der Welt. Die Verbindung zwischen beiden muß friedlich, das heißt durch Verträge, reguliert werden. Der Inhalt der hier referierten Interpretation ist in einem überwältigenden Maße neu, aber der Rahmen ist noch immer der alte; es ist neuer Wein in alten Schläuchen.

Im Kapitel »Islam zwischen Krieg und Frieden« in Band II des *Azhar*-Textbuches wird Bezug genommen auf das gerade erläuterte Kapitel über *Djihad* in Band I. Diese Referenz dient der Unterstützung der Sichtweise, daß

> »der Islam nicht mit der Macht des Schwertes verbreitet wurde. Der *Qital*/Kampf war eine Ausnahme nur für die Sicherung sowie die Verteidigung der *Da'wa*/Mission des Islam.«

Wie zuvor zitiert, glauben die Schriftgelehrten der *Azhar*, daß es in der modernen Zeit für Muslime überflüssig geworden sei, Krieg zu führen, da die ihnen zur Verfügung stehenden modernen Transport- und Kommunikationsmittel eine viel bessere Grundlage für die *Da'wa* bieten.

Dennoch bleiben die Verträge zwischen Muslimen und Nicht-Muslimen (auch hier keine Erwähnung des Staates) in dem *Azhar*-Textbuch eine vage und ungelöste Frage. Im Textbuch wird der klassische *al-Qurtubi*-Kommentar zum Koran zitiert, demzufolge Verträge in der Bedeutung von Waffenstillstand/*Hudna* zwischen Muslimen und Nicht-Muslimen nur eine Gültigkeit von einem bis zu maximal zehn Jahren haben können. Besitzen die Muslime Macht, dann ist es ihnen nicht erlaubt, einen Waffenstillstand länger als ein Jahr zu halten. Sind sie dem Feind aber militärisch unterlegen, dann ist ein Waffenstillstand von zehn Jahren erlaubt. Hier stellt sich die Frage: Und danach? *Al-Azhar* gibt dazu keinen Kommentar und liefert keine Antwort. Die Implikation ist klar: Es ist gleichbedeutend mit Häresie, die klassische Doktrin zu revidieren. Es ist deshalb unzulässig, sie angesichts veränderter Umstände neu zu überdenken. Das Ergebnis ist ein Konformismus im Sinne einer Unterwerfung unter die neuen Bedingungen, jedoch ohne das Bestreben, kulturelle Bewältigung des erfolgten Wandels zu betreiben (vgl. Anm. 19). Europäer haben in ihrem Umgang mit Muslimen große Schwierigkeiten, zwischen dem angepaßten Verhalten des islamischen Konformismus und der im Widerspruch dazu stehenden absolutistischen Weltsicht zu unterscheiden.

Das dritte Muster: Fundamentalistische Neuinterpretation

Anders als die *al-Azhar*-Konformisten, die versuchen, den offenbarten Text des Koran vor dem Hintergrund der Gegenwart zu lesen, neigen die islamischen Fundamentalisten unserer Zeit dazu, die rigide, wortgetreue Autorität des Textes wiederherzustellen. Sie drehen die Vorgehensweise der Konformisten um: Ein wahrer Muslim muß die Realität im Lichte der heiligen Schrift sehen. Die Autorität des Textes wird auf Kosten der Wahrnehmung des Kontextes wiederhergestellt.

Islamische Fundamentalisten sollten nicht automatisch mit der Religion des Islam assoziiert werden, wie es die westlichen Medien gewöhnlich zu tun pflegen. Der Islam ist eine vierzehn Jahrhunderte alte Zivilisation, wohingegen die Fundamentalisten einen neuen Trend im Islam darstellen.[44] Als Protestbewegung geht der Fundamentalismus auf die siebziger Jahre zurück, obwohl seine Wurzeln bis in die späten zwanziger Jahre dieses Jahrhunderts reichen, als die *al-Ikhwan-al-Muslimun*/Muslim-Bruderschaft in Ägypten (1928) gegründet wurde.[45] Gemessen an ihrem Einfluß können Hasan al-Banna, der Gründer dieser Bewegung, und Sayyid Qutb[46], ihr Hauptideologe, als die führenden Autoritäten des zeitgenössischen politischen Islam eingestuft werden. Sie waren die Vorläufer der islamischen Fundamentalisten unserer Zeit. Diese Einschätzung trifft auch auf die Formulierung ihrer überheblichen Kriegs- und Friedensethik zu, der sich islamische Fundamentalisten im Zivilisationskonflikt bedienen.

Unter den Pamphleten von Hasan al-Banna muß vorrangig seine »*Risalat al-Djihad*/Abhandlung über den *Djihad*« zur Kenntnis genommen werden, in der er den Koran und die *Hadith* selektiv, aber schriftgläubig heranzieht, um seine vorgefaßte Meinung religiös zu untermauern. Auf diese Weise gelangt er zu vollkommen anderen Ergebnissen als die zuvor zitierten Quellen des islamischen Konformismus. Die genannte

Abhandlung beginnt mit der Behauptung, der *Djihad* sei eine *Farida*/Verpflichtung für jeden Muslim.[47] Wir haben zuvor bereits gesehen, daß *Djihad* und *Qital* im Koran mit unterschiedlichen Bedeutungen und Nuancen gebraucht werden. Beim Zitieren des Korantextes verwendet al-Banna *Djihad* und *Qital* synonym. Er sieht beide Begriffe nur in der Bedeutung des Gewaltgebrauchs, sei es in Ausübung des Widerstands gegen bestehende Regime, sei es als Krieg gegen die »Ungläubigen«. Angesichts der Tatsache, daß islamische Fundamentalisten auch weiterhin die klassische islamische Tradition fortführen, sich bei der Diskussion von Krieg und Frieden nicht auf »Staaten« zu beziehen, wird klar, daß der Begriff »Krieg« in diesem Zusammenhang sehr offen ausgelegt wird. Die Ermordung von Individuen und die Bombenanschläge auf Touristen, z.B. in Ägypten, sind in diesem Sinne auch ein Krieg/*Djihad*.

Krieg im System der internationalen Beziehungen gilt nur zwischen souveränen Staaten als internationalen Akteuren. Andere Gewaltmuster werden nicht als Krieg konzeptualisiert, sondern als »zivile Gewalt« (Hedley Bull) oder schlicht als Terrorismus. Diese Unterscheidung zwischen formalem Krieg souveräner Staaten und materieller Gewalt von nicht-staatlichen politischen Akteuren ist der klassischen islamischen Doktrin generell und den Fundamentalisten im besonderen fremd. In der islamischen Tradition bezieht sich *Djihad*, in der militärischen Bedeutung von *Qital*, immer auf Kämpfe zwischen losen Gruppen von Gläubigen und Ungläubigen, ganz gleich, wie sie politisch organisiert sind.

In dieser Tradition stehend, beginnt al-Banna seine Abhandlung mit dem *al-Baqara*-Vers aus dem Koran, auf den hier schon Bezug genommen wurde: »Euch ist vorgeschrieben zu kämpfen, obwohl es euch zuwider ist« (2:216). Al-Banna fährt fort, indem er erneut den Koran zitiert: »Und wenn ihr sterbet oder getötet werdet, so werdet ihr zu Gott versammelt werden« ('Imran, 3:158).

226

Die willkürlich zitierten, also aus ihrem ursprünglichen Zusammenhang gerissenen Koranstellen dienen al-Banna dazu, eine Grundlage für seine Verherrlichung des Kampfes und Todes für die »Sache Allahs« zu schaffen. Al-Banna sichert seinen Anhängern das Versprechen des Koran in der Sure *al-Nisa'* zu: »Und wenn einer um Gottes willen kämpft, und er wird getötet – oder er siegt –, werden wir ihm gewaltigen Lohn geben« (4:74). Trotz dieser Zitate bleibe ich bei meiner These, daß es keine Glorifizierung von Krieg und Tod im Islam gibt. Allerdings muß ich einräumen, daß zur Untermauerung von Gewaltverherrlichung einige Verse des Koran, so wie bei al-Banna und anderen Fundamentalisten, wörtlich zitiert und, aus dem Zusammenhang gerissen, mißbraucht werden können. Das Ergebnis ist eine Legitimation des Terrorismus unter Mißbrauch eines heiligen Textes, der das menschliche Leben als göttliche Schöpfung ausdrücklich heiligt.

Statt sich auf die toleranten Koranverse von al-Kafirun: »Ihr habt eure Religion und ich habe meine«, zu beziehen, dehnt al-Banna die Verpflichtung zum *Qital* sogar gegen *Ahl-al-Kitab*/Völker des Buches (Christen und Juden) aus, was nach seinem Verständnis von Gott vorgeschrieben ist. Er zitiert dazu den Koranvers: »Kämpft gegen diejenigen, die nicht an Gott und den Jüngsten Tag glauben ... bis sie kleinlaut aus der Hand Tribut entrichten!« (al-Tauba, 9:29). Die von al-Banna aufgestellte Behauptung ist schlicht eine Fälschung des Koran. In einem späteren Teil mit der Überschrift »Warum Muslime kämpfen« hebt er erneut die Gleichsetzung von *Qital* und *Djihad* hervor und fügt hinzu:

»Allah hat die Muslime zum Kämpfen verpflichtet, um ... die Ausübung von *al-Da'wa* und damit des Friedens zu sichern, während die große Mission, die Gott ihnen anvertraut hat, verbreitet wird.«

Die referierten Passagen zeigen deutlich, daß al-Banna Frieden auf eine sehr inklusive Weise sieht: Frieden sei nur unter dem

Banner des Islam möglich; Nicht-Muslime dürften – unter Mißachtung aller Menschenrechte – nur »völlig unterworfen« als *Dhimmi*/geschützte Minderheiten unter globaler islamischer Herrschaft leben. In allen anderen Fällen sei Krieg, als die religiöse Pflicht der Muslime, unausweichlich.

Wir haben hier die Gegenposition zum *al-Azhar*-Textbuch, das den *Djihad al-musallah*/bewaffneter *Djihad* – mit einigen Ausnahmen – im modernen Zeitalter nicht länger zu einer Pflicht für Muslime macht. In dem *Fetwa*-ähnlichen Statement von *al-Azhar* wird der Status von *Qital*/Kampf herabgesetzt, während der nicht-militärische *Djihad* gegen solche Übel wie fehlende Bildung, Armut und Krankheiten aufgewertet wird.

In Umkehrung der *al-Azhar*-Formel macht der Fundamentalist al-Banna jedoch eine Unterscheidung zwischen *al-Djihad al-asghar*/geringer *Djihad* und *al-Djihad al-akbar*/großer *Djihad*. Er macht Muslime lächerlich, die die Gewaltanwendung des *Qital* als einen kleinen *Djihad* im Vergleich zum *Djihad al-nafs*, in der Bedeutung von »sich selbst anstrengen«, betrachten.

Obwohl »Anstrengung« die ursprüngliche Bedeutung von *Djihad* im Koran ist, unternehmen diejenigen, die aus der Sicht al-Bannas *Qital*/Kampf herabsetzen,

> »einen Versuch, die Menschen von der Bedeutung von *Qital* als der wahren Absicht von *Djihad* abzulenken ... Die große Belohnung für die Muslime, die kämpfen, ist es, zu töten oder für Allah getötet zu werden.«

Dieses Zitat einer unumstrittenen fundamentalistischen Autorität unterstützt leider das in den westlichen Medien vorherrschende Klischee von *Djihad*. Al-Banna beendet seine Abhandlung mit einer rhetorischen Glorifizierung des Todes:

> »Allah belohnt die *Umma*, die die Kunst des Todes beherrscht und die die Notwendigkeit eines Todes in Würde anerkennt ... Seid sicher, Tod ist unvermeidbar ... Wenn ihr es für den Weg Allahs tut, dann werdet ihr belohnt werden.«

228

Im Sinne dieser Interpretation scheinen selbstmörderische terroristische Aktionen, wie sie häufig von islamischen Fundamentalisten unternommen werden, ethisch legitimiert. Die Worte al-Bannas erinnern an die Verherrlichung der Gewalt durch Georges Sorels »Réflexions sur la Violence«, die jedoch säkular der Begründung des Faschismus gedient hatte.

Mir geht es hier nicht darum, solche Positionen des Fundamentalismus polemisch in die Nähe des Faschismus zu rücken. Weitaus relevanter als eine solche eurozentrische Übertragung eines europäischen Phänomens auf eine kulturell andere Umwelt erscheint mir die Tatsache, daß diese Verherrlichung der Gewalt im Namen der Religion nicht allein auf muslimische Fundamentalisten beschränkt bleibt. In Bosnien töten christlich-orthodoxe Ethno-Fundamentalisten Muslime und vergewaltigen deren Frauen.[48] In Indien eroberten Hindu-Fundamentalisten in Ayodhya eine wichtige islamische Moschee und verwandelten sie in eine Ruine. Doch islamische Fundamentalisten stehen dem nicht nach: In Algerien ermorden sie sogar führende muslimische Schriftsteller (allein im Jahre 1993 waren es zwölf, 1994 um die zwanzig), ohne zu begreifen, daß diese Logik der Gewalt im Namen einer religiös-definierten Zivilisation gegen den Aggressor selbst gekehrt werden kann. Und um diese Beobachtung auf das Thema dieses Buches und speziell dieses Kapitels zu beziehen: Die Aufgabe des Begriffs von Frieden als eine institutionalisierte Struktur zwischen souveränen Staaten in einer pluralistischen Welt zugunsten eines Friedensverständnisses unter der Dominanz einer bestimmten Religion ist eine Kriegserklärung an andere Zivilisationen. Wenn zu dieser Erklärung noch ein Kriegsverständnis hinzukommt, das sich nicht auf eine überschaubare Staatenwelt, sondern auf den »irregulären Krieg«, das heißt auf den Terrorismus, bezieht, dann gelangen wir zu einer globalen Unordnung und zu einer fortdauernden Unsicherheit, die beängstigend sind.

Ich schreibe diese Zeilen in Berkeley, auf einem Universitäts-

Campus, auf dem gebürtige Amerikaner nur noch eine Minderheit ausmachen und die Mehrheit der Studenten aus aller Welt – vorwiegend aus China und Südostasien – stammt. Meine Studenten, die aus dem Nahen Osten (Muslime) und aus Asien (Hindus und Konfuzianer) kommen oder Schwarze afrikanischer und Weiße europäischer Herkunft (Christen) sind, haben übereinstimmend in einer Seminardiskussion ihren Campus als »scary/beängstigend« beschrieben, weil ethnische Ghetto-Gruppen aus verschiedenen Zivilisationen sich gegenseitig anfeinden und gegeneinander abschotten. Die weißen Amerikaner reagieren darauf mit einem abscheulichen Rassismus. Was, wenn diese Welt *en miniature* im globalen Maßstab, im Konflikt zwischen den Zivilisationen, richtungweisend wird? Einem solchen Horrorszenario kann man nur mit einer tatkräftigen Bekämpfung politischer Ethnizität und politisierter Religion entgegenwirken.

Islamische Fundamentalisten scheinen mir besonders deshalb gefährlich zu sein, weil sie ihren Fanatismus mit einem bedingungslosen Universalismus verbinden. Ihre Betonung des Kriegsaktes – sei es gegen die politische Autorität oder gegen »Ungläubige« – deuten sie als eine den Muslimen auferlegte religiöse Pflicht. Dieser fundamentalistische Ansatz ist am besten in den Schriften Sayyid Qutbs beschrieben, in denen die Zweiteilung der Welt in *Dar al-Islam* und *Dar al-Harb* wiederbelebt wird. Es ist ein Ausdruck des Totalitarismus, wenn von ihm zur Bezeichnung der Andersgläubigen und Andersdenkenden – selbst in der eigenen Zivilisation – die neuen Begriffe »Welt der Gläubigen« und »moderne Welt der neo-*Djahiliyya*« geprägt werden. (*Djahiliyya* ist der islamische Ausdruck für das vorislamische Zeitalter der Ignoranz und des Unglaubens.) Die Moderne ist für Sayyid Qutb und für die an seinem Werk religiös-ideologisch geschulten Fundamentalisten unserer Gegenwart nichts anderes als eine neue Form der *Djahiliyya* der Kreuzzüge. Für Qutb ist

»die vor uns liegende Schlacht eine zwischen den Gläubigen und ihren Feinden ... Ihre Substanz ist die Frage: *Kufr au Iman*/Unglaube oder Glaube? *Djahiliyya au Islam*/Ignoranz oder Islam?«[49]

Für ihn ist der Sieg dem Islam vorbehalten, »*al-Mustaqbal li Hadha al-Din*«.[50] In seinen Worten ist die Konfrontation nun eine »zwischen dem Islam und der internationalen Gesellschaft der *Djahiliyya*/Ignoranz«.[51]

Diese Formel ruft eine andere in Erinnerung, die von Hedley Bull stammt: »die Revolte gegen den Westen«.[52] Schon zu seiner Zeit hatte Bull gezeigt, daß internationale Konflikte künftig durch die Normen rivalisierender Ethiken geprägt sein werden. Ethik wird voraussichtlich um die Jahrtausendwende im Rahmen des weltanschaulichen Krieges der Zivilisationen zur Kernfrage der internationalen Politik werden.

Unter den in den letzten zweieinhalb Jahrzehnten emsig produzierten Pamphleten islamischer Fundamentalisten finden wir nur selten Schriften, die über die zitierten Passagen der frühen Pamphlete al-Bannas und Qutbs, den geistigen Wegbereitern des islamischen Fundamentalismus, hinausgehen. Fundamentalisten unserer Zeit beziehen sich insbesondere auf Qutbs ablehnende Haltung gegenüber der Ansicht, daß der Islam einen Rückgriff auf den Krieg nur zugestehe, um muslimisches Land zu verteidigen. Qutb wies seinerzeit diese Interpretation vehement zurück, indem er mit starken Worten hervorhob, daß

> »die dynamische Verbreitung des Islam die Form des *Djihad* durch das Schwert voraussetzt ... nicht als eine defensive Bewegung, wie diese muslimischen Defätisten es sich vorstellen, die sich dem offensiven Druck westlicher Orientalisten unterordnen ... Der Islam ist für den gesamten Globus bestimmt.«[53]

Als Illustration für die Wirkung von Qutbs Arbeit mag es genügen, ein typisches Buch über den *Djihad* von Muhammed Na'im Yasin zu zitieren, in dem er ein Verständnis von Krieg zwischen Gläubigen und Ungläubigen als einen graduellen Prozeß entwickelt:

»Im letzten Stadium, unabhängig von einem Angriff des muslimischen Territoriums durch die Ungläubigen in ihrer Gesamtheit, sollte der Kampf der Muslime gegen sie stattfinden.«[54]

Dann zitiert er den Koranvers: »Und kämpft allesamt gegen die Heiden, so wie sie allesamt gegen euch kämpfen« (al-Tauba, 9:36), und kommentiert ihn mit den Worten:

> »Die Pflicht zum *Djihad* im Islam resultiert in der Notwendigkeit von *Qital*/Kampf gegen jeden, der nicht bereit ist, zu konvertieren und sich den islamischen Vorschriften zu unterwerfen.«

Es folgt eine militante Beschreibung unseres Zeitalters als »Rückfall in die *Djahiliyya*« mit der Darstellung der alternativen »Rückkehr zu Allah«:

> »Diese Rückkehr zu Allah kann nicht durch hoffnungsvolles Denken betrieben werden, sondern nur durch den Weg des *Djihad*.«

Ein anderer Fundamentalist, der jordanische Oberst Ahmed al-Mu'mini, vertritt in einem sehr verbreiteten Buch, das von Fundamentalisten auch in Algerien nachgedruckt wurde, seine Überzeugung, daß die beschriebene offensive Sichtweise von *Djihad* die Kriegsethik aller Armeen in islamischen Staaten bestimmen müsse.[55]

Ausblick:
Krieg der Zivilisationen – Friede den Menschen

Müssen Zivilisationen gegeneinander Krieg führen? Ist das Verhältnis der Zivilisationen zueinander nicht weit komplizierter, als die zwischen ihnen politisch errichteten Frontlinien vortäuschen?

Als Muslime auf dem Höhepunkt ihrer Zivilisation den nicht-muslimischen Aristoteles als den *Mu'alim al-Auwal*/den ersten Lehrer ehrten und ihren großen Philosophen al-Farabi als *al-Mu'alim al-Thani*/den zweiten Lehrer einordneten, haben sie nicht für einen Augenblick daran gedacht, daß das griechische Erbe, aus dem sie voll geschöpft hatten, aus dem *Dar al-Harb*/Haus des Krieges stammte. Ähnlich sah die westliche Zivilisation, die voller Vorurteile gegenüber dem Islam ist, keinen Widerspruch darin, den Hellenismus Athens auf dem Umweg über die Araber und deren Zivilisation zu übernehmen. Warum dann Krieg der Zivilisationen?

Menschen als mit Vernunft begabte Individuen sind im Grunde für den Frieden, nicht für den Krieg. Ordnet man die Menschen aber in Kollektive ein, die in der internationalen Politik Zivilisationen heißen, und definiert man diese dann noch religiös bzw. politisiert sie, dann werden sie zu Feinden: Damit sind wir beim Krieg der Zivilisationen. Wenn jede Zivilisation den Anspruch auf eine eigene Logik erhebt, dann kann jeder Begriff, auch der des Friedens, entsprechend willkürlich bestimmt werden; der politisierten Utopie des islamischen Universalismus stünde es damit frei, Frieden nur als Herrschaft des Islam zu deuten. Die westliche Zivilisation ist in dieser Hinsicht allerdings um keinen Deut besser. Und so prallen zwei Universalismen aufeinander.

Nach der menschlichen Vernunft bedeutet jede kollektive Gewalthandlung Krieg. Es macht keinen Unterschied, wenn Muslime glauben, ihre Friedensutopie berechtige zum Krieg, um den Islam über den gesamten Globus zu verbreiten. Nochmals: Das Motiv der Muslime, Krieg zu führen, ist die Verbreitung des Islam als Ausweitung des Hauses des Friedens. Die islamische Kriegs- und Friedensethik, die dieses edle Ziel verfolgt, legt auch der Kriegführung moralische Beschränkungen auf. Dennoch ist diese religiös definierte »Friedensperspektive« für andere Zivilisationen nicht akzeptabel. Um den Frieden der Menschheit zu erreichen, müssen unterschiedliche Zivilisationen auf einer nicht-religiösen Basis miteinander verkehren.

Aus der fachlichen Perspektive der Internationalen Beziehungen war die Welt des Islam auf dem Höhepunkt ihrer Zivilisation ein regionales und kein globales internationales System, trotz der universellen Ansprüche des Islam. In jener Zeit gab es noch keine Globalisierung. Das einzige globale System in der Geschichte der Menschheit ist das aus der europäischen Expansion hervorgegangene. In dieser globalen internationalen Gesellschaft »sind Naturgesetze dazu da, Beziehungen zwischen Völkern und Staaten untereinander in bezug auf Krieg und Frieden und Rechte und Verpflichtungen zu regulieren«.[56] Ist das eine Basis für eine globale Zivilisation?

Das Projekt, eine solche globale Zivilisation einzuführen, scheint vorläufig gescheitert zu sein. Die politische Gruppierung außerwestlicher Zivilisationen nach Religionen im Rahmen einer Revolte gegen die Weltordnung[57] (islamischer Fundamentalismus u.a.) scheint in unserer Zeit und auch in absehbarer Zukunft den Lauf der Dinge in der Weltpolitik zu bestimmen.

Das Studium der Kriegs- und Friedensethik in unterschiedlichen Zivilisationen ist insofern ein Beitrag zur Friedensforschung, als es die Idee der internationalen Gesellschaft auf der Grundlage der Etablierung von Gemeinsamkeiten bei gleichzeitiger Identifizierung der Unterschiede untersucht.[58] Unter Berücksichtigung dieser Idee stellt Kalevi Holsti gegen Ende seiner Studie über Krieg und Frieden von 1648 bis 1989 eine Frage, die ich in der Einleitung dieses Buches aufgenommen habe, nämlich, ob wir in unserer Gegenwart nicht »wirklich zwei separate, aber überlappende internationale Systeme hätten«. Er begründet diese Frage mit folgender Überlegung:

> »Die Neigung, sich in der Kriegführung zu engagieren ... ist verbunden mit Einstellungen, und diese Einstellungen unterscheiden sich in Teilen der Dritten Welt deutlich von denen, die sich in den meisten industrialisierten Ländern seit dem Großen Krieg durchgesetzt haben.«[59]

Die angesprochenen Teile der früheren »Dritten Welt«, vorrangig die Welt des Islam, formieren sich gegenwärtig zu Zivilisationen. Muslime versuchen sogar, ein eigenes internationales System (52 Staaten) aufzubauen. Das Wiedererstarken des islamischen Konzepts von *Djihad* in seiner selektiven Bedeutung von *Qital* ist in keiner Weise mit Befreiungskriegen verbunden, was die moderne Interpretation von *Djihad* als gerechtem Krieg nahelegen könnte. Vielmehr schürt die Neubelebung dieses Konzepts die von Holsti angesprochenen positiven Einstellungen gegenüber dem Krieg.

Im Rahmen dieser Schlußbetrachtungen möchte ich erneut betonen, daß die Interpretation von *Djihad* als gerechtem Krieg eine westliche Lesart ist. In seinem Klassiker über dieses Thema vertritt Majid Khadduri die Interpretation von *Djihad* als *bellum justum*, widerspricht sich jedoch, wenn er in einem folgenden Kapitel *Djihad* adäquat mit dem politischen Verständnis des Islam verbindet als

> »einem göttlichen nomokratischen Staat auf imperialistischer Basis ... Die Universalität des Islam hat ein alle Gläubigen – innerhalb der Welt des Islam – einigendes Element geliefert, und sein defensiv-offensiver Charakter hat einen permanent erklärten Kriegszustand gegen die Außenwelt – die Welt des Krieges – hervorgerufen. Der *Djihad* kann daher als das Instrument des Islam angesehen werden, um sein ultimatives Ziel, alle Menschen in Gläubige zu verwandeln, zu erreichen.«[60]

Im Gegensatz zu dieser Weltsicht sind gerechte Kriege solche, die zeitlich und geographisch begrenzt sind; sie sind weder universale noch permanente Kriege auf der Basis einer religiösen *Weltanschauung* zur Umgestaltung der Welt. Als Khadduri 1955 die amerikanische Ausgabe seines Buches über Krieg und Frieden im Islam (erste Ausgabe London 1941) veröffentlichte, hat er seine Beschreibung dieser Thematik mit dem etwas voreiligen Statement abgeschlossen:

»Gegenwärtig ist es nicht möglich, den traditionellen religiösen Ansatz der Außenpolitik wiederzubeleben ... Der *Djihad* ist zu einer obsoleten Waffe geworden.«[61]

Es ist richtig, daß sich alle islamischen Staaten durch ihre Mitgliedschaft in den Vereinten Nationen dem Völkerrecht unterworfen haben. Das Völkerrecht verbietet den Krieg, während die *Schari'a*[62] den Krieg gegen die Ungläubigen als eine Verpflichtung vorschreibt. Mit Blick auf unsere Thematik stellt sich folgende Frage: Ist diese Unterwerfung unter das Völkerrecht mit einer Revision der islamischen Kriegs- und Friedensethik einhergegangen? Oder war das internationale Verhalten der muslimischen Staaten schlicht ein Konformismus gegenüber der internationalen Gesellschaft? War die von den Vereinten Nationen verkündete globale Zivilisation nur eine Illusion: »United Nations – Divided World«?[63]

Der muslimische Rechtsgelehrte Najib al-Armanazi sagt in seiner Interpretation des islamischen Völkerrechts, daß

»für Muslime der Krieg die grundlegende Regel ist und Frieden verstanden wird als ein Waffenstillstand auf Zeit ... Nur in Zeiten der Schwäche ist es ihnen erlaubt, sich zu versöhnen.«[64]

Und er fügt hinzu:

»Für muslimische Juristen ist Frieden nur von Bedeutung, wenn er in Übereinstimmung mit *Maslaha*/Interessen der Muslime ist ... Darum ist Frieden nur ein befristeter Waffenstillstand, während Krieg die Regel ist.«[65]

Die meisten Autoren, die sich mit Krieg und Frieden im Islam befassen – der zitierte Majid Khadduri inbegriffen –, vergessen die Tatsache, daß es im Islam keine Staatstheorie gibt.[66] Krieg wird, wie wir gesehen haben, also nicht als Gewaltaustragung zwischen Staaten betrachtet, sondern ist die Auseinandersetzung zwischen den Muslimen als einer *Umma*/Gemeinschaft und dem von Ungläubigen bewohnten Rest der Welt, dem *Dar al-Harb*.

Armanazis 1930 auf arabisch veröffentlichte klassische Untersuchung über das islamische Völkerrecht versäumt nicht anzuerkennen, daß seit dem Westfälischen Frieden

> »die zivilisierte Welt neue Regeln etabliert hat, nach denen die Beziehungen zwischen Staaten auf der Basis von Gleichheit und gegenseitiger Anerkennung der Souveränität organisiert sind. Der Geist, der die großen arabischen Eroberer entflammt hat, nämlich ihre Macht der gesamten Welt aufzuerlegen, ist mit diesen neuen Regeln nicht vereinbar ... Trotz dieses Widerspruchs haben die Muslime die Souveränität der anderen Staaten, mit denen sie auf der von ihren Vorfahren überlieferten Basis Beziehungen unterhalten, praktisch anerkannt. Diese Basis ist das *Aman*/Gewohnheitsrecht oder die Regel der Respektierung von Vereinbarungen (*Ahd*, Plural: *'Uhud*).«[67]

Kurzum, muslimische Staaten halten sich praktisch an das Völkerrecht, ohne jedoch die geringste Anstrengung zu unternehmen, die überholte islamische Kriegs- und Friedensethik daran anzupassen. Aus diesem Grund stützen sie sich auf Konformismus, so wie ich ihn in diesem Kapitel erläutert habe, nicht aber auf ein Überdenken der Tradition, um eine islamische Akzeptanz für die Naturgesetze zur Regulierung von Krieg und Frieden zu etablieren. Im Zeitalter des religiösen Fundamentalismus wird selbst dieser Konformismus angefochten, wie ich in diesem Kapitel gezeigt habe. Islamische Fundamentalisten greifen islamische Konformisten als »Ungläubige« an und bedrohen ihr Leben.

Die Juristin Ann E. Mayer kommt in ihrer Analyse von Krieg und Frieden in der islamischen Tradition und im Völkerrecht zu der Erkenntnis:

> »Während die muslimischen Staaten dem Völkerrecht folgen ... beweisen die Fakten, daß die Muslime nach wie vor davon überzeugt sind, daß ihre eigene religiöse Tradition relevant bleibt.«

Ihre optimistische Schlußfolgerung, daß

»islamische und internationale Rechtstraditionen, lange getrennt durch unterschiedliche Perspektiven, nun beginnen, auf Gebieten gemeinsamer Interessen aufeinander zuzugehen«[68],

ist jedoch durch nichts bewiesen und kann angesichts der Realität nicht aufrechterhalten werden. Diese Annäherung bleibt auf rein praktische Aspekte beschränkt und betrifft nicht die Kriegs- und Friedensethik. Praktischer Konformismus stellt keine ethische Annäherung dar. Ich habe bereits argumentiert, daß dieser Konformismus im Rahmen der fundamentalistischen Herausforderung brüchig geworden ist.

In den frühen Jahren der nationalen Befreiungskriege gegen die europäische Kolonialherrschaft gab es schon einmal eine – damals berechtigte – Revolte gegen den Westen. Sie baute jedoch auf die westlichen Werte von Freiheit, Souveränität und Demokratie auf. Der islamische *Djihad* wurde seinerzeit als Selbstbestimmungsrecht gegen die koloniale Herrschaft im Rahmen eines legitimen Befreiungskrieges interpretiert.[69] In unserer Gegenwart jedoch zeigt

»die Neubesinnung nicht-westlicher Völker auf ihre traditionellen, heimischen Kulturen, wie wir dies im Fundamentalismus veranschaulicht finden, (deutlich, daß) in bezug auf Werte die Distanz zwischen ihnen und den westlichen Gesellschaften größer ist als in ... Jahren der ... Dekolonisation«.[70]

Insbesondere hinsichtlich der Kriegs- und Friedensethik tritt hierbei die große Kluft zwischen den religiös bestimmten und auf dieser Basis politisierten Zivilisationen zutage.

Meine Schlußfolgerung lautet demnach: Während sich das internationale System strukturell enger zusammenschließt, wird die internationale Gesellschaft im Hinblick auf Normen und Werte, das heißt in bezug auf Ethikvorstellungen, kulturell immer stärker fragmentiert. Der Konflikt zwischen der islamischen Kriegs- und Friedensethik und der internationalen Gesellschaft ist ein dramatisches Beispiel für die Verschärfung des Konflikts zwischen den Zivilisationen. Wir sind bereits Zeugen eines *weltanschaulichen Kriegs der Zivilisationen* (universelle Gültigkeit der Normen und Werte gegen die Versuche ihrer Entwestlichung), der zu eskalieren droht.

Gerade an der Problematik von Krieg und Frieden wird deutlich, wie sträflich es ist, die Anerkennung von kultureller Vielfalt (das heißt Kulturpluralismus) mit einem wie immer gearteten Kulturrelativismus zu verwechseln. Diese Diskussion habe ich in meinem Aufsatz »Kulturrelativismus und Werteverlust« (*Die Politische Meinung*, Dezember-Heft, 1994) geführt, und sie wird im folgenden sechsten Kapitel aufgenommen. Hierbei geht es um die fragwürdige Position des Kulturrelativismus, *jede* Universalität von Normen und Werten abzulehnen. Die Menschheit kann aber im Zeitalter des weltanschaulichen Krieges der Zivilisationen nicht auf eine universelle, das heißt für alle Kulturen und Zivilisationen gültige Bestimmung von Frieden als Widerspruch zu jedem Gewaltakt verzichten. Die islamische Doktrin begreift islamische Kriegführung und Gewaltanwendung als eine Vorarbeit für den Weltfrieden, wie das Motto zum vierten Kapitel zeigt. Ein Kulturrelativist würde diese Position als eine islamische Präsentation des islamischen Friedensbegriffes zulassen und folgerichtig tolerieren. Ein Vertreter der internationalen, also kultur-übergreifenden Moralität, der ich in diesem Buch bin, würde dagegen auf die Ablehnung jeder Form von Gewalt bestehen. Auch islamische Gewalt ist ein Widerspruch zum Frieden. Frieden ist ein universeller, für alle Kulturen und Zivilisationen gültiger Wert und nicht Ausdruck der Gleichsetzung von »Haus des Islam/*Dar al-Islam*« mit Haus des Friedens.

Kapitel 5

Hat jede Zivilisation ihr eigenes Wissen?
Weltweite Entwestlichung als Weg zum Heil

»Die zunehmende Intellektualisierung und Rationalisierung ... bedeutet die Entzauberung der Welt ... in der okzidentalen Kultur.«

Max Weber, *Vom inneren Beruf zur Wissenschaft*

»Der Positivismus ... war eine jener Schulen des Argwohns, die in der ›modernen‹ Zeit ihre Blüten getrieben haben ... Der ganze Rationalismus der letzten Jahrhunderte kann ... als Weiterführung und Weiterentwicklung der Positionen Descartes' gelten ... (Er) führt durch die Verabsolutierung des subjektiven Bewußtseins ... zum reinen Bewußtsein des Absoluten ... Damit tritt die Metaphysik in den Hintergrund ... Der Rationalismus der Aufklärung hat den wahren Gott und insbesondere den Erlösergott in Klammern gesetzt.«

Johannes Paul II., *Die Schwelle der Hoffnung überschreiten*, 1994

»Der heilige Koran ist die vollständige und abschließende Offenbarung ... und es gibt kein anderes Wissen, welches den Menschen leiten und retten kann ... Die von der westlichen Zivilisation ausgehende Herausforderung ... ist ... der Skeptizismus, welcher Zweifeln und Vermuten in den Rang einer wissenschaftlichen Methode erhebt.«

Der islamische Fundamentalist Sayed al-Attas, *Islam, Secularism and the Philosophy of the Future*, 1985

Einführung

Vom gesunden Menschenverstand ausgehend, würde man argumentieren, daß Menschen aus unterschiedlichen Kulturen und Zivilisationen zwar nicht dieselbe Denkweise und Weltsicht haben, daß Wissen aber trotzdem allgemein-menschlich sei. Ein Chinese, ein Muslim oder ein Europäer müßten gleichermaßen erkennen, daß der wolkenfreie Himmel blau ist. Diese einfache Annahme scheint auch den Parallelschluß zuzulassen, daß menschliche Grundbedürfnisse ähnlich sind. Die Menschheit ähnelt sich in diesem Punkt, und so könnten die Zivilisationen – theoretisch – zueinanderfinden. Tatsächlich aber füllen Menschen aus unterschiedlichen Zivilisationen dieselben Begriffe mit jeweils eigenen spezifischen Inhalten, so daß jede Zivilisation ihre eigene Wissenstradition hat, insbesondere dann, wenn sie Wissen religiös definiert. In diesem Sinne verstehen traditionelle Muslime und moderne islamische Fundamentalisten unter Krieg und Frieden etwas anderes als die Europäer. Alle Zivilisationen wollen Frieden, da sie jedoch eine unterschiedliche Vorstellung von Frieden haben, verfolgen sie dabei nicht immer dieselben Ziele.

Trennt man Wissen von Religion, dann ergeben sich Anhaltspunkte für eine Annäherung der Menschen aus unterschiedlichen Zivilisationen, weil dann die Gleichheit der Menschen stärker als ihre Andersartigkeit zum Vorschein kommt. Oder noch klarer formuliert: Religion, besonders politisierte Religion, errichtet unüberbrückbare Grenzen zwischen den Zivilisationen. Ein friedliches Miteinander kann es offenbar nur auf säkularer Basis geben; die Geschichte der Philosophie im Hochislam des Mittelalters bietet den besten Beweis für die Möglichkeit einer zivilisatorischen, hier islamisch-griechischen, Synthese.

Wird Wissen auf der Grundlage von Religion definiert, dann führt das automatisch zur Ausgrenzung aller Menschen, die nicht der betreffenden Religionsgemeinschaft angehören. Bestimmt man Wissen dagegen auf der Grundlage der menschlichen Vernunft, wie dies in der griechischen Klassik, im islamischen Rationalismus und auf dem Höhepunkt der europäischen Aufklärung geschehen ist, dann werden Brücken zwischen den Zivilisationen geschlagen. Aus diesem Grund ist der zeitgenössische Trend zur Entwicklung von Partikularwissen unter dem Oberbegriff der Entwestlichung des Wissens sehr besorgniserregend. Westliche Kulturrelativisten, die in der Regel Postmodernisten sind, wollen jedes Allgemeinwissen abschaffen und halten den Begriff der »Wahrheit« für antiquiert; sie rücken, ohne es zur Kenntnis nehmen zu wollen, näher an die Front des Kriegs der Zivilisationen. Ernest Gellner hat in seiner Kritik der Postmoderne gezeigt, daß universelle Standards erforderlich sind, um den Begriff der Menschheit als Einheit zu verteidigen.[1]

In der religiös definierten islamischen Zivilisation stoßen wir auf einen partikularen Wissensbegriff, den der führende Islamwissenschaftler W. Montgomery Watt folgendermaßen beschrieben hat:

»Wenn Muslime von Wissen sprechen, denken sie in erster Linie an ein ›Wissen für das richtige Leben‹, wohingegen ein Angehöriger der westlichen Zivilisation unter Wissen ein ›Wissen für Macht‹ versteht, das heißt ein Wissen, das die Kontrolle über natürliche und materielle Objekte sowie über menschliche Individuen und Gesellschaften ermöglicht. Mit Bezug auf das für das rechtgeleitete Leben notwendige Wissen, bestehend aus religiösen und moralischen Werten, beansprucht der Islam Finalität und Selbstgenügsamkeit ... Muslime bekunden ein überraschend geringes Interesse an anderen Formen des Wissens, selbst an denjenigen, welche für sie aus praktischen Gründen nützlich wären.«[2]

Als der weltweite Globalisierungsprozeß auch die Zivilisation der »Welt des Islam« erreicht hatte und sie in die modernen Strukturen integrierte, wurden sich die Muslime ihrer Unterlegenheit bewußt und somit neugierig auf die eindringenden

Mächte. Sie erkannten, daß die europäische Herrschaft ihre Überlegenheit dem modernen Wissen verdankte. Trotz der kulturell bedingten, grundlegenden Unterschiede zwischen dem säkularen westlichen und dem religiösen muslimischen Verständnis von Wissen bemühten sich frühe islamische Reformer wie Mohammed Abduh am Ende des 19. Jahrhunderts, die modernen westlichen Wissenschaften in den Islam einzuführen. Zugleich suchten sie nach Wegen, eine Harmonie zwischen modernem Wissen und islamischer Zivilisation herzustellen. Ihr Ziel bestand darin, die Kluft zwischen muslimischem und europäischem Wissen zu überwinden.[3]

Das Scheitern islamischer Reformversuche im Übergang zum 20. Jahrhundert ermöglichte den Aufstieg säkularistischer Konzepte in den ersten Dekaden dieses Jahrhunderts. In der Phase nach der Auflösung des Osmanischen Reiches 1924 gewannen säkularer Nationalismus und Liberalismus an Boden und lösten die islamischen Ordnungsvorstellungen und auch das Wissenskonzept ab. Bis zur arabischen Niederlage im Sechstagekrieg im Juni 1967 war der säkulare Nationalismus die vorherrschende politische Ideologie. Jene Niederlage aber markierte das Scheitern des säkularistischen Modells und führte in eine Krise des säkularen Nationalstaats, die wir in Kapitel 1 untersucht haben. Die Neubelebung islamischer Vorstellungen ist ein Resultat dieser Krise.

Die siebziger Jahre waren durch den Aufstieg des islamischen Fundamentalismus geprägt, der *nicht nur* eine politische Bewegung zur Abwehr der politischen und ökonomischen Hegemonie des Westens ist. Er verfolgt auch zivilisatorische Ziele, wie die Islamisierung des Wissens. Sie ist Ausdruck einer »Revolte gegen den Westen«, schreibt Hedley Bull, die eine »Erhebung der traditionellen und lokalen Kulturen nicht-westlicher Völker, für die der islamische Fundamentalismus beispielhaft ist«[4], manifestiert. »Die Revolte gegen den Westen« ist nicht einfach eine politische Revolte gegen die westliche Herrschaft, wie dies

245

während der Periode der Entkolonialisierung der Fall gewesen ist. Die gegenwärtige fundamentalistische Revolte richtet sich gegen westliche Normen und Werte und ist als solche Ausdruck des weltanschaulichen Kriegs der Zivilisationen. Dieses Anliegen wird vom intellektuellen Vater des islamischen Fundamentalismus, Sayyid Qutb, sehr freimütig und mit unübertrefflicher Klarheit formuliert:

»Die Schlacht findet zwischen den Gläubigen und ihren Feinden statt ... Sie ist weder politischer noch ökonomischer Natur ... Im Zentrum des Konflikts steht der Kampf um den Glauben. Die jeweiligen Optionen sind: entweder Unglaube oder Glaube, was bedeutet, entweder *Djahiliyya* (der islamische Begriff für Ignoranz, das vorislamische Zeitalter, B.T.) oder die Akzeptanz des Islam.«[5]

So gesehen, ist die Islamisierung des Wissens eine »Schlacht gegen den Unglauben«, eine Selbstbehauptung des lokalen gegen das globale Wissen und die damit verbundene fremde Zivilisation.

In diesem Kontext muß die Frage wiederholt werden, ob es parallel zum Prozeß der strukturellen Globalisierung, der das ausgehende 20. Jahrhundert prägt, ein allgemein-menschliches, das heißt universell anerkanntes Wissen geben kann. Darüber hinaus müssen wir uns fragen, wie wir den Versuch des islamischen Fundamentalismus, die Universalisierung des modernen Wissens zu bekämpfen, zu bewerten haben? Können wir in dieser Diskussion die Postmoderne als Erklärungsmuster heranziehen? Ist es möglich, die um das Wissen zentrierte islamische »Revolte gegen den Westen« mit einem postmodernen Projekt zu identifizieren? Oder ist sie einfach – wie schon erwähnt – eine auf eine Weltanschauung bezogene Kriegserklärung im Zivilisationskonflikt?

Islamische Postmoderne: Was ist das?

Es läßt sich beobachten, daß manche Muslime die Debatte über Moderne/Postmoderne als Teil ihrer Revolte gegen den Westen für sich in Anspruch nehmen. Die Globalisierung der Moderne wird als *Taghrib*/Verwestlichung gebrandmarkt und so als *Mu'amara*/Verschwörung gegen den Islam denunziert.[6] Führende fundamentalistische Autoren, wie etwa Yusuf al-Qaradawi, weisen in diesem Sinne universelles Wissen als eine Form der Verwestlichung zurück, ohne jedoch die Moderne insgesamt zu verdammen; sie erkennen daher die Unterscheidung zwischen Modernismus und Traditionalismus an.[7] Sie lehnen die Moderne nur dann ab, wenn sie die islamische *Asalah*/Authentizität in Frage stellt und in Gestalt westlicher Herrschaft auftritt. Das ist an sich nicht falsch. Der Begriff »Herrschaft« wird jedoch dermaßen ausgeweitet, daß er alles, also auch die Verbreitung modernen nicht-religiösen Wissens, umfaßt. Westliche Epistemologie, das heißt die westliche Erkenntnistheorie, wird von den islamischen Fundamentalisten als Bestandteil dieser Herrschaft aufgefaßt. Ist das Postmoderne?

In einer neueren Veröffentlichung artikuliert der Pakistani Akbar Ahmed einen islamischen Anspruch auf die Postmoderne, obwohl er sich der Tatsache voll bewußt ist, daß Postmoderne – wie auch die Moderne – ein westliches Konzept ist. Seiner Ansicht nach »wurde die modernistische Phase der Muslime durch den europäischen Kolonialismus hervorgerufen«.[8] Muslime adaptierten die Moderne – so führt er aus – »als ein Mittel, um westliche Bildung, Technologie und Industrie zu erwerben. Die Ideen der Demokratie ... wurden mit Vorbehalten diskutiert.« Muslime wollen demnach die Instrumente der Moderne postmodern annehmen, ihre Logik aber zurückweisen.

Es ist wichtig zu betonen, daß die Moderne aus einer institutionellen Dimension und aus einem kulturellen Projekt besteht.[9] In der Realität ist nur die auf Herrschaft bezogene, institutionelle Dimension globalisiert worden, nicht aber die auf Emanzipation gerichtete kulturelle Moderne. Dennoch haben Muslime im Zuge der Entkolonialisierung auf europäisches Gedankengut zurückgegriffen. Seitdem hat jedoch ein fundamentaler Sinneswandel stattgefunden. In unserem Zeitalter des weltweiten Fundamentalismus resultiert die kulturelle Wiederbehauptung in der Ablehnung fremden Wissens und konsequenterweise zugleich in der Zurückweisung der kulturellen Moderne selbst. Parallel dazu befürworten islamische Fundamentalisten aber die Inanspruchnahme fremder Instrumente, das heißt moderner Wissenschaft und Technologie.

Diese Ambivalenz muslimischer Fundamentalisten gegenüber der Moderne und ihrer Aufspaltung in zwei Bestandteile ist am treffendsten mit dem Begriff vom »islamischen Traum von der halben Moderne« zu umschreiben. Für manche islamische Autoren ist diese Dualität Ausdruck einer Postmoderne: Der islamische Modernismus wird aus ihrer Sicht zur Aneignung der westlichen Zivilisation, der islamische Postmodernismus hingegen zur Ablehnung des Westens zugunsten des eigenen Universalismus. So »dürften der islamische und der westliche Postmodernismus wenig ... gemeinsam haben«[10], schreibt der Muslim Akbar Ahmed. Diese neo-absolutistische islamische Grenzziehung scheinen die meisten westlichen Postmodernisten, die Kulturrelativisten sind, nicht zu begreifen. Nach Ahmed ist universelles Wissen für Muslime nicht akzeptabel, wenn in ihm »die globale Zivilisation des Westens« zum Ausdruck kommt. Dem werden von muslimischer Seite die universellen Ansprüche der islamischen Zivilisation entgegengesetzt.

In den meisten auf arabisch publizierten Arbeiten islamischer Fundamentalisten wird die Beziehung zwischen »dem Westen« und der »Welt des Islam« mit Bezug auf die unvereinbaren und rivalisierenden Wissenskonzepte als Feindschaft zweier Zivilisationen definiert. Für die betreffenden Autoren kann nur das muslimische Wissen universelle Gültigkeit beanspruchen. Der

Glaube an die Überlegenheit des Islam aber basiert auf dem überlegenen islamischen Wissen von der Welt, wie es in der koranischen Offenbarung festgelegt ist. Islamische Fundamentalisten erkennen nicht länger die Überlegenheit des modernen Wissens an, wie es der Muslim Tahtawi im vergangenen Jahrhundert in seinem Pariser Tagebuch tat.[11] Sie sind vielmehr überzeugt, daß die »verschwörerischen« westlichen Versuche, den Islam zu schwächen, sich gerade auf das islamische Wissen konzentrierten, weil dieses dem westlichen überlegen sei (vgl. Anm. 6). Aus dieser Perspektive gerät die Verschwörung der westlichen Durchdringung des *Dar al-Islam*/Haus des Islam zu einer *ghazu al-fikri*/intellektuellen Invasion.[12] Das wichtigste Anliegen muslimischer Fundamentalisten muß es daher sein, den intellektuellen Einfluß des Westens auf die eigene Zivilisation auszulöschen. Der Wiederbelebung des wahren islamischen Wissens, das für die Artikulation der *hall al-Islami*/islamischen Lösung – der islamischen Alternative – notwendig ist, kommt dabei vorrangige Bedeutung zu.[13]

Gegenwärtig ist dies die vorherrschende geistige Strömung in der gesamten islamischen Zivilisation. Das Wiederaufleben des politischen Islam ist Teil eines kulturellen Programms zur Entwestlichung des Wissens. Diese islamische Postmoderne stellt in Wirklichkeit aber eine Rückkehr zur Vormoderne dar. *Die europäische Postmoderne ist kulturrelativistisch; die islamische Postmoderne ist neo-absolutistisch.* Somit vertreten sie unterschiedliche Weltanschauungen und haben nichts mehr miteinander gemein.

Um die Politik der Islamisierung des Wissens genauer zu untersuchen, ist es erforderlich, sich zunächst einmal mit einer Reihe von Fragen über Globalisierung und Moderne zu befassen. Die zentralen Fragestellungen in bezug auf Kultur und Gesellschaft lauten: Wird die strukturelle Globalisierung in einer internationalen Gesellschaft von einer Universalisierung des Wissens begleitet?[14] *Oder* gibt es kulturell fundierte eigenständige Denkweisen, die sich vom kartesianischen Diskurs[15], der der rational-modernen Weltsicht zugrunde liegt, unterscheiden?

Die Zurückweisung der okzidentalen Rationalität der Moderne durch die islamischen Fundamentalisten läuft auf eine Zurückweisung der kulturellen Moderne schlechthin hinaus. Parallel dazu kommt es zu einem generellen Bemühen um eine Islamisierung des Wissens[16], wobei die Fundamentalisten eine spezifisch muslimische, also exklusive Denkweise im Zivilisationskonflikt unterstellen. Aus diesem Grund liegt das Hauptaugenmerk bei einer Analyse der Politik der Islamisierung des Wissens auf den von Fundamentalisten so bezeichneten islamischen Sozialwissenschaften, die die Unterschiede zwischen Muslimen und Nicht-Muslimen im Denken weltanschaulich kultivieren sollen.

Ausgangspunkt ist die muslimisch-fundamentalistische Klage über die westliche *ghazu al-fikri*/intellektuelle Invasion der islamischen Zivilisation: Sie führe zum Eindringen einer feindlichen westlich-modernen Denkweise in die islamischen Bildungs- und Erziehungsinstitutionen. Da westliches Wissen aus Sicht der Fundamentalisten keine universelle Geltung mehr beanspruchen kann, lautet ihr Gegenprogramm: Entwestlichung des Wissens und Streben nach Authentizität.

Grundlegend für das Islamisierungsprogramm ist die islamische Ablehnung des europäischen *Projekts der Moderne* und seines *Subjektivitätsprinzips*.[17] Mit Bezug auf die Sozialwissenschaften soll die von muslimischen Fundamentalisten angestrebte Entwestlichung des Wissens zu einer Etablierung der authentischen islamischen Geisteswissenschaften führen. Diese Forderung nach »Endogenisierung« (endogen = einheimisch) stelle »primär eine Dritte-Welt-Reaktion« auf den Universalitätsanspruch des westlichen Wissens dar. Damit sei sie, wie Albrow bemerkt, ein

»expliziter Widerstand gegen den Import von ... sozialwissenschaftlichen Modellen und besonders gegen eine Terminologie und gegen Methoden, welche in der und für die Erste Welt entwickelt worden sind ... (Es handelt sich um) eine Betonung der eigenständigen ... kulturellen Tradition, und der Möglichkeiten, in ihr Anregungen für neue Richtungen zu finden ...«[18]

Der große deutsche Soziologe Max Weber glaubte einst, daß Wissenschaft »in ihrem Entwicklungsstand, den wir als gültigen Standard anerkennen«[19], in keiner anderen Zivilisation als der des Okzidents existiere. Max Weber war kein Wissenschaftshistoriker und auch kein exakter Wissenschaftler im naturwissenschaftlichen Sinne, wenngleich er große Anstrengungen unternahm, um die Grundlagen für objektives Wissen in der Soziologie zu schaffen. Er stützte sich dabei allerdings eher auf eine interpretative als auf eine quantitative methodologische Basis, wie diese heute unter US-amerikanischen Wissenschaftlern und ihren europäischen Nachahmern Mode ist. Weber unternahm diese Anstrengungen nach den Grundsätzen des modernen wissenschaftlichen Verständnisses von Objektivität. Eigentlich müßte dieser Gedanke eines objektiv gültigen Wissens alle Zivilisationen verbinden, was aber nicht der Fall ist. Max Weber wußte, daß in den okzidentalen Rationalismus und seinen Wissensbegriff Einflüsse der altgriechischen, islamischen und chinesischen Zivilisation eingegangen sind, und war daher nicht eurozentrisch.

Das Webersche Konzept okzidentaler Rationalität beruht auf der modernen Auffassung von Wissenschaft, wie sie sich in Europa seit dem 17. Jahrhundert entwickelt hat.[20] Der Begriff von der *Entzauberung der Welt* ist ein bedeutendes Ergebnis des Weberschen Denkens. Die meisten Wissenschaftshistoriker teilen sein Argument, daß die moderne Wissenschaft den größten Beitrag zum modernen Weltbild geleistet habe, zu einer radikal neuen Sicht der Welt, die auf den Wissenschaften als säkularem Wissen basiere.

Ist das ein universell anerkannter Standard? In unserer Epoche des Zivilisationskonflikts scheint die Antwort darauf bedauerlicherweise negativ zu sein. Westliche Postmodernisten leugnen die Idee einer Objektivität, und nicht-westliche Vormodernisten verwechseln Mythen und objektives Wissen. Es gehört zur postmodernen Toleranz im Westen, die Verwechslung und ihre neo-absolutistischen Auswüchse zu respektieren.

Die fundamentalistische Herausforderung der westlichen Universalität

Zeitgenössische religiöse Fundamentalisten, ob Christen, Muslime, Juden, Sikhs, Hindus oder andere, bekämpfen das auf dem kulturellen Projekt der Moderne basierende säkulare Wissen. Ihr Gegenprojekt ist die religiöse Bestimmung (vgl. Kapitel 3). Im Mittelpunkt ihrer Kampagnen steht die rationale Weltsicht der Moderne, die sie zurückweisen.[21] In ihrer Revolte gegen die universelle Geltung des säkularen Wissenskonzepts stehen die muslimischen Fundamentalisten also nicht allein. Der islamische Fundamentalismus, der so vielfältig ist wie die kulturellen Erscheinungsformen des Islam selbst, nimmt jedoch wegen seines Universalismus eine Vorrangstellung ein.

Anhand von Beobachtungen in Ägypten habe ich meine Studie *Islamischer Fundamentalismus, moderne Wissenschaft und Technologie* (vgl. Anm. 9) angefertigt, wobei ich islamische Fundamentalisten nach fünf Idealtypen im Weberschen Sinne unterscheide. Hier reicht es, den Fundamentalismus generell als Gegenkraft zur Moderne zu definieren, weil alle Fundamentalisten – trotz ihrer inneren Vielfalt – dieses Merkmal teilen. Jenseits dieser Gemeinsamkeit müssen wir jedoch von Fundamentalismen, also in der Mehrzahl, sprechen, um der Vielfalt dieses Phänomens Rechnung zu tragen.

Zunächst möchte ich von der Beobachtung ausgehen, daß einige westliche Gelehrte, wie Daniel Bell und Richard Falk, die Wiederbelebung des Religiösen gegen den Weberschen Begriff der *Entzauberung* als eine Art postmoderner Erscheinung positiv einschätzen. Aus diesem Blickwinkel betrachtet, werden dem Wissensprogramm islamischer Fundamentalisten postmoderne Züge zugeschrieben. Jenseits postmodernistischer Phrasen bestehen keine Zweifel daran, daß das Webersche Konzept der Rationalität und die damit zusammenhängende Suche nach wissenschaftlicher Objektivität die Basis für die Arbeit der meisten sozialwissenschaftlichen Schulen unseres Jahrhunderts sind. Die kulturelle Zugehörigkeit spielt für die Vertreter des Weberschen Konzepts keine Rolle: Sie beanspruchen dafür Universalität.

Die dem entgegenstehende Forderung nach einer Islamisierung der Wissenschaften (vgl. Anm. 16) richtet sich gegen ebendiese gemeinsame Basis. Fundamentalistisch gesinnte muslimische Gelehrte lehnen die vorherrschenden Standards der Wissenschaft als Ausdruck eines »epistemologischen Imperialismus des Westens«[22] ab; sie versuchen, ein alternatives, spezifisch islamisches Wissenskonzept, insbesondere für die Geisteswissenschaften, einzuführen. Dieses Konzept, für das sie ihrerseits universelle Geltung beanspruchen, basiert auf dem Glauben an die islamische Offenbarung.

Folgt man dieser Alternative, dann ist die im Korantext festgeschriebene Offenbarung und nicht mehr die menschliche Vernunft die primäre Quelle des Wissens für die gesamte Menschheit. Die Verbreitung und Durchsetzung dieses Konzepts steht auf dem Programm muslimisch-fundamentalistischer Autoren ganz oben. Sie wollen die Welt des Islam entwestlichen, das heißt: von westlichen Einflüssen im Bereich des Wissens befreien. Diese Strategie reißt einen Graben zwischen ihnen und allen anderen Zivilisationen, also nicht nur der westlichen Zivilisation, auf.

Die Behauptung, daß alle Richtungen des islamischen Fundamentalismus eher Ausdruck eines sozialen und politischen als eines religiösen Phänomens sind und mit einer zumeist von halb-modernisierten muslimischen Intellektuellen getragenen Revolte gegen das moderne Zeitalter[23] zusammenhängen, ist nicht völlig falsch. Es ist wahr, daß ökonomische Verelendung, soziale Entwurzelung und politische Opposition die wichtigsten Rahmenbedingungen für den politischen Aktivismus zeitgenössischer Fundamentalisten sind. Dennoch ist es falsch, den islamischen Fundamentalismus in einer solch reduktionistischen Manier (Reduktionismus = auf einen Faktor einseitig zurückführen) zu analysieren; er ist nicht allein das Produkt sozialen und ökonomischen Elends. Auch kann der islamische Fundamentalismus nicht einfach auf politischen Aktivismus reduziert werden. Die Darstellung des islamischen Fundamentalismus als eines politischen Extremismus gehört zu den Spezialitäten vor allem der US-amerikanischen Medien.

Von zentraler Bedeutung ist die Beobachtung, daß der islamische Fundamentalismus für die gegenwärtig von der Mehrheit der Muslime geteilte Weltsicht steht und aus einer psycho-sozial bedingten kulturellen Sinnkrise resultiert. Obwohl die fundamentalistischen Aktivisten nur eine Minderheit sind, reflektieren ihre Ideen die politischen Optionen der Mehrheit der Muslime. Zum Fundamentalismus gehören auch die Versuche muslimisch-fundamentalistischer Intellektueller, Konzepte zu erarbeiten, die eine Alternative zu den in der internationalen Gesellschaft vorherrschenden Konzepten bieten sollen. Diese mehr oder weniger ernst zu nehmenden Versuche zielen auf die Entfaltung einer neuen, authentischen islamischen Weltsicht, um somit die kollektive Identitätskrise zu lösen. Die Geisteswissenschaften stehen im Mittelpunkt dieser wissenschaftlich-fundamentalistischen Anliegen.

Muslimische Fundamentalisten betrachten die in den zeitgenössischen, westlich dominierten Sozialwissenschaften vor-

254

herrschenden Methoden und Konzepte nicht nur als *qasira/*inadäquat für die Analyse islamischer Gesellschaften, sondern vor allem als *mu'adiya/*feindlich gegenüber dem Islam.[24] Deshalb verfolgen sie das Ziel, diese säkularen Sozialwissenschaften durch authentisch islamische Wissensdisziplinen zu ersetzen, die auf der *'aqida Islamiyya/*islamischen Doktrin basieren. Im Rahmen dieser Islamisierung des Wissens wird also eine Entwestlichung des Wissens angestrebt.[25]

Dieses Projekt ist ein Programm gegen die von Weber beschriebene *Entzauberung der Welt*, die als eine der herausragenden Errungenschaften der europäischen Moderne gilt. Den Globalisierungserscheinungen – und ihren kulturellen und sozialhistorischen Konzepten – erteilen die Verfechter der Islamisierung des Wissens eine Absage, wobei sie übersehen, daß das säkulare Wissenskonzept die moderne Wissenschaft erst ermöglicht hat. Aus der Nähe betrachtet, erscheint dieses Projekt eines universellen islamischen Wissenskonzepts eher selbstbehauptend und defensiv-kulturell als postmodern.

Nur wenn wir Kolonialisierung und Modernisierung gleichsetzen wollten, könnten wir die islamische Selbstbehauptung als ein postmodernes Phänomen begreifen. Aber »kolonial« ist nicht »modern«, und »postkolonial« ist nicht »postmodern«. Der europäische Kolonialismus und das objektive Wissen der Moderne sind zweierlei. Die kulturelle Moderne mit kolonialer Herrschaft gleichzusetzen käme einer propagandistischen Diffamierung gleich – eine Versuchung, der viele Postmodernisten im Bündnis mit den Fundamentalisten erliegen.

Es ist wichtig, die historischen Gründe für die defensivkulturelle Reaktion[26] wie auch für die Krise des betroffenen islamischen kulturellen Systems aufzuzeigen, weil diese Krise viel älter ist als der zeitgenössische Fundamentalismus. Der geschichtliche Hintergrund, den man sich vergegenwärtigen muß, ist die Konfrontation der Welt des Islam mit dem Aufstieg des Westens. Die militärische Revolution von 1500 bis 1800, die ihrerseits auf einer Revolution des Wissens beruhte[27], hatte eine Serie von Niederlagen der islamischen Welt zur Folge, die mit der gescheiterten Belagerung von Wien (1683) begann, sich mit den Friedensschlüssen von Carlowitz (1699) und Passarowitz (1718) fortsetzte und – aus islamischer Sicht – bis zur Niederlage im Sechstagekrieg von 1967 und im Golfkrieg von 1991 reicht. Daß diese Serie von militärischen Niederlagen[28] nicht allein auf die oben erwähnte militärische Revolution reduziert werden kann, wird von Muslimen dabei außer acht gelassen. Sie wollen nicht wahrhaben, daß der Moderne ein kulturelles Projekt, das eine auf den Menschen zentrierte säkulare Weltsicht und ein *Könnensbewußtsein*[29] hervorgebracht hat, zugrunde liegt: die Einsicht in die Fähigkeit des Menschen, zu wissen und seine soziale und natürliche Umwelt autonom zu verändern, ungeachtet übernatürlicher Kräfte, wie etwa des göttlichen Willens. Dieses Konzept des *Könnensbewußtseins* steht dem im Koran offenbarten islamischen Glauben entgegen, daß Gott der Schöpfer (*al-Khaliq*) ist und der Mensch sein Geschöpf (*Makhluq*), das sich Allahs Willen vorbehaltlos unterwirft und von ihm geleitet wird.[30]

Unter den zeitgenössischen islamischen Fundamentalisten dominiert die Ansicht, die Sayyid Qutb formuliert hat: Die Auffassung der kulturellen Moderne, daß der Mensch über sich selbst bestimme, sei eine Form von *Neo-Djahiliyya*, das heißt vorislamischer Unglaube in neuer Gestalt. Qutb setzt diese Sicht der Dinge einer Häresie gleich, denn sie resultiere in »der Suspendierung von Allahs Souveränität auf Erden ... und verleiht die politische Herrschaft den Menschen, welche zu Göttern werden«.[31] Mit anderen Worten: Die kulturelle Moderne sei ein häretischer Glaube an die Fähigkeiten des Menschen, wodurch der religiöse Glaube an Gott abgelöst werde.

Heutige muslimische Fundamentalisten lehnen die Moderne ab und weigern sich, zwischen ihrer institutionellen Dimension und ihrem kulturellen Projekt zu unterscheiden. Sie verwechseln beide Aspekte und übertragen ihre aus der Konfrontation mit der Kolonialherrschaft gewachsene Ablehnung des Westens auf die kulturelle Moderne schlechthin.

Die muslimischen Fundamentalisten befinden sich damit in dem Dilemma, daß sie sich einerseits die Instrumente der Moderne (Kriegstechnologie) aneignen wollen, andererseits aber deren kulturelle Grundlage (das kulturelle Projekt der Moderne und seine rationale Weltsicht) zurückweisen. Es ist der »islamische Traum von der halben Moderne« (vgl. Anm. 9).

Versuch einer »Wiederverzauberung der Welt«

Naturwissenschaften und Technik bedingten eine *Entzauberung der Welt*. Unser Wissen über Natur und Gesellschaft hat objektiv gültige Standards geschaffen, die nicht auf eine spezifische Kultur bezogen sind, sondern vielmehr eine kulturübergreifende Allgemeingeltung beanspruchen. Nach Weber resultiert dies in einer Überlagerung der religiösen durch eine subjektive, das heißt vom Menschen ausgehende Weltsicht. Daher führte der okzidentale Rationalismus »in Europa dazu ..., daß die zerfallenden religiösen Weltbilder eine profane Kultur aus sich entließen«. Dieser Rationalismus bereitete gleichzeitig den Weg für einen »reflexiv gewordenen Umgang mit Traditionen, die ihre Naturwüchsigkeit eingebüßt haben«, wie Habermas interpretierend ausführt.[32]

Die rationale Sicht der Welt als einer objektiven Entität, wie sie der kartesianische Diskurs begründet hat, korrespondiert mit der vom Menschen gemachten Entdeckung, daß er Fähigkeiten zur Ausbildung von Wissen über seine Außenwelt besitzt. Der Mensch handelt als eine *res cogitans*, eine denkende Substanz, das heißt, daß er in der Lage ist, die ihn umgebende Welt zu entdecken. Anders als Habermas, der den Beitrag der deutschen Philosophie im allgemeinen und die Stellung von Hegel im besonderen in seiner Erklärung der Moderne überbetont und überschätzt, bin ich der Ansicht, daß die Moderne als epistemologisches Unternehmen eine französische Errungenschaft ist, die auf Descartes' Begriff von der *res cogitans* beruht.[33] Das *Subjektivitätsprinzip* (Habermas) – der philosophische Begriff für individuelle Freiheit – in Gestalt eines Selbst-Bewußtseins bestimmt seit seiner Hervorbringung alle Komponenten der modernen Kultur, insbesondere das moderne Wissen.

Ich möchte betonen, daß dies keine atheistische Position ist. Auch Descartes hat anerkannt, daß der Mensch von Gott geschaffen wurde, daß er aber selbständig, vermittels seiner Fähigkeiten, Wissen auszubilden vermag.

Warum sind Muslime nicht in der Lage, diese Sichtweise zu übernehmen? Warum der ständige Hinweis auf die Kolonialherrschaft, um die kulturelle Moderne zu diskreditieren? Warum die Bezugnahme auf den Glauben an Allah, um die menschlichen Fähigkeiten zu mißachten? Mittelalterliche islamische Philosophen wie Avicenna und Averroës hatten seinerzeit keine Probleme mit dieser rationalen Denkweise; sie eigneten sich diesen Rationalismus an und gaben ihm eine islamische Form. Warum können Muslime unserer Gegenwart nicht wie ihre Vorfahren denken? Al-Farabi, der große Philosoph des islamischen Mittelalters, hat in seiner Emanationslehre gezeigt, daß Gott, ebenso wie der von ihm erschaffene Mensch, ein Vernunftwesen ist. Nach al-Farabi kann der Mensch aufgrund seiner Vernunftbegabung selbständig rational die Welt erkennen und ist somit für seine Handlungen selbst verantwortlich.[34] Die Muslime des 19. und 20. Jahrhunderts hingegen sind weit hinter diese Erkenntnisstandards ihrer eigenen Zivilisation zurückgefallen.

Die von muslimischen Fundamentalisten unternommenen Bemühungen zur Entwestlichung des Wissens sind genaugenommen Versuche, die *Entzauberung der Welt* rückgängig zu machen bzw. den Menschen somit seiner Autonomie zu berauben und ihn wieder übernatürlichen Kräften zu unterwerfen. Das menschliche Wissen, wie Descartes es auffaßte, wurzelt im Zweifel. Das *cogito ergo sum*, das heißt das Bewußtsein seiner selbst, geht vom Zweifel aus und etabliert gesichertes Wissen des Menschen über seine Umwelt auf der Basis einer abstrakten Ich-Identität. Dies ist es, was die kulturelle Moderne ausmacht.

Europäische Vertreter einer Postmoderne fechten die Moderne aus anderen Gründen an als die Muslime. Akbar Ahmed skizziert das muslimische Denken so:

> »Glauben anstatt Skeptizismus, Tradition anstatt Ikonoklasmus, Reinheit anstatt Eklektizismus – es ist schwierig, islamischen Postmodernismus mit westlichem Postmodernismus in irgendeinen kohärenten oder direkten Zusammenhang zu bringen oder gar eine Kausalbeziehung zwischen beiden herzustellen.«[35]

Aus diesem Grund bietet Ahmed eine eigene Interpretation einer islamischen Postmoderne an. Obwohl er den islamischen Fundamentalismus polemisch auf ein westliches Medienbild von den Muslimen reduziert, erkennt Ahmed an einer Stelle richtig, daß »Fundamentalismus der Versuch ist, für das Problem eine Lösung zu finden, wie in einer Welt des radikalen Zweifels zu leben ist«.[36] Mit anderen Worten: Fundamentalismus – als Rückkehr zur Vormoderne – ist die Antwort auf den Kartesianismus. Es scheint, daß Ahmed den islamischen Fundamentalismus eindeutig mit dem identifiziert, was er als islamischen Postmodernismus bezeichnet. Islamische Postmoderne wäre in diesem Kontext eine Neubelebung der Prämoderne.

Während der religiöse Fundamentalismus den Menschen dem übergeordneten Willen Allahs unterwerfen will, hilft der Kartesianismus dem Menschen, ein Bewußtsein seiner eigenen Subjektivität als *res cogitans* zu gewinnen, ohne deshalb die Existenz Gottes zu verleugnen. Erkenntnistheoretisch gesprochen, ist dies das *Subjektivitätsprinzip*, welches die Basis für den *Übergang vom religiösen Weltbild zum modernen Weltbild* geschaffen hat (vgl. Anm. 15). Jedes postmoderne religiöse Projekt, das diese Weltsicht in Frage stellt, resultiert in einem Irrationalismus. Der Fundamentalismus ist dafür eines der Beispiele aus dem späten 20. Jahrhundert.

Es überrascht nicht, daß intellektuelle muslimische Fundamentalisten sich in voller Übereinstimmung mit Bernard Lewis' Einschätzung[37] befinden, die größte Gefahr für den Islam sei nicht länger nur militärischer oder politischer Natur, sondern gehe vielmehr vom eben dargestellten modernen, säkularen und rationalen Wissen aus. Der muslimische Autor al-Attas räumt diese Bedrohung recht freimütig ein:

>»Die von der westlichen Zivilisation ausgehende Herausforderung heute ... ist die Herausforderung des Wissens ... dessen Produkt der ... Skeptizismus ist, welcher Zweifeln und Vermuten in den Rang einer ›wissenschaftlichen‹ Methode erhebt.«[38]

Das kartesianische methodische Prinzip des Zweifelns und Vermutens stellt eine Bedrohung des religiösen Glaubens dar und beraubt Muslime ihrer Sicherheit und Gewißheit. In dieser Situation stellt al-Attas die Entwestlichung des Wissens als Möglichkeit dar, die verlorene Sicherheit zurückzugewinnen. Ein anderer prominenter muslimischer Fundamentalist, Ziauddin Sardar, verurteilt »den epistemologischen Imperialismus« (vgl. Anm. 22) des Westens und plädiert für eine »islamische Epistemologie«, die er als Alternative zum Kartesianismus bestimmt. Für Sardar kommt die Behauptung, es gäbe universelles Wissen, einem Imperialismus gleich.

Kurzgefaßt: Als Ergebnis der Analyse der kulturellen Anstrengungen religiöser Fundamentalisten können wir festhalten, daß die Aufhebung der *Entzauberung der Welt*, indem Zweifel und Vermutung als methodologische Wissenschaftsregeln verneint werden, ihr vorrangiges Anliegen ist. Die wichtigste Leistung der kulturellen Moderne, die Habermas im folgenden Zitat hervorhebt, scheint für nicht-westliche Zivilisationen nicht länger akzeptabel zu sein:

> »... (Mit der) Durchsetzung des *Prinzips der Subjektivität* ... ist der religiöse Glaube reflexiv geworden, hat sich die göttliche Welt in der Einsamkeit der Subjektivität zu etwas durch uns Gesetztes gewandelt ... In der Moderne verwandeln sich also das religiöse Leben, Staat und Gesellschaft sowie Wissenschaft, Moral und Kunst in ebensoviele Verkörperungen des Prinzips der Subjektivität.«[39]

Das Dilemma der Fundamentalisten nicht-westlicher Zivilisationen (westlich-christliche Fundamentalisten haben ihre eigene Position) besteht darin, daß sie keine Traditionalisten, sondern eher Modernisten sind. Sie wollen die Moderne als Instrumentalität einführen und weisen gleichzeitig ihre Substanz mit Nachdruck zurück: das auf der menschlichen Vernunft und auf der Anerkennung der Fähigkeiten des Menschen basierende *Subjektivitätsprinzip*. Dies manifestiert sich in einem Konflikt zwischen zwei unvereinbaren Weltsichten: der kosmologisch ausgerichteten islamischen *Tawhid*-Weltsicht und der vom *Könnensbewußtsein*[40] beeinflußten westlichen Weltsicht. Es ist ein Konflikt zwischen modernem Wissen und spezifisch islamischem Wissen. Die gegen das moderne Wissen gerichtete Polemik, die auf die Ersetzung des immer vorläufigen Wissens durch den Glauben zielt, ist gewiß kein postmoderner Topos. Al-Attas bringt diese Problematik auf den Punkt:

> »Der heilige Koran ist die vollständige und abschließende Offenbarung ... und es gibt kein anderes Wissen, welches den Menschen leiten und retten kann, außer dem Wissen, das auf diesen Quellen basiert.«[41]

Europäische Postmodernisten, die Kulturrelativisten sind, werden Probleme haben, sich diesem neo-absolutistischen Glauben anzuschließen. Der Fundamentalist Husain Sadr macht klar, daß das Wissen im Islam jedem westlichen Konzept entschieden widerspricht, wenn er dazu ausführt:

»Im Islam ist der Erwerb von Wissen kein Selbstzweck; er ist lediglich ein Mittel, um ein Verständnis von Gott zu gewinnen und um die Probleme der muslimischen Gemeinschaft zu lösen ... Vernunft und Wissenserwerb nehmen in der islamischen Gesellschaft einen bedeutenden Rang ein, aber sie sind den koranischen Werten und ethischen Konzepten untergeordnet. Innerhalb dieses Bezugrahmens gehen Vernunft und Offenbarung Hand in Hand. Die moderne Wissenschaft räumt der Vernunft im Gegensatz dazu den Vorrang ein.«[42]

Die intellektuellen muslimischen Fundamentalisten wollen das Rad der Zeit zurückdrehen. Die *Entzauberung der Welt* soll durch die Unterwerfung der menschlichen Vernunft unter göttliche Traditionen rückgängig gemacht, die kosmologische Weltsicht also restauriert werden. Die Reflexivwerdung religiöser Traditionen wird strikt zurückgewiesen. Die solcherart entwestlichten Wissenschaften basieren nicht länger auf dem Prinzip abstrakter Subjektivität, das heißt auf der Auffassung, daß der Mensch fähig ist, eigenes Wissen über seine Außenwelt zu entwickeln und die in diesem Prozeß entdeckte Natur der Befriedigung menschlicher Bedürfnisse dienstbar zu machen. Sie sind nicht erkenntnistheoretisch begründet, sondern basieren auf dem religiösen Glauben. Im Krieg der Zivilisationen geht es um den Kampf Glaube gegen Glaube. Ohne objektives, von allen Zivilisationen geteiltes Wissen können keine Brücken zwischen den Zivilisationen aufgebaut werden. Jede Zivilisation hat dann ihr eigenes Wissen, das die Grenze zu den anderen Zivilisationen zieht.

Anders als die westliche Wissenschaft sind die islamischen religiösen Wissenschaften (nicht die islamische Philosophie), obwohl keineswegs traditionalistisch verstanden, den religiösen Traditionen untergeordnet und lassen deshalb deren reflexive Behandlung nicht zu. Um möglichen Mißverständnissen vorzubeugen, ist es sehr wichtig, hier darüber zu informieren, daß die islamische Tradition rationaler Wissenschaften und der Philosophie des Mittelalters *nicht* unter den Begriff »islamische

Wissenschaften« fällt. Mittelalterliche Muslime nannten diese rationalen Wissenschaften *Ulum al-Qudama'*/Wissenschaft der Älteren, das heißt der Griechen, um sie von den islamischen Wissenschaften zu unterscheiden, die sich mit der Interpretation der religiösen Quellen befaßten.[43] Wenn hier die Rede von islamischen Wissenschaften ist, dann ist diese religiöse Disziplin und nicht die Tradition des islamischen Rationalismus gemeint.

Aus der Perspektive des Fundamentalisten Ismail al-Faruqi

> »ist das Problem des wissenschaftlichen Fortschritts in der islamischen Gesellschaft nicht, wie weit die Gesellschaft sich aus den Klauen ihrer Religion befreien kann, sondern wie sie ihr Erziehungsprogramm wahrhaft islamisch gestalten kann«.[44]

Unhinterfragt glauben und nicht reflexiv denken wäre hiernach die oberste Maxime.

In diesem Zusammenhang stellt sich vor allem die brisante Frage, wie muslimische Fundamentalisten diesen allgemein gehaltenen Ansatz der Islamisierung des Wissens auf die Sozialwissenschaften anwenden, sowie die Frage nach dem analytischen Bezugsrahmen der islamischen Soziologie.

Eine exklusive islamische Sozialwissenschaft?

Auf einem bedeutenden panarabischen Soziologenkongreß im November 1983 präsentierte einer der einflußreichsten fundamentalistischen Autoren Ägyptens, 'Adel Husain – der vor seinem Wechsel zum politischen Islam ein dogmatischer Kommunist war –, einmal mehr die wohlbekannte Position, daß die modernen säkularen Sozialwissenschaften *qasira*/ungenügend und gegenüber der islamischen Zivilisation *mu'adiya*/feindlich seien. Husain plädierte für eine islamische Soziologie – ein Vorschlag, der später in einer weitverbreiteten Sammlung von Essays für Furore sorgte.[45] Husains Kritik ist methodischer wie politischer Natur: Mit Bezug auf die konzeptuelle Ebene wird die westliche Soziologie als ein für die Analyse arabo-islamischer Gesellschaften unzureichendes Instrument eingestuft; politisch wird sie als feindselig eingeschätzt. Diese negative Darstellung der westlichen Soziologie endet mit der Schlußfolgerung, daß arabische Muslime ihre eigene Soziologie benötigten oder, genauer, eine islamisierte, *auf dem Konzept der Entwestlichung des Wissens basierende Soziologie.*

Dieser Beitrag von 'Adel Husain ist gleichermaßen wichtig und repräsentativ. Husain ist Leitartikler der fundamentalistischen Kairoer Wochenzeitung *al-Shaab* und wird in der gesamten arabischen Welt zur Kenntnis genommen. Seine Analyse bekräftigt die Forderung nach Entwestlichung durch Islamisierung, wie sie unter muslimischen Intellektuellen, die sich dem Fundamentalismus verschrieben haben, Mode geworden ist.

Husain ist sich der komplementären Beziehung zwischen dem säkularen Wissenskonzept, auf dem auch die moderne Soziologie basiert, und der modernen Weltsicht, die auf einer durch die neuzeitliche Physik geprägten wissenschaftlichen Naturauffassung beruht, bewußt. Beide sind im Europa der Neuzeit entstanden. Dieses Bewußtsein erklärt Husains Bemühungen, das Wissen der religiösen *Aqida*/Doktrin unterzuordnen und die Sozialwissenschaften von den Naturwissenschaften abzutrennen. Jede Wissenschaft, die sich nicht dem religiösen Glauben unterordnen läßt und die nicht von der physikalischen Weltsicht befreit werden kann, ist nach Husains zornigen Worten »verdammt, wir können sie nicht gebrauchen/*mal'un wa la hadjat lana bihi*«.[46] Trotz dieser lautstarken Verkündung ist zu beobachten, daß Husain offensichtlich mit modernen wissenschaftlichen, auf der Wissensanthropologie basierenden Ansätzen vertraut ist. Er betrachtet die Behauptung, das westliche Verständnis von Wissenschaft sei das einzig gültige, als einen

»westlichen Glauben«[47] und stellt ihr die islamische Forderung nach einer authentisch islamischen Wissenschaft gegenüber. Entsprechend

> »beruht (die westliche Wissenschaft, B.T.) auf dem Wissen der im Westen lebenden Menschen, das sich auf ihre eigenen Gesellschaften bezieht ... Wir bemerken dies, um die westliche Sozialwissenschaft ihres Anspruchs auf universelle Gültigkeit zu berauben.«[48]

Um die von 'Adel Husain angesprochene Problematik zu verdeutlichen, halte ich es für erforderlich, kurz auf die Debatte über die Wissensanthropologie, die jedes Wissen relativiert, einzugehen. Die in jüngster Zeit entstandene Fachdisziplin der Wissensanthropologie bezieht sich auf Robert Mertons Unterscheidung zwischen Wissenschaft und Glauben, die sie als nicht länger gültig betrachtet. Ein angesehener deutscher Soziologe, Wolf Lepenies vom Wissenschaftskolleg in Berlin, der diese Position offen vertritt, macht geltend, daß

> »man es im Gegenteil als eines der Ziele der Wissensanthropologie bezeichnen könnte, das auf der modernen Wissenschaft basierende Wissen als eine spezifische Form des Glaubens zu analysieren, welcher nur einen Teil eines größeren Glaubenssystems in einer gegebenen Kultur darstellt«.[49]

In der weltpolitischen Situation des Zivilisationskonflikts scheinen mir die Implikationen dieses Relativismus fatal zu sein. Von dieser Perspektive aus kann man jede kulturelle Haltung als eine Form von Glauben verharmlosen. Ich werde in meinen Schlußbetrachtungen zu diesem Buch zeigen, daß eine kulturübergreifende Moralität zur Verurteilung von Verbrechen an der Menschheit nur auf der Basis universell gültiger Normen und Werte möglich ist.

Aus diesem Grund halte ich die auf dem *Subjektivitätsprinzip* basierende Moderne für geeignet, eine *universelle Plattform* für einen rationalen Diskurs zwischen den Zivilisationen zu bieten. Gelingt dies nicht, dann wäre eine Zementierung der kulturellen Fragmentation auf globaler Ebene das Ergebnis. Sollte die Verweigerung des rationalen Diskurses, die von einem um sich greifenden Kulturrelativismus begünstigt wird, zur allgemeinen, quasi universellen Norm werden, wäre es für die Angehörigen unterschiedlicher Zivilisationen schwierig, ihre »Wissenschaften« anderen zugänglich zu machen. Deren wissenschaftliche Ergebnisse würden *zu kulturellen Glaubenssätzen herabgestuft, die nur in ihren lokalen kulturellen Kontexten Gültigkeit hätten.*

Die Einführung des Kulturkonzepts in die Diskussion um das Wissen, ein bis in die jüngste Zeit hinein vernachlässigter Bereich, bedeutet nicht notwendigerweise, daß die Tatsache der Globalisierung übersehen wird. Wer jene Prozesse, die *eine Welt* schaffen, erkennen will, muß mit Menschen anderer Zivilisationen in einem global gültigen Diskurs kommunizieren. Und hierzu wird ein allgemeingültiges Wissen benötigt. Diese Aussage zu bestreiten hieße, Angehörigen unterschiedlicher Zivilisationen die Möglichkeit zu einer globalen interkulturellen Kommunikation abzusprechen. Es gäbe dann ein islamisches, ein hinduistisches oder ein buddhistisches Wissen, aber weder einen von allen geteilten globalen Diskurs für die Kommunikation zwischen kulturell unterschiedlichen Wissenschaftlern und Gemeinschaften noch ein übergeordnetes menschliches Wissen.

Trotz meines Enthusiasmus für die kulturelle Moderne bin ich mir über die Grenzen der Universalität, die dieses Projekt beansprucht, im klaren. Wie ich bereits im Zusammenhang mit den Menschenrechten (vgl. Kap. 2) ausgeführt habe, ist die Universalität der Menschenrechte ein Ideal, das in der Realität leider keine Entsprechung findet. Zur Verwirklichung des Ideals, so habe ich argumentiert, benötigen wir eine von allen Zivilisationen geteilte internationale Moralität. Dies scheint auch auf das Wissen zuzutreffen. Eine tiefere Einsicht in die angesprochenen Grenzen der Universalität mag dazu beitragen, den Aufstand muslimischer Fundamentalisten gegen die europäische Moderne als eine Variante der bereits erwähnten »Revolte gegen den Westen« zu verstehen.

Daß ich das Programm der Islamisierung des Wissens als eine der europäischen Moderne radikal entgegengesetzte Sichtweise identifiziere, zielt nicht darauf ab, dieses Programm zu denunzieren. Vielmehr bemühe ich mich, diese Sichtweise trotz meiner gänzlich anderen, eingestandenermaßen normativen Position bezüglich der Bestimmung von Wissen zu verstehen. Als Sozialwissenschaftler müssen wir dieses Programm samt der ihm zugehörigen Forderungen analysieren und dabei die den Zivilisationskonflikt betreffenden Konsequenzen im Blickfeld haben. Wir stehen vor der Notwendigkeit, zu einem besseren Verständnis der Hindernisse zu gelangen, die der wechselseitigen Verständigung zwischen Menschen aus unterschiedlichen Zivilisationen im Wege stehen. Hierbei verspricht eine eingehendere Diskussion der exemplarischen Position des prominenten ägyptischen Fundamentalisten ʿAdel Husain hilfreich zu sein.

Die erste Frage dabei lautet: Warum nehmen Muslime die Moderne auf der einen Seite als Bedrohung wahr, obwohl sie auf der anderen Seite danach streben, sich ihre Errungenschaften anzueignen? Zumindest eines ist klar: Im Gegensatz zu den ideologisch konstruierten »Frontlinien zwischen den Zivilisationen«, die Huntington unterstellt, gibt es in der Realität keine klaren Grenzlinien. Die Beziehungen zwischen den Zivilisationen sind sehr verästelt, so daß es selbst bei der Dichotomie Westen/politischer Islam äußerst schwer ist, saubere Grenzen zu ziehen. Im Bewußtsein der betroffenen Menschen nimmt die Konfrontation die Form eines Kriegs der Zivilisationen an, wobei die Wahrnehmung der Angehörigen unterschiedlicher Zivilisationen und die Realität nicht immer deckungsgleich sind.

Die zwei Dimensionen der Moderne: Das kulturelle Projekt und seine institutionelle Komponente

Vor dem Bewußtwerden des Zivilisationskonflikts glaubten die Menschen im Westen, die Moderne gelte für die gesamte Menschheit. Und im Westen hatte sie ja auch kulturelle und institutionelle Bereiche gleichermaßen erfaßt. Die Globalisierung der Moderne blieb jedoch überwiegend auf ihre institutionelle Komponente, das heißt auf ihre politischen und ökonomischen Strukturen und ihre Instrumente, wie die Kriegstechnologie, begrenzt. Nur für diesen Bereich hat die von Dan Diner bemühte Gleichsetzung von Universalismus und Imperialismus eine Berechtigung.[50]

Für meine Argumentation ist es wichtig, die zentralen Inhalte des muslimisch-fundamentalistischen Verständnisses dieser Prozesse herauszustellen. Die folgende Aussage 'Adel Husains demonstriert, wie Fundamentalisten die europäische Moderne und das auf ihr aufbauende Wissen verstehen. Diese Wahrnehmung bezieht sich auch auf die Frage, inwiefern die Moderne für die Welt des Islam relevant ist:

> »Es ist verständlich, wenn die Menschen im Westen die ... Renaissance und (die) Aufklärung anpreisen, denn diese Phasen stellen in der Tat einen Fortschritt in ihrer eigenen Geschichte dar. Aber warum sollen wir in ähnlicher Weise verfahren, und warum sollen wir diese Leistungen als Maßstab für eine globale Renaissance und eine internationale Aufklärung akzeptieren? In Anbetracht der Tatsache, daß unsere Menschen die Opfer gerade dieser Entwicklungen gewesen sind, warum sollen sie diese anerkennen?«[51]

Meiner Ansicht nach trägt die zitierte Frage dazu bei, die Situation zugleich zu verdeutlichen und zu verschleiern. Es unterläuft Husain darüber hinaus der gleiche Denkfehler, der auch unter führenden westlichen Soziologen verbreitet ist, wenn sie sich mit der Moderne befassen.

Um dies klarzustellen, möchte ich eine zentrale historische und konzeptuelle Unterscheidung zwischen den bereits angesprochenen verschiedenen Phänomenen, die jedoch untrennbar miteinander verwoben sind, vornehmen: die zwischen dem *kulturellen Projekt der Moderne* und der *institutionellen Dimension der Globalisierungsprozesse der Moderne*. Ich werde beides im folgenden erklären.

Habermas beschränkt sich in seiner Untersuchung der Moderne in typisch eurozentrischer Manier auf die kulturelle Komponente. Ein prominenter Soziologe, Anthony Giddens, grenzt seine Analyse der Moderne und ihrer Globalisierung auf deren institutionelle Dimension ein, wenngleich er konzediert,

> »daß eine kohärente Epistemologie möglich ist – und daß ein verallgemeinerbares Wissen über soziale Zusammenhänge und Muster sozialer Entwicklung erreichbar ist. Ich möchte jedoch eine andere Perspektive verfolgen.«[52]

Habermas und Giddens greifen in ihren Arbeiten jeweils lediglich einen Aspekt der Moderne, ihre kulturelle bzw. institutionelle Dimension, heraus und konzentrieren sich so nur auf die halbe Wahrheit. Keiner von beiden bezieht diese Dimensionen aufeinander, um ihrer Einheit Rechnung zu tragen.

Anders als Habermas und Giddens verweist der arabo-islamische Fundamentalist Husain auf beide Aspekte, verwechselt sie jedoch miteinander. Zwar war die kulturelle Moderne ein emanzipatorisches Projekt, das den Menschen – hier den Europäer – von den Fesseln der Tradition und ihrem naturwüchsig-religiösen Status befreit hat. Andererseits diente die institutionell globalisierte Moderne dem Westen aber als Machtinstrument, um seine Herrschaft über den Rest der Welt zu etablieren. Muslime, aber auch Angehörige anderer nichtwestlicher Zivilisationen, haben die Moderne in Form von Kolonialherrschaft und nicht als Aufklärung erfahren. Es ist sehr wichtig, diesen Sachverhalt hervorzuheben. Der Verwechslung

269

der beiden Dimensionen der Moderne liegen reale Rahmenbedingungen zugrunde; sie ist nicht allein auf »logische Fehlschlüsse« der Fundamentalisten zurückzuführen.

Bei der Beschäftigung mit den westlichen Sozialwissenschaften treffen wir beide Aspekte der Moderne an: die Dimension der Freiheit sowie die gegensätzliche Funktion eines Instruments zur Etablierung globaler Herrschaft. 'Adel Husain trifft keine Unterscheidung zwischen den beiden Funktionen und reduziert die gesamte westliche Soziologie auf

> »einen Plan, die westliche Vorherrschaft über das gesamte Weltsystem zu errichten ... Alle Schulen in den westlichen Sozialwissenschaften sind Glaubenssysteme, welche als Werkzeuge für die Legitimierung des westlichen Imperialismus und für die Errichtung seiner Herrschaft fungieren.«[53]

Husain beruft sich nicht nur auf die bereits angeführte Anthropologie des Wissens, um die westliche Soziologie als einen kulturellen Glauben einzuordnen und ihren Anspruch auf objektives Wissen zu verneinen. Er greift auch auf die Wissenssoziologie zurück, um die soziale Funktion der westlichen Wissenschaft für die Etablierung des westlichen Hegemonialsystems zu enthüllen und sein Plädoyer für eine Islamisierung der Wissenschaften zu untermauern:

> »Die zeitgenössischen westlichen soziologischen Theorien sind nicht nur unserer Umwelt und ihres geschichtlichen Hintergrunds unkundig. Sie sind darüber hinaus feindliche Theorien, die bestenfalls auf uns herabschauen. Sie zu adoptieren wäre das Schlimmste, was wir tun könnten, es wäre gleichbedeutend mit unserer freiwilligen Einstimmung in die Verachtung, mit der uns diese Theorien behandeln.«[54]

Husain behauptet dann weiter, daß die arabischen Muslime ihre eigene Soziologie benötigten, um in die Lage versetzt zu werden, mit den Problemen von Entwicklung und Autonomie angemessen umgehen zu können. »Moderne Sozialwissenschaften sind nichts anderes als der Export von intellektueller

Abhängigkeit im Gewand westlicher Sozialtheorien in unsere Gesellschaften«, schreibt er. Seine Alternative zu dieser Abhängigkeit ist »der Aufbau selbständiger soziologischer Schulen, womit arabisch-islamische gemeint sind«. Dieses Argument durchzieht den Großteil des Schrifttums islamischer Fundamentalisten. Anwar al-Djundi, auch er ein ägyptischer Fundamentalist, formulierte das Konzept der *al-Asala*/Authentizität, das es Muslimen ermöglichen soll, ein eigenes Konzept in allen Bereichen des Wissens, von Bildung und Erziehung bis hin zu Sprache und Recht, zu entwickeln.[55] Dem Koran entnommene Anweisungen ersetzen alle wissenschaftlichen, auf der menschlichen Vernunft basierenden Vorgehensweisen. Selbst Bemühungen, die islamische *Schari'a* zu reformieren, werden als »*Taghrib al-Schari'a*/Verwestlichung des göttlichen Gesetzes« inkriminiert. So gipfelt der Versuch der Entsäkularisierung in einer Ghettoisierung der islamischen Zivilisation gegenüber ihrer globalen Umwelt.

Das islamisierte Wissen läßt keinen Raum für kritische Reflexion über Religion und Tradition und stellt daher einen Rückfall hinter die Standards des vernunftgeleiteten Denkens dar, das ein Produkt des kulturellen Projekts der Moderne und ihrer Aufklärung ist. Die Postmoderne entpuppt sich als Vormoderne, vorgetragen in einem neo-absolutistischen Jargon.

Notwendige Konsequenzen

Das Konzept der Islamisierung des Wissens im allgemeinen und der Geisteswissenschaften im besonderen ist eine übergreifende Forderung nach einer Entwestlichung des Wissens. Aus wissenschaftlicher Perspektive beruht dieses Konzept auf einem ideologisch inspirierten Ansatz, der der Selbstbehauptung dient und zu vage bleibt. Weltpolitisch läuft die Bemühung, allgemein-menschliches Wissen zu verleugnen, auf eine Ghettoisierung hinaus.

Das Bestehen auf einem spezifischen Wissen der eigenen Zivilisation hat politische Konsequenzen. Am Beispiel der Demokratie will ich zeigen, wie ihr in arabisch-muslimischen Gesellschaften eine kulturspezifische Bedeutung zugeschrieben wird, um sie dann für Muslime abzuweisen. Vertreter einer solchen kulturellen Authentizität scheinen nicht zu erkennen, daß nicht allein die kulturellen, sondern auch die strukturellen Rahmenbedingungen für Demokratie in der »Welt des arabischen Islam« fehlen.[56] Islamisierung als Ausdruck von Entwestlichung erweist sich als verschleiernde Formel für die unzureichenden Antworten zeitgenössischer Muslime auf die Herausforderungen der Moderne.

In meinem Buch *Die Krise des modernen Islams* habe ich den schon zitierten Begriff *Defensiv-Kultur* geprägt. Mit seiner Hilfe können diese islamischen Antworten auf die Herausforderungen der Moderne am ehesten charakterisiert werden. Soziologische Analysen sollten Menschen helfen, sozialen Wandel zu bewältigen. Meiner Ansicht nach ist die islamisierte Soziologie ein Hemmnis für die Muslime, den sozialen Wandel in der heutigen Welt zu verstehen und zu bewältigen, weil es ihren Vertretern nur selten gelingt, ihre defensiv-kulturellen Reaktionsmuster zu überwinden.

Im Mittelalter ehrten die Muslime Aristoteles als »ersten Lehrer«. Indem wir uns die aristotelische Idee, daß das Wissen über das politische Gemeinwesen der wertvollste Besitz des Menschen sei, ins Gedächtnis zurückrufen, untermauern wir zugleich die aristotelische Definition von Politik, derzufolge die Verbindung zwischen Wissen und Handeln im Zentrum des Denkens steht.[57] Die fundamentalistische Politik der Islamisierung des Wissens stellt einen Rückfall hinter diese Errungenschaften dar. Was uns z.B. als »islamisierte Politikwissenschaft«[58] dargeboten wird, entbehrt aller unverzichtbaren

Merkmale der aristotelischen »Politik« als dem Grundprinzip, dem man folgen muß, um Wissen über das politische Gemeinwesen zu erlangen.

Der Analyse von John Waterbury ist zuzustimmen, daß die Islamisierung des Wissens in »einer neuen Ära des ›Die Erde ist flach‹/*flat-earthism*« in der islamischen Zivilisation resultieren würde. Und dies

> »könnte im Nahen Osten dazu führen, daß jede sozialwissenschaftliche Untersuchung, die auf einer rationalen Erkenntnistheorie basiert, als ein kulturell fremder Import, ein Werkzeug des Teufels oder zumindest als ein Instrument der Feinde der Araber und des Islam zurückgewiesen wird«.[59]

Das Charakteristikum eines solchen Zeitalters, das im Orient in der Tat bereits angebrochen ist, wäre dann, daß »bestimmte Fragen nicht mehr gestellt werden dürfen, nicht so sehr, weil sie politisch delikat sind, sondern schlicht, weil sie potentiell blasphemisch erscheinen könnten«.[60]

Begreift man Wissenschaft als kulturelles Grundmuster und interpretiert man Kultur im wissenschaftlichen Rahmen[61], so präsentiert sich die von islamischen Fundamentalisten vorangetriebene Islamisierung des Wissens als Beginn eines neuen, anti-wissenschaftlichen Trends in der arabischen Kultur. Die Einstellungen islamischer Fundamentalisten gegenüber moderner Wissenschaft und Technologie[62] leisten keinen Beitrag zu einer nicht bloß technischen Aneignung des modernen Wissens, das die Muslime für die Entwicklung ihrer Gesellschaften so dringend benötigen.

Es erscheint mir angebracht, dieses Kapitel mit einem Rückgriff auf die Edinburgh-Schule (vgl. Anm. 61) und ihre Interpretation von Wissenschaft als einer Kultur abzuschließen. Diese Schule

> »räumt der Beziehung zwischen der Subkultur der Wissenschaft und der erweiterten Kultur, welche jene umgibt, einen besonderen Rang ein ... Wissenschaft ist zuallererst eine Quelle von Wissen und

Kompetenz ... Wissenschaft fungiert als Basis einer kognitiven Autorität: Sie begründet nicht nur Wissen und Kompetenz, sondern unterzieht auch die Wissensansprüche und vermeintlichen Kompetenzen derjenigen, die sich außerhalb ihrer Grenzen befinden, einer eingehenden Prüfung. Tatsächlich ist Wissenschaft in modernen Gesellschaften im Grunde genommen *die* Quelle kognitiver Autorität.«[63]

Aus der Sicht eines islamischen Fundamentalisten wäre es häretisch, Wissenschaft auf diese Weise zu definieren. Das Ergebnis ihrer »Islamisierung der Wissenschaft« ist »*anti-science*«[64]: Wissenschaft darf demnach als menschliches Produkt nicht beanspruchen, die Quelle für kognitive Autorität zu sein.

Wenn das Programm der Islamisierung der Wissenschaften, in Form ihrer Entwestlichung, das heißt ihrer Abkoppelung vom modernen säkularen Wissen, dominant wird, dann darf es nicht überraschen, wenn die Region des Nahen Ostens in ein Anti-Science-Zeitalter einer »Die Erde ist flach«-Ideologie zurückfällt. Es ist zu bedauern, daß die Politik der Islamisierung des Wissens sich zur autoritativen Quelle für die Muslime im Übergang zum 21. Jahrhundert entwickelt.

Wir leben in einem Zeitalter der globalen Konfrontation zwischen der säkularen kulturellen Moderne und religiösen Kulturen.[65] Dennoch ist es wichtig, noch einmal zu betonen, daß ebenso, wie die Menschenrechte Rechte aller Menschen sind (vgl. Kapitel 2), das menschliche Wissen, wenn es rational ist und sich auf Objektivität bezieht, von der gesamten Menschheit geteilt werden kann. Interzivilisatorischer Brückenbau ist ein Friedensprojekt; die Islamisierung des Wissens ist im Gegensatz hierzu eine Grenzziehung zwischen den Zivilisationen und Ausdruck des Zivilisationskonflikts.

Kapitel 6

Entwestlichung der Welt:
Zwischen Relativismus und Neo-Absolutismus im Krieg der Zivilisationen

»Wir sind am Ende des Zyklus angelangt, der vor fünf Jahrhunderten begann, als sich die Völker an der europäischen Atlantikküste über die Welt ausbreiteten und sie unter ihrer Dominanz veränderten ... Der geopolitische Wandel ... erklärt den relativen Niedergang des Westens ... Von allen großen Zivilisationen erscheint die islamische als diejenige, deren erfolgreiche Wiederbelebung im kommenden Jahrhundert am unwahrscheinlichsten ist. Zwei Faktoren veranlassen mich zu dieser Schlußfolgerung ... Tribalismus und die Grausamkeit religiösen Sektierertums ... China besitzt ein Merkmal, das ihm einen Vorteil gegenüber Hinduismus und Islam sichern könnte. Sein Weg in die Zukunft ist frei von den Dogmen eines durch Jenseitsdenken geprägten Glaubens und seiner offenbarten Wahrheiten.«

Leslie Lipson, *The Ethical Crises of Civilization*, 1993

»In neuen Zeiten bekommen Wirtschaft und Zivilisation plötzlich eine ungeahnte Bedeutung ..., weil die einzelnen Weltregionen wirtschaftlich erstarken und in politischen Wettbewerb zu der einst herrschenden Zivilisation des Westens treten werden ... Überzeugt, richtig zu denken, haben asiatische Länder das Kürzel NDC, mit dem sie vom Westen als ›newly developing countries‹ (neu sich entwickelnde Länder) bezeichnet werden, für die alten Industrienationen süffisant umformuliert. Sie nennen den Westen jetzt auch NDC, was für sie jedoch bedeutet ›newly decaying countries‹ (neu verfallende Länder).«

Ulrich Wickert, *Der Ehrliche ist der Dumme. Über den Verlust der Werte*, 1994

Wer wird die westliche Zivilisation ablösen?

Die neunziger Jahre haben mit der Ausrufung einer neuen Weltordnung durch den seinerzeit amtierenden amerikanischen Präsidenten George Bush begonnen.[1] Nach seinem Sieg im Golfkrieg und der Implosion der Sowjetunion glaubte er tatsächlich, ein neues Zeitalter sei angebrochen. Sein Nachfolger Bill Clinton hat diese »Neue Weltordnungs«-Rhetorik aus Schwäche aufgegeben, träumt aber weiterhin von der Rolle der USA als Weltpolizei. Angesichts dieser Entwicklung verkündete Samuel P. Huntington: Die Welt werde entwestlicht, und der Zusammenprall der Zivilisationen sei die Folge daraus (vgl. Einleitung). Wird dieser Zusammenprall der Weltanschauungen im Übergang zum neuen Jahrtausend zu einer militärischen Konfrontation zwischen den Zivilisationen eskalieren?

Man muß nicht unbedingt – wie der große islamische Philosoph Ibn Khaldun sowie sein Bewunderer Arnold Toynbee – an Geschichtszyklen glauben, um mit ihnen darin übereinzustimmen, daß Zivilisationen kein unbegrenztes Leben haben.[2] Jeder, der sich einigermaßen an seinen Geschichtsunterricht erinnert, weiß, daß in der Weltgeschichte schon immer Zivilisationen verfielen, um nach ihrem Untergang den Weg für andere frei zu machen. Und es sieht so aus, als stünde im kommenden Jahrhundert bzw. Jahrtausend eine neue Ablösung bevor. Die Entwicklung der seit 1500 erstarkten westlichen Zivilisation[3], die sich im Rahmen der europäischen Expansion und der nachfolgenden Globalisierungsprozesse weltweit ausbreiten konnte, scheint an ihr Ende gelangt zu sein.

Die unübersehbaren Verfallserscheinungen im Westen haben allerdings mit der kulturellen Moderne wenig zu tun. Vielmehr sind sie Alterserscheinungen der westlichen Zivilisation. Als Kenner des »alten« Europa und des »jungen« Amerika weiß ich, daß die Verfallserscheinungen in der amerikanischen Gesellschaft weit größer sind als auf dem alten Kontinent. Gutgemeinte Vorschläge zur Revidierung des »westlichen Individualismus«[4], um die westliche Zivilisation zu retten, werden an diesem Geschichtsverlauf wenig ändern können.

Es gibt im Westen Gesinnungsethiker, die vor diesen Tatsachen die Augen verschließen. Allein die Wahrnehmung des Zusammenpralls der Zivilisationen und seiner Eskalation zum weltanschaulichen Krieg gilt ihnen als neuer »Rassismus« oder als »neue Variante der Propaganda des kalten Krieges«. Dabei enthält die Mottenkiste der Klischees noch ganz andere Kaliber, um nüchternes Denken zu denunzieren. Jenseits solcher Diskussionen ist der Zusammenprall der Zivilisationen indes eine weltpolitische Realität geworden, zu deren Wahrnehmung keine besonders große Anstrengung erforderlich ist.

In meinem Buch über Menschenrechte[5], in das Beobachtungen am Rande der Wiener UN-Weltkonferenz für Menschenrechte (Juni 1993) eingegangen sind, habe ich eine konkrete Dimension des weltanschaulichen Zivilisationskrieges eingehend untersucht. Das hier vorliegende Buch behandelt die Zerfallserscheinungen des westlichen Staatsmodells[6] in nicht-westlichen Zivilisationen und zeigt, in welchem Ausmaß sich das Zivilisationsbewußtsein heute auf eine Religion und deren Gemeinschaft, nicht auf einen Staat bezieht. Frieden heißt nicht mehr nur Frieden zwischen den Staaten, sondern auch zwischen den Zivilisationen als Religionsgemeinschaften! Und dabei spielt eine große Rolle, daß jede Zivilisation diese Begriffe inhaltlich unterschiedlich füllt; denn jede Zivilisation erhebt den Anspruch, eine eigene Wissenstradition zu haben. Aus der Zusammenschau all dessen, möchte ich abschließend eine zivilisationsübergreifende, weltpolitische Synthese wagen.

Meine Überlegungen in diesem Buch beginnen und enden mit einem Motto von Leslie Lipson. Lipson ist wie ich von der religiösen Bestimmung der Zivilisationen überzeugt und nennt drei Konfessionen, die für einen Aufstieg in einer noch zu bildenden und sicherlich nicht von der hegemonialen amerikanischen Weltpolizei getragenen Weltordnung in Frage kommen: Islam, Hinduismus und chinesischer Konfuzianismus.

»Unter den drei Zivilisationen scheint der Islam hinsichtlich einer Erneuerung im bevorstehenden Jahrhundert die schlechtesten Chancen«[7] zu haben, schränkt Lipson ein. Er macht sektiererische Spaltungen und Tribalismus, das heißt die mangelnde Einheit, sowie die nicht vorhandene Weltoffenheit unter dem Vorzeichen des Fundamentalismus dafür verantwortlich. Auch der Hindu-Zivilisation räumt Lipson kaum bessere Chancen ein, wohingegen er dem Konfuzianismus einen »Vorsprung vor Indien und dem Islam« zugesteht. Nun ist es äußerst spekulativ, darüber nachzusinnen, wer nach der für das 21. Jahrhundert zu erwartenden Intensivierung der Entwestlichungsprozesse die Führung der Welt übernehmen wird.

Wichtiger und von mehr praktischer Bedeutung für die Zukunft der Menschheit ist das Nachdenken darüber, wie der Zivilisationskonflikt in den kommenden Jahren entschärft und die zu befürchtenden Kriege mit zivilisatorischer Legitimation unterbunden werden können. Die erste These dazu lautet: Demokratische Staaten führen keinen Krieg gegeneinander. Daraus ergibt sich die Frage: Wie demokratisiert man die Welt? Beginnen wir mit Asien, das nach Expertenaussagen die Zivilisation der Zukunft beherbergt.

Die Demokratisierung Asiens als Friedensperspektive

In Asien konkurrieren mehrere Zivilisationen. Die besten Chancen für die Zukunft scheinen jedoch die ostasiatischen Zivilisationen zu haben – nicht nur im Vergleich mit der westlichen, sondern auch mit der viel Lärm um sich verbreitenden islamischen Zivilisation. Für den Westen sind die Finanzmärkte Ostasiens bereits heute eine Bedrohung, und die Abhängigkeit von der Produktion und dem Know-how aus Fernost ist nicht mehr zu übersehen. Dieser zivilisatorische Aufschwung Ostasiens könnte jedoch noch bedrohlicher werden, wenn dort keine substantielle Demokratisierung stattfindet.

Die an Kant anschließende Einsicht, daß demokratische Staaten keinen Krieg gegeneinander führen, hat die belgische Asien-Expertin Michèle Schmiegelow angeregt, ein Friedensmodell der Zivilisationen zu entwickeln: sozusagen als Gegenmodell zu Huntington. Die Wissenschaftlerin rief 1994 die führenden Asien-Experten aus aller Welt nach Louvain, um *policy*-orientiert über die Potentiale der Demokratie in Asien im weltpolitischen Kontext nachzudenken.

Der japanische Botschafter in Belgien, Jun-ichi Nakamura, eröffnete das Treffen mit den Worten, daß die Zeiten des westlichen Universalismus auch im Bereich der Demokratie vorbei seien: »In Asien findet die Demokratisierung nach dem ›Asian way‹ statt.«[8] Nakamura forderte die Europäer auf einzusehen, daß Japan und nicht der Westen das Modell für die Demokratisierung Asiens sein werde. Japan beanspruche, etwa im Gegensatz zu den USA, »Führung ohne Hegemonie«; das bedeute, es begnüge sich damit, »bei der Schaffung günstiger Bedingungen für Demokratie und Menschenrechte in Asien« behilflich zu sein. Die Hauptlehre aus dem Modell der japanischen Zivilisation sei: »Man muß nicht unbedingt westlich sein, um die Vorzüge der Demokratie zu genießen.«

Die westliche Rhetorik über Demokratie und Menschenrechte wird nach dem zweiten Golfkrieg und dem Balkankrieg weltweit in Frage gestellt. Die Amerikaner verstehen unter Demokratie »the American way of life«. Nur, zur amerikanischen Gesellschaft gehört u.a. auch die Ermordung von monatlich etwa zweitausend Menschen durch Schußwaffengebrauch. Als während meines Aufenthalts in Berkeley zwei japanische Studenten vor einem Supermarkt von amerikanischen Gewaltverbrechern grundlos erschossen wurden, gab es in Japan große

Aufregung. In den USA war man darob – naiv, wie die Amerikaner sind – äußerst verwundert; schließlich war an dem Mord nichts Außergewöhnliches. Amerikanische Zeitungen brachten ihr Staunen darüber zum Ausdruck, daß große japanische Zeitungen diesen »einfachen« (das heißt für Amerikaner »alltäglichen«) Mord auf der ersten Seite brachten. Kurzum: »the American way of life« ist kein Modell für die Demokratisierung der Welt.

Eine kritische Einstellung gegenüber den USA ist in manchen Bereichen berechtigt, darf aber nicht mit einer grundsätzlich anti-westlichen Haltung gleichgesetzt werden. Ich habe anhand meiner Berkeley-Erfahrungen bereits im Vorwort die Gleichsetzung von »westlich« und »Treue zu den USA« kritisiert. Obwohl ich die westliche Moderne vehement verteidige, lehne ich das amerikanische Modell ab. Für mich ist das kein Widerspruch.

Die in Louvain versammelten Asien-Experten brachten ihre Sorge zum Ausdruck, daß der Kampf zwischen Demokratie und Kommunismus nun von dem von Huntington beschworenen Zusammenprall der Zivilisationen abgelöst werden könnte, wobei der Westen nicht mehr wie bisher als Verkörperung der Demokratie gelten würde. Angesichts dieser Befürchtungen scheint es nur einen Ausweg zu geben: daß unterschiedliche Zivilisationen, statt einander zu bekämpfen, sich auf einen politisch-ethischen Kernbereich einigen mögen, der kompatible Demokratievorstellungen einschließt.

Karl-Otto Apel, der sich in seinem Werk mit diesen Fragen des Zivilisationskrieges wenig beschäftigt, aber in der Kantschen Ethik-Tradition steht, hat bereits die universelle Bedeutung der Diskurs-Ethik hervorgehoben. Eine solche Ethik räumt der menschlichen Vernunft den höchsten Rang ein und empfiehlt, daß Menschen ihre Konflikte diskursiv, das heißt auf der Grundlage eines auf menschlicher Vernunft basierenden Streits, austragen sollen. Der Diskurs ersetzt die Gewalt. Für eine Diskurs-Ethik sei eine für die gesamte Menschheit gültige »ethische Grundorientierung« vonnöten. Apel weiß, daß

> »die geforderte Grundorientierung nicht einfach auf der Grundlage der traditionellen, religiös-ethischen Normsysteme der verschiedenen Kulturen gewonnen werden kann ... Nicht Gesinnungsethik, sondern Verantwortungsethik wäre gefordert ... wie eine Ethik der gemeinsamen solidarischen Verantwortung der Menschheit im Sinne einer kommunikativen Interessenvermittlung und Situationsberatung.«[9]

Voraussetzung für diese Ethik scheint mir eine demokratische Grundorientierung zu sein, die als internationaler Konsens eine Brücke zwischen den streitenden Zivilisationen bilden könnte. Hierzu gehört substantiell die Idee der offenen Gesellschaft und eine sie stützende freie Marktwirtschaft. Ein solcher ethischer Konsens wäre nicht mehr von westlich dominiertem Universalismus geprägt, weil er Vielfalt zuließe, ohne in einen Werte-Relativismus zu münden. Ich werde auf den problematischen Charakter des Kulturrelativismus noch zurückkommen.

Nun gibt es keine gesamtasiatische Zivilisation, und das von Huntington befürchtete »islamisch-konfuzianische Bündnis gegen den Westen« scheint nicht gerade realistisch zu sein. In Asien ist vielmehr das japanische Modell ausschlaggebend. Wäre Japan nicht demokratisch, dann könnte ein japanisch-westlicher Krieg auf der Tagesordnung stehen. Nun ist Japan aber nicht nur *nicht* anti-westlich, sondern seine Wirtschaft stützt sich gerade auf die Vorstellung einer Marktwirtschaft, die auf die ganze Welt übertragen ist. Japan könnte den anderen asiatischen Staaten als Modell dienen. Es könnte die Sichtweise vermitteln, daß die Stärke einer Zivilisation eben in der »Fähigkeit besteht, von fremden Erfahrungen zu lernen«, wie einer der führenden japanischen Professoren, Seizaburo Sato, in Louvain hervorhob. Japans Stärke wäre ohne die Lernprozesse, die die Japaner bei ihrer Begegnung mit dem Westen durchliefen, undenkbar. Diese aber beruhen auf der über Jahrtausende vererbten konfuzianischen Tugend des Nachahmens, die andere Zivilisationen nicht haben: Nur der ist ein Meister, der perfekt im Nachahmen ist. Brücken zwischen den Zivilisationen, die auf diese Weise entstehen, sind wünschenswerter als die von Huntington aufgezeigten »*faultlines*/Frontlinien«.

Obwohl – wie auch bei diesem Treffen der Asien-Experten in Louvain – zumeist von Asien im allgemeinen gesprochen wird, besteht Klarheit über die Regionalisierung innerhalb der großen asiatischen Zivilisationen.[10] Schintoismus[11], Buddhismus und Konfuzianismus müssen sich Asien mit dem Islam und dem Hinduismus[12] teilen. Bei letzteren scheinen die Zukunftsaussichten nicht so rosig wie bei den anderen zu sein, wenngleich im Hinblick auf den Islam Unterschiede zwischen Südost-, Süd-, Zentral- und Westasien bestehen.[13]

Der Islam ist in Südostasien, z.B. in Indonesien – etwa im Gegensatz zum westasiatischen Iran –, sehr weltoffen und aufgeschlossen, so daß die Chancen für eine Demokratisierung dort hoch eingeschätzt werden. In der von Europäern als Naher Osten, von Asien-Experten aber als »Westasien« bezeichneten Region gedeiht der religiöse Fundamentalismus, der nicht nur grundsätzlich anti-westlich orientiert ist[14], sondern auch die von Professor Sato hervorgehobene Notwendigkeit der Lernfähigkeit aus fremden Erfahrungen nicht erfüllt und somit auch für Demokratie nicht gerade offen ist. In Südasien (Indien, Pakistan u.a.) leidet die Demokratisierung nicht nur unter dem Konflikt zwischen den beiden führenden Staaten der Region[15], sondern auch unter einem Zusammenprall von Hinduismus und Islam. Die Stürmung und Verwüstung der Moschee von Ayodya im Dezember 1992 gehört zu den Zeichen dieses Konflikts, dessen Eskalation zu einem islamisch-hinduistischen Krieg und der Auflösung des indischen Staatsverbandes führen kann.

Der Rektor der Jawaharlal-Nehru-Universität in Neu-Delhi, Kuldeep Mathur, selbst ein Hindu, hat in Louvain mit Sorge geschildert, wie der Hindu-Fundamentalismus die säkulare Demokratie in Indien bedroht. Die Forderung der ca. 130 Millionen Menschen umfassenden muslimischen Minderheit in Indien nach Anwendung der *Schari'a* innerhalb ihrer Gemeinde – obwohl diese nicht fundamentalistisch orientiert ist – bietet nach Mathur nur den Nährboden für die Hindu-Fundamentalisten, die folgendermaßen argumentieren:

> »Wir sind die Mehrheit und müssen uns säkularisieren, also nicht-hinduistischen Normen fügen, während die Muslime als Minderheit das Recht bekommen, nach der *Schari'a* zu leben.«

Hindu-Fundamentalisten ziehen daraus den Schluß, daß Indien nach der Mehrheit der Bevölkerung hinduistisch und nicht säkular ausgerichtet sein müsse. Das wäre das Ende der Demokratie in Indien, denn der angestrebte fundamentalistische Hindustaat würde keine Brücke zwischen Hinduismus und Islam mehr bilden. Die Folge wäre ein Bürgerkrieg mit interzivilisatorischer Dimension.

Die Frage der Säkularität wird in Westasien, wie der Nahe Osten in Indien heißt, noch heftiger debattiert als in Südasien, weil die muslimischen Westasiaten (Araber, Türken und Perser) sich im Zuge des Wiedererstarkens des politischen Islam und des Scheiterns des säkularen Nationalstaats am Modell des islamischen Staates orientieren (vgl. Anm. 14). Doch ein islamischer Gottesstaat und Demokratie vertragen sich nicht. Die Muslime Westasiens sind also nicht nur anti-westlich, sondern auch anti-demokratisch orientiert. Die Demokratisierung der islamischen Staaten Westasiens scheint demnach nicht bevorzustehen.[16] Das türkische Demokratie-Modell greift nicht durch und ist selber vom Fundamentalismus bedroht.

Kurzum: Aus der Perspektive der Demokratisierung ist die Kluft zwischen den Zivilisationen des asiatischen Kontinents kaum zu übersehen. Ein Brückenschlag zur Überwindung dieser Kluft ist erforderlich, und dies bedeutet neues, *policy*-orientiertes Nachdenken über Demokratie, die in der Weltpolitik entwestlicht werden müßte. Parallel dazu müßte eine demokratiefördernde »ethische Grundorientierung« gebildet werden, die von allen Zivilisationen geteilt werden kann. Ostasiaten verstehen beispielsweise unter Entwestlichung der Demokratie – wie Gilbert Rozman, Asien-Experte aus Princeton, in Louvain sagte – das Überwinden der westlich geprägten Dichotomien zwischen individuellen und Gruppenrechten, zwischen formellem Recht und Moralität, zwischen Öffentlichkeit und Privatheit und schließlich zwischen individueller Freiheit und gemeinschaftsorientierter Verantwortung. Diese Dichotomien gehören zum weltanschaulichen Krieg der Zivilisationen und müßten im Rahmen einer übergreifenden Grundorientierung bewältigt werden.

Eine Rückschau auf die Demokratisierungspotentiale in Asien zeigt, daß der Konfuzianismus für Demokratie offener ist als der Islam. So ging der Islamisierungsprozeß in Pakistan[17] mit einem Abdriften von der Demokratie einher. Ostasiaten argumentieren, der Konfuzianismus sei eher bereit, von anderen zu lernen, als der Islam – oder wie die Experten es nannten: »to listen with the mind of learning«. Hier taucht jedoch wiederum die Frage des Fundamentalismus (vgl. Anm. 14) auf, die zu Differenzierungen zwingt: Nicht der Islam als solcher verschließt sich der Demokratie, sondern die islamisch-fundamentalistischen Ideologien. Auf dem Höhepunkt ihrer Zivilisation im Mittelalter haben Muslime das griechische, also nicht-islamische Erbe kennengelernt und vieles davon übernommen. Diese Offenheit vermißt man heute. Bleiben West- und Südasien weiterhin unter dem Einfluß des religiösen Fundamentalismus, während Buddhismus, Schintoismus und Konfuzianismus in Ostasien sich weiter entwickeln und demokratisieren, dann wird sich die Kluft innerhalb Asiens vergrößern. Das von Huntington vorausgesagte »konfuzianisch-islamische Bündnis gegen den Westen« bliebe im luftleeren Raum. Der demokratische Hoffnungsschimmer liegt bei der mit 180 Millionen Einwohnern größten islamischen Nation in Asien: Indonesien. Das indonesische Beispiel zeigt, daß der Islam auch tolerant und demokratisch sein kann. Aber die Ausstrahlung des Islam im Übergang zum 21. Jahrhundert geht bedauerlicherweise von Westasien, nicht von Südostasien aus.[18]

Zwischen Relativismus und Neo-Absolutismus

Die in Übereinstimmung mit Karl-Otto Apel geforderte »ethische Grundorientierung« als Friedensbrücke zwischen den Zivilisationen ist keineswegs leicht zu realisieren oder gar unumstritten. Lokalkulturen und die Zivilisationen, zu denen sie sich gruppieren, erheben Anspruch auf »Eigenständigkeit« in allen Bereichen – wie in diesem Buch gezeigt wurde –, wofür gern das Fremdwort »Authentizität« strapaziert wird.

Aber auch in der Wissenschaft gibt es einen Streit über die kulturelle Authentizität, bei dem sich die Geister scheiden. Als Beispiel dafür möchte ich über eine Kontroverse berichten, die auf einem Symposium der Erasmus-Stiftung in Amsterdam geführt wurde, das unter dem Motto »The Limits of Pluralism« stand. Zwei große Gelehrte, Ernest Gellner und Clifford Geertz, arbeiteten in einem Streitgespräch ihre unterschiedlichen Positionen hinsichtlich der absoluten Ansprüche von Kulturen bzw. deren Relativität heraus. Ausgangspunkt ihres Streitgesprächs war Ernest Gellners Buch *Postmodernism, Reason and Religion*.[19]

Im Hintergrund schwelte jedoch noch ein anderer, von Edward Said ausgelöster Konflikt.[20] (Said selbst haben wir hier auf S. 155 ff. bereits als Urheber der Orientalismus-Polemik kennengelernt.[21]) Während Gellner grundsätzlich gegen die Pauschalisierungen Saids ist, verteidigt der Princeton-Anthropologe Clifford Geertz[22] ähnlich wie Said lokale Kulturen gegen universelle Vorstellungen, was ihn gegenüber kulturübergreifenden Zivilisationen blind macht. Nach Gellner können Zivilisationen nur dann konfliktfrei miteinander umgehen, wenn sie sich an bestimmte Spielregeln halten – wie in einem guten Fußballspiel. Schon aus diesem Grund sei ein allgemeinverbindliches Konzept von Wissen für die gesamte Menschheit erforderlich (vgl. Kap. 5). Entsprechend lehnt Gellner – wie ich selbst auch – den Multikulturalismus und den Feminismus ab, weil beide ein kultur- bzw. geschlechtsspezifisches Wissen annehmen. In der Tradition der Aufklärung stehend, bekennt sich Gellner zu einem für alle Kulturen gültigen Allgemeinwissen, dessen Kompaß die menschliche Vernunft ist.

Geertz polemisierte nun in Amsterdam gegen diese Position: Sie sei eine neue Spielart des Fundamentalismus, die er »Aufklärungs-Fundamentalismus« nannte. Offensichtlich hatte er das Buch von Gellner nicht gelesen, in dem dieser sich selbstironisch als »bescheidenen Vertreter des rationalistischen Aufklärungs-Fundamentalismus«[23] bezeichnet. Mit dieser Selbstbeschreibung wollte Gellner offenbar klarmachen, daß er nicht nur eine intellektuelle Position vertrete, sondern sie auch kämpferisch zu verteidigen gedenke. Der jüdische Emigrant Gellner, der aus Prag nach England geflohen war, um dem »Dritten Reich« zu entkommen, erinnerte an den Holocaust und fügte hinzu, daß man Kulturen nicht allein nach ihren eigenen Maßstäben bewerten dürfe. Es müsse allgemeine, für die gesamte Menschheit gültige Kriterien geben, nach denen über jede einzelne Kultur auch kritisch geurteilt werden könne.

Dagegen vertrat Geertz die zunächst richtige Position, daß jede Kultur stets lokal und Ausdruck sozial bedingter Sinnproduktion sei (vgl. Anm. 22). Eine Kultur könne deshalb keine allgemeinen Maßstäbe für andere Kulturen setzen. Gellner lehnte diese Auffassung ab, weil sie zu einem »kognitiven Egalitarismus« führe, der die Gleichheit aller Kulturen – also auch der patriarchalischen und demokratischen – von vornherein fest schreibe. Aus der »Gleichsetzung der Kulturen« würde so letztendlich die »Gleichheit der Kulturen«.

Mit seiner vehementen Zurückweisung dieser Gleichsetzung reihte sich Gellner in die Front des »Anti-Relativismus« ein. Ironisch bemerkte er, daß Geertz[24] zwar die Lokalität der Kulturen verstehen helfe, diese Einsicht aber nicht unbedingt in einen Kulturrelativismus münden müsse:

> »Es ist bedauerlich, daß Geertz mit seinem Anti-Anti-Relativismus den Kulturrelativisten auf die Schultern klopft.«

In der Tat hat Geertz zum Verständnis der Lokalität der Kulturen Substantielles beigetragen und auch mich in meinen Islam-Arbeiten inspiriert.[25] Das muß aber, wie Gellner richtig sagt, nicht unbedingt in Kulturrelativismus ausarten: Die Erkenntnis des Besonderen muß nicht zur Verleugnung des Allgemeinen führen.

An der Postmoderne, zu der der Kulturrelativismus gezählt wird, stört Gellner besonders die Behauptung, daß es »keine objektive Welt gibt«. Jedes Wissen sei eine »Präsentation«, so daß weder Allgemeinwissen noch Objektivität zugelassen würden. Die Vielfalt des Wissens arte in eine Vielfalt der Präsentationen aus. So gebe es keinen Platz für eine kulturübergreifende Moralität jenseits der geistig relativierten Standorte lokaler Kulturen, was eine für die gesamte Menschheit gültige Diskurs-Ethik ausschließt, für die, wie ich gezeigt habe, Apel plädiert. Kulturrelativisten sehen nicht, daß die Anerkennung eines einheitlichen Systems des Wissens den Vorzug hat, die Eigenheiten der Kulturen unserer globalen Welt zurückzustellen. Einheitliches, auf Vernunft basierendes Wissen verbindet die Menschheit.

Besonders interessant an der Gellner-Geertz-Kontroverse auf dem Erasmus-Symposium war die emotionsgeladene Erwiderung des sonst so gelassenen Geertz auf die Angriffe Gellners. Seinen Ausführungen schickte er voraus, daß er kein Theoretiker, sondern ein empirisch arbeitender Kulturanthropologe sei, der daher von anthropologischen Daten und nicht von Theorien ausgehe. Die Fakten aber zeigten Unterschiede und Eigenheiten der Kulturen, keine Gemeinsamkeiten an. Somit forderten empirische Daten jede allgemeine Position heraus, die in Wirklichkeit ein Absolutismus wäre.

Die Erasmus-Diskussion stand, wie erwähnt, unter dem Motto »The Limits of Pluralism«. Das ist die Nahtstelle, an der Gellner ansetzte, indem er argumentierte: Europäische und amerikanische Postmodernisten relativierten jede Kultur und übersähen dabei, daß viele Kulturen selbst einen absoluten Anspruch verträten. Ein Kulturrelativist, der die Ansprüche aller anderen Kulturen anerkenne, nähme also – mit anderen Worten – nicht zur Kenntnis, daß diese, wie zum Beispiel der universalistische Islam, alles andere als kulturrelativistisch orientiert seien. Ohne es eingestehen zu können oder gar zu wollen, ende der Kulturrelativist so bei der Anerkennung der Absolutheit anderer Kulturen.

Geertz setzt sich gegen das »*cognitive leveling*/kognitive Einebnen« ein, womit er die Setzung geistiger Standards meint, die für alle Kulturen gültig sind. Er verwies mehrfach auf die Vielfalt der Kulturen. Dagegen führte Gellner jedoch den religiösen Fundamentalismus als zentrales Beispiel für seine Haltung an: Aus einer kulturrelativistischen Position würde man diesen religiösen Fundamentalismus als eine Spielart einer anderen zu respektierenden Kultur ansehen; aus der Perspektive der aufgeklärten Vernunft gelte es aber, ihn zu bekämpfen, weil er totalitär, patriarchalisch und anti-demokratisch sei.

Gellner griff zu scharfen Worten, als er die Postmoderne als »ein hysterisches Beispiel für die Aneinanderreihung von Widersprüchen« bezeichnete, »durch die sich allein die Behauptung eines Relativismus der Kulturen als roter Faden hindurchzieht«. Aus meiner Perspektive scheint mir die Postmoderne nichts anderes als eine Rückzugserscheinung der kränkelnden westlichen Zivilisation zu sein.

Der Amsterdamer Streit wurde konkret, als andere Teilnehmer der Debatte Spezialfälle präsentierten. In meinem Referat über den islamischen Fundamentalismus habe ich aufgezeigt, daß sich in dieser Ideologie wenig islamische Kulturmuster und viele totalitäre Züge finden lassen (vgl. Anm. 14). Meine These vom Fundamentalismus als »Traum von der halben Moderne«[26] unterstützt weder die Deutung des politischen Islam als Ausdruck einer lokalen Kultur noch einen Kulturrelativismus, der alles verschwimmen läßt. Denn der politische Islam enthält gleichermaßen Züge der lokalen Kultur und der Moderne; er ist Ausdruck eines Neo-Absolutismus.

In der Diskussion plädierte ich für eine Synthese der Geertzschen Position, die ein Verständnis der Lokalitäten der Kulturen vermittelt und die – wie bereits argumentiert – nicht zwingend einen Kulturrelativismus zur Folge haben muß, mit der Gellnerschen Position, die nicht unbedingt der Lokalität einer Kultur widerspricht und dennoch den Bedarf eines für die gesamte Menschheit gültigen Kompasses hervorhebt. Eine internationale Moralität, die von allen Kulturen akzeptiert wird, kann kulturübergreifend sein; das heißt, sie kann Werte und Normen vereinigen, die die Menschheit zu ihrem Überleben im Übergang zum neuen Jahrtausend benötigt. Bosnien ist ein konkretes Beispiel dafür, daß wir mit Postmoderne und Kulturrelativismus keinen Schritt weiterkommen und darüber hinaus auch jeglicher Begrifflichkeit zur Bewertung und Verurteilung des dortigen Völkermordes entbehren. Sehr eindrucksvoll waren die Worte des prominenten, im Warschauer Ghetto geborenen Israeli Shlomo Avineri am Schluß der Erasmus-Debatte:

>»Wenn ich die Bilder aus Sarajevo im Fernsehen sehe, denke ich immer an das Warschauer Ghetto in der NS-Zeit.«

Das dürfen wir nicht vergessen, wenn wir über Postmoderne und Kulturrelativismus diskutieren. Kulturrelativisten sind macht- und sprachlos gegenüber dem Neo-Absolutismus des ethnischen Nationalismus sowie des religiösen Fundamentalismus. Für die aufklärerische Vernunft und für den für alle Kulturen gültigen Rationalismus Partei zu ergreifen ist meiner Meinung nach kein Fundamentalismus, obwohl Gellner sich selbstironisch als »Aufklärungs-Fundamentalisten« bezeichnet. Mit dem Neo-Absolutismus können wir uns nicht kulturrelativistisch auseinandersetzen. Das sind »the limits of pluralism«, wie es in Amsterdam hieß. Dieselbe Einsicht ist auf den Zusammenprall der Zivilisationen zu übertragen; die Folgen sind zu bedenken.

Ein konkretes Beispiel:
Frieden zwischen Islam und Judentum

Auf einer allgemeinen, »ideellen« Ebene ist eine säkulare internationale Moralität, die als Grundorientierung die Ethik der Menschenrechte und der Demokratie einschließt, die wichtigste Brücke zwischen den Zivilisationen. In der Praxis aber ist das Schlagen von Brücken ein komplexes und schwieriges Unterfangen. Oft stehen dabei politische Fragen im Vordergrund. Der arabisch-israelische und der Palästina-Konflikt sind – insofern sie sich auf die islamische Zivilisation und das Judentum beziehen – Konflikte, die nicht bloß von regionaler Bedeutung sind. Beide Konflikte müssen politisch in kleinen Schritten angegangen werden. Steht nach dem Gaza-Jericho-Abkommen der ersehnte Frieden bevor, wie Michael Wolffsohn[27] es in seinem Buch *Frieden jetzt?* ankündigt? Frieden ist nicht zuletzt auch durch eine Politik der kleinen Schritte zu erreichen. Ein 1994 in einer jüdischen Synagoge in London geführter Friedensdialog ist zu diesen kleinen, aber wichtigen Schritten zu zählen, weshalb ich meinen Lesern von dieser Erfahrung berichten möchte.

Der 1927 in Berlin geborene Rabbiner der Londoner Westminster-Synagoge, Albert Friedlander, verweist auf seine amerikanische Ausbildung in Chicago und an der Columbia University, wo er seinen amerikanischen Ph.D. erworben hat, und fügt
hinzu: »Als amerikanischer Bürger trenne ich strikt zwischen
Religion und Politik.« Dennoch beschäftigt sich Friedlander mit
jüdischer Ethik und glaubt zu Recht, daß auf dieser Basis ein
Dialog mit dem Ziel einer politischen Annäherung an die Muslime möglich ist. Aus diesem Grund stellte der Rabbiner die von
ihm geleitete Westminster-Synagoge zu einem Gespräch[28] zwischen Juden und Muslimen zur Verfügung, zu dem auch der in
London akkreditierte deutsche Botschafter Hartmann, der israelische Botschafter Moshe Raviv und der ägyptische Botschafter Gehad Madi kamen. Die ehemalige Nonne und Bestseller-
Autorin Karen Armstrong, die nicht nur *A History of God*,
sondern auch eine christlicherseits sehr versöhnliche Biographie des islamischen Propheten Mohammed[29] geschrieben hat,
moderierte das Gespräch. Sie räumte ein, daß der Antisemitis-
mus eine in den islamischen Orient exportierte »christliche
Sünde« sei. Ich habe in der Westminster-Synagoge auf den jüdischen Princeton-Historiker Bernard Lewis hingewiesen, der
in seinem Buch *Die Juden in der islamischen Welt*[30] die auf dem
Höhepunkt der islamischen Zivilisation erfolgte »jüdisch-islamische Symbiose« als ein Glanzstück jüdischer Geschichte charakterisiert. Nur der Palästina-Konflikt hat diese gegenseitige
jüdisch-islamische Wertschätzung gestört. Der arabische Anti-
semitismus ist ein Import aus Europa. Er ist *nicht* auf islamischem Boden gewachsen. Kann der Konflikt um Palästina nur
politisch, oder muß er auch zivilisatorisch bewältigt werden?

In der Westminster-Synagoge waren u.a. ein Israeli und ein
Palästinenser anwesend, die an der Osloer Prinzipienerklärung
für den Frieden vom September 1993 aktiv mitgewirkt haben
und seitdem zu den einflußreichen, am Gaza-Jericho-Abkommen beteiligten Personen gehören[31]: Yair Hirschfeld, der wie

Rabbiner Friedlander fließend Deutsch spricht, und Ahmed Khalidi, der Sohn des berühmten Harvard-Gelehrten Walid Khalidi. Ahmed Khalidi gehört als Redakteur des *Strategic Review* zu den geschätzten Strategie-Analytikern in London und bestimmt als Herausgeber der arabischen Ausgabe des *Journal of Palestine Studies* das strategische Denken in der PLO. Hirschfeld und Khalidi waren sich einig darüber, daß das palästinensische und das israelische Volk keine andere Option als den Frieden haben. Der gemeinsame Zankapfel ist und bleibt aber Jerusalem. Israelische Politiker sprechen nicht gern in der Öffentlichkeit darüber, daß auch sie die Bildung eines souveränen palästinensischen Staates[32] in den israelisch besetzten Gebieten als Resultat des Friedensprozesses sehen. Aber an Jerusalem scheiden sich die Geister!

Yair Hirschfeld, der in Haifa Geschichte lehrt und bereits im Dezember 1992 die »Oslo-Verbindung« hergestellt hatte, wollte keinen Zweifel daran lassen, daß »Jerusalem die Hauptstadt Israels ist und auch bleiben wird«. Ahmed Khalidi antwortete dem mit erregter Stimme sprechenden Hirschfeld ruhig mit dem Hinweis auf die Prinzipien-Vereinbarung von Oslo, die ein Gespräch über Jerusalem für die nahe Zukunft zulasse.

> »Ich habe überhaupt nichts dagegen, daß Jerusalem als Hauptstadt Israels gilt. Aber wir müssen dann präzise und deutlich darüber sprechen, welches Jerusalem wir meinen«,

sagte Khalidi und führte aus, daß es heute fünf Einheiten gebe, die zusammen das erweiterte Jerusalem bildeten, das sich dadurch weit in die besetzten Gebiete erstrecke. In der öffentlichen Meinung herrsche die Assoziierung von Jerusalem mit der Altstadt vor, weil Informationen über dieses stadtgeographisch erheblich erweiterte Jerusalem wenig verbreitet seien.

> »Ich bin für den Frieden und habe dazu beigetragen. Ich komme aber aus der Khalidi-Familie, deren jahrhundertealte Geschichte mit der Geschichte der Stadt Jerusalem zusammenhängt. Wo ist mein

Platz in diesem Frieden, wenn ich keinen Anspruch auf Jerusalem habe?«

rief Khalidi, wobei er dann doch seine Gelassenheit verlor.

Die Prominenz der jüdischen und islamischen Londoner Gesellschaft war bei diesem Friedensgespräch in der Westminster-Synagoge vertreten. Die jüdischen Honoratioren verwiesen auf den jüdischen, seinerzeit am islamischen Hof von Cordoba wirkenden Philosophen Maimonides, der eine klare jüdische Anerkennung des Islam aussprach. Sie forderten dann, daß die islamische Anerkennung der Juden über deren Würdigung als *Dhimmi*/geschützte Minderheiten unter islamischer Obhut[33] hinausgehen müsse, das heißt, den Juden im Islam Souveränität zugestanden werden müsse. Hier liegt die jüdische Angst vor dem politischen Islam begründet, dessen Bedeutung Khalidi im Gespräch heruntergespielt hatte. Yair Hirschfeld erwiderte:

> »Wir mögen Paranoiker sein, aber unser Verfolgungswahn hat seine reale Geschichte. Ich habe persönliche Erinnerungen an die Scud-Raketen Saddam Husseins und deren Bejubelung durch Palästinenser. Sie müssen unsere Ängste verstehen.«

Die islamischen Gesprächsteilnehmer, die vorwiegend aus der britisch-muslimischen Gemeinde kamen und somit zum großen Teil vom indischen Subkontinent (Pakistan und Indien) stammten, wollten die jüdisch-islamische Versöhnung über die gegenseitige palästinensisch-israelische Anerkennung hinaus verfolgen.

Ich habe in diesem Zusammenhang, die lokalen und die globalen Ebenen verbindend, ein Dreistufenkonzept für den islamisch-jüdischen Frieden entwickelt: In einem ersten Schritt gilt es, auf lokaler Ebene, die Palästinenser-Frage durch die Bewältigung der Realität »Ein Land – zwei Völker«[34] zu lösen. Beide Parteien müssen das »Heilige Land« einvernehmlich untereinander teilen. Erst dann kann regional, in einem zweiten Schritt, die staatliche Versöhnung zwischen Israel und den arabischen Nachbarn erfolgen. Der Höhepunkt des Friedens muß schließlich eine Regelung für Jerusalem sein. Ohne sich über die »*shared holyness*/geteilte Heiligkeit« von Jerusalem zu einigen, kann es auf internationaler Ebene keinen islamisch-jüdischen Frieden geben, weil die im Koran gewürdigte al-Aqsa-Moschee[35] für Muslime in die Reihe der Mekka-Medina-Jerusalem-Heiligtümer gehört. Dem Oslo-Vermittler Hirschfeld ist zuzustimmen, daß man die Jerusalem-Frage nachsichtig und geduldig, ohne »*pushing*«, angehen müsse. Denn »wenn man zuerst das heiße Eisen anfaßt, dann verbrennt man sich dabei die Finger, und dann können wir den Frieden vergessen«, so Hirschfeld, der empfahl, den Frieden mit den weniger umstrittenen Fragen anzupacken.

Aber auch dem PLO-Strategen Khalidi ist zuzustimmen, wenn er sagt, daß Jerusalem nicht warten könne. Er nennt als wichtigsten Grund:

> »Es gibt keinen Status quo in Jerusalem. Jeden Tag verändern sich die stadtgeographischen und demographischen Fakten zugunsten Israels und zuungunsten der Palästinenser. Warten heißt, diese Veränderungen tatenlos hinzunehmen.«

Beide Positionen sind richtig, und sie müssen in einer abgestuften Strategie miteinander in Einklang gebracht werden.

Der jüdisch-islamische Dialog in der Westminster-Synagoge unter christlicher Leitung hat eine trotz des politischen Streits bestehende kulturelle und religiöse Nähe zwischen Juden und Muslimen gezeigt; eine Nähe, die zwischen diesen beiden Parteien und den Christen fehlt. Aber der Streit um Jerusalem trennt Juden und Muslime, wie auch der Dialog zwischen Hirschfeld und Khalidi gezeigt hat. Nicht nur die Juden haben Angst, auch die Palästinenser – gleichgültig, ob Christen oder Muslime. Die einen fürchten um ihre Existenz und die anderen um Jerusalem. Erst eine durch politische Zugeständnisse eingeleitete Versöhnung kann beide Parteien von ihren berechtigten Ängsten befreien.

Die Israelis scheinen durch die Anerkennung einer geistlichen Autorität des haschimitischen, aus der Familie des Propheten Mohammed stammenden Königs Hussein eine Lösung für Jerusalem anzustreben. Parallel zu dem am 26. Oktober 1994 unter Beisein des amerikanischen Präsidenten Clinton und des deutschen Außenministers Kinkel unterschriebenen jordanisch-israelischen Friedensvertrag scheinen sie König Hussein Zugeständnisse in bezug auf einen besonderen Status in Jerusalem zu machen. König Hussein, der bereits aus seiner privaten Schatulle die Vergoldung der Kuppel des Felsendoms bezahlt hat, könnte demnach zum Hüter der al-Aqsa-Moschee werden (vgl. meinen Artikel »König Hussein als Scharif von Jerusalem«, *FAZ* vom 8. 12. 1994). Aus diesem Grund hat jedoch PLO-Chef Arafat die Araba-Friedensfeier in der Wüste boykottiert und zum Generalstreik in den besetzten Gebieten aufgerufen. Daß der Aufruf befolgt wurde und daß der Friedensvertrag von Terroraktionen der Hamas-Fundamentalisten begleitet wurde, illustriert die Brüchigkeit dieses Friedens.

Eine weitere Stufe des Dialogs: Islamische und europäische Schriftsteller im Gespräch

Der Schlüssel zum islamisch-jüdischen Frieden heißt also Jerusalem. Das ist eine politische Frage, die durch israelische Zugeständnisse bewältigt werden könnte. Dagegen ist der europäisch-islamische Friede ein weit komplexerer Gegenstand. Trotz der positiven historischen Begegnungen im Mittelalter, als die Muslime das altgriechische Erbe kennenlernten und aufnahmen, hat es niemals in der Geschichte eine Art christlichislamischer Symbiose gegeben, so wie jene, die sich zwischen Juden und Muslimen über lange Jahrhunderte entwickelt hat (vgl. Anm. 30). Aus islamischer Perspektive betrachtet, kamen und kommen aus Europa die Kreuzzügler, während für die Europäer aus der Welt des Islam die bedrohlichen *Djihad*-Kämpfer kommen, die Europa islamisieren wollen.[36] Allein mit politischen Zugeständnissen, wie dies bei der Jerusalemfrage zwischen Juden und Muslimen der Fall sein könnte, lassen sich die jahrhundertelangen Belastungen zwischen Europäern und Muslimen nicht beheben.[37] Ein Kulturdialog und eine anhaltende politische Kommunikation sind in den Beziehungen zwischen den beiden historisch verfeindeten Zivilisationen erforderlich. Hierbei ist nicht nur Fingerspitzengefühl, sondern auch viel Geduld nötig.

In einem Vortrag vor der Robert-Bosch-Stiftung in Stuttgart habe ich die Frage gestellt, ob das Mittelmeer die Grenze oder die Brücke zwischen der islamischen und der europäischen Zivilisation sei oder sein werde.[38] In der Geschichte gibt es keinen Determinismus. So wird die Antwort auf diese Frage von den betroffenen Menschen selbst abhängen.

Die Europäische Union zumindest ist sich der Brisanz dieser Problematik in unserem Zeitalter des Zivilisationskonflikts bewußt. Deshalb hat Brüssel International-PEN und Danish-PEN bei ihren Bemühungen unterstützt, diesen Dialog auf kleiner Flamme, das heißt wenigstens auf der Ebene der Schriftsteller, zu fördern. Auf diese Weise kam 1994 ein Treffen in Louisiana zustande, einem dänischen Museum in der Nähe von Kopenhagen. Es war das erste Treffen islamischer und skandinavischer Schriftsteller, dem weitere Gesprächsrunden u.a. in Istanbul folgen sollen. Im Beisein des Präsidenten des International-PEN, des in Paris lebenden jüdischen Schriftstellers Alexandre Blokh, und anderer nationaler PEN-Präsidenten rühmte Niels Barfoed, der Präsident von Danish-PEN, seine Organisation dafür, die erste gewesen zu sein, die Salman Rushdie nach Kopenhagen einzuladen wagte, und nun die erste im Westen zu sein, die einen solchen Dialog zwischen den Zivilisationen mit islamischen Schriftstellern durchführe, denen nicht nur säkulare Muslime, sondern auch muslimische Fundamentalisten angehörten. Niels Barfoed rief die ihm gebannt zuhörenden Schriftsteller auf:

> »Laßt uns als privilegierte Geistesmenschen unsere Feder einsetzen und die Schwerter beiseite legen, um den Weg zueinander zu finden.«

Die drei Eröffnungsreden hielten muslimische Schriftsteller: der Führer der tunesischen Fundamentalisten Raschid Ghannuschi (al-Nahda-Bewegung), der prominente ägyptische (säkulare) Schriftsteller und Direktor des Kairoer Ibn-Khaldun-Zentrums Saad Eddin Ibrahim und ich als Europäer und Muslim. Der sich moderat gebende Islamist Ghannuschi bekannte sich verbal zur Demokratie und zum Dialog zwischen dem Westen und dem Islam und verwies erfreulicherweise auf positive historische Begegnungen. Er ist somit nicht typisch für die islamistische, nicht gerade dialogwillige Hauptströmung. Als Ghannuschi mit den undemokratischen und anti-westlichen Positionen islamischer Fundamentalisten unserer Gegenwart konfrontiert wurde, verwies er darauf, daß er selbst – obwohl Islamist – von Vertretern des *Djihad*-Fundamentalismus zum *Kafir*/Ketzer erklärt worden sei. Der Soziologe und Schriftsteller Saad Eddin Ibrahim begrüßte die Dialogbereitschaft Ghannuschis und unterstrich seinen guten Willen, sich als säkularer Muslim dafür einzusetzen, daß die dialogbereiten Islamisten im Rahmen eines demokratischen und pluralistischen Systems an der Macht beteiligt werden sollten.

Als der Dialog sehr konkret wurde, das heißt, als die Einstellung Ghannuschis in bezug auf die iranische *Fetwa* zur Ermordung von Salman Rushdie[39] zur Debatte stand, wurden die Grenzen des Dialogs deutlich, wie skandinavische Schriftsteller es formulierten. Ghannuschi und die ihn begleitenden anderen tunesischen Schriftsteller sagten zwar, sie »distanzierten sich von der Khomeini-*Fetwa,* könnten aber nicht mehr als diesen Schritt leisten«. Die ägyptische Fundamentalistin Siham Hashim, die, hinter ihrem Schleier versteckt, Salman Rushdie lautstark aufgrund seiner »Beleidigung des Islam« anprangerte, mußte während der Diskussion eingestehen, daß sie *Die Satanischen Verse* nie gelesen oder auch nur gesehen habe. Ein dänischer Schriftsteller rief ihr daraufhin zu: »Beleidigen Sie uns nicht, das fördert den Dialog nicht!«

Besser als mit Siham Hashim, die der Redaktion der Kairoer fundamentalistischen Wochenzeitung *al-Schaab* angehört, lief der Dialog mit der aus Algier angereisten Romanautorin Aisha Lemsine. Frau Lemsine, die bereits fünf Romane in Paris veröffentlicht hat, meinte, daß Französisch ihre Artikulationsform sei und sie zwischen zwei verfeindeten Zivilisationen stehe, zu denen sie gern ein gleichermaßen gutes Verhältnis bewahren würde. Ohne die anwesenden fundamentalistischen Schriftsteller anzugreifen, führte sie aus, daß ihr jeder Handlungsspielraum als Schriftstellerin in der gegenwärtig angespannten Situation in Algerien genommen sei und sie von Fundamentalisten bedroht werde. Obwohl Frau Lemsine, wie schon ihre äußere Erscheinungsform zeigte, gegen den islamischen Schleier ist und in Paris veröffentlicht, geht sie nicht ins Exil, sondern bleibt in Algier. Dort aber ist ihr Leben in Gefahr.

Die türkischen Schriftsteller Murat Belge und Suat Karantay kamen – im Gegensatz zu Ghannuschi und vielen anderen, die im europäischen Exil leben – aus ihrer Heimat, das heißt aus Istanbul. Obwohl Murat Belge auch ein modern und säkular orientierter Muslim ist, machte er sich über die Formen der Aneignung der Moderne durch oberflächliche muslimische Säkularisten lustig und stellte einleitend klar, daß er kein Kemalist sei. Er berichtete von den Schwierigkeiten der türkischen Presse in bezug auf den Dialog mit dem Westen. Noch haben türkische säkulare Zeitungen die höheren Auflagen, sosehr die Auflagen der fundamentalistischen Zeitungen auch steigen mögen. Aber beide haben ihre Stereotype gegenüber dem Westen. Die »säkularen« türkischen Zeitungen bringen Bilder barbusiger Touristinnen aus dem Westen, denen Kommentare, »wie gut der türkische Mann« sei, in den Mund gelegt werden. Damit stützen sie das im Orient weitverbreitete Klischee von der »leichtfertigen westlichen Frau«.[40] Fundamentalistische Zeitungen ereifern sich dagegen über die »westlichen Kreuzzüge gegen den Islam«. Nur in der Art der anti-westlichen Attitüden, nicht aber in der Sache unterscheiden sich diese Zeitungen.

In dieselbe Richtung geht jedoch auch die Analyse der westlichen Berichterstattung über die Welt des Islam. Der schwedische Schriftsteller Arne Ruth vom *Dagens Nyheter* und Johnson vom schwedischen Fernsehen beklagten das »Stereotyping« der Muslime in der skandinavischen Presse und den elektronischen Medien. Ähnliches kann man aus Deutschland und noch mehr aus den USA berichten.

Das Louisiana-Treffen stand unter dem Motto »Bridging the Gap«. Der Dialog und das Einander-Kennenlernen sollten diese Kluft schließen und Stereotype auf beiden Seiten ernsthaft bekämpfen.

Die Europäische Union hat das kostspielige Treffen finanziert und wird weitere Treffen fördern, weil ein Brückenbau im Mittelmeerraum zur Europapolitik des Übergangs zum kommenden Jahrhundert gehört. Der Direktor von MedMedia der Europäischen Union, der Engländer Trevor Mostyn, der über einen Millionenetat zur Förderung des kulturellen Dialogs zwischen dem nördlichen und südlichen Mittelmeerraum verfügt, schloß sich dem Präsidenten von International-PEN, Alexandre Blokh, in seiner Aussage an, daß mit dem Louisiana-Treffen ein wichtiger Schritt zum gegenseitigen Verständnis islamischer und europäischer Intellektueller getan worden sei.

Der Ägypter Saad Eddin Ibrahim hält die Skandinavier für

prädestiniert, solche Dialoge stellvertretend für die anderen Europäer zu führen, weil sie angesichts des Fehlens einer kolonialen Tradition von der Wut der islamischen anti-westlichen Einstellungen ausgenommen werden. Er sagte in seinen abschließenden Worten:

> »Danish-PEN hat nicht nur Brücken zwischen zwei Zivilisationen geschlagen, sondern auch zwischen uns säkularen und islamistischen Intellektuellen.«

In Louisiana redeten islamische Säkularisten mit Islamisten[41], was sie in ihrer Heimat nicht tun. Dort bekämpfen sie einander nur.

Diesen Gesprächsversuchen in Louvain, Amsterdam, London und Kopenhagen müssen weitere Diskussionen und Debatten folgen, um den Zivilisationskonflikt zu entschärfen.

Fazit

Die Revolte der nicht-westlichen Zivilisationen gegen den Westen hat die Grenzen der Politik längst überschritten. Anders als in der Periode der Entkolonialisierung[42] wird sie nun primär weltanschaulich begründet und zielt auf Entwestlichung ab. Damit wird der internationale Konsens über Normen und Werte, deren Universalität bisher nicht in Frage gestellt wurde, bestritten. Der Ost-West-Konflikt wurde von einem weltanschaulichen Krieg der Zivilisationen abgelöst, der zu eskalieren droht.

Während der 21. Römerberggespräche (1994) zum Thema »Anderssein – ein Menschenrecht?« haben einige Teilnehmer die unhaltbare These vertreten, daß sich in unserer Zeit eine vereinheitlichende Weltzivilisation durchgesetzt habe und Begriffe wie »Fundamentalismus« oder »Zusammenprall der Zivilisationen« Bemühungen darstellten, »Ersatzideologien« für den zu Ende gegangenen kalten Krieg zu finden. Als einer dieser Gesinnungsethiker nach Beweisen für diese Behauptung gefragt wurde, antwortete er in vollem Ernst, daß alle Welt Coca-Cola trinke, Jeans trage und Dallas-TV-Serien ansehe. Hat sich in Deutschland die Erkenntnis noch nicht durchgesetzt, daß Kultur nicht auf Konsumverhalten basiert?

Wie der große Gelehrte Clifford Geertz (vgl. Anm. 22 und 25) auf der Basis seiner vergleichenden Forschung gezeigt hat, beruht Kultur auf einer lokalen, sozial bedingten Sinnproduktion, die die symbolische Dimension sozialen Handelns annimmt. Wenn ein Muslim in Marokko und ein anderer Muslim in Indonesien Coca-Cola trinken, dann wird ihr kulturell unterschiedlicher Islam dadurch nicht gleicher (vgl. Anm. 18), ganz zu schweigen von den Unterschieden zwischen beiden Muslimen und etwa einem Europäer, die erst recht nicht durch den gemeinsamen Genuß von Coca-Cola aufgehoben werden. Jede Kultur hat ihre Weltsicht und sich in Symbolen ausdrückende soziale Kulturmuster, die durch standardisiertes Konsumverhalten nicht beeinträchtigt werden.

Dieser Verwechslung von Coca-Cola-Weltkultur mit Universalismus haben wir die Makro-Ethik von Apel und die These von der internationalen Moralität gegenübergestellt, die das Anderssein in den Hintergrund rücken.[43] Kulturen gruppieren sich zu Zivilisationen, die demnach stets kulturübergreifend sind.

Auf der Ebene der Weltpolitik prallen diese Zivilisationen nach dem Ende des kalten Krieges plötzlich aufeinander, und das wird weiterhin so sein, auch noch im kommenden Jahrhundert. Die Folge ist eine Entwestlichung der Welt, obwohl – verführt von der Werbung – weltweit Coca-Cola getrunken wird. Den Universalismus der Coca-Cola- und McDonald's-Kultur gibt es in der Idealwelt der Reklame, nicht aber in der realen Welt der Zivilisationen. Die Formel des Amerikaners Benjamin Barber »*Djihad* versus McWorld«[44] reduziert die internationalen Werte auf das Niveau einer amerikanisierten »Mc-Welt«, die ich bereits im Vorwort zurückgewiesen habe.

Nun ist es allerdings nicht so, daß an die Stelle des westlichen Universalismus eine Vielfalt von frei und friedlich miteinander lebenden Kulturen und Zivilisationen tritt. Vielmehr werden die ethnischen Konfliktpotentiale auf lokal-kultureller Ebene politisiert, so daß ethno-nationalistische Kriege ausbrechen, wie man heute in aller Welt beobachten kann. In einigen Fällen, z.B. im Bosnienkrieg, eskalieren die lokalkulturell-ethnischen Konflikte zu solchen zwischen den Zivilisationen.[45] Die christlich-orthodox-slawischen Serben glauben, gegen die Islamisierung Europas und die Muslime vorgehen zu müssen, während die Muslime ihrerseits im Großserbien-Wahn eine Variante der modernen Kreuzzüge gegen sie sehen: einen serbischen Kreuzzug mit westlicher Unterstützung.

Kurzum: Weder Kulturpluralismus und Vielfalt noch die Welt, von der Kulturrelativisten träumen, haben die bipolare Welt des kalten Krieges abgelöst. Ein neuer kalter Krieg[46] greift um sich, dessen Dimension und Gewaltpotential überall sichtbar werden.

Es ist wahr, im Zivilisationskrieg der Weltanschauungen werden auf lokaler Ebene – z.B. auf dem Balkan[47] – Waffen eingesetzt. Aber die Hauptwaffe ist ein Neo-Absolutismus, der seine Werte und Normen, kurz: seine Weltanschauungen festschreibt. Es mag sein, daß für Postmodernisten und Kulturrelativisten die Aufklärung passé ist, das heißt, der Geschichte angehört! Aber Rationalisten wie der zitierte Ernest Gellner wissen, daß die Menschheit einen Kompaß für die Suche nach einer besseren Zukunft braucht und daß diese Orientierung nur die Vernunft liefern kann.

In diesem Buch habe ich die Grenzlinien zwischen der islamischen und der westlichen Zivilisation exemplarisch für andere Zivilisationen aufgezeigt. Es handelt sich um die einzigen universalistisch ausgerichteten Zivilisationen unserer Welt.

Brücken zwischen beiden hat es im Mittelalter gegeben, als die griechische Vernunftphilosophie gleichermaßen gegen den Willen der katholischen Kirchenlehre und gegen die islamische Orthodoxie den Islam mit dem Abendland verband.

Das mit einfachen Worten zu formulierende Fazit dieses Buches lautet: Nur ein auf der säkularen menschlichen Vernunft basierender Rationalismus und eine damit verbundene Aufklärung können gegen die neo-absolutistischen Ideologien im Krieg der Zivilisationen etwas ausrichten.

Um es noch deutlicher und persönlicher zu formulieren: Ich setze mich für Demokratie, Menschenrechte, Aufklärung und Rationalismus nicht nur als mögliche Option ein, die kulturrelativistisch beliebig durch andere Lebensformen ersetzt werden kann. Wenn es zur Frontbildung kommt, dann bin ich – wie mein jüdischer Kollege Ernest Gellner es ironisch formuliert – ein »Aufklärungs-Fundamentalist«, der an der Kantschen Vernunft und ihrer universellen Ethik kompromißlos festhält und dafür auch kämpfen würde. Gegen Neo-Absolutisten kann man nicht kulturrelativistisch und gegen Intoleranz nicht mit blauäugigem Entgegenkommen vorgehen.

Gewiß, der Begriff Fundamentalismus hat eine andere Bedeutung. Es geht bei dem von Gellner entlehnten Sprachgebrauch um die Beantwortung der Frage: Wenn Neo-Absolutisten aller Zivilisationen kämpfen, warum sollen wir Rationalisten und Demokraten nicht auch für eine universelle Ethik und eine Politik der Vernunft gegen die Hetzer im Krieg der Zivilisationen kämpfen?

Im Schatten der Huntington-Debatte: Zivilisationskonflikte zwischen Dialog und Konfrontation

Die Zivilisationkonflikte »huntingtonisieren« oder durch Dialog bewältigen?

Mit diesem neuen Original-Kapitel zur Heyne-Ausgabe dieses Buches, das im Frühjahr 1995, also anderthalb Jahre vor dem Erscheinen der Huntington-Schrift »*Clash of Civilizations*« – dessen Titel mit »Kampf der Kulturen«[1] falsch ins Deutsche übersetzt wurde –, publiziert worden ist, verfolge ich zwei Ziele:

• Eine Zwischenbilanz der Debatte über Zivilisationskonflikte,
• die Fortführung der Auseinandersetzung mit Huntington aus der neu geschriebenen Einleitung und die Hervorhebung der Unterschiede in unseren Positionen.

Nach dem Erscheinen der Hoffmann und Campe-Ausgabe dieses Buches habe ich es im Rahmen eines Streitgesprächs über Zivilisationskonflikte zusammen mit dem mit mir, trotz Meinungsverschiedenheiten, befreundeten sozialdemokratischen Bundestagsabgeordneten Freimut Duve auf dem Forum der Bonner Rheinland-Pfalz-Vertretung »Rede und Antwort« im Juni 1995 vorgestellt. Mein Streitpartner warnte in seiner eigenen Sprachschöpfung – leider ohne mein Buch gelesen zu haben – davor, die Politik zu »huntingtonisieren«. Der auf jener Veranstaltung anwesende damalige Leiter des Planungsstabes im Bundespräsidialamt, Henrik Schmiegelow, der im Gegensatz zu Duve dieses Buch gelesen hatte, korrigierte Duves Versuch, mich in die Nähe Huntingtons zu rücken, mit dem Satz: »Aber Tibi sucht doch den Dialog!« Das ist in der Tat mein Anliegen!

Im September desselben Jahres 1995 hatte ich auf Einladung des Bundespräsidenten die Möglichkeit, meinen Dialogstandpunkt auf einem Symposium mit Roman Herzog im Berliner Schloß Bellevue darzustellen. Mein Dialogdiskurs steht nicht im Widerspruch zu meiner rein empirischen Feststellung, daß weltanschauliche Konflikte eine Dimension der Begegnung zwischen Kulturen und Zivilisationen sind; zwischen diesen herrscht nicht nur Harmonie, ihre Werte prallen aufeinander. Das bedeutet Konflikt! Kulturdialog bietet einen Ausweg für die Konfliktbewältigung. Er besteht aus einer sachlichen Auseinandersetzung, nicht aus einem »Flirt« mit dem Dialogpartner.

In der für diese Heyne-Ausgabe neu geschriebenen Einleitung habe ich noch unmißverständlicher als zuvor klargestellt, daß dieses Buch ein Friedensentwurf ist. Wer einen solchen für die Zukunft vorlegt, der muß sich auch mit den Gegenkräften, d. h. mit jenen, die den »Krieg der Zivilisationen« aufheizen, befassen. In den vorangegangenen Teilen dieses Buches habe ich ausführlich gezeigt, daß weltanschauliche Unterschiede zwischen den Zivilisationen immer vorhanden waren und daß dies die Normalität ist. Erst durch die Politisierung dieser Differenzen durch Fundamentalisten entzünden sich Zivilisationskonflikte und entwickeln sich zu einem Krieg der Zivilisationen.

Über dieses Thema zu sprechen heißt in unserer Zeit, eine Tabuzone zu betreten, also Tabus zu brechen. Das ist auch der Grund, warum die erste Ausgabe dieses Buches – trotz des kommerziellen Erfolges – in den großen Zeitungen verschwiegen wurde (vgl. Vorwort), anders als meine Bücher über den Islam und den Nahen Osten, die stets eine große Aufnahme in den Zeitungen gefunden haben. Tabubrecher werden in der Regel nicht willkommen geheißen!

Einer der klarsichtigen Deutschen, Arnulf Baring, hat sich in einem bemerkenswerten Buch mit dem Befinden Deutschlands in dieser Krisenzeit beschäftigt und hat dabei die Problematik der »Tabuisierung von Themen« angesprochen und dazu ausgeführt:

> »Unsere Tabuzonen sind weit gezogen. Sie umfassen große Problemfelder, die dringend offen diskutiert werden müßten.«[2]

Zu diesen Problemfeldern gehören die im Mittelpunkt dieses Buches stehenden weltanschaulichen Konflikte zwischen Kulturen und Zivilisationen. Die moderne Form der Tabuisierung kommt aus den USA und heißt dort *political correctness/PC*. Die deutsche

Spielart davon ist viel verkrampfter, und Baring beschreibt sie als ein Produkt der

> »politisch frustrierten akademischen Intelligenz, die in Deutschland die PC aufgreift, um den Boden zurückzugewinnen, den sie seit den sechziger Jahren verloren hat« (ebd.).

Diesen Hintergrund vergegenwärtigend läßt sich der Begriff »Huntingtonisierung« als Versuch darstellen, die Erörterung der weltanschaulichen Zivilisationskonflikte zu verfemen und somit zu verbieten. Aus dieser Perspektive gesehen ist es höchst erfreulich, daß der Bundespräsident und die Bertelsmann-Stiftung diese Tabuisierung nicht mittragen und das einleitend angeführte Symposium über diesen Gegenstand durchgeführt haben. Schließlich gibt es den Kulturdialog als eine Alternative zur »Huntingtonisierung«. Meine Zitierung dieses Begriffes von Duve – ich betone dies – bedeutet nicht, daß ich mich dem Chor derjenigen, die Huntington verteufeln, anschließe. In der Einleitung habe ich meine kollegiale Freundschaft zu Huntington hervorgehoben, ohne deshalb seinen Ideen zuzustimmen.

Die Debatte über Zivilisationskonflikte ist zu wichtig, als daß man sie den Markteitelkeiten »akademischer Autoritäten«, die am liebsten untereinander zanken, überlassen, oder durch Tabuisierung verbieten darf. Deshalb ist dem Bundespräsidenten Roman Herzog dafür zu danken, daß er sich des Themas persönlich angenommen hat und – wie angeführt – im September 1995 auf Schloß Bellevue in Berlin einlud. Auf dem dort durchgeführten, von der Bertelsmann-Stiftung gesponserten Symposium bemängelte der Bertelsmann-Vorstand Prof. Werner Weidenfeld mit Recht, daß die Diskussion über diesen Gegenstand und über Huntington »auf dem Niveau der Headlines« geführt werde. Weniger diplomatisch formuliert: Die Streitparteien reden über einen Gegenstand, über den sie kaum informiert sind. Die Folge ist Verfemung und Wiederholung von PC-Grunddogmen zwecks Tabuisierung!

In der Tat wird dem Urheber der Diskussion, dem in Harvard

lehrenden Professor für internationale Politik, Samuel P. Huntington, ohne genaue Kenntnis seiner 1993 bzw. 1996 erschienenen Texte vorgeworfen, die Idee zu verbreiten, »daß die westliche Zivilisation nur überleben kann, wenn sie den ideologischen Gürtel enger schnallt und es lernt, noch ausdrücklicher als zuvor Stereotype als Waffen einzusetzen«, so der zu Unrecht als »akademische Autorität« gehuldigte Rektor des Berliner Wissenschaftskollegs in *Die Zeit* (5. November 1994). Bei aller in diesem Buch geäußerten kritischen Distanz zu Huntington muß ich fragen: Hat er dies wirklich gefordert, um – wie von einigen weiterhin behauptet wird – Arbeitsbeschaffungsmaßnahmen für beschäftigungslos gewordene NATO-Generäle zu entwerfen? Ich habe Huntington in der Einleitung kritisiert und werde dies in diesem Kapitel fortsetzen, d. h., es geht mir gar nicht darum, ihn zu verteidigen. Aber nirgendwo in seinen Schriften zu der anstehenden Thematik finde ich offen oder versteckt die Unterstellungen, die in dem zitierten *Zeit*-Artikel stehen, bestätigt. Aus dieser Feststellung folgere ich: Eine sachliche Diskussion muß über das mit Recht beanstandete Niveau der Headlines hinausgehen und Inhalte ansprechen. Dies ist auch eine der Aufgaben dieses neuen Kapitels.

Zunächst müssen, jenseits der Schlagzeile »Clash of Civilizations«, substantielle Fragen nach den tatsächlichen Veränderungen in der internationalen Politik nach dem Ende des Ost-West-Konflikts gestellt werden. Zuvor müssen wir jedoch fragen, ob der Vorwurf zutrifft, daß der Westen zur Aufrechterhaltung seiner Stabilität – wie unterstellt – einen äußeren Feind benötigt. Stimmt es, daß der Westen deshalb das Konstrukt »Zusammenprall der Zivilisationen« hat erfinden, sprich »huntingtonisieren« lassen, um in diesem Kontext ein Feindbild aufzubauen? Und, last but not least: Warum konzentriert sich diese Diskussion auf den Islam? Umfaßt die Welt nicht weit mehr als den Islam und den Westen? Ist »der Islam« ein NATO-Konstrukt, um einen Ersatzfeind aufzubauen, der die bisherige UdSSR und ihren Kommunismus ersetzt, so wie im schnell produzierten Buch *Feindbild Islam* marktschreie-risch von linker Seite behauptet wird?

Die gestellten aktuellen, brennenden Fragen müssen jenseits aller politischen Polemik und gesinnungsethischen Weltfröm-migkeit »politischer Theologen« verantwortungsethisch und ana-lytisch angegangen werden – dies ist bereits in der ausführlichen Einleitung geschehen und wird hier in einem neuen Kontext wie-der aufgenommen. Bei der Suche nach Antworten müssen wir an-erkennen, daß die fortschreitende Globalisierung der Strukturen des internationalen Systems und der Weltwirtschaft parallel zu einer gegenläufigen Entwicklung im Bereich der Kultur verläuft. »Kultur« wird trotz der Verbreitung der McDonald's-Ketten nicht globalisiert. Kultur ist Sinnstiftung und kein Konsum von Ham-burgern und anderen Gütern der »Mc-Welt«!!

Meine in diesem Buch formulierte zentrale These lautet, daß wir es mit einer Gleichzeitigkeit struktureller Globalisierung und kultureller Fragmentation zu tun haben. Ich will in diesem ab-schließenden Kapitel aus der Sicht der Alternative des Dialogs zur friedlichen Konfliktbewältigung und nicht der Konfrontation diese These näher erläutern und politik-relevante Schlußfolge-rungen ziehen. Als erstes stellt sich die Frage: Was hat nun »Kul-tur« mit internationaler Politik zu tun, und einige Polemiker würden diese Frage als eine Erfindung auf das Konto des Har-vard-Professors Samuel Huntington verbuchen wollen. Dem ist aber nicht so! Andere, besser informierte Denker haben diese De-batte bereits vor vielen Jahrzehnten angeregt.

Die Heterogenität der Zivilisationen in der internationalen Politik – »Does it matter?«

Keine geringere Autorität als Raymond Aron ist als der Urheber der Debatte über die Bedeutung der Zivilisationen für die internationale Politik zu würdigen. Ein anderer Harvard-Professor und eine der weltweit führenden Koryphäen der internationalen Politik, Stanley Hoffmann, rühmt sich, Arons Schüler an der Pariser Sorbonne gewesen zu sein, und widerspricht dabei Huntington. Aron hatte lange vor Huntington die Frage nach der Bedeutung der Zivilisationen in der internationalen Politik formuliert und dabei andere Akzente gesetzt. Auf dem Höhepunkt des Kalten Krieges und des Ost-West-Konflikts hatte Aron in seinem ursprünglich 1962 in französischer Sprache erschienenen Buch *Paix et guerre entre les nations* ausgeführt:

> »Die Heterogenität der Zivilisationen, die nunmehr in das gleiche System einbezogen sind, wird vielleicht auf lange Sicht schwerwiegendere Folgen nach sich ziehen als die feindliche Gegenüberstellung zweier Blöcke oder zweier Lehren, zu denen sich die Mehrzahl der Völker bekennt und auf die sie sich beruft, *aber diese Heterogenität ist vorläufig durch die Bildung zweier Blöcke*, deren jeder sich auf eine andere Idee beruft … und durch die formale Gleichheit der in den Vereinten Nationen vertretenen Staaten *verschleiert*.«[3]

Zu Arons Lebzeiten hat die zitierte Passage trotz seines großen Renommees keine Aufmerksamkeit erlangt. Die Zeit war dafür noch nicht reif. Es bedurfte des Endes des Ost-West-Konflikts, um diese von Aron bereits 1962 erkannte »Verschleierung« des Kerns der internationalen Politik zu lüften und das eigentlich Wesentliche des internationalen Systems zum Vorschein zu bringen. Während die Aufteilung der Welt in ideologisch definierte Blöcke nur ein künstliches Konstrukt war, sind Zivilisationen realer Natur; eine Zivilisation ist weder eine Erfindung noch eine Konstruktion; sie ist eine weltanschauliche Gruppierung von real existierenden Lokalkulturen.

Die Globalisierung, die auf die europäische Expansion[4] zurückgeht und im Zuge derer die Übertragung westlicher Strukturen in Ökonomie (Weltwirtschaft) und Politik (das internationale System der Nationalstaaten) sowie Kommunikation und Transport auf den gesamten Globus erfolgte, konnte, entgegen den Erwartungen, parallel keine globale Zivilisation hervorbringen. Die Welt besteht nach wie vor aus verschiedenen lokalen Kulturen und regionalen Zivilisationen. Europäer haben oft die beschriebene Globalisierung der Strukturen mit der anvisierten Universalisierung westlicher Anschauungen und der Normen und Werte, die daraus hervorgehen, verwechselt. Ihre Sicht war somit für die Erkenntnis der Gleichzeitigkeit von Globalisierung und Fragmentation versperrt. Radikale Globalisten kann man ohne Vorbehalt als Neo-Kolonialisten charakterisieren.

In dem vorliegenden Buch habe ich mehrfach erklärt: Kulturen sind immer lokale Einheiten, während Zivilisationen Gruppierungen ähnlich gelagerter Kulturen sind. Vor dem Aufstieg des Westens waren regionale Zivilisationen der Ausdruck solcher Gruppierungen. Heute sind wir Zeuge der Revitalisierung dieser regionalen Zivilisationen auf der Basis neuer Gestaltungsprinzipien in der internationalen Politik im Rahmen der laut artikulierten Ansprüche auf eine Entwestlichung der Welt.

Wie generell in diesem Buch, möchte ich wieder auf die islamische und auf die westliche Zivilisation zur Illustration meiner Argumente zurückgreifen. Es gibt beispielsweise eine große Vielfalt westlicher und islamischer Kulturen, die sich jeweils zu einer regionalen Zivilisation gruppieren. Unbeschadet der Globalisierung kann die westliche Zivilisation ihre eigenen Weltanschauungen nicht durchsetzen; westliche Anschauungen sind keine universell gültige Quelle der Werte. Die islamische Zivilisation revitalisiert ihre politischen Ordnungsprinzipien im Widerstand gegen die westlichen Versuche der Universalisierung. Aus der über die jeweilige zivilisatorische Region hinausgehenden beanspruchten Geltung folgt dann ein »weltanschaulicher Krieg der Zivilisationen«.

In der Regel wird die Politisierung der weltanschaulichen Differenzen, die zur Eskalation beiträgt, durch religiöse Fundamentalisten betrieben. Der Ruf islamischer Fundamentalisten nach einer universellen islamischen Weltordnung ist eine Illustration hierfür. Hierbei fehlen aber die strukturellen Voraussetzungen für die Verwirklichung, weshalb statt Ordnung/*order* Unordnung/*disorder* das Ergebnis ist.[5]

Weltfrieden unter den neuen Bedingungen heißt, die Prozesse der Globalisierung mit der bestehenden Regionalisierung der Welt durch *conflict management* in Einklang zu bringen, nachdem die einst stabilisierende »Verschleierung« durch den Ost-West-Konflikt vorüber ist. Die Globalisierung des zunächst europäischen internationalen Staatensystems und die hierbei erfolgte Einbindung unterschiedlicher Kulturen und Zivilisationen in das globale Gefüge trägt zu einer parallelen Formierung der Regionen zu Subsystemen in der internationalen Politik bei.[6] Anke Houben hat in einer vorzüglichen Arbeit am Beispiel der arabo-islamischen Region überzeugend gezeigt, daß es sich bei dem entsprechenden regionalen Staatensystem um eine »zivilisatorische Staatengesellschaft«[7] handelt, die gleichermaßen autonom-eigendynamisch und in das internationale Staatensystem integriert ist. Globalisierung und Fragmentation gehen nebeneinander her.

Die Entwestlichung der Welt –
Folgt eine Neuordnung der internationalen Politik?

Lange vor dem Ende des Ost-West-Konflikts entfaltete sich parallel zu der trotz fortschreitender Globalisierung zunehmenden wirtschaftlichen und politischen Schwäche des Westens ein Widerstand. In diesem Buch wurde dieser als neue »Revolte gegen den Westen«[8] mehrfach angesprochen. Der zu seinen Lebzeiten führende Oxford-Gelehrte der Disziplin der »Internationalen Beziehungen«, Hedley Bull, hat schon zu Beginn der achtziger Jahre auf die globale Bedeutung dieser Revolte aufmerksam gemacht.

Im Gegensatz zu dem früheren Widerstand der ebenfalls anti-westlichen Entkolonialisierung, die im Kampf um die nationale Befreiung dennoch auf europäische Ideen zurückgegriffen hat, umfaßt die neue »Revolte« eine generelle Ablehnung europäischer Normen und Werte. Aus diesem Grund habe ich für diese neue Strömung in diesem Buch[9] den Begriff »Entwestlichung der Welt« geprägt. Die weltanschaulichen Konflikte sind in diesen Zusammenhang einzuordnen.

Vor dem Hintergrund der angesprochenen Revolte erfolgt eine Regionalisierung der Weltpolitik. Auf politischer und wirtschaftlicher Ebene formieren sich bereits bestehende Regionen (teilweise – wie angeführt – die Subsysteme) zu neuen politischen Einheiten. Angesichts der Tatsache, daß diese Regionen zivilisatorischen Charakter annehmen, stellt sich die Frage, ob diese Einheiten neue zivilisatorische Regionen des sich verändernden internationalen Systems werden. Das scheint der Haupttrend in der internationalen Politik seit der Aufhebung des von Raymond Aron angesprochenen »Schleiers« zu sein. Die Wahrnehmung dieses Trends führt zu der von Huntington selbst gestellten – zugleich aber auch auf ihn selbst, besonders seine Äußerungen über den Islam, anzuwendenden – Forderung:

> »Der Westen ist gefordert, eine profunde Kenntnis der religiösen und philosophischen Grundlagen der anderen Zivilisationen zu erwerben, um die Weltsicht der Menschen dieser Zivilisationen besser zu verstehen ...« (*Foreign Affairs*/1993, vgl. Anm. 1, S. 49)

Die Ausführungen über den Islam in Huntingtons Buch erfüllen diese sehr wichtige Forderung nicht. Huntington selbst begründet den Bedarf an Erkenntnis folgendermaßen:

> »In absehbarer Zukunft wird es keine universelle Zivilisation geben, dafür aber eine Vielfalt miteinander rivalisierender Zivilisationen. Jede von ihnen muß lernen, wie sie mit den anderen koexistieren kann.« (ebd.)

Die von Huntington überbetonten *faultlines*/Frontlinien tragen nicht zu dieser geforderten friedlichen Koexistenz bei. Dennoch ist die zitierte Erkenntnis sehr wichtig. Wenn westliche Politik-

Experten ihr folgen und das ihnen fehlende Wissen über andere Zivilisationen erwerben würden, dann könnten sie die Konfliktpotentiale zwischen und innerhalb der bestehenden Zivilisationen angemessen wahrnehmen. Wäre Huntington seinen eigenen Forderungen nachgekommen, hätte er erkannt, daß die von ihm angekündigte »islamisch-konfuzianische« Allianz gegen den Westen nicht entstehen kann. Auch hätten viele seiner Ausführungen – auch in seinem neuen Buch (vgl. Anm. 1) – über den Islam anders gelautet.

Statt des weltpolitisch unterstellten »Clash of Civilizations« kommt es eher zu einem Wettbewerb zwischen den Regionen einzelner Zivilisationen, wie z. B. zwischen der aufstrebenden südostasiatischen und der stagnierenden mediterranen Region der islamischen Zivilisation.[10] Auch findet der Zivilisationskonflikt binnenkulturell und innenpolitisch statt, wie z. B. der politische Streit zwischen den an Europa orientierten türkischen Kemalisten und ihren Gegnern, den ebenso türkischen Islamisten, die die Türkei vom Westen abkoppeln wollen. In diesem Rahmen geht die angesprochene »Revolte gegen den Westen« weiter, gleichermaßen auf internationaler Ebene und innerhalb der islamischen Zivilisation. Mit der hier von mir als »Entwestlichung« beschriebenen weltpolitischen Bestrebung ist genau das gemeint, was Raymond Aron schon 1962 ausführte: Die nicht-westlichen Zivilisationen,

> »die einst den Europäern unterworfen waren, verlassen die Weltreiche nicht, um zu ihren Traditionen zurückzukehren oder sich Königreiche gewaltsam zurechtzuschneidern«.[11]

Ganz im Gegenteil, die nicht-westlichen Völker bleiben trotz ihrer Revolte innerhalb der bestehenden politischen und wirtschaftlichen globalen Strukturen. Sie formieren sich jedoch auf regionaler Ebene entlang der normativen Bestimmung ihrer jeweiligen lokalen Kulturen und der Zivilisationen, zu denen sie gruppiert sind. Die Regionalisierung der Welt geht einher mit der weiteren Entfaltung der globalen Strukturen des internationalen

Systems und der Weltwirtschaft. Die neuen Konfliktpotentiale in der internationalen Politik beziehen sich auf die Unvereinbarkeit und den sich daraus ergebenden Zusammenprall einzelner Weltanschauungen als Ordnungsprinzipien der jeweiligen Zivilisationen. Dies ist auch der Gegenstand der sechs vorangegangenen Kapitel dieses Buches. Oft werde ich bei öffentlichen Diskussionen gefragt, warum ich dann den provokativen Buchtitel ausgewählt habe. Meine Antwort lautet, daß ich mit der Metapher normative Konflikte, nicht Militärisches benenne. Anders formuliert: Mit der Metapher »Krieg der Zivilisationen« verwende ich eine Formel, mit der ich weltanschauliche Konflikte über Ordnungsvorstellungen anspreche.

Weltfrieden und Konfliktbewältigung im Sinne von *conflict resolution* im internationalen System werden durch Dissens über Ordnungsstrukturen zum Gegenstand der Beziehungen zwischen den Zivilisationen. Anstelle des bisher westlich geprägten Universalismus – heute verwendet man gleichbedeutend fälschlicherweise den Ausdruck Globalisierung – muß der für die Zukunft angestrebte Konsens auf kulturübergreifenden Grundlagen basieren, in denen jede Zivilisation Teilsegmente von sich selbst findet, die sie motivieren, diese Übereinkunft international anzuerkennen. Den notwendigen Konsens nenne ich »internationale, kulturübergreifende (*cross-cultural*) Moralität«. Damit meine ich *kein* »Weltethos«. Wer die vorangegangenen Kapitel aufmerksam gelesen hat, weiß bereits, daß die Idee vom »Weltethos« eine Konstruktion von Theologen und keine politik-relevante Realität ist.

Es gibt naive Beobachter im Westen, die an die »unbesiegbare Parabol-Antenne« glauben und denken, daß die Konsumgewohnheiten von McDonald's (sprich McDonaldisierung der Welt) plus MTV und verkehrt aufgesetzte Baseballkappen ausreichen, um eine »einheitliche Welt« zu begründen. Meine Erfahrungen im westlich-islamischen Dialog, u. a. geführt an verschiedenen Orten der islamischen Welt, wie in Jakarta, Karachi oder

Istanbul und al-Mafraq/Jordanien sowie in vielen anderen arabischen Ländern, begründen jedoch eine kritische Haltung gegenüber einem solchen naiven Optimismus; die normativ untermauerten unterschiedlichen Weltsichten der Angehörigen einzelner Zivilisationen, die von der »Mc-Kultur« unberührt bleiben, werden hierbei völlig übersehen.

Was geschieht, ist nicht eine als »McDonaldisierung« umschriebene Verwestlichung der Welt, sondern eher eine als Forderung nach Entwestlichung auftretende Herausforderung, die ich auch an zwei entgegengesetzten Ecken unserer Welt – 1994 in Kalifornien und 1997 in Australien, während der Arbeit an der ersten und an dieser neuen Fassung dieses Buches – verfolgen konnte, wenngleich natürlich andere Orte diesen Konflikt noch auffälliger zum Vorschein bringen mögen.

Von den Feindbildern in der internationalen Politik

Die in diesem Buch enthaltenen Analysen zeigen, daß mit dem Ende des Ost-West-Konflikts kein »neues Feindbild« entstanden ist, sondern lediglich schon vorher bestehende Unterschiede zwischen den Zivilisationen sichtbar gemacht wurden. Vorurteile über den Islam haben im Westen immer bestanden. Aber die deutsche »Feindbild«-Diskussion verfolgt offen propagandistische Ziele, sie ist kein Beitrag zur Aufklärung und zur Bekämpfung bestehender Vorurteile. Die »Feindbild«-Theoretiker sind lediglich auf der Suche nach Stoff für ihre Behauptung, der Westen brauche einen Ersatz für den Anti-Kommunismus; sie konstruieren daher den Anti-Islamismus als dieses Substitut.

Wichtiger als diese propagandistischen Debatten ist die realpolitische Analyse der Wandlungen in der internationalen Politik. Hierzu gehört die Beobachtung, daß im Zusammenhang mit der stets zunehmenden Globalisierung die angesprochene »kulturelle Fragmentation« in der internationalen Politik die Form einer auf Zivilisationen bezogenen Regionalisierung und eines parallelen internationalen Konsensverlustes annimmt. Gewiß gibt es – und gab es schon immer – Vorurteile und Feindbilder in allen Zivilisationen – also nicht nur im Westen. Das westliche »Feindbild Islam«[12] ist also kein Einzelfall; sein Gegenstück in der Welt des Islam heißt »Feindbild Westen«, d. h. die Dämonisierung der westlichen Zivilisation durch ihre Gleichsetzung mit den Kreuzzüglern.

Bereits in der griechischen Antike galt die Bestimmung der anderen als »Barbaren«. Auch die Han-Chinesen grenzten sich von Angehörigen anderer Zivilisationen, den von ihnen verachteten »Barbaren«, ab. Und im Islam gilt traditionell nur das *Dar al-Islam*/Haus des Islam als territoriale Sphäre des Friedens und der Zivilisiertheit, während die anderen *Kuffar*/Ungläubige sind, die mit Mitteln des *Djihad* zu zivilisieren sind.[13] Um diese Feindbilder und historisch verankerten Vorurteile in friedenspolitischer Absicht zu überwinden, bedarf es des substantiellen Dialogs zwischen den Zivilisationen. Dialogfähigkeit erfordert gleichermaßen gegenseitige Toleranz und ein Zivilisationsbewußtsein, d. h. das Bekenntnis zur eigenen Zivilisation. Die Kombination von beiden ist kein Widerspruch.

In der Einleitung habe ich gezeigt, daß der protestantische, gesinnungsethische Komplex von Schuld und Sühne hier wenig hilfreich ist, weil er nicht den Dialog, sondern nur das demütige Wechselspiel von Schuldzuweisung und Schuldanerkennung fördert. Sinn eines Dialogs ist jedoch das Herauskristallisieren von Gemeinsamkeiten zwischen den miteinander wetteifernden, aber sich gegenseitig anerkennenden Zivilisationen. Auf dieser Basis können die Angehörigen unterschiedlicher Zivilisationen lernen, mit all ihren spezifischen Eigenheiten, jedoch auf der Grundlage eines kulturübergreifenden Konsenses, friedlich miteinander zu koexistieren.

Auf das Verhältnis zwischen dem Westen und dem Islam bezo-

gen, lautet meine wiederholt vorgetragene, aber oft kein Gehör
findende These:

> »Nur wenn der Westen sich nicht selbst verleugnet, kann der Brücken-
> schlag zum Islam gelingen.«[14]

Leider findet die deutsche Diskussion hierüber auf dem Niveau
der Festmachung von »Freunden und Feinden des Islam« statt,
wie ich mit Bezug auf die wichtige Studie von Siegfried Kohlhammer in der Einleitung auf diese »Debatte« eingehend argumentiert habe.[15]

Im folgenden möchte ich, über dieses Niveau hinausgehend,
meine Überlegungen hinsichtlich der Beziehungen zwischen
dem Islam und dem Westen entfalten. Unter den bestehenden
Zivilisationen sind beide die einzigen, die einen universellen
Anspruch erheben und somit Konflikte entzünden. Natürlich
können auch die anderen Zivilisationen Konflikte entzünden,
auch ohne universellen Anspruch. Dennoch können wir im
Lichte der bestehenden besonderen historischen Belastungen
(vgl. Anm. 12) zwischen dem Islam und dem Westen feststellen:
Diese beiden Zivilisationen rivalisieren mehr als andere miteinander. Insbesondere gilt dies im Rahmen des veränderten Charakters der Weltpolitik nach dem Ende des Kalten Krieges und
des Ost-West-Konflikts.

Die bisher verdrängten Konflikte kommen nun zum Vorschein.
Vor allem werden diese Konflikte durch die Ideologien des post-
bipolaren Zeitalters, also den religiösen Fundamentalismus (vgl.
Anm. 5) und den ethnischen Nationalismus, artikuliert. Diese beiden neuen Erscheinungen sind in die Konfliktpotentiale des Zusammenpralls der Zivilisationen einzuordnen. In diesem Zusammenhang nehmen die alten historischen Spannungen zwischen
dem Islam und dem Westen, sowohl als Religionen als auch als
Zivilisationen, neue Gestalt an. Die Geschichte wiederholt sich
nie, wenngleich historische Kollektiverinnerungen in neuen Kon-
fliktsituationen instrumentalisiert werden.

Zwischen *Djihad* und *Kreuzzügen*:
»Die Erfindung der Tradition«

Zivilisationen pflegen stets Selbst- und Fremdbilder, die jeweils in Traditionen eingebettet sind. Die neubelebten Traditionen sind aber nicht das »Alte«, sondern eine in die neuen Zustände projizierte Vorstellung hiervon. Somit erklärt sich, daß obwohl in unserer Zeit sehr viel von islamischem *Djihad* und christlichen *Kreuzzügen* geredet wird, es sich in der Gegenwart bei beiden Erscheinungen nicht um Realitäten handelt, sondern um »*images*« beider Zivilisationen – des Islam und des Westens – von sich und vom anderen.

Alte Traditionen werden im Schatten veränderter Bedingungen neu belebt; hierfür können wir den Begriff *The Invention of Tradition*[16] von Eric Hobsbawm verwenden. Entsprechend gelten in den islamischen Publikationen die Kriege am Golf 1991 und auf dem Balkan als »christliche Kreuzzüge gegen den Islam«.[17] Bei den Europäern wächst auf der Ebene der Wahrnehmung zunehmend die Angst vor dem islamischen *Djihad*. Militante Muslime führen weltweit Terroraktionen durch und stellen dies als *Djihad* dar, obwohl die islamische Doktrin des *Djihad*, wie ich in diesem Buch und auch in einem in der *Frankfurter Allgemeinen Zeitung* veröffentlichten Essay dargelegt habe, Terroraktionen als hinterhältig verbietet.[18]

Die Mißverständnisse und das gegenseitige Mißtrauen zwischen der Welt des Islam und dem Westen wachsen und bieten anschauliches Material für die These dieses Buches vom weltanschaulichen Zusammenprall der Zivilisationen. Die größte Bedrohung des Weltfriedens scheint von der Mittelmeerregion auszugehen, wo beide Zivilisationen schon historisch eine Bilanz an Auseinandersetzungen – natürlich auch gegenseitiger Befruchtungen – vorweisen. Aus diesem Grunde hatten der Mittelmeergipfel vom November 1995 sowie die in diesem Zusammenhang stehenden »euro-mediterranen Dialoge« (u. a. in Den Haag im

März 1997) eine besondere politisch-kulturelle Friedensfunktion.[19] Zu bedauern ist, daß bei diesen Anlässen oft Aufrichtigkeit auf beiden Seiten fehlte.[20]

Nun gibt es in unserer Welt außer der westlichen und der islamischen Zivilisation noch weitere Zivilisationen; nicht aus der Welt des Islam, sondern aus Ostasien kommt die größte wirtschaftliche Herausforderung für den Westen. Die ost- und südostasiatischen »Tiger« mit ihren aus der westlichen Perspektive bisher traumhaften wirtschaftlichen Wachstumsraten fordern den Westen in bezug auf die Führung der Weltwirtschaft im kommenden Jahrhundert heraus, auch wenn mittlerweile der Erfolg nachläßt. Westliche Politiker versuchen, die ostasiatischen Erfolge und die mit ihnen verbundene Herausforderung mit Hinweisen auf dortige Verletzungen der Menschenrechte abzuwerten. Meine Leser wissen, daß ich für eine international, auf kulturübergreifender Grundlage zu geltende Ethik der Menschenrechte eintrete. Hier habe ich allerdings große Zweifel, ob westliche Politiker bei ihren politischen Angriffen auf Ost- und Südostasiaten die Menschenrechte und die Wettbewerbsfähigkeit dieser Länder nicht bewußt miteinander verwechseln!

Trotz der Tatsache, daß die wirkliche Herausforderung an den Westen aus Ostasien, nicht aus der islamischen Mittelmeerregion oder aus dem arabischen Kern der islamischen Zivilisation kommt, läßt sich eine Konzentration auf den Islam, d. h. auf eine Zivilisation, die von inneren Zerreißproben zerrüttet ist und genug Probleme mit sich selbst hat, beobachten. Die zerrütteten Länder Afghanistan und Algerien sind eine Abbildung en miniature vom elenden Zustand großer Teile der islamischen Zivilisation. Warum dann diese westliche Islam-Fixierung?

Der Islam gilt als die am stärksten fragmentierte Zivilisation unserer Zeit. Die Opfer der als *Djihad* verübten fundamentalistischen Morde in Algerien, in Palästina, in Ägypten oder in Afghanistan sind vorwiegend die Muslime selbst. Der *Djihad* bietet also keine Erklärung für die Zentrierung des Zivilisationskonflikts auf den islamischen und den westlichen Zivilisationskreis. Diese hängt wohl mit der bereits angeführten Tatsache zusammen, daß der Islam und der Westen die einzigen Zivilisationen unserer Welt sind, die universelle Geltungsansprüche in ihren Weltanschauungen pflegen, weshalb sie aufeinanderprallen müssen. Die westliche Wahrnehmung einer Bedrohung bezieht sich auf den Islam, nicht auf Konfuzianismus, Buddhismus oder Hinduismus!

Trotz der beschriebenen westlichen Fixierung gibt es einen einheitlichen Islam nicht. Der Grund hierfür ist nicht die innerzivilisatorische Fragmentierung im Islam, sondern die Tatsache, daß die islamische Zivilisation aus Tausenden unterschiedlichen Lokalkulturen besteht. Damit meine ich den Unterschied zwischen positiv zu wertender Vielfalt und der negativen Erscheinung der religiopolitischen Fragmentation. Einig sind die Muslime nicht nur weltanschaulich, sondern auch in ihrer Fixierung nach außen auf den Westen. Somit ist die negative Fixierung gegenseitig.

Der westliche Universalismus war christlich, wandelte sich aber nach der Säkularisierung. Die islamische Zivilisation besteht seit ihrer Entstehung ebenso auf einen universellen Geltungsanspruch. Im Islam hat es bis heute keine Säkularisierung gegeben. Leider sind auch unter den gegenwärtigen Bedingungen keine Religionsreformen in Sicht, die in voraussehbarer Zukunft auf Säkularisierung hinzielen. Es ist sehr bedauerlich, daß solche Reformen im heutigen Islam als Häresie gelten, wie die Verfolgung des ägyptischen Professors Nasr Abu Zaid und anderer Islam-Reformer beispielhaft zeigt (hierzu mein *FAZ*-Feuilleton-Essay vom 3. Juli 1996, S. 34). Der islamisch-westliche Zivilisationskonflikt ist also ein weltanschaulicher Konflikt zwischen je einem säkular begründeten und einem religiösen, motivierten Universalismus.

Der universelle Geltungsanspruch der islamischen Zivilisation drückt sich in der bereits angesprochenen Zweiteilung der Welt in eine islamische und eine außer-islamische Territorialität aus: *Dar al-Islam* versus *Dar al-Harb* oder *Dar al-Kuffar*, d. h. Sphäre des Krieges oder der Ungläubigen (vgl. Anm. 13). In Friedenszei-

ten wird nach der Lehrmeinung muslimischer *Ulema*/Schriftge-
lehrter eine dritte Sphäre, die des *Dar al-'Ahd*/Haus des Vertrages als Sphäre des Friedens zugelassen; sie ist jedoch temporär:
die Einstellung des *Djihad* darf nur so lange andauern, wie die
Muslime zu schwach sind, um ihre Territorialität zu erweitern.[21]

Wie der autoritative muslimische Rechtsgelehrte Nadjib al-
Armanazi (vgl. Kap. 4 sowie Anm. 13) in seinem Werk ausgeführt
hat, ist diese Aufteilung der Welt – auch im Zeitalter der Nationalstaatlichkeit – nicht revidiert worden. Aus dieser Tatsache ergibt sich die in diesem Buch untersuchte Spannung zwischen der
Realität der Nationalstaaten in der Welt des Islam und dem
besagten universellen Geltungsanspruch (Kapitel 1 und 4). Die
heute bestehende Aufteilung der Welt des Islam in 52 staatliche
Einheiten, die nach dem Völkerrecht als Nationalstaaten gelten,
wird in der islamischen Öffentlichkeit als Ergebnis einer »Verschwörung«[22] wahrgenommen, die die »westlichen Kreuzzügler
gegen den Islam« angezettelt haben.[23]

Die Vereinigung der Muslime als universelle *Umma* in einer
neuen islamisch dominierten Weltordnung/Pax Islamica[24] steht
groß auf den Fahnen der islamischen Fundamentalisten und im
Mittelpunkt ihrer Rhetorik. Die Wirkung bleibt jedoch schon deshalb aus, weil Fundamentalisten sich auch untereinander nicht
einig sind und sich gegenseitig ermorden. Algerien und Afghanistan sind schreckliche Beispiele hierfür. Eine islamistische Internationale gibt es bisher nicht, und deshalb bleiben Huntingtons
Ausführungen über den Islam als weltpolitischen Zivilisations-
block fragwürdig.

Für eine Entmystifizierung der Rhetorik im Wettkampf der Zivilisationen, die auf Selbst- und Fremdbildern basiert, ist ein
Rückgriff auf die Geschichte hilfreich. Diese zeigt, wie in der Politik eine Tradition erfunden wird – hier also die Tradition der islamischen *Umma* –, die sich um *Djihad* und Kreuzzug dreht. Der
international angesehenste deutsche Islam-Wissenschaftler, van
Ess, hat sein Lebenswerk dem Früh-Islam gewidmet. In seiner

mehrbändigen Studie zeigt er, daß die Stammessolidarität bereits in der früh-islamischen Geschichte weit stärker als die der *Umma* war. So war bei den damaligen Muslimen ein »Gläubiger derjenige, der ihrer Gemeinde angehörte, jeder andere Muslim dagegen ein Ungläubiger«, schreibt van Ess, der weiter ausführt:

> »Man handelte und dachte im Kollektiv. Dabei verstand man dieses Kollektiv vorwiegend als soziale Gruppe, der man gerade angehörte. Der Umma-Begriff, der heute hochgeschätzt wird, spielt kaum eine Rolle... Die Stämme hatten ihre eigene Moschee... man wollte nicht hinter jemandem das Gebet verrichten, mit dem man... nicht übereinstimmte.«[25]

Aus diesem historischen Rückblick wird deutlich, wie sehr die Idee der 1,3 Milliarden Muslime umfassenden *Umma*, die im Zivilisationskonflikt gegen den Westen kämpft, eine »Erfindung der Tradition« ist. Der Glaube der Muslime – und manch westlicher Orientalisten –, es habe eine einheitliche *Umma* gegeben, die durch die westliche Expansion ihre Einheit eingebüßt habe, entspricht nicht den historischen Fakten. Dennoch gibt es eine – wenngleich kulturell vielfältige – islamische Zivilisation mit eigener Weltanschauung. Die *Umma* ist eine Solidargemeinschaft, ihre Politisierung resultiert in der Behauptung, daß sie ein politisches Gebilde sei, was nicht der Realität entspricht.

Zivilisationskonflikte und die westliche Moderne

Zivilisationskonflikte erfolgen in unserer Zeit im Kontext der Auseinandersetzung nicht-westlicher Zivilisationen mit der westlich geprägten Moderne. Nur teilweise geht es um einen Konflikt zwischen Moderne und Vormoderne. Die Auseinandersetzung mit der Moderne in der islamischen Zivilisation bringt den islamischen universellen Geltungsanspruch in Konflikt mit dem Westen als Rivalen. Die islamische Zivilisation konnte sich zunächst zwischen dem 7. und 9. Jahrhundert militärisch durch *Djihad* (Vorderer Orient, Nordafrika, Zentralasien, Europa), später bis nach dem 15. Jahrhundert vorwiegend durch den Handel (West- und Ostafrika, Ost- und Südostasien) weltweit ausdehnen. Die osmanischen Eroberungen vom 14. Jahrhundert bis zur Belagerung von Wien 1683 waren eine Wiederaufnahme der militärischen *Dhihad*-Tradition im Islam. Diese Verbreitung des Islam durch Krieg und Handel war Ausdruck der islamischen Expansion.

Doch dieser Zivilisation gelang es nie, eine globale Dimension zu gewinnen oder globale Standards zu setzen, wie es die westliche Zivilisation durch die europäische Expansion erreichen konnte. Somit blieb die islamische Zivilisation eine regional begrenzte.[26]

Erst die Instrumente der Moderne haben es ermöglicht, daß sich eine Zivilisation durch ihre Expansion globalisieren, d. h. sich weltweit ausdehnen kann. Diese Leistung war dem Westen kraft seiner Wissenschaft und Technologie vorbehalten. Zugleich hat die Moderne auch der islamischen Expansion, sei es durch Krieg oder Handel, Einhalt geboten. Diese historische Tatsache bietet eine der Quellen der anti-westlichen Orientierung im Islam. Nicht zu Unrecht sehen Muslime in der europäischen Expansion das Scheitern ihrer eigenen islamischen Expansion. Muslimische Historiker verwenden hierfür bildlich das Symbol der Waagschale, die vor der westlichen Expansion zugunsten des Islam ausschlug.

In diesem Buch habe ich zwischen kultureller und institutioneller Moderne (vgl. S. 268–274) unterschieden. Mit Hilfe der institutionellen Moderne (Wissenschaft und Technologie und deren Errungenschaften) konnte die westliche Zivilisation durch die europäische Expansion die Vorherrschaft der islamischen Zivilisation ablösen. Ihr gelang es, sich weltweit durchzusetzen und auf diese Weise umfassende Globalisierungsprozesse[27] auszulösen, von denen auch die Welt des Islam erfaßt worden ist.

Der Vorwurf an den Westen, er habe – wie soeben gezeigt – seine Moderne auf Kosten des Islam durchgesetzt, kommt daher nicht nur von den islamischen Fundamentalisten unserer Zeit; dieser Vorwurf ist viel älter als das relativ junge, gegenwartsbezogene Phänomen des islamischen Fundamentalismus. Bereits im 19. Jahrhundert haben Vertreter des islamischen Erwachens – wie Afghani – die europäische Expansion als eine Christianisierung der Welt auf Kosten des Islam angeprangert. Islamische Traditionalisten, z. B. die Azhar-Gelehrten, die gewiß keine Fundamentalisten sind, haben in zahlreichen Schriften die Feindschaft zwischen dem Islam und dem Westen der expansiven europäischen Moderne zugeschrieben; diese habe es dem Westen erlaubt, die islamische Welt zu erobern und zu unterjochen.[28]

Es stellt sich hier die Frage, warum eine Zivilisation, die Expansion groß auf ihre Fahnen geschrieben hat, einer anderen Zivilisation vorwirft, dasselbe zu tun. Denn der islamische *Djihad* war ebenso expansiv. Dies wird damit gerechtfertigt, daß der Islam durch seine Versuche, die Welt zu islamisieren, nicht die Eroberung, sondern allein eine Mission des Weltfriedens verfolgt habe (vgl. Kap. 4 sowie Anm. 21). Ein Vergleich des islamischen *Djihad* mit den Kreuzzügen durch einen schwedischen Wissenschaftler beim Euro-Islamischen Dialog in al-Mafraq/Jordanien im Juni 1996 hätte beinahe zum Abbruch der gesamten Veranstaltung geführt. Er mußte seine Äußerungen zur Rettung des Dialogs zurücknehmen. An diesem Beispiel erkennt man die Schwierigkeiten des Dialogs, der nicht nur gegenseitige Schmeichelei sein darf, wenn er Resultate hervorbringen soll.

Die angesprochenen historischen Belastungen müssen in friedenspolitischer Absicht durch einen offenen und ehrlichen Dialog überwunden werden. Der soeben angeführte Zwischenfall bei einer Dialogveranstaltung zeigt jedoch erhebliche Schwierigkeiten auf. Dennoch muß der Dialog auf der Vergegenwärtigung der zwei Dimensionen der Moderne beruhen.

Europäer müßten den Muslimen bei ihrer Kritik am Herrschaftsaspekt der europäischen Expansion, d. h. an der Globalisierung ihrer institutionellen Dominanz, recht geben – und auf dieser Basis ihr Vertrauen gewinnen können.

Zugleich aber müssen die Europäer auf der Basis der kulturellen Moderne zu Demokratie und Menschenrechten als Substanz ihrer Zivilisation stehen, weil diese Errungenschaften nicht zum Herrschaftsprojekt der institutionellen Moderne gehören. In der islamischen Weltsicht werden beide Dimensionen der Moderne gleichgesetzt.

Auch müssen die Europäer bei der Bewältigung ihrer expansiven Vergangenheit, dasselbe von den Muslimen verlangen, deren *Djihad* ebenfalls expansiv und nicht gerade friedlich war.[29] Die sicher notwendige Selbstkritik an der eigenen Expansion zu leisten, gleichzeitig aber die Expansion der anderen zu verschweigen oder gar romantisch zu verklären, würde den Dialog dagegen keineswegs fördern. Aus Redlichkeit muß ich meinen europäischen Lesern die Wahrheit sagen: Muslime deuten dieses europäische Verhalten nicht als Offenheit, sondern als Schwäche! Ich verweise hier auf meine Ausführungen über die Verwechslung von Toleranz und Nächstenliebe in der neuen Einleitung zu diesem Band.

Nach meiner Auffassung können rivalisierende Zivilisationen – vor allem der Westen und der Islam – nur auf der Basis der konsensuellen Akzeptanz der eingangs angesprochenen, kulturübergreifend begründeten internationalen Moralität – für die dieses Buch eintritt – zueinander finden. Auch die kulturübergreifende Geltung des Rechts, vor allem von Menschenrechten und Demokratie, würde zu dieser Moralität beitragen, die auf der kulturellen Moderne aufbaut und die im Islam – vor allem in der Tradition des islamischen Rationalismus des Mittelalters (vgl. S. 180–183) – Anhaltspunkte der Annäherung finden kann. Durch diese Position wird deutlich, wie weit mein Standpunkt von dem Huntingtons entfernt ist. Huntington und ich sprechen dasselbe Problem an, gelangen jedoch zu unterschiedlichen Schlußfolgerungen.

Und noch ein Aspekt, der bei Huntington fehlt: die Beziehungen innerhalb ein und derselben Zivilisation. Die islamische Welt in der Mittelmeerregion kann beispielsweise von ihrem verwandten Zivilisationskreis in Südostasien lernen. Präsident Suharto von Indonesien und Premierminister Mahathir von Malaysia – zwei der neuen »Tiger« Südostasiens – sagen, daß sie eine auf Wettbewerb aufgebaute Weltwirtschaft als Gleichberechtigte mit dem Westen teilen, also nicht erobern wollen (vgl. Anm. 10). Trotz ihrer vielen Mängel bieten die Modelle der angeführten islamisch-südostasiatischen Länder viel bessere Perspektiven als die an Europa angrenzenden islamischen Länder der südlichen und östlichen Mittelmeerregion.

Nicht die Zivilisationen, sondern die Politisierung ihrer Weltanschauungen bedingt den Zusammenprall

Mein Argument in diesem Buch – auch gegen Huntington gerichtet – lautet: Der Krieg der Zivilisationen resultiert aus einem Zusammenprall politisierter universeller Geltungsansprüche und damit zusammenhängender Weltanschauungen. Die gefährliche Politisierung wird durch religiöse Fundamentalisten betrieben.

Huntington macht keinen Unterschied zwischen Islam und islamischem Fundamentalismus. Eine gleichermaßen europäische wie islamische Bewältigung des jeweiligen Expansionsdranges von *Kreuzzug* und *Djihad* und eine Kritik an dem Herrschafts- und Eroberungsaspekt der institutionellen Moderne kann gegenseitiges Vertrauen ermöglichen. Eine Einigung über eine internationale Moralität – diese muß die kulturelle Moderne sein – müßte dann den Weg zueinander freimachen.

Geben die Europäer aber ihre kulturelle Moderne durch Kulturrelativismus und Postmoderne auf, dann würden die Muslime dies als Schwäche des Westens auslegen und als Folge ihre theozentrische Weltsicht an die Stelle der kulturellen Moderne setzen und eine universelle Geltung hierfür beanspruchen, wie es die Fundamentalisten bereits tun. Weltfrieden ist nach meiner Ansicht etwas anderes als die sicherheitspolitische Vorstellung einer »Weltordnung der Zivilisationen«, wie sie Huntington in seinem neuen Buch (Anm. 1) vorschwebt.

Der benötigte Weltfrieden im Übergang zum 21. Jahrhundert wird vor allem in der Mittelmeerregion (vgl. Anm. 19) besonders davon abhängen, wie beide Zivilisationen ihre universellen Geltungsansprüche im Umgang miteinander bewältigen werden. Der religiöse Fundamentalismus[30] bietet keine Option für die benötigte Bewältigung, weil er gerade die bestehenden weltanschaulichen Differenzen zwischen den Zivilisationen fördert und politisiert, ja diese sogar schürt. Der eingangs zitierte einstige Chef des Planungsstabes im Bundespräsidialamt, Henrik Schmiegelow, hat daher auf der im vorangegangenen Kapitel angeführten Konferenz in Louvain über die Demokratisierung Asiens öffentlich vorgeschlagen, den »Zusammenprall der Zivilisationen« als »Zusammenprall der Fundamentalismen« zu definieren. In dem aus diesem Projekt hervorgegangenen Buch über Demokratisierung in Asien wird der demokratische Frieden als Alternative zur »New World Disorder« der Fundamentalisten präsentiert.[31]

Der weltanschauliche Zusammenprall der islamischen und der westlichen Zivilisation wird dadurch verkompliziert, daß wir im Zeitalter einer massiven, bereits in der Einleitung angesprochenen, globalen Migration leben. Auf einer Fachtagung der führenden europäischen Islamologen, die in Leiden im September 1995 stattfand, wurden Studien über die islamische Präsenz in Europa vorgelegt, die z. Zt. ca. 15 Millionen Menschen beträgt. Es wird erwartet, daß die islamische Gemeinde in Europa im Jahre 2025 auf ca. 40 bis 50 Millionen anwachsen wird.[32] Die Migranten kommen aus der islamischen südlichen und östlichen Mittelmeerregion, wo – im Gegensatz zum islamischen Südostasien – wirtschaftliche Stagnation und Verelendung Hand in Hand gehen. Somit bekommt der Zusammenprall der Zivilisationen zunehmend eine innereuropäische Dimension. Aus der Perspektive Europas gesehen, wird Frieden im 21. Jahrhundert also Frieden sowohl mit der südlichen und östlichen Mittelmeerregion als auch mit der wachsenden islamischen Gemeinde in Europa selbst heißen. Dieses Ziel erreicht man weder durch Gesinnungsethik noch durch weltfromme Wünsche, sondern allein durch harte, realistische politische Arbeit.

Ein Blick in die Zukunft – was tun?

Es reicht nicht, wenn Bundesaußenminister Klaus Kinkel sagt: »Der *Clash of Civilizations* von Huntington darf nicht Realität werden.« In der gegenwärtigen Situation sind die Europäer herausgefordert, konkret eine doppelte Aufgabe zu erfüllen: einmal zu lernen, Toleranz gegenüber dem Islam – und zwar ohne Selbstaufgabe oder Anbiederung – zu entwickeln und mit Muslimen zusammenzuleben, zum anderen aber ihre eigene Identität offensiv zu verteidigen. Der Dialog mit dem Islam findet somit sowohl auf außenpolitischer und außenwirtschaftlicher als auch auf innereuropäischer Ebene statt – und er ist nicht konfliktfrei.

Wenn Europa europäisch bleiben will, dürfen die Europäer nicht im Namen von Multikulturalismus auf die abendländische Identität ihres Kontinents verzichten. Diese zu bewahren, müssen sie im Sinne des inneren und äußeren Friedens, allerdings ohne Feindschaft zum Islam, leisten. Die bevorstehenden Aufgaben im Übergang zum kommenden Jahrhundert werden wahrlich schwer sein. Auf der angesprochenen Konferenz der europäischen Islamologen in Leiden (vgl. Anm. 32) wurde deutlich, daß die Europäer hierauf nicht vorbereitet sind. Überall in Europa höre ich viel Rhetorik des guten Willens und sehe wenig Taten. Um auf eine Aufgabe vorbereitet zu sein, muß man die damit zusammenhängenden Probleme anerkennen und ihnen nicht aus dem Wege gehen, wie europäische Politiker dies gerne tun.

Besonders in Deutschland ist die Diskussion über diesen Gegenstand durch die Polemik, mit der sie geführt wird, stark belastet. Es geht nicht um diesen Gegenstand, sondern um »die Feinde und die Freunde des Islam« (vgl. Anm. 15). Viele Deutsche – auch die Orientalisten unter ihnen – müssen zunächst einmal lernen, zwischen Islam und Fundamentalismus zu unterscheiden. Der anzustrebende Dialog mit dem Islam ist mit der kritischen Distanz gegenüber dem Fundamentalismus vereinbar. Die romantische Verklärung anderer Zivilisationen, parallel zu Übungen in Selbsthaß[33], ist dagegen kein Beitrag zum Dialog. Im Mittelpunkt des Dialogs steht die Frage: »How to deal with differences.«[34] Über diese Unterschiede zu reden, dient einem friedlichen Zusammenleben, und in diesem Sinne steht auch die öffentlich vorgetragene Analyse weltanschaulicher Konflikte im Dienst des Friedens und ist kein »kultur-rassistischer Slogan vom Zusammenprall der Zivilisationen«[35], wie es ein wichtigtuerischer Orientalist in der Rubrik »Fremde Feder« der *Frankfurter Allgemeinen Zeitung* unterstellt hat. Das Bekenntnis zur westlichen Demokratie und zu Menschenrechten ist Ausdruck eines Zivilisationsbewußtseins, das zum Dialog gehört.

Die internationale Politik muß sich den Anforderungen unseres Zeitalters des Zivilisationskonflikts stellen und sich neuen Fragen öffnen. Der weltanschauliche Zusammenprall der Zivilisationen ist kein determiniertes Schicksal der Menschheit. Die Menschen machen ihre Geschichte selbst – wenngleich nicht aus freien Stücken –, und von ihnen wird es abhängen, ob z. B. die islamisch-westlichen Beziehungen in der internationalen Politik und innerhalb Europas friedlich oder kriegerisch gestaltet werden.

Zum Abschluß will ich noch mal die Frage stellen, wie und in

332

welchem Rahmen Zivilisationskonflikte stattfinden. Trotz der Krise des Nationalstaates wird der Staat auch in der post-bipolaren Epoche des Zivilisationskonflikts eine wichtige Einheit in der internationalen Politik bleiben. Aber in dieser neuen Epoche wird die Globalisierung mit einer fortschreitenden Regionalisierung einhergehen, die mehr von zivilisatorischen Gruppierungen als von Staatenblöcken bestimmt sein wird. Internationale Politik wird im Übergang zum 21. Jahrhundert immer mehr auf den Beziehungen zwischen den zivilisatorischen Staatengruppen basieren. Damit meine ich ganz bestimmt nicht die Huntington'sche neue Weltordnung der Zivilisationen.

Die globale Migration bedingt nicht nur Überschneidungen, sondern macht auch die Grenzen zwischen Innen- und Außenpolitik, ja zwischen den Zivilisationen zugleich komplexer und fließender. Die friedliche Bewältigung von Zivilisationskonflikten wird zu einer der dringendsten innenpolitischen Aufgaben unserer Zeit.

Anhang

Anmerkungen

Vorbemerkung: In diesem für ein allgemein interessiertes Publikum geschriebenen Buch wird nicht wie in einer Diplomarbeit oder Dissertation nach strengen Regeln zitiert. Ich habe versucht, die Anmerkungen zu reduzieren. So wird eine bereits zitierte Quelle oft nur jeweils einmal angegeben und bis auf einige Ausnahmen nicht mit »ebd.« und Seitenzahl wiederholt. Ich verweise auf weiterführende Literatur, jedoch in Grenzen und auf die Bedürfnisse eines allgemein interessierten Leserkreises zugeschnitten.

Einleitung – Erneutes Nachdenken über den Zivilisationskonflikt

1 Johannes Paul II., *Die Schwelle der Hoffnung überschreiten*, Hamburg 1994, S. 129 ff.

2 Klaus Natorp, Weltbevölkerungsbericht 1994, in: *FAZ* v. 17. 8. 1994, S. 7; vgl. auch die beiden Artikel von Wolfgang Köhler, Neu entdeckte Gemeinsamkeiten: Iran und der Vatikan, *FAZ* v. 25. 8. 1994, und: Muslimische Organisationen lehnen das Programm der Weltbevölkerungskonferenz ab, *FAZ* v. 31. 8. 1994. Vgl. auch den Bericht »Weltbevölkerung«, in: *Der Spiegel* v. 5. 9. 1994, S. 158–167.

3 Norbert Greinacher, Kirchliche Götterdämmerung, in: *Der Spiegel* 43/1994, S. 50.

4 Zum Hindu-Fundamentalismus vgl. Daniel Gold, Organized Hinduism. From Vedic Truth to Hindu Nation, in: Martin Marty/Scott Appleby (Hg.), *Fundamentalisms Observed*, Chicago/London 1991, S. 531–593.

5 Zum Konzept der Hakimiyyat Allah/Gottesherrschaft vgl. B. Tibi, Fundamentalismus und Totalitarismus, in: Richard Saage (Hg.), *Festschrift für Walter Euchner*, Berlin 1994, S. 302–314.

6 Vgl. den Bericht über die Nixon-Schirinowski-Gespräche in Moskau über die »an der südrussischen Grenze sich massierenden 390 Millionen Muslime« (ein wahres Feindbild vom Islam), in: *San Francisco Chronicle* v. 16. 3. 1994.

7 T. Nikolaou, Die Orthodoxie auf dem Balkan zwischen Islam und Westchristentum, in: *Litterae. Zeitschrift der Europäischen Akademie der Wissenschaften und Künste*, Salzburg, H. 4/1994, S. 27–35.

8 Vgl. B. Tibi, Die Zerstörung des Religionsfriedens auf dem Balkan. Serbischer Ethno-Fundamentalismus, in: *Universitas*, Bd. 49 (1994), H. 3, S. 205–215; sowie das Kapitel: Die islamische Dimension des Balkan-Krieges, in: ders., *Im Schatten Allahs. Der Islam und die Menschenrechte*, München 1994, S. 315 ff.

9 Vgl. die Aufsätze von Samuel P. Huntington, The Clash of Civilizations?, in: *Foreign Affairs*, Bd. 72 (1993), Nr. 3, S. 22–49, und ders., If not Civilizations, What? Paradigms of the Post-Cold War World, in: *Foreign Affairs*, Bd. 72 (1993), Nr. 5, S. 2–10; dazu auch B. Tibi, Zusammenprall der Zivilisationen, in: *Die politische Meinung*, April-Heft (1994), Nr. 293, S. 80–85. Bereits in meinem 1981 erstmals bei C.H. Beck erschienenen Buch *Die Krise des modernen Islams* (vgl. die erweiterte Suhrkamp-Ausgabe von 1991) habe ich dieses Problem lange vor Huntington umrissen (s. dort Teil I).

10 Hierzu die klassische Arbeit von Norman Daniel, *Islam and the West*, Oxford 1993² (zuerst 1960); sowie Bernard Lewis, *Islam and the West*, New York 1993.

11 Weltpolitisch Interessierte entdecken neuerdings die Bedeutung der Zivilisationen. Zentral hierfür ist das enzyklopädische Werk von Will und Ariel Durant, *The Story of Civilization*, 11 Bde., New York 1963 ff. Ein guter, fundierter Überblick über die Zivilisationen unserer Welt ist enthalten in F. Braudel, *A History of Civilizations*, London 1994. Zur islamischen Zivilisation vgl. Anm. 22 mit den dortigen Literaturangaben.

12 Die Unterscheidung zwischen Welt- und Globalgeschichte ist ausgearbeitet in dem Beitrag von Wolf Schäfer, in: B. Mazlish/R. Buultjens (Hg.), *Conceptualizing Global History*, Boulder (Col.) 1993.

13 Zur »neuen Weltordnung« vgl. Robert Tucker/David Hendrickson, *The Imperial Temptation. The New World Order and America's Purpose*, New York 1992.

14 Francis Fukuyama, *Das Ende der Geschichte: Wo stehen wir?*, München 1992.

15 Zbigniev Brzezinski, *Out of Control. Global Turmoil on the Eve of the 21st Century*, New York 1993 (dt.: *Macht und Moral*, Hamburg 1994).

16 Hierzu Hedley Bull, *The Anarchical Society. A Study of Order in World Politics*, New York 1977, S. 13 f.

17 Die international beste Studie über den Nationalstaat ist von Anthony Giddens, *The Nation-State and Violence*, Berkeley 1987. Zu dieser Problematik vgl. Kapitel 1 dieses Buches. Das Modell des Nationalstaats beinhaltet, daß dieser demokratisch ist. Dazu: Samuel P. Huntington, *The Third Wave. Democratization in the Late 20th Century*, Norman (Okl.)/London 1991, S. 13.

18 Hierüber Adam Watson, *The Evolution of International Society*, London 1992; zum regional beschränkten internationalen System des Islam darin S. 112 ff.

19 Zur europäischen Expansion vgl. Wolfgang Reinhard, *Geschichte der europäischen Expansion*, 4 Bde., Stuttgart 1983, 1985, 1988, 1990. Zur Globalisierung des Staatensystems Ch. Chase-Dunn, *Global Formation*, Cambridge (Mass.) 1989, S. 107 ff.

20 Hierüber das 4. Kapitel über die Nationalstaaten in: B. Tibi, *Die fundamentalistische Herausforderung. Der Islam und die Weltpolitik*, München 1993[2] (zuerst 1992), S. 100–140.

21 In meiner Arbeit grenze ich Kultur von Zivilisation ab. Zum Kulturbegriff siehe Clifford Geertz, *Dichte Beschreibung. Beiträge zum Verstehen kultureller Systeme*, Frankfurt a.M. 1983. Zur Anwendung dieses Konzepts auf den Islam siehe B. Tibi, *Der Islam und das Problem der kulturellen Bewältigung sozialen Wandels*, Frankfurt a.M. 1991[3] (zuerst 1985). Auch in diesem Buch verwende ich den Begriff *Kultur* nach Geertz, den Begriff *Zivilisation* jedoch nach Norbert Elias, *Über den Prozeß der Zivilisation. Soziogenetische und psychogenetische Untersuchungen*, 2 Bde., Frankfurt a.M. 1979[6]. Über Elias vgl. Stephen Mennell, *Norbert Elias. Civilization and the Human Self-Image*, Oxford 1989.

22 Die zentralen Werke über die islamische Zivilisation sind: Marshall G. S. Hodgson, *The Venture of Islam. Conscience and History in a World Civilization*, 3 Bde., Chicago 1974, und Ira Lapidus, *A History of Islamic Societies*, Cambridge (Mass.) 1993[5] (1002 S.);

vgl. auch Hamilton A. Gibb, *Studies on the Civilization of Islam*, Princeton (N.J.) 1982 (Neudruck).

23 Die Übernahme der westlichen Idee der Weltordnung und ihre islamische Färbung ist auf den Begründer des modernen Fundamentalismus im Islam, Sayyid Qutb, zurückzuführen. Vgl. vor allem sein Pamphlet *Ma'alim fi al-Tariq* (13. legale Ausgabe, Kairo 1989). Der amerikanische Religionswissenschaftler John Kelsay fiel mir bei meiner Lektüre seines Werkes *Islam and War*, Louisville 1993, als erster Westler auf, der begriffen hat, daß der politisch interpretierte Islam auch ein Konzept für eine Weltordnung aufweist (vgl. Zitat zu Anm. 27). Zum islamischen Konzept von Weltordnung vgl. das 3. Kapitel in B. Tibi, *Die fundamentalistische Herausforderung* (Anm. 20), S. 57ff.

24 Hierüber die Kapitel im 3. Teil von B. Tibi, *Die Verschwörung. Das Trauma arabischer Politik*, erweiterte Auflage, Hamburg 1994[2] (zuerst Hamburg 1993), S. 209 ff.

25 John Kelsay, *Islam and War* (Anm. 23), S. 114.

26 Zu diesen Begriffen vgl. B. Tibi, *Die fundamentalistische Herausforderung* (Anm. 20), S. 60 ff.

27 John Kelsay, *Islam and War* (Anm. 23), S. 117.

28 So z.B. in: Dieter Senghaas, *Weltwirtschaftsordnung und Entwicklungspolitik. Plädoyer für Dissoziation*, Frankfurt a.M. 1977.

29 John Kelsay, *Islam and War* (Anm. 23), S. 118.

30 Zum Projekt der kulturellen Moderne vgl. Jürgen Habermas, *Der philosophische Diskurs der Moderne. Zwölf Vorlesungen*, Frankfurt a.M. 1986[3].

31 Vgl. dazu den »Schleierkrieg« in Frankreich bzw. die Ausführungen in Kapitel 12 meines in Anm. 41 zitierten Buches *Im Schatten Allahs*, S. 303 ff.

32 Huntingtons Text ist auszugsweise u.a. in *Die Zeit* und in *International Herald Tribune* veröffentlicht worden. Ein Interview mit Huntington veröffentlichte die *Frankfurter Rundschau*. Über in Harvard geführte Gespräche mit Huntington vgl. B. Tibi, Gehäuse der Hörigkeit. Samuel Huntingtons Thesen über Zivilisationskonflikte, in: *FAZ* v. 10. 11. 1993, S. N5.; und über Huntington mit Islam- und Orient-Wissenschaftlern in Harvard: B. Tibi, Im Gehäuse der Schrift. Die Zukunft des Islam im Konflikt der Zivilisationen, in: *FAZ* v. 9. 3. 1994, S. N5.

33 Ausführlich hierüber B. Tibi, *Islamischer Fundamentalismus, moderne Wissenschaft und Technologie*, Frankfurt a.M. 1993² (zuerst Frankfurt a.M. 1992), bes. S. 49 ff.

34 Hierzu B. Tibi, *Conflict and War in the Middle East 1967–1991*, veröffentlicht unter der Patronage von Harvard in London und New York 1993, Kapitel 1.

35 Die Folge ist die Regionalisierung der Weltpolitik, wobei die Zivilisationen einen besonderen Stellenwert erhalten.

36 Die folgenden Zitate sind aus dem ersten Aufsatz von Samuel P. Huntington (wie in Anm. 9 nachgewiesen).

37 Hierzu Samuel P. Huntington, *The Third Wave* (wie in Anm. 17).

38 Eine deutsche, ausgearbeitete Fassung jenes Referats ist in der Festschrift für meinen akademischen Lehrer Iring Fetscher, herausgegeben von Herfried Münkler, enthalten. Vgl. B. Tibi, »Zwischen islamischem Erbe und kultureller Erneuerung. Die Chancen der Demokratisierung im Nahen Osten nach dem Golfkrieg«, in: Herfried Münkler (Hg.), *Die Chancen der Freiheit. Grundprobleme der Demokratie. Festschrift für Iring Fetscher*, München 1992, S. 199–223. Über diese Diskussion mit Huntington siehe B. Tibi, *Die Verschwörung* (Anm. 24), S. 210 ff.

39 So die populäre islamische Schrift über den Golfkrieg von Saaduldin al-Shadhli, *al-Harb al-salbiyya al-thamina* (Der achte Kreuzzug), Casablanca 1991. Vgl. die islamischen Dokumente zur Reaktion der Welt des Islam auf den Golfkrieg: *Harb al-khalidj. Wathaiq Islamiyya*, Casablanca 1991. Zum Golfkrieg selbst vgl. B. Tibi, *Die Verschwörung* (Anm. 24), Teil 4, S. 273 ff.

40 So z.B. in der zentralen fundamentalistischen Schrift von Yusuf al-Qaradawi, *Hatmiyyat al-hall al-Islami. al-hulul al-mustawradah* (Die islamische Lösung. Die importierten Lösungen), Beirut 1980; und Ali Djarischa/Mohammed Zaibaq, *Asalib al-ghazu al-fikri li al-'alam al-Islami* (Die Methoden der intellektuellen Invasion der islamischen Welt), Kairo 1979².

41 Hierüber im einzelnen B. Tibi, *Im Schatten Allahs. Der Islam und die Menschenrechte*, München 1994.

42 Autobiographisch B. Tibi, Ein Muslim zwischen Islam und Modernität, in: *Schweizer Monatshefte*, Oktober/1986, S. 803–809. Zu meiner leidigen Erfahrung mit der deutschen Universität (Göttingen ist für mich die positive Ausnahme, meine Insel) vgl. B. Tibi,

Nicht über Bagdad, sondern direkt. Die Schwierigkeit, an der deutschen Universität heimisch zu sein, in: Namo Aziz (Hg.), *Fremd in einem kalten Land*, Freiburg i.Br. 1993², S. 121–136.

43 Djarischa/Zaibaq (zit. in Anm. 40), S. 202; und dazu B. Tibi, Kreuzzug oder Dialog?, in: V. Matthies (Hg.), *Kreuzzug oder Dialog?*, Bonn 1992, S. 107–120.

44 Vgl. Anm. 21 zum Zivilisationsbegriff bei Elias und zum Kulturbegriff bei Geertz.

45 Dieser Artikel vom März 1994 in der *FAZ* ist in Anm. 32 nachgewiesen.

46 Vgl. auch B. Tibi, Maxime Rodinson, der Islam und die westlichen Islam-Studien. Vom philologischen und anthropogeographischen Orientalismus zur interdisziplinären und entkolonisierten Islam-Forschung, Einleitung zu Maxime Rodinson, *Islam und Kapitalismus*, erweiterte Auflage, Frankfurt a.M. 1986².

47 Das grundlegende Werk über die Entstehung der modernen Türkei ist: Bernard Lewis, *The Emergence of Modern Turkey*, Oxford 1979².

48 Graham Fuller u.a., *Turkey's New Geopolitics*, Boulder (Col.) 1993; vgl. auch B. Tibi, Die neue Rolle der Türkei, in: *Die Politische Meinung*, Juli-Heft 1993, S. 57–63.

49 So aus der Tischrede von Tansu Çiller im Haus des Präsidenten der Harvard University im November 1993 – nach meinen Notizen von Cambridge, Mass.

50 W.G. Lerch über Sivas in: *FAZ* v. 6. 7. 1993.

51 Vgl. meine Analyse über diesen Gegenstand, nachgewiesen in Anm. 8.

52 Roy Mottahedeh, *Der Mantel des Propheten*, München 1987; vgl. dazu den gleichnamigen Artikel von B. Tibi, in: *Schweizer Monatshefte*, Bd. 68 (1988), H. 11, S. 890–896.

53 Über Frauen im Islam vgl. die Arbeit der Muslimin Leila Ahmed, *Women and Gender in Islam*, New Haven 1992.

54 Die Debatte ist in *Foreign Affairs* (1993, mehrere Hefte) erschienen; vgl. auch Anm. 9 oben.

55 Kalevi J. Holsti, *Peace and War: Armed Conflicts and International Order 1648–1989*, Cambridge 1991, S. 272.

56 Hierüber meinen Beitrag in: Terry Nardin (Hg.), *The Ethics of War and Peace*, Princeton (N.J.) 1995 i.E.

57 Vgl. M. Kakutani, Opinion versus Reality in an Age of Pundits and Spin Doctors, in: *New York Times* v. 28. 1. 1994, Bl. B.11 und B.12. Vgl. auch B. Tibi, Posthysterisch. Der Streit über Kulturrelativismus, in: *FAZ* v. 22. 6. 1994, S. N5, und ders., Vom Kulturrelativismus und Werteverlust, in: *Die Politische Meinung*, Heft 301/Dezember 1994, S. 45–50.

58 Holsti (wie in Anm. 55), S. XV.

59 Ebd., S. 284.

60 Ebd., S. 272.

61 Hierzu B. Tibi, *Im Schatten Allahs* (Anm. 8).

62 Leslie Lipson, *The Ethical Crises of Civilization. Moral Meltdown or Advance?*, Newbury/London 1993.

Kapitel 1
Der globale Aufstand gegen den säkularen Nationalstaat:
Ethnizität und religiöser Fundamentalismus

1 Das zentrale Werk hierüber ist Anthony Giddens, *The Nation-State and Violence*, Berkeley 1987.

2 Adam Watson, *The Evolution of International Society*, London 1992, S. 135 ff., 265 ff. Vgl. auch H. Bull/A. Watson (Hg.), *The Expansion of International Society*, Oxford 1988³.

3 Zum Folgenden F.H. Hinsley, *Sovereignty*, Neuauflage Cambridge/London 1986, S. 69 ff.

4 Robert H. Jackson, *Quasi-States: Sovereignty, International Relations and the Third World*, Cambridge 1990. Über den nominellen Nationalstaat in der islamischen Zivilisation vgl. meinen Beitrag, zit. in Anm. 15.

5 B. Tibi, *Die Verschwörung. Das Trauma arabischer Politik*, zweite erweiterte Aufl. Hamburg 1994 (zuerst 1993), alle Kapitel des zweiten Teiles, S. 123 ff.

6 Hierzu das Kapitel über den Islam in David Beetham, *The Legitimation of Power*, London 1991, S. 191 ff.

7 Adam Seligman, *The Idea of Civil Society*, New York 1992.

8 Vgl. das Kapitel über Citizenship in Giddens (wie Anm. 1), S. 198 ff.

9 Donald Horowitz, *Ethnic Groups in Conflict*, Berkeley 1985, ist das autoritative Werk über diese Problematik.

10 Mark Juergensmeyer, *The New Cold War? Religious Nationalism Confronts the Secular State*, Berkeley 1993.

11 Literaturhinweise über diese Bestimmung von Kultur und Zivilisation in Anm. 21 der Einleitung.

12 Hedley Bull, The Revolt Against the West, in: Bull/Watson (wie in Anm. 2), S. 217–228.

13 Vgl. die Ausführungen im Anschluß an Norbert Elias (zu Elias s. Anm. 21 zur Einleitung) in B. Tibi, *Die Krise des modernen Islams*, erweiterte Neuauflage Frankfurt a.M. 1991.

14 Hierüber in Anm. 12 der Einleitung.

15 B. Tibi, The Simultaneity of the Unsimultaneous, in: Ph. Khoury/ J. Kostiner (Hg.), *Tribes and State Formation in the Middle East*, Berkeley 1990, S. 127–152.

16 Hierüber das Kapitel des Islamwissenschaftlers Baber Johansen, in: Tariq Ismael (Hg.), *Middle East Studies. International Perspectives on the State of the Art*, New York 1990, S. 71 ff.

17 Wolf Schäfer, nachgewiesen in Anm. 12 der Einleitung.

18 Hedley Bull, *The Anarchical Society*, New York 1977, S. 273.

19 Charles Tilly (Hg.), *The Formation of National States in Western Europe*, Princeton (N.J.) 1975, S. 45 der Einleitung von Tilly.

20 Dazu B. Tibi, Im Banne des Multikulturalismus, in: *FAZ* v. 11. 1. 1994; ausführlicher in B. Tibi, *Im Schatten Allahs. Der Islam und die Menschenrechte*, München 1994, S. 347 ff.

21 So Helmuth Plessner, *Die verspätete Nation*, Neudruck Frankfurt a.M. 1974, S. 33 f.

22 Martin Marty/Scott Appleby (Hg.), *Fundamentalisms Observed*, Chicago 1991.

23 Das ist das Argument in B. Tibi, *Krise des modernen Islams* (Anm. 13), S. 62 ff.

24 B. Tibi, *Vom Gottesreich zum Nationalstaat*, Neuauflage Frankfurt a.M. 1991 (zuerst 1987).

25 Olivier Roy, *Islam and Resistance in Afghanistan*, Cambridge 1986.

26 Vgl. I. Gershoni/J. Jankowski, *Egypt, Islam, and the Arabs*, New York/Oxford 1986. Über Islam und Staatlichkeit vgl. Kapitel 4 in B. Tibi, *Die fundamentalistische Herausforderung*, 2. Aufl. München 1993, S. 100 ff.

27 Zu dieser Deutung des regionalen Subsystems als eigendynamisch

vgl. B. Tibi, *Konfliktregion Naher Osten,* erw. Neuauflage München 1991 (zuerst 1989).

28 Joel S. Migdal, *Strong Societies and Weak States. State-Society Relations and State Capabilities in the Third World,* Princeton (N.J.) 1988.

29 Vgl. Anm. 15 oben.

30 Zentrale neuere Werke über Nation und Nationalismus sind E.J. Hobsbawm, *Nations and Nationalism since 1780,* Cambridge (Mass.) 1990; Elie Kedourie, *Nationalism,* Neuauflage London 1993⁴; und Benedict Anderson, *Imagined Communities,* London 1991².

31 Daniel P. Moynihan, *Pandaemonium. Ethnicity in International Politics,* Oxford 1993.

32 Anthony Smith, *The Ethnic Origins of Nations,* Oxford 1986.

33 Samir al-Khalil, *Republic of Fear. The Politics of Modern Iraq,* Berkeley 1989, bes. S. 149 ff. Vgl. hierüber das 3. Kapitel in B. Tibi, *Die Verschwörung* (Anm. 5), S. 93 ff.

34 Michael Hudson, *Arab Politics,* New Haven 1977, S. 79.

35 Zur ethnisch-sektiererischen Opposition im Irak vgl. das 13. Kapitel in B. Tibi, *Die Verschwörung* (wie in Anm. 5), S. 253 ff.

36 Über diese irakische Sonderidentität s. Amatzia Baram, *Culture, History and Ideology in the Formation of Ba'thist Iraq: 1968–1989,* New York 1991.

37 Hudson (wie Anm. 34), S. 51.

38 So in den Kapiteln über den Islam in Europa im Lichte des Balkankrieges in: B. Tibi, *Im Schatten Allahs* (wie Anm. 20), bes. »Die islamische Dimension des Balkan-Krieges«, S. 315 ff.

39 Das ist die Definition von Milton Esman/Itamar Rabinovich (Hg.), *Ethnicity, Pluralism, and the State in the Middle East,* Ithaca/N.Y. 1988, S. 3.

40 Anthony Smith, *Ethnic Origins* (Anm. 32), S. 10.

41 Ali Hilal Dessouki und Jamil Matar, *al-Nizam al-iqlimi al-arabi* (Das arabische Regionalsystem), 3. erweiterte Aufl. 1983 (zuerst 1979).

42 B. Tibi, *Arab Nationalism,* 2. erweiterte Aufl. London 1990 (zuerst 1980), hierüber die neue Einleitung.

43 Vgl. den Beleg in Anm. 27 oben, Kapitel 1, bes. S. 38 ff.

44 Vgl. B. Tibi, *Die fundamentalistische Herausforderung* (Anm. 26).

45 Zu diesem Vergleich Clifford Geertz, *Religiöse Entwicklungen im Islam, beobachtet in Marokko und Indonesien*. Mit einem Essay über Geertz von B. Tibi, Frankfurt a.M. 1991².

46 Dieser Ausdruck stammt von Montgomery Watt.

47 Anthony Smith (wie in Anm. 32), S. 36.

48 Vgl. bes. John Kelsay, *Islam and War. The Gulf War and Beyond*, Louisville 1993, sowie das Kapitel »Der Golfkrieg als neuer Kreuzzug?«, in: B. Tibi, *Die Verschwörung* (Anm. 5), S. 273 ff.

49 Vgl. dazu die Arbeit von Anderson, zitiert in Anm. 30.

50 Zum islamischen Kalifat vgl. das Kapitel von B. Tibi in Bd. II. von *Pipers Handbuch der politischen Ideen*, zitiert in Anm. 63.

51 Hierüber ausführlich David H. Finnie, *Shifting Lines in the Sand. Kuwait's Elusive Frontier with Iraq*, Cambridge (Mass.) 1992.

52 So M.W. Murphree in dem Band von John Rex/David Mason (Hg.), *Theories of Race and Ethnic Relations*, Cambridge (Mass.) 1988², S. 157.

53 So Gabriel Ben-Dor in seinem Kapitel zu dem Buch von Esman/Rabinovich (wie in Anm. 39), S. 85 f.

54 Bernard Lewis, *The Emergence of Modern Turkey*, Oxford 1979², S. 45.

55 Vgl. mein in Anm. 42 zitiertes Buch, dort in der Einleitung zu der Neuauflage umfangreiche Literaturhinweise.

56 In seiner Biographie des Propheten betont Maxime Rodinson, *Mohammed*, Luzern 1975, diesen arabischen Charakter des Islam.

57 So der türkische Historiker Kemal Karpat in seinem Kapitel zu Esman/Rabinovich (Anm. 39), hier S. 43–45.

58 Philip Khoury, *Syria and the French Mandate*, Princeton (N.J.) 1987.

59 Zu Klientelismus und Opposition vgl. das Kapitel von B. Tibi in: Walter Euchner (Hg.), *Politische Opposition*, Göttingen 1993, S. 155 ff.

60 Philip Khoury (wie in Anm. 58).

61 Über die Herrschaft der Alawiten in Syrien vgl. die Assad-Biographie von Mosche Ma'oz, New York 1988.

62 Das bringt zum Ausdruck Umar F. Abd-Allah, *The Islamic Struggle in Syria*, Berkeley 1983.

63 Vgl. die deutsche Übersetzung von Mathias Pätzold, Ibn Khaldun, *Buch der Beispiele* (Übers. von *al-Muqaddima*), Leipzig 1992; zur

Deutung vgl. mein Kapitel in I. Fetscher/H. Münkler (Hg.), *Pipers Handbuch der politischen Ideen*, Bd. II: *Mittelalter*, München 1993, S. 87–140, bes. den Abschnitt über Ibn Khaldun, S. 118 ff.

64 Ghassan Salamé, *al-Mudjtama' wa al-daula fi al-maschreq al-arabi* (Gesellschaft und Staat im arabischen Osten), Beirut 1987, S. 24.

65 Muhammad Y. Muslih, *The Origins of Palestinian Nationalism*, New York 1988, S. 214 f.

66 Anthony Giddens (Anm. 1), S. 210.

67 Ebd., S. 214 f.

68 Ebd., S. 219 f.

69 Gabriel Ben-Dor, in: Esman/Rabinovich (Anm. 39), hier S. 92.

70 Ebd.

71 Zusammengefaßt in Richard Saage, *Politische Utopien der Neuzeit*, Darmstadt 1991.

72 Robert David Kaplan, The Coming Anarchy, in: *The Atlantic Monthly*, Februar-Heft 1994.

73 Den Weltbevölkerungsbericht des Bevölkerungsfonds der Vereinten Nationen faßt zusammen Klaus Natorp, Weltbevölkerungsbericht 1994, in: *FAZ* v. 17. 8. 1994, S. 7; vgl. auch den Leitartikel von Natorp, Von einer Milliarde zur nächsten, in: *FAZ* v. 3. 9. 1994. Im Jahre 2025 wird die Weltbevölkerung 8,5 Milliarden, und wenn keine erfolgreiche Bevölkerungspolitik durchgeführt wird, im Jahre 2050 sogar 12,5 Milliarden betragen. Dann wird der Krieg der Zivilisationen nicht mehr weltanschaulich bleiben, sondern ein Ressourcenkrieg sein.

74 Mathew Horsman/Andrew Marshall, *After the Nation-State. Citizens, Tribalism, and the New World Disorder*, London 1994.

75 B. Tibi, *Im Schatten Allahs* (wie Anm. 20), 4. Teil, S. 277 – 335.

Kapitel 2
Gibt es eine für alle Zivilisationen gültige Ethik der Menschenrechte? Islamisches Recht/Schari'a gegen individuelle Menschenrechte

1   Vgl. meinen Bericht aus Kairo und Wien, Entwicklung statt Menschenrechte?, in: *FAZ* v. 25. 6. 1993, S. 14; sowie B. Tibi, *Im Schatten Allahs. Der Islam und die Menschenrechte*, München 1994.

2   Terry Nardin, *Law, Morality, and the Relations of States*, Princeton (N.J.) 1983, S. 274. Professor Nardin hat zusammen mit David R. Mapel das grundlegende internationale Ethik-Werk: *Traditions of International Ethics*, Cambridge (Mass.) 1992, herausgegeben.

3   Daran erinnert Joachim Fest in seinem letzten Leitartikel als Herausgeber, Warten auf einen Abraham a Santa Clara, *FAZ* v. 31. 12. 1993.

4   B. Tibi, *Im Schatten Allahs. Der Islam und die Menschenrechte* (wie Anm. 1). Das hier vorliegende Buch führt die in dem zitierten Piper-Buch enthaltene Analyse weiter und enthält zusätzliche Gedanken.

5   Über das islamische Recht vgl. das klassische Werk von Joseph Schacht, *An Introduction to Islamic Law*, Oxford 1964. Vgl. dazu auch das interessante Kapitel von Ann E. Mayer, The Schari'a: A Methodology or a Body of Substantive Rules?, in: Nicholas Heer (Hg.), *Islamic Law and Jurisprudence*, Seattle 1990, S. 177–198. Vgl. auch das Schari'a-Kapitel in: B. Tibi, *Der Islam und das Problem der kulturellen Bewältigung sozialen Wandels*, 3. Aufl. Frankfurt a.M. 1991 (zuerst 1985), S. 79 ff.

6   Vgl. J.-F. Revel, *Democracy against itself*, New York 1993, S. 199 ff. Über diese Zusammenhänge mit der Erfahrung vor Ort vgl. die beiden Algerien-Kapitel in B. Tibi, *Die Verschwörung. Das Trauma arabischer Politik*, 2. erweiterte Aufl. Hamburg 1994 (zuerst Hamburg 1993), S. 161 ff. u. S. 228 ff.

7   Zu diesem Konzept vgl. die Schrift des islamischen Fundamentalisten Muhammed Salim al-'Awwa, *Fi al-nizam al-siyasi lil-dawla al-Islamiyya*, Kairo 1983[6], S. 33 ff. Dieses Konzept wird in Kapitel V des Buches von B. Tibi, *Die fundamentalistische Herausforderung*, 2. Aufl. München 1993 (zuerst München 1992), S. 155 ff., näher erläutert.

8 Interview mit FIS-Sprecher Abdullah Anas, abgedruckt in: *Der Spiegel* 1/1994, S. 105.

9 Abdullahi Ahmed An-Na'im, *Toward an Islamic Reformation. Civil Liberties, Human Rights and International Law*, Syracuse (N.Y.) 1990, S. 185. Zum fundamentalistischen Regime im Sudan, wo die Schari'a angewendet wird, vgl. das Sudan-Kapitel in B. Tibi: *Die Verschwörung* (wie Anm. 6), S. 191 ff.

10 Der Begriff »World Time« stammt von Theda Skocpol, *States and Social Revolutions*, Cambridge 1979, S. 23.

11 Vgl. dazu Hedley Bull, *The Anarchical Society. A Study of Order in World Politics*, New York 1977, bes. S. 23 ff.

12 Tore Lindholm, *The Cross-Cultural Legitimacy of Human Rights*, Oslo 1990; und F.S.C. Northrop, *The Taming of the Nations. A Study of the Cultural Bases of International Policy*, Neudruck Woodbridge (Conn.) 1990 (zuerst 1952).

13 Die Moderne hat zwei Dimensionen: Zum einen ist sie ein kulturelles Konzept, zum anderen besitzt sie eine strukturell-institutionelle Dimension. Beide sind weder identisch noch können sie aufeinander reduziert werden. In diesem Kontext beziehe ich mich auf die kulturelle Moderne in dem von Jürgen Habermas, *Der philosophische Diskurs der Moderne*, Frankfurt a.M. 1986[3], verwendeten Sinn. Zu der anderen Dimension vgl. Anthony Giddens, *The Consequences of Modernity*, Stanford 1990. Ich rechne die Menschenrechte zur kulturellen Moderne. Ein Versuch, beide Dimensionen miteinander zu verbinden, ist in B. Tibi, *Islamischer Fundamentalismus, moderne Wissenschaft und Technologie*, 2. Aufl. Frankfurt a.M. 1993 (zuerst Frankfurt 1992), Kap. VI, enthalten.

14 Vgl. den informativen Überblick bei Jack Donnelly, *Universal Human Rights in Theory and Practice*, Ithaca 1989.

15 Vgl. das Kapitel über Menschenrechte von Tom Farer, in: Adam Roberts/Benedict Kingsbury (Hg.), *United Nations, Divided World. The UN's Role in International Relations*, Oxford 1988, S. 95–138.

16 Terry Nardin, *Law, Morality, and the Relations of States* (Anm. 2), bes. S. 27 ff.

17 Kalevi J. Holsti, *Peace and War: Armed Conflicts and International Order 1648–1989*, Cambridge 1991, S. 304 f.

18 Die klassische Ideologie des Tiers-Mondisme (Dritte-Welt-Ro-

mantik) repräsentiert Frantz Fanon, *Les damnés de la terre*, Paris 1961, neu aufgelegt und in eine Vielzahl von Sprachen (dt. 1966) übersetzt. Eine stringente Kritik dieser Ideologie formuliert Alain Finkielkraut, *La Défaite de la Pensée*, Paris 1987 (dt.: *Die Niederlage des Denkens*, Reinbek 1989). Vgl. zu Fanon auch B. Tibi, Politische Ideen in der Dritten Welt während der Dekolonisation, in: I. Fetscher/H. Münkler (Hg.), *Pipers Handbuch der politischen Ideen*, Bd. 5, München 1987, S. 361–402, hier 365 ff.

19 H.L.A. Hart, *The Concept of Law*, Oxford 1970², S. 221 (dt.: *Der Begriff des Rechts*, Frankfurt a.M. 1973).

20 Hedley Bull, *The Anarchical Society* (Anm. 11), S. 13 f.

21 Hedley Bull, The Revolt Against the West, in: H. Bull/A. Watson, *The Expansion of International Society*, Oxford 1988³, S. 217–228.

22 Vgl. dazu W. Montgomery Watt, *Islamic Fundamentalism and Modernity*, London 1988; und Youssef M. Choueiri, *Islamic Fundamentalism*, Boston 1990; ebenso alle Kapitel in Teil IV von B. Tibi, *Der Islam und das Problem der kulturellen Bewältigung sozialen Wandels* (vgl. Anm. 5), S. 153 ff.

23 Michael Akehurst, *A Modern Introduction to International Law*, London 1987⁶, S. 21.

24 Richard Falk, Refocusing the Struggle for Human Rights: The Foreign Policy Illusion, in: *Harvard Human Rights Journal*, Bd. 4 (1991), S. 47–67, hier S. 63.

25 Vgl. den Bericht über die Außenministerkonferenz der Association of South East Asian Nations/ASEAN von Michael Richardson, Asians Turning the Tables, Denounce European Community on Bosnia, in: *International Herald Tribune* v. 28. 7. 1993.

26 B. Tibi, Die islamische Dimension des Balkan-Krieges, in: *Europa-Archiv*, Bd. 48 (1993), H. 22, S. 635–644.

27 R.J. Vincent, *Human Rights and International Relations*, Cambridge 1986.

28 Abdullahi Ahmed An-Na'im, *Toward an Islamic Reformation* (Anm. 9), S. 187.

29 Vgl. die Beiträge von An-Na'im und Tibi in: Tore Lindholm/Kari Vogt (Hg.), *Islamic Law Reform and Human Rights*, Nordic Human Rights Publications, Oslo/Kopenhagen 1993: An-Na'im, S. 97 ff., Tibi, S. 75 ff.

30 Scheich Mohammed al-Ghazali nach *al-Hayat* v. 23. 6. 1993; dazu

B. Tibi, Mord für den Gottesstaat, in: ders., *Die Verschwörung*, 2. Aufl. (Anm. 6), S. 375 ff.

31 Hierzu B. Tibi, *Im Schatten Allahs* (Anm. 1), Kap. 2, S. 84 ff. Einen guten Überblick bietet Jack Donnelly, *Universal Human Rights in Theory and Practice* (Anm. 14). Vgl. auch Alan Gewirth, *Human Rights. Essays on Justification and Application*, Chicago 1982, wie auch die deutsche Arbeit von Ludger Kühnhardt, *Die Universalität der Menschenrechte*, Bonn 1987.

32 Vgl. hierzu Kevin Dwyer, *Arab Voices. The Human Rights Debate in the Middle East*, Berkeley 1991.

33 B. Tibi, *Im Schatten Allahs* (Anm. 1), Kap. 9, S. 245 ff.

34 Edward Said, *Orientalism*, New York 1979; dt.: *Orientalismus*, Frankfurt a.M. 1981.

35 Ann Elizabeth Mayer, *Islam and Human Rights. Tradition and Politics*, Boulder (Col.) 1991, S. 198. Vgl. dazu den Besprechungsaufsatz von B. Tibi, Universality of Human Rights and Authenticity of Non-Western Cultures: Islam and the Western Concept of Human Rights, in: *Harvard Human Rights Journal*, Bd. 5 (1992), S. 221–226.

36 B. Tibi, *Die Krise des modernen Islams. Eine vorindustrielle Kultur im wissenschaftlich-technischen Zeitalter*, erweiterte Neuauflage Frankfurt a.M. 1991[3] (zuerst München 1981), S. 11–21.

37 Terry Nardin, *Law, Morality, and the Relations of States* (Anm. 2), S. 274.

38 Vgl. das von M.K. Asante/W.B. Gudykunst herausgegebene *Handbook of International and Intercultural Communications*, London 1989. Vgl. auch die ältere Abhandlung von B. Tibi, Kommunikationsstrukturen in der Weltgesellschaft und der interkulturelle Konflikt, in: *Beiträge zur Konfliktforschung*, Bd. 11 (1981), H. 3, S. 57–77.

39 B. Tibi, *Der Islam und das Problem der kulturellen Bewältigung sozialen Wandels* (Anm. 5).

40 Ann E. Mayer, *Islam and Human Rights* (Anm. 35), S. 44.

41 Zur Idee der zivilen Gesellschaft vgl. Adam Seligman, *The Idea of Civil Society*, New York 1992.

42 Vgl. Habermas, *Der philosophische Diskurs der Moderne* (Anm. 13), worauf mein Verständnis der kulturellen Moderne basiert.

43 Ann E. Mayer, *Islam and Human Rights* (Anm. 35), S. 71.

351

44 Dies behauptet beispielsweise der bekannte Scheich Mohammed al-Ghazali, *Huquq al-insan bain ta'alim al-Islam wa'l'ilan al-umam al-muttahidah* (Die Menschenrechte zwischen der Lehre des Islam und der UN-Deklaration), Kairo 1984³, S. 7.

45 Peter Schütt, Rezension von »Menschenbildern, Menschenrechten«, in: *FAZ* vom 15. 9. 1994; und dagegen meine ausführliche Leserzuschrift: »Christen für Muslime günstigstenfalls Unterworfene«, in: *FAZ* vom 4. Oktober 1994, S. 10.

46 Zu diesem Bezugsrahmen hinsichtlich des Islam und der globalen Zivilisation vgl. B. Tibi, *Islamischer Fundamentalismus, moderne Wissenschaft und Technologie* (Anm. 13), Kapitel VI, S. 155 ff., dort auch zahlreiche Belege.

47 Max Weber, *Soziologie, Weltgeschichtliche Analysen, Politik*, Stuttgart 1984; dagegen wendet sich Wolf Lepenies, Anthropological Perspectives in the Sociology of Science, in: Everett Mendelsohn/Yehuda Elkana (Hg.), *Sciences and Cultures. Anthropological and Historical Studies of the Sciences*, Dordrecht/Boston/London 1981, S. 245–261.

48 Vgl. Samuel P. Huntington, *The Third Wave. Democratization in the Late 20th Century*, Norman (Okl.)/London 1991.

49 B. Tibi, »The European Tradition of Human Rights and the Culture of Islam«, in: Abdullahi A. An-Na'im/Francis Deng (Hg.), *Human Rights in Africa*, Washington/D.C. 1990, S. 104–132.

50 Ich widerspreche hier Ann E. Mayer, *Islam and Human Rights* (Anm. 35), S. 211.

51 Norbert Elias, *Über den Prozeß der Zivilisation. Soziogenetische und psychogenetische Untersuchungen*, 2 Bde., Frankfurt a.M. 1979⁶. Vgl. die bemerkenswerte Monographie über Elias von Stephen Mennell, *Norbert Elias. An Introduction*, Cambridge (Mass.) 1992. Elias' Bezugsrahmen wird in meinem Buch *Die Krise des modernen Islams* (Anm. 36), S. 38–41, für das Verständnis des modernen Islam verwendet.

52 Vgl. Edward W. Said, *Orientalism* (Anm. 34). Zur internationalen Diskussion über dieses Thema vgl. B. Tibi, Orient und Okzident. Anmerkungen zur Orientalismus-Debatte, in: *Neue Politische Literatur*, Bd. 29 (1984), H. 3, S. 267–286; und jüngst die Kritik von Sadik J. al-Azm, *al-Istishraq wa al istishraq ma' kusan* (Orientalismus und Orientalismus in umgekehrtem Sinne), Beirut 1981;

sowie ders., *Unbehagen in der Moderne. Aufklärung im Islam*, Frankfurt a.M. 1993.

53 Hierzu der umfassende Essay über westliche Islam-Studien von B. Tibi als Einleitung zu: Maxime Rodinson, *Islam und Kapitalismus*, Frankfurt a.M. 1986².

54 Ann E. Mayer, *Islam and Human Rights* (Anm. 35), S. 9.

55 Vgl. hierzu Kapitel 6: »Andere Kulturen, andere Sitten. Kulturrelativismus, Multikulturalität und Menschenrechte«, in: B. Tibi, *Im Schatten Allahs* (Anm. 1).

56 Jürgen Kaube, Dichtung als Kolonialware. Edward Saids Thesen zum kulturellen Imperialismus, in: *FAZ* v. 16. 3. 1994, S. N5 (Geisteswissenschaften). Das Buch ist: Edward Said, *Culture and Imperialism*, New York 1993 (dt.: *Kultur und Imperialismus*, Frankfurt a.M. 1994). Die Kritik von E. Gellner erschien in: *Times Literary Supplement* 2/1993. Zur älteren Orientalismus-Debatte um E. Said vgl. meine in Anm. 52 und 53 zitierten Essays.

57 Zu eingehenderen Ausführungen zu der islamischen Weltsicht vgl. B. Tibi, *Islamischer Fundamentalismus, moderne Wissenschaft und Technologie* (wie Anm. 13), Kap. 3 und 4.

58 Mustapha K. al-Sayid, »Slow Thaw in the Arab World«, in: *World Policy Journal*, Bd. VIII (1991), H. 4, S. 711–738, hier S. 724. Zu einem ähnlichen Ergebnis über Muslime und Menschenrechte kommt K. Dwyer, *Arab Voices* (Anm. 32).

59 Ann E. Mayer, *Islam and Human Rights* (Anm. 35), S. 58.

60 An-Na'im, *Toward an Islamic Reformation* (Anm. 9), S. 185. Vgl. auch die in Anm. 29 angeführte Arbeit mit einer Diskussion über An-Na'ims Ideen zur islamischen Rechtsreform.

61 Mohammed Arkoun, *Rethinking Islam*, Boulder (Col.) 1994, S. 106 ff.

62 An-Na'im (Anm. 9), S. 184.

Kapitel 3
Gottesherrschaft als Gegenmodell zu Demokratie und
Menschenrechten im Zivilisationskonflikt

1 Vgl. Martin Marty/Scott Appleby (Hg.), *Fundamentalisms Observed*, Chicago 1991, S. 531 ff.

2 T. Nikolaou, Die Orthodoxie auf dem Balkan zwischen Islam und
   Westchristentum, in: *Litterae. Zeitschrift der Europäischen Akademie der Wissenschaft und Künste*, H. 4/1994, S. 27–35.

3 B. Tibi, Die Zerstörung des Religionsfriedens auf dem Balkan. Ser-
   bischer Ethno-Fundamentalismus, in: *Universitas*, Bd. 49 (1994),
   H. 3, S. 205–215. Vgl. auch die Kapitel des 4. Teils über den Islam in
   Europa, in: B. Tibi, *Im Schatten Allahs*, München 1994.

4 Vgl. Max Horkheimer, *Kritik der instrumentellen Vernunft*, Frankfurt a.M. 1967.

5 B. Tibi, *Die fundamentalistische Herausforderung. Der Islam und
   die Weltpolitik*, München, 2. Aufl. 1993 (zuerst München 1992).

6 Zu den Sinnfragen der Religion vgl. die Arbeit von W.C. Smith,
   The Meaning and End of Religion, New York 1978².

7 Zu dieser Einheit zwischen Ost- und Westchristen gegen den Islam, wie von Schirinowski gefordert, als er sich mit dem verstorbenen ehemaligen US-Präsidenten Nixon in Moskau traf und die
   Übermittlung dieser Forderung an Präsident Clinton verlangte,
   vgl. den Bericht: Zhirinovsky Gets a Lot Off His Chest In Meeting
   With Nixon, in: *San Francisco Chronicle* v. 16. 3. 1994.

8 Vgl. die Angaben in Anm. 3 oben.

9 Vgl. Christopher Chase-Dunn, *Global Formation*, Cambridge
   (Mass.) 1989, besonders Teil II über das Staatensystem.

10 Vgl. Roland Robertson/William Garrett (Hg.), *Religion and Global Order*, New York 1991.

11 Vgl. Martin Marty und Scott Appleby (Anm. 1 oben), besonders
   die Schlußfolgerung, S. 814–842.

12 Meine Arbeiten, *Die fundamentalistische Herausforderung* (vgl.
   Anm. 5) und *Islamischer Fundamentalismus, moderne Wissen-
   schaft und Technologie*, Frankfurt a.M., 2. Aufl. 1993 (zuerst Frank-
   furt a.M. 1992), sind aus diesem Unternehmen hervorgegangen.
   In Bd. 2 des Fundamentalismus-Projekts: Martin Marty/Scott
   Appleby (Hg.), *Fundamentalisms and Society*, Chicago 1993, ist

enthalten: B. Tibi, The Worldview of Sunni Arab Fundamentalists. Attitudes Toward Modern Science and Technology, S. 73–102.

13 Zu den Regionalstudien über den Nahen Osten vgl. Leonard Binder (Hg.), *The Study of the Middle East*, New York 1976, sowie die neuere Studie von Tareq Y. Ismael (Hg.), *Middle East Studies. International Perspectives on the State of the Art*, New York 1990. In letzterem Band vgl. B. Tibi, The Modern Middle East in German Political Science, S. 131–148.

14 Robert D. Kaplan, The Coming Anarchy, in: *The Atlantic Monthly*, Bd. 273 (Februar 1994), Heft 2, S. 44–76.

15 Damit meine ich Hans Küng, *Weltethos*, München 1990.

16 Vgl. Marshall G. S. Hodgson, *The Venture of Islam. Conscience and History in a World Civilization*, 3 Bde., Chicago 1974, und Ira Lapidus, *A History of Islamic Societies*, Cambridge 1993[5].

17 Vgl. David Fromkin, *A Peace to End all Peace. The Fall of the Ottoman Empire and the Creation of the Modern Middle East*, New York 1989. Im Nahen Osten wird die Auflösung dieser letzten islamisch-universellen Ordnung als eine »westlich-kreuzzüglerische Verschwörung« wahrgenommen. Hierzu die Einleitung in B. Tibi, *Die Verschwörung. Das Trauma arabischer Politik*, 2. erweiterte Aufl., Hamburg 1994 (zuerst Hamburg 1993).

18 Für weitere Details vgl. B. Tibi, The Simultaneity of the Unsimultaneous: Old Tribes and Imposed Nation-States in the Modern Middle East, in: Philip Khoury/Joseph Kostiner (Hg.), *Tribes and State Formation in the Middle East*, Berkeley 1990, S. 127–152.

19 Vgl. das Kapitel über islamische Monarchien in B. Tibi, *Der Islam und das Problem der kulturellen Bewältigung sozialen Wandels*, Frankfurt a.M. 1985 (3. Aufl. 1991), S. 204 ff.

20 Einer dieser Autoren ist James Piscatori, *Islam in a World of Nation-States*, Cambridge 1986.

21 Yusuf al-Qaradawi, *al-hulul al-mustawradah wa qaif djanat 'ala ummatuna* (Die importierten Lösungen und was sie unserer *Umma* angetan haben), Beirut 1970, mehrfach nachgedruckt, besonders S. 49 ff. und S. 307 ff.

22 Vgl. z.B. Munir Muhammad Nadjib, *al-Harakat al-qawmiyya al-haditha fi mizan al-Islam* (Die modernen nationalen Bewegungen auf der Waagschale des Islam), al-Zarqa (Jordanien) 1983[2], besonders S. 259 ff. und 273 ff.

23 Vgl. B. Tibi, *Die Krise des modernen Islams*, erweiterte Neuausgabe, Frankfurt a.M. 1991[3].

24 Hassan Hanafi, *al-usuliyya al-Islamiyya* (Der islamische Fundamentalismus), Kairo 1989.

25 Zu den Kreuzzügen vgl. Hans-Eberhard Meyer, *Geschichte der Kreuzzüge*, 7. verb. Aufl. Stuttgart 1989; und im modernen Kontext Karen Armstrong, *Holy War. The Crusades and their Impact on Today's World*, New York 1991[2].

26 Hierüber z.B. Anwar al-Djundi, *Ahdaf al-taghrib fi al-'alam al-Islami* (Die Ziele der Verwestlichung in der islamischen Welt), Kairo 1987.

27 Über die Wiederbelebung der Kreuzzugserinnerungen vgl. 'Ali Djarisha/Muhammad Sh. al-Zaibaq, *asalib al-ghazu al-fikri li-al-'alam al-Islami* (Die Methoden der intellektuellen Invasion der islamischen Welt), Kairo 1979[2].

28 Für weitere Details vgl. B. Tibi, The Worldview of Sunni Arab Fundamentalists (wie in Anm. 12); und B. Tibi, *Islamischer Fundamentalismus, moderne Wissenschaft und Technologie* (Anm. 12), Kap. 5.

29 B. Tibi, Der Traum von der halben Moderne. Über das schiefe Verhältnis des Islam zu Europa und die Wurzeln des Fundamentalismus, in: *FAZ* v. 19. 2. 1991. Dieser Aufsatz bildet die Grundlage für die Einleitung in: B. Tibi, *Islamischer Fundamentalismus* ... (Anm. 12).

30 Jürgen Habermas, *Der philosophische Diskurs der Moderne. Zwölf Vorlesungen*, Frankfurt a.M. 1986[3].

31 Über die Bedeutung des *Nizam Islami* vgl. Muhammad Salim al-'Awwa, *Fi al-nizam al-siyasi li al-dawla al-Islamiyya* (Über das politische System des islamischen Staates), Kairo 1983[6].

32 Zu dieser Formel vgl. den Essay von B. Tibi in: *Festschrift für Walter Euchner*, hg. von R. Saage, Berlin 1994, S. 302–314 ff.

33 Abbasi Madani in *al-Munqidh*, zitiert nach Ahmidah 'Ayashi, *al-Islamiyyun al-djaza'iriyyun bain al-sulta wa al-rasas* (Die algerischen Islamisten zwischen der Staatsmacht und den Gewehrkugeln), Algier 1991, S. 120.

34 Hugh Roberts, A Trial of Strength: Algerian Islamism, in: James Piscatori (Hg.), *Islamic Fundamentalisms and the Gulf Crisis*, Chicago 1991, S. 131–154, hier S. 152.

35 Vgl. Flora Lewis, In Algeria and Elsewhere, a War on Liberal Thought, in: *International Herald Tribune* v. 20. 8. 1993; und B. Tibi, Mord für den Gottesstaat, neues Kapitel zur erw. Neuauflage von: *Die Verschwörung* (wie Anm. 17), S. 375 ff.

36 Vgl. Sebastian de la Grazia, *Machiavelli in Hell*, Princeton (N.J.) 1985, Kapitel »Can Men Govern«.

37 Zu Ibn Taimiyya vgl. B. Tibi, Politisches Denken im mittelalterlichen Islam zwischen Philosophie (Falsafa) und Religio-Jurisprudenz (Fiqh), in: I. Fetscher/H. Münkler (Hg.), *Pipers Handbuch der Politischen Ideen*, 5 Bde., Bd. 2, München 1993, S. 87–140. Dort zahlreiche Belege.

38 Als ein Beispiel für das Wiedererstarken dieser mittelalterlichen Idee in Algerien vgl. 'Ayashi, *al-Islamiyyun* ... (Anm. 33).

39 Vgl. beispielsweise B. Tibi, *Die Verschwörung* (Anm. 17), S. 47 ff.

40 Robert Jackson, *Quasi-States: Sovereignty, International Relations and the Third World*, Cambridge 1990. Vgl. auch die Ausführungen in Kap. 1 des vorliegenden Buches.

41 Vgl. das Kapitel über »Staatsbürgerschaft/Citizenship« in dem Buch von Anthony Giddens, *The Nation-State and Violence*, Berkeley/Los Angeles 1987, S. 198–221.

42 Die Quelle des Konzepts der *Hakimiyyat Allah* ist Sayyid Qutb, *Ma'alim fi al-Tariq* (Wegzeichen), Neudruck, Kairo 1989[13], S. 10. Vgl. auch Anm. 32 oben.

43 Für weitere Details vgl. Haidar Ibrahim 'Ali, *azmat al-Islam al-siyasi. al jabha al-Islamiyya al-qawmiyya fi al-Sudan* (Die Krise des politischen Islam am Beispiel der islamisch-nationalen Front Sudan), Casablanca 1991; und auch das Sudan-Kapitel in B. Tibi, *Die Verschwörung* (Anm. 17), S. 191 ff.

44 Leslie Lipson, *The Ethical Crises of Civilization. Moral Meltdown or Advance*, Newbury/London 1993, S. 295 f.

45 Vgl. W. Montgomery Watt, *Islamic Political Thought. The Basic Concepts*, Edinburgh 1962, S. 37 ff., 91 ff.

46 Ernst Bloch, *Avicenna und die Aristotelische Linke*, Frankfurt a.M. 1963, S. 15.

47 Zum arabischen Spanien vgl. W.M. Watt/P. Cachia, *A History of Islamic Spain*, Edinburgh 1992[4].

48 Leslie Lipson, *The Ethical Crises of Civilization* (wie Anm. 44), S. 62 f.

49 Ebd., S. 63.

50 Ebd., S. 297. Hervorhebung von *Fortschritt* von mir, B.T.

51 Zum Fortschrittsglauben vgl. Robert Nisbet, *History of the Idea of Progress*, New York 1980.

52 Leslie Lipson, *The Ethical Crises* (Anm. 44), S. 275.

53 Ebd., S. 278 f.

54 Bloch, a. a. O. (wie Anm. 46), S. 15 f.

55 Zur Kritik an der Postmoderne vgl. B. Tibi, *Die Krise des modernen Islams* (Anm. 23), die Abhandlung zur erweiterten Ausgabe auf S. 202 ff.

Kapitel 4
Krieg und Frieden zwischen Zivilisationen:
Die religiöse Doktrin und ihre Bedeutung für die Zukunft

1 Leslie Lipson, *The Ethical Crises of Civilization*, London 1993, S. 62.

2 B. Tibi, Die islamische Dimension des Balkankrieges, in: *Europa-Archiv*, Bd. 48 (1993), Folge 22, S. 635–644.

3 John Burton, *Conflict: Resolution and Prevention*, Basingstoke/London 1990, S. 211 ff.

4 Ebd., S. 216.

5 John Kelsay, *Islam and War*, Louisville 1993, S. 35 f.

6 George Makdisi, Ethics in Islamic and Rationalist Doctrine, in: Richard G. Hovannisia (Hg.), *Ethics in Islam*, Malibu (Cal.) 1985, S. 47–63, hier S. 47.

7 Über das Wissenskonzept im Islam vgl. B. Tibi, *Islamischer Fundamentalismus, moderne Wissenschaft und Technologie*, Frankfurt a.M. 1992, Kap. IV, S. 80–93. Vgl. auch Kap. 5 dieses Buches.

8 Ich benutze den arabischen Text des *Koran* (Tunis-Ausgabe, veröffentlicht von Mu'assasat 'Abdulkarim ben 'Abdullah, o.J.), berücksichtige jedoch die deutsche Koranübersetzung von Rudi Paret, Neudruck Stuttgart 1979, und die neue deutsche Übersetzung von Adel Th. Khoury, Gütersloh 1987.

9 Die am weitesten verbreitete und autoritativste arabische Veröffentlichung über den *Djihad* stammt von Muhammed Schadid, *al-Djihad fi al-Islam*, Kairo 1985[7]. Hier benutze ich die Neuausgabe, Kairo 1989.

10 Es ist deshalb problematisch, wenn Schadid (Anm. 9) und ebenso Majid Khadduri, *War and Peace in the Law of Islam*, Baltimore 1955, von anderen Gesichtspunkten ausgehend, unterstellen, daß ein allumfassendes konsistentes Konzept von *Djihad* im Islam existiere. Mein Studium des Koran kann dies nicht untermauern.

11 Vgl. den arabischen Text des ersten Aufrufs Saddam Husseins zum *Djihad*, veröffentlicht in: *al-Muntada* (Amman), Ausgabe September 1990. Vgl. das Kapitel über *Djihad* in: Kenneth L. Vaux, *Ethics and the Gulf War. Religion, Rhetoric and Righteousness*, Boulder (Col.) 1992, S. 63–86. Siehe auch die Team-Work-Studie der American Academy of Arts and Sciences, *Islamic Fundamentalisms and the Gulf Crisis*, hg. v. James Piscatori, Chicago 1991; vgl. den Eintrag *Djihad* im Index, S. 259.

12 John Kelsay, *Islam and War* (Anm. 5), S. 7–27.

13 Für das Beispiel Ägypten vgl. die arabischen Publikationen von Nabil 'Abdulfattah, *al-mashaf wa al saif*, Kairo 1984; und Nu'mat-Allah Janinah, *Tanzim al-Djihad*, Kairo 1988.

14 Über den *Djihad* im Libanon siehe Martin Kramer, Hizbullah: The Calculus of Jihad, in: Martin Marty/Scott Appleby (Hg.), *Fundamentalisms and the State*, Chicago 1993, S. 539–556. Zum *Djihad* im sudanesischen Bürgerkrieg vgl. das Kapitel über den Sudan in: B. Tibi, *Die Verschwörung. Das Trauma arabischer Politik*, Hamburg 1993, S. 191–208. Aktualisierte und erweiterte dtv-Ausgabe: München 1994.

15 Repräsentativ und zugleich autoritativ ist das Buch des früheren Scheiches von al-Azhar, 'Abdulhalim Mahmud, *al-Djihad wa al-masir*, Kairo 1968.

16 Vgl. die Ausführungen über das islamische System in der Geschichte der internationalen Gesellschaft von Adam Watson, *The Evolution of International Society*, London 1992, S. 113 ff.

17 Bernard Lewis, Politics and War, in: Joseph Schacht/E.E. Bosworth (Hg.), *The Legacy of Islam*, Oxford 1974[2], S. 156–209, hier S. 173 und 176 ff. Zur frühen Geschichte des Islam: Bd. I von Marshall G.S. Hodgson, *The Venture of Islam* (3 Bde.), Chicago 1974.

18 'Abdullatif Husni, *al-Islam wa al-'alaqat al-duwaliyya. Namudhadj Ahmed ben Khalid al-Nasiri*, Casablanca 1991, Vorwort.

19 B. Tibi, *Der Islam und die kulturelle Bewältigung sozialen Wandels*, Frankfurt a.M. 1991[3] (zuerst 1985).

20 Vgl. den Abschnitt über Stämme in: B. Tibi, *Die fundamentalisti-sche Herausforderung. Der Islam und die Weltpolitik*, München 1993², S. 113–119.

21 Zu diesem Thema siehe Sabir Tu'aymah, *al-Shari'a al-Islamiyya fi 'asr al-'ilm*, Beirut 1979, S. 217 u. 223 ff.

22 *Al-furqan* bedeutet den normativen Grund für die Unterscheidung zwischen richtig und falsch. In diesem Sinne ist, vom islamischen Standpunkt aus gesehen, die Grenze zwischen *Dar al-Islam* und *Dar al-Harb* auch ein *furqan*.

23 Vgl. Mahmud M. Taha, *The Second Message of Islam*, übers. und hg. von A. An-Na'im, Syracuse (N.Y.) 1987.

24 Über diese Kategorien vgl. Terry Nardin, *Law, Morality, and the Relations of States*, Princeton (N.J.) 1983, S. 289 ff.

25 Vgl. Kapitel 9 über die »Industrialization of War«, in: Anthony Giddens, *The Nation-State and Violence*, Berkeley 1987, S. 222–254.

26 Vgl. Martin van Creveld, *Technology and War. From 2000 B.C. to the Present*, New York 1989, Teil I »Age of Tools«, Teil II »Age of Machines«.

27 Vgl. das Kapitel »Min al-mashaf ila al-dinamit/Von der Heiligen Schrift zum Dynamit« mit dem Beweis der Glorifizierung von Ge-walt durch Hasan al-Banna in dem Buch von Rif'at al-Sa'id, *Hasan al-Banna, mata, kaif wa limadha?*, Kairo 1977, S. 122 ff. Vgl. auch die gesammelten Abhandlungen von al-Banna, zitiert in Anm. 47.

28 Vgl. z.B. Beate Kuckertz (Hg.), *Das Grüne Schwert. Weltmacht Islam*, München 1992.

29 Geoffrey Parker, *The Military Revolution. Military Innovation and the Rise of the West 1500–1800*, Cambridge 1988.

30 David B. Ralston, *Importing the European Army. The Introduction of Military Techniques and Institutions into the Extra-European World 1600–1914*, Chicago 1990. In diesem Buch sind zwei Kapitel der islamischen Zivilisation gewidmet: Kapitel 3 »The Ottoman Empire« und Kapitel 4 »Egypt under Muhammed Ali«.

31 Vgl. Kapitel 1 des vorliegenden Buches sowie das Kapitel »Nation-States in the Global State System«, in: Anthony Giddens, *The Na-tion-State and Violence* (Anm. 25), S. 255–293; und das Buch von Christopher Chase-Dunn, *Global Formation*, Cambridge (Mass.) 1989, besonders S. 197 ff.

32 Zu der Kontinuität der islamischen Weltsicht im modernen Zeitalter vgl. B. Tibi, The Worldview of Sunni Arab Fundamentalists, in: Martin Marty/Scott Appleby (Hg.), *Fundamentalisms and Society*, Chicago 1993, S. 73–102. Vgl. auch mein in Anm. 7 zitiertes Buch.

33 Vgl. Saaduldin al-Schadhli, *al-Harb al-Salibiyya al-thamina* (Der achte Kreuzzug), Casablanca 1991; sowie B. Tibi, *Die Verschwörung* (Anm. 14), Teil IV, S. 273–326. Über die Kriege im Nahen Osten vgl. B. Tibi, *Konfliktregion Naher Osten. Regionale Eigendynamik und Großmachtinteressen*, 2. erweiterte Aufl., München 1991.

34 Vgl. die Diskussion in Kapitel 1. Der Bezug ist auf James Piscatori, *Islam in a World of Nation-States*, Cambridge 1986, besonders S. 40 ff. Vgl. die Kritik an Piscatori in: B. Tibi, *Arab Nationalism. A Critical Inquiry*, 2. erweiterte Aufl., London/New York 1990, insbes. das neue Einleitungskapitel zur 2. Auflage.

35 B. Tibi, Politisches Denken im mittelalterlichen Islam zwischen Philosophie (falsafa) und Religio-Jurisprudenz (fiqh), in: I. Fetscher/H. Münkler (Hg.), *Pipers Handbuch der Politischen Ideen*, 5 Bde., Bd. 2, München 1993, S. 87–140.

36 Vgl. die klassische Schrift von Ibn Taimiyya, *al-Siyasa al-Schar'iyya* (zahlreiche Nachdrucke), hierzu mit Belegen B. Tibi (wie in Anm. 35). Über politische Autorität im frühen Islam siehe Roy Mottahedeh, *Loyalty and Leadership in an Early Islamic Society*, Princeton (N.J.) 1980; sowie Hamid Dabashi, *Authority in Islam*, New Brunswick 1993. Vgl. auch Ann Lambton, *State and Government in Medieval Islam*, Oxford 1981.

37 Husni (wie Anm. 18), hier S. 59. Im modernen Zeitalter gehört zur internationalen Moralität der Frieden in den Beziehungen zwischen den Staaten; vgl. dazu Terry Nardin, *Law, Morality, and the Relations of States* (Anm. 24), besonders Teil I, S. 27 ff.

38 Zu dieser Problematik vgl. die folgenden drei grundlegenden Bücher, die jeweils einen anderen Gesichtspunkt vertreten: Fazlur Rahman, *Islam and Modernity*, Chicago 1982; W. Montgomery Watt, *Islamic Fundamentalism and Modernity*, London 1988; und B. Tibi: *Die Krise des modernen Islams. Eine vorindustrielle Kultur im wissenschaftlich-technischen Zeitalter*, mit einem Essay: Islamischer Fundamentalismus als Antwort auf die doppelte Krise, 2. Aufl. der erweiterten Ausgabe, Frankfurt a.M. 1991.

39 Das Werk al-Nasiris wurde in 9 Bänden von Dar al-Kitab, Casablanca, wiederveröffentlicht, unter dem Titel: *al-Istiqsa' fi akhbar al-Maghreb al-Aqsa* (1955). Ich benutze die umfassende Studie von Husni (wie Anm. 18) über al-Nasiri, die dessen Werk in seiner Gesamtheit auswertet. Siehe bes. Husni, S. 55–57. Über al-Nasiri siehe auch die interessanten Beobachtungen von Kenneth Brown, Profile of a Nineteenth-Century Moroccan Scholar, in: Nikki R. Keddie (Hg.), *Scholars, Saints, and Sufis. Muslim Religious Institutions in the Middle East since 1500*, Berkeley u.a. 1972, S. 127–148.

40 Zum Folgenden Abdullatif Husni (Anm. 18), S. 93 ff., 141, 149 und 150.

41 Zu diesem Konzept vgl. die erhellende Arbeit von H.L.A. Hart, *The Concept of Law*, Oxford 1970[2], dt.: *Der Begriff des Rechts*, Frankfurt a.M. 1973.

42 Mahmud Schaltut, *al-Islam aqidah wa Schari'a*, Kairo 1980[10]. Die folgenden Zitate von S. 404, 406 und 409.

43 Djadul-haq 'Ali Djadulhaq für al-Azhar, *Bayan ila al-nas*, 2 Bde., Kairo, Bd. I. 1984 und Bd. II. 1988, hier Bd. I, S. 277; die folgenden Zitate aus Bd. I, S. 278 f., 280 f., und Bd. II, S. 268 und 371.

44 Vgl. das Vorwort von B. Tibi, *Die fundamentalistische Herausforderung* (Anm. 20), wo eine klare Unterscheidung zwischen Islam und islamischen Fundamentalisten getroffen wird. Diese Unterscheidung wird beim Mythos vom »Feindbild Islam« unterschlagen.

45 Vgl. für weitere Details: Richard Mitchell, *The Society of Muslim Brothers*, Oxford 1969.

46 Vgl. besonders Sayyid Qutb, *al-salam al-'alami wa al-Islam*, Kairo 1992[10].

47 Vgl. *Madjmu'at Rasa'il al-Imam al-Schahid Hasan al-Banna*, Kairo, »neue legale Edition« 1990, S. 271–291, hier S. 273; zum Folgenden ebd., S. 275, 287, 289 und 291.

48 B. Tibi, Die Zerstörung des Religionsfriedens auf dem Balkan, in: *Universitas*, Bd. 49 (1994), H. 3, S. 205–215.

49 Sayyid Qutb, *Ma'alim fi al-tariq*, 13. »legale Edition« (laut Impressum), Kairo 1989, S. 201.

50 Sayyid Qutb, *al-Mustaqbal li hadha al-din*, Kairo 1981.

51 Sayyid Qutb, *al-Islam wa mushiklat al-hadarah*, 9. »legale Edition«, Kairo 1988, S. 196.

52 Hedley Bull, The Revolt Against the West, in: Hedley Bull/Adam Watson (Hg.), *The Expansion of International Society*, Oxford 1988[3], S. 217–228. Zu der Problematik der Ethiken siehe Terry Nardin/David R. Mapel (Hg.), *Traditions in International Ethics*, Cambridge 1992.

53 Sayyid Qutb, *Ma'alim* ... (Anm. 49), S. 72.

54 Muhammed N. Yasin, *al-Djihad. Mayadinahu wa asalibahu*, Algier 1990, S. 76. Die folgenden Zitate ebd., S. 77 und 81.

55 Hier zitiere ich die in Algier erworbene Ausgabe von Oberst (al-Muqaddam) Ahmad al-Mu'mini, *al-Ta'bi'a al-Djihadiyya fi al-Islam*, Constantine (Algerien) 1991.

56 Adam Watson, *The Evolution of International Society*, London 1992, S. 223. Zum Islam siehe darin auch das Kapitel 11, S. 112–119 und S. 214–218. Zur internationalen Gesellschaft siehe auch den von Bull und Watson herausgegebenen Band, zit. in Anm. 52.

57 Vgl. das Kapitel »Die Revolte des islamischen Fundamentalismus gegen die Weltordnung«, in: B. Tibi, *Die fundamentalistische Herausforderung* (Anm. 20), sowie Hedley Bulls Essay, zitiert in Anm. 52.

58 Terry Nardin, *Law, Morality, and the Relations of States* (Anm. 24), S. 305 ff.

59 Kalevi J. Holsti, *Peace and War: Armed Conflicts and International Order 1648–1989*, Cambridge 1991, S. 304.

60 Majid Khadduri, *War and Peace in the Law of Islam* (Anm. 10), S. 63 f.

61 Ebd., S. 295.

62 Für eine Interpretation der Schari'a vgl. den Beitrag von Ann E. Mayer, The Shari'a: A Methodology or a Body of Substantive Rules?, in: Nicholas Heer (Hg.), *Islamic Law and Jurisprudence*, Seattle 1990, S. 177–198; sowie das Kapitel über die Schari'a in: B. Tibi, *Im Schatten Allahs*, München 1994, Kap. 7, S. 194–216.

63 Vgl. Adam Roberts/Benedict Kingsbury (Hg.), *United Nations, Divided World: The UN's Role in International Relations*, Oxford 1989.

64 Najib al-Armanazi, *al-Shar' al-duwali fi al-Islam*, Neudruck der Veröffentlichung von 1930, London 1990, S. 157.

65 Ebd., S. 163.

66 Der den »islamischen Staat/*Dawla Islamiyya*« betreffende Ge-

danke ist in den klassischen Quellen nicht zu finden. Es ist ein neueres Thema, reserviert für den fundamentalistischen Ansatz. Vgl. u.a. Muhammad Hamidullah, *The Muslim Conduct of State*, Lahore 1977; sowie Abdulrahman A. Kurdi, *The Islamic State*, London 1984. Vgl. auch das Kapitel über das *Nizam Islami* als Staatensystem, in: B. Tibi, *Die fundamentalistische Herausforderung* (Anm. 20), hier S. 142–171.

67 Armanazi, *al-Shar' al-duwali fi al-Islam* (Anm. 64), hier S. 226.

68 Ann Elizabeth Mayer, *War and Peace in the Islamic Tradition – International Law*, Paper, Department of Legal Studies, Wharton School of the University of Pennsylvania, Ref. No. 141 (45 Seiten), hier S. 45.

69 In diesem Sinne war der Antikolonialismus eine moderne Variante des *Djihad*. Vgl. dazu Rudolph Peters, *Islam and Colonialism. The Doctrine of Jihad in Modern History*, Den Haag 1979; sowie den Abschnitt über Afghani in dem Kapitel von B. Tibi, Politische Ideen in der ›Dritten Welt‹ während der Dekolonisation, in: Iring Fetscher/Herfried Münkler (Hg.), *Pipers Handbuch der politischen Ideen*, München 1987, Bd. 5, S. 361–402, hier S. 370–375. Vgl. auch Jean-Paul Charnay, *L'Islam et la guerre: de la guerre just à la revolution sainte*, Paris 1986.

70 Hedley Bull, *The Revolt Against the West* (Anm. 52), hier S. 223.

Kapitel 5
Hat jede Zivilisation ihr eigenes Wissen?
Weltweite Entwestlichung als Weg zum Heil

1 Vgl. Ernest Gellner, *Postmodernism, Reason and Religion*, London 1992.

2 W. M. Watt, *Islamic Fundamentalism and Modernity*, London 1988.

3 Charles C. Adams, *Islam and Modernism in Egypt. A Study of the Modern Reform Movement Inaugurated by Muhammad Abdu*, New York 1968[2] (zuerst 1933). Vgl. auch B. Lewis, *Die Welt der Ungläubigen. Wie der Islam Europa entdeckte*, Frankfurt a.M. 1987 (Original: *Muslim Discovery of Europe*, New York 1982), Kap. IX, S. 229 ff.

4 Hedley Bull, The Revolt against the West, in: Hedley Bull/Adam Watson (Hg.), *The Expansion of International Society*, Oxford 1988³ (zuerst 1984), S. 217–228.

5 Sayyid Qutb, *Ma'alim fi al-Tariq* (Wegzeichen), Neudruck, »13. legale Auflage«, Kairo 1989, S. 201.

6 Anwar al-Djundi, *Ahdaf al-taghrib fi al-'alam al-Islami* (Die Ziele der Verwestlichung in der islamischen Welt), Kairo 1987, bes. S. 20 ff. und 164 ff.

7 Yusuf al-Qaradawi, Bd. 3 (vgl. Anm. 13), S. 107 ff.

8 Akbar Ahmed, *Postmodernism and Islam. Predicament and Promise*, London 1992, S. 29.

9 B. Tibi, *Islamischer Fundamentalismus, moderne Wissenschaft und Technologie*, Frankfurt a.M. 1993² (zuerst 1992), S. 12–27.

10 Akbar Ahmed (Anm. 8), S. 5 und 31 f.; das folgende Zitat S. 99.

11 Zu Rifa'a al-Tahtawi vgl. Karl Stowasser (Hg.), *Al-Tahtawi. Ein Muslim entdeckt Europa. Die Reise eines Ägypters im frühen 19. Jahrhundert nach Paris*, München 1989.

12 'Ali M. Djarischa/M. Sh. Zaibaq, *Asalib al-ghazu al-fikri li al-'alam al-Islami* (Die Methoden der intellektuellen Invasion der islamischen Welt), Kairo 1979². Zu diesem Verschwörungsdenken vgl. B. Tibi, *Die Verschwörung. Das Trauma arabischer Politik*, 2. erweiterte Aufl., Hamburg 1994.

13 Der Begriff »*hall al-Islami/islamische Lösung*« wurde zu Beginn der siebziger Jahre von dem führenden islamischen Fundamentalisten Yusuf al-Qaradawi in seiner zweibändigen Veröffentlichung *Hatmiyat al-hall al-Islami*, Beirut 1974, geprägt. Beide Bände sind seitdem mehrfach wiederaufgelegt worden. Ein dritter Band richtet sich gegen »*Shabahat al-ilmaniyyun wa al-mutagharribun/* Die Anzweiflungen der Säkularisten und Verwestlichten« (so der Untertitel) und wurde vom Verlag Matabat Wahba, Kairo 1989, herausgegeben. Zu Qaradawi vgl. B. Tibi, Was islamische Jungfundamentalisten am liebsten lesen, *FAZ* v. 13. 5. 1994, S. 8.

14 Martin Albrow/Elisabeth King (Hg.), *Globalization, Knowledge and Society*, London 1990.

15 René Descartes' *Discours de la Méthode* wird allgemein als der erste Meilenstein im Prozeß der Begründung des modernen »Weltbildes« gewürdigt. Vgl. dazu auch einen der Klassiker der Frankfurter Schule: Franz Borkenau, *Der Übergang vom feudalen zum*

bürgerlichen Weltbild, Darmstadt 1988²; zuerst 1934 im französischen Exil in Paris auf deutsch veröffentlicht, danach mehrfach neu aufgelegt, hierzu S. 268–383.

16 International Institute for Islamic Thought (Hg.), *Islamiyyat al-ma'rifah* (Die Islamisierung des Wissens), al-Ahram li al-Tawzi', Kairo 1986; vgl. auch Jawdat Muhammad 'Awwad, *Hawl aslamat al-'ulum* (Kairo: al-Mukhtar, 1987). Die dreibändige autoritative Publikation von al-Qaradawi (vgl. Anm. 13) befaßt sich mit dieser Problematik.

17 Jürgen Habermas, *Der philosophische Diskurs der Moderne. Zwölf Vorlesungen*, Frankfurt a.M. 1986³; und Richard J. Bernstein (Hg.), *Habermas and Modernity*, Cambridge (Mass.) 1986².

18 M. Albrow/E. King (vgl. Anm. 14).

19 Max Weber, *Soziologie, Weltgeschichtliche Analysen, Politik*, Stuttgart 1984, S. 340.

20 Näheres darüber in dem zentralen Werk von Edgar Zilsel, *Die sozialen Ursprünge der neuzeitlichen Wissenschaft*, Frankfurt a.M. 1985², S. 49 ff., 66 ff. Der Harvard-Wissenschaftshistoriker Everett Mendelsohn würdigt die Arbeit von Zilsel (1891–1944) in folgender Weise: »Zilsels kenntnisreichen ... Untersuchungen über die sozialen Grundlagen der kognitiven und epistemologischen Formen der frühmodernen Wissenschaft wird erst jetzt die Anerkennung zuteil, die sie verdienen.« E. Mendelsohn u.a., *The Social Production of Scientific Knowledge*, Dordrecht 1977, S. 8.

21 B. Tibi, The Worldview of Sunni-Arab Fundamentalists, in: Martin Marty/Scott Appleby (Hg.), *Fundamentalisms and Society*, The Fundamentalism Project, Chicago 1993, Bd. 2, S. 73–102.

22 Ziauddin Sardar, *Islamic Futures. The Shape of Ideas to Come*, London 1985, S. 85 ff.

23 Vgl. Bruce Lawrence, *Defenders of God. The Fundamentalist Revolt Against the Modern Age*, San Francisco 1989, Teil I.

24 'Adel Husain, *Nahwa fikr 'arabi-djadid* (Plädoyer für ein neues arabisches Denken), Kairo 1985, S. 6 und S. 30.

25 Sayed M. N. al-Attas, *Islam, Secularism and the Philosophy of the Future*, London 1985, S. 127 ff.

26 Über den modernen Islam als eine Defensiv-Kultur vgl. B. Tibi, *Die Krise des modernen Islams*, 2. erweiterte Neuauflage, Frankfurt a.M. 1991 (zuerst 1981).

27 Vgl. Geoffrey Parker, *The Military Revolution. Military Innovation and the Rise of the West 1500–1800,* New York 1988, sowie Martin van Creveld, *Technology and War. From 2000 B.C. to the Present,* New York 1989. Modernisierung in nicht-westlichen Gesellschaften basierte im wesentlichen auf der Einführung von Militärtechnologie. Vgl. die bedeutende Arbeit von David B. Ralston, *Importing the European Army. The Introduction of Military Techniques and Institutions into the Extra-European World,* Chicago 1990.

28 B. Tibi, *Conflict and War in the Middle East, 1967–1991,* London/New York 1993; zum Sechstagekrieg S. 61 ff.; zum Golfkrieg S. 145 ff. Zu den psychologischen Auswirkungen des Golfkriegs vgl. Stanley A. Renshon, *The Political Psychology of the Gulf War,* Pittsburgh 1993.

29 Der Historiker Christian Meier, *Die Entstehung des Politischen bei den Griechen,* Frankfurt 1989², prägte den Begriff »*Könnensbewußtsein*« für die Kombination der klassischen griechischen Konzepte von *techne* (handwerkliche Fertigkeiten) und *episteme* (Wissen). In der europäischen Aufklärung beruhte das Konzept des Fortschritts auf dieser »Könnensbewußtsein«-Weltsicht, derzufolge die Welt um den Menschen zentriert ist und nicht mehr länger von Gott gelenkt wird.

30 Zu dieser Gott/Mensch-Beziehung (*al-Khaliq – al-Makhluq*) im Islam vgl. die Einleitung von B. Tibi, *Im Schatten Allahs. Der Islam und die Menschenrechte,* München 1994.

31 Sayyid Qutb (vgl. Anm. 5.), S. 10.

32 Jürgen Habermas, *Der philosophische Diskurs der Moderne* (wie Anm. 17), S. 9 f.

33 Vgl. René Descartes, *Discours de la Méthode* (1637), und das Kapitel über »cogito« in: Joachim Kopper, *Einführung in die Philosophie der Aufklärung,* Darmstadt 1990², S. 21–27. Franz Borkenau, *Der Übergang vom feudalen zum bürgerlichen Weltbild* (vgl. Anm. 15), S. 268–383, bes. S. 309, bezeichnet Descartes als den »Begründer des modernen Weltbilds«.

34 Vgl. den Farabi-Abschnitt in B. Tibi, Politisches Denken im klassischen und mittelalterlichen Islam, in: *Pipers Handbuch der politischen Ideen,* Bd. II: *Mittelalter,* hg. von I. Fetscher und H. Münkler, München 1993, S. 87 ff., hier S. 98–105, dort auch zahlreiche Belege.

35 Akbar Ahmed, *Islam and Postmodernism* (vgl. Anm. 8), S. 5.

36 Ebd., S. 13.

37 Bernard Lewis, *Die Welt der Ungläubigen* (Anm. 3), S. 221–238.

38 Sayed M. N. al-Attas, *Islam, Secularism* ... (vgl. Anm. 25), S. 127. In diesem Sinne auch al-Djundi (Anm. 6).

39 Jürgen Habermas, *Der philosophische Diskurs der Moderne* (wie Anm. 17), S. 27–28.

40 Vgl. Anm. 29.

41 Sayed M. N. al-Attas, *Islam, Secularism* ... (vgl. Anm. 25), S. 138.

42 Husain Sadr, Science and Islam: Is there a Conflict?, in: Ziauddin Sardar (Hg.), *The Touch of Midas. Science, Values and Environment in Islam and the West*, Manchester 1984, S. 15–25, hier S. 22 f.

43 Vgl. Anm. 34 oben und George Makdisi, *The Rise of Colleges. Institutions of Learning in Islam and the West*, Edinburgh 1981, sowie das Kapitel über islamische Wissenschaft in B. Tibi, *Der Islam und das Problem der kulturellen Bewältigung sozialen Wandels*, 3. Aufl., Frankfurt a.M. 1991 (zuerst 1985), Kap. 7, S. 131–156.

44 Ismail al-Faruqi, Science and Traditional Values in Islamic Society, in: *Zygon*, Bd. 2 (1969), S. 231–246, hier S. 241.

45 'Adel Husain, *Nahwa fikr 'Arabi Djadid* (Anm. 24), S. 11–37. Husain begann seine Laufbahn als Mitglied der totalitären Untergrundbewegung *Misr al-Fatat* (Junges Ägypten), konvertierte dann zum Kommunismus, bevor er seine »Rückkehr zum Islam« vollzog. In einem Interview mit dem fundamentalistischen Magazin *Liwa' al-Islami* vom 15. 9. 1989, beschrieb Husain seine intellektuelle Entwicklung als »*Min dhalam al-shiyu'iyya ila nur al-Islam*« (Von der Dunkelheit des Kommunismus zum Licht des Islam), ebd., S. 12–15.

46 Husain, a. a. O. (Anm. 24).

47 Ebd., S. 23.

48 Ebd., S. 17.

49 Wolf Lepenies, Anthropological Perspectives in the Sociology of Science, in: Everett Mendelsohn/Yehuda Elkana (Hg.), *Sciences and Cultures. Anthropological and Historical Studies of Sciences*, Dordrecht/Boston/London 1981, S. 245–261, hier S. 256.

50 Dan Diner, *Weltordnung*, Frankfurt a.M. 1993, S. 17 ff.

51 'Adel Husain (wie Anm. 24), S. 24.

52 A. Giddens, *The Consequences of Modernity*, Stanford 1990, S. 2.

53 'Adel Husain, *Nahwa fikr 'Arabi Djadid* (vgl. Anm. 24), S. 23. Der fundamentalistische Soziologe Husain hat in diesem Punkt recht. Es ist wahr, daß manche westliche, vor allem kaltblütige amerikanische, Soziologen nicht die geringsten Hemmungen haben, ihr Wissen in den Dienst westlicher Herrschaft in nicht-westlichen Teilen der Welt zu stellen. Eine kritische Diskussion dieser Problematik findet sich in Irene L. Gendzier, *Managing Political Change. Social Scientists and the Third World*, Boulder (Col.) 1985, bes. S. 56 ff. Man sollte sich jedoch davor hüten, diese unwissenschaftlichen Dienstleistungen für die amerikanische Außenpolitik mit dem emanzipatorischen kulturellen Projekt der Moderne gleichzusetzen. Auch das arabische Verschwörungs-/*al-mu'amarah*-Denken, das Husain zum Ausdruck bringt, muß man sich vergegenwärtigen. Zu diesem Denken vgl. B. Tibi, *Die Verschwörung* (wie in Anm. 12).

54 'Adel Husain (wie Anm. 24), S. 26.

55 Anwar al-Djundi, *al Mu 'asara fi itar al-asala* (Die Modernität im Rahmen der Authentizität), Kairo 1987.

56 Vgl. dazu meinen Aufsatz »al-bina' al-iqtisadi wa al-ijtima'i li al-demoqratiyya« (Die sozio-ökonomische, strukturelle Untermauerung der Demokratie), vorgetragen auf der panarabischen Konferenz *Krise der Demokratie im arabischen Osten* (Limassol, November 1983) und veröffentlicht in dem Konferenzbericht: *Azmat al-demoqratiyya fi al-Watan al-'Arabi*, hg. vom Centre for Arab Unity Studies, Markaz Dirasat al-Wihda al-Arabiyya, Beirut 1984, S. 73–87. Vgl. dazu auch meinen auf deutsch publizierten Bericht über diese Konferenz in: *Orient*, Bd. 25 (1984), S. 473–483.

57 Vgl. Aristoteles, *Politik*, Hamburg 1958, übersetzt und mit Kommentierung und Anmerkungen versehen von Eugen Rolfers. Vgl. die kluge Interpretation der aristotelischen »Politik« von Peter Weber-Schäfer, »Aristoteles«, in: *Klassiker des politischen Denkens*, München 1968, Bd. 1, hg. von Hans Meier u.a., S. 36–63, insbes. S. 39 f., zum Wissen über das politische Gemeinwesen.

58 Saiful-Din 'Abdulfattah Isma'il, *al-Tadjdid al-siyasi wa al-waqi 'al-arabi al-mu'asir. Ru'ya Islamiyya* (Die politische Erneuerung und die zeitgenössische arabische Wirklichkeit. Eine islamische Sicht), Kairo 1989, S. 12–134.

59 John Waterbury, Social Science Research and Arab Studies in the Coming Decade, in: Hisham Sharabi (Hg.), *The Next Arab Decade*, Boulder (Col.) 1988, S. 239–302, hier S. 302.

60 Ebd.

61 Ich bin meinem Kollegen Anthony Giddens dankbar dafür, daß er meine Aufmerksamkeit auf die »Schule von Edinburgh« und die aus ihr hervorgegangenen Arbeiten von Barry Barnes und David Bloor gelenkt hat. Vgl. Barry Barnes, *Scientific Knowledge and Sociological Theory*, London 1974; und derselbe als Herausgeber, *Sociology and Science*, London 1972; sowie David Bloor, *Wittgenstein. A Social Theory of Knowledge*, London 1983.

62 B. Tibi, *The Worldview of Sunni Arab Fundamentalists* (vgl. Anm. 21).

63 Barry Barnes/David Edge (Hg.), *Science in Context*, Cambridge (Mass.) 1982, S. 2.

64 Gerald Holton, *Science and Anti-Science*, Cambridge (Mass.) 1993.

65 Mark Juergensmeyer, *The New Cold War? Religious Nationalism Confronts the Secular State*, Berkeley 1993.

Kapitel 6
Entwestlichung der Welt: Zwischen Relativismus und Neo-Absolutismus im Krieg der Zivilisationen

1 Vgl. Robert W. Tucker/David C. Hendrickson, *Imperial Temptation. The New World Order and America's Purpose*, New York 1992; sowie Stephen Graubard, *Bush's War. Adventures in the Politics of Illusion*, New York 1992.

2 Die geschichtsphilosophische *Prolegomena* (al-Muqaddimah) des Ibn Khaldun liegt nun in einer neuen deutschen Übersetzung von Mathias Pätzold: *Buch der Beispiele*, Leipzig 1992, vor. Zu Ibn Khalduns Denken vgl. auch B. Tibi, Politisches Denken im klassischen und mittelalterlichen Islam, in: *Pipers Handbuch der politischen Ideen*, Bd. 2: *Mittelalter*, hg. von I. Fetscher und H. Münkler, München 1993, S. 87–140, hier S. 122 ff. Dort umfangreiche Literaturhinweise über Ibn Khaldun.

3 William McNeill, *The Rise of the West*, Chicago 1993, S. 565 ff.; sowie die vierbändige Studie von W. Reinhard, *Geschichte der eu-*

ropäischen Expansion, Stuttgart 1983–1990. Heute kehrt sich dieser Prozeß durch die Migration um.

4 So z.B. von Meinard Miegel/Stephanie Wahl, *Das Ende des Individualismus. Die Kultur des Westens zerstört sich selbst*, Bonn 1993 (hier verwechseln die Autoren Kultur mit Zivilisation).

5 B. Tibi, *Im Schatten Allahs. Der Islam und die Menschenrechte*, München 1994.

6 Nach dem Abschluß der vorangegangenen 5 Kapitel dieses Buches in Berkeley erschien: Mathew Horsman/Andrew Marshall, *After the Nation-State: Citizens, Tribalism and the New World Disorder*, London 1994, bes. »conclusions«, S. 263 ff.

7 Leslie Lipson, *The Ethical Crises of Civilization. Moral Meltdown or Advance?*, Newbury/London 1993, S. 278, führt dazu weiter aus: »Die Zwietracht unter den Muslimen wurde tatsächlich der ganzen Welt deutlich ... Diese ... Schwäche hängt mit einem anderen Mangel zusammen ... der Intoleranz ... Als eine Folge davon werden die wahren Gläubigen fanatisch kämpfen, anstatt den Kompromiß zu suchen. Die islamische Zivilisation ist aufgrund ihrer kriegerischen Neigungen für Gewalt besonders anfällig ...«

8 Der Autor gehörte in Louvain zu diesem Expertenkreis. Die Zitate im Text basieren auf meinen Konferenznotizen.

9 Karl-Otto Apel, *Diskurs und Verantwortung. Das Problem des Übergangs zur postkonventionellen Moral*, Frankfurt a.M. 1992², S. 23 f.

10 Zur Asien-Problematik vgl. das grundlegende Werk von Lucian Pye, *Asian Power and Politics. The Cultural Dimensions of Authority*, Cambridge (Mass.) 1985.

11 Zum Schintoismus als beste Kennerin: Helen Hardacre, *Shinto and the State*, Princeton (N.J.) 1989.

12 Zu Islam und Hinduismus sowie Konfuzianismus und Buddhismus (unter den sieben großen Weltreligionen) vgl. die entsprechenden Kapitel in dem autoritativen Sammelband von Arvind Sharma (Hg.), *Our Religions*, San Francisco/New York 1993.

13 Zum Islam in Asien vgl. die Länder- und Regionalstudien in dem Band von John Esposito (Hg.), *Islam in Asia. Religion, Politics and Society*, Oxford/New York 1987.

14 B. Tibi, *Die fundamentalistische Herausforderung. Der Islam und die Weltpolitik*, 2. Aufl. München 1993 (zuerst 1992).

371

15 Dieser Konflikt bildet den Gegenstand der Sicherheitspolitik in Südasien, vgl. die Studien in: Stephen Ph. Cohen, *The Security of South Asia*, Urbana/Chicago 1987.

16 Zur Demokratie im Nahen Osten/Westasien vgl. die vier Kapitel des dritten Teils in B. Tibi, *Die Verschwörung. Das Trauma arabischer Politik*, 2. erw. Aufl., Hamburg 1994 (zuerst Hamburg 1993), S. 209 ff.; sowie Ellis Goldberg u.a. (Hg.), *Rules and Rights in the Middle East. Democracy, Law and Society*, Seattle 1993.

17 Zum Pakistan-Islam vgl. das Kapitel von H. Alawi in dem Band: Fred Halliday/Hamza Alawi (Hg.), *State and Ideology in the Middle East and Pakistan*, London 1988, S. 64 ff.

18 Das ist auch das Urteil von Fred von der Mehden, *Two Worlds of Islam. Interaction between Southeast Asia and the Middle East*, Miami 1993, S. 97. Zum indonesischen Islam vgl. Clifford Geertz, *Religiöse Entwicklungen im Islam. Beobachtet in Marokko und Indonesien*, Frankfurt a.M. 1991² (zuerst 1988), mit einem Essay von B. Tibi: Gespräche mit C. Geertz in Princeton, S. 185–200.

19 Ernest Gellner, *Postmodernism, Reason and Religion*, London 1993². Ich gehörte zu den Mitstreitern bei der Amsterdamer Debatte. Die Zitate stammen daher aus meinen Symposium-Notizen. Vgl. auch meinen Artikel zum Streit über Kulturrelativismus in: *FAZ*, Geisteswissenschaften, v. 22. 6. 1994, S. N5. Vgl. auch B. Tibi, Vom Kulturrelativismus und Werteverlust, in: *Die Politische Meinung*, Heft 301/Dezember 1994, S. 45–50.

20 Edward Said, *Culture and Imperialism*, New York 1993 (dt.: *Kultur und Imperialismus*, Frankfurt a.M. 1994), und dazu den Artikel von Jürgen Kaube, Edward Saids Thesen zum kulturellen Imperialismus, in: *FAZ*, Geisteswissenschaften, v. 16. 3. 1994.

21 Zu dieser Orientalismus-Debatte vgl. B. Tibi, Orient und Okzident. Feindschaft oder interkulturelle Kommunikation. Anmerkungen zur Orientalismus-Debatte, in: *Neue Politische Literatur*, Bd. 29 (1984), H. 3, S. 267–286.

22 Clifford Geertz, *Dichte Beschreibung. Beiträge zum Verstehen kultureller Systeme*, Frankfurt a.M. 1983. Auf dem in diesem Buch enthaltenen Geertzschen Bezugsrahmen basiert meine Studie *Der Islam und das Problem der kulturellen Bewältigung sozialen Wandels* (Anm. 25).

23 Gellner (wie Anm. 19), S. 80 ff.

24 Clifford Geertz, Anti-Anti-Relativisms, in: *The American Anthropologist*, Bd. 86 (1984), H. 2, S. 263–278.

25 B. Tibi, *Der Islam und das Problem der kulturellen Bewältigung sozialen Wandels*, 3. Aufl., Frankfurt a.M. 1991 (zuerst 1985); sowie mein Geertz-Essay, zit. in Anm. 18. In der amerikanischen Ausgabe meines soeben angeführten Islam-Buches zitierte ich – von Geertz autorisiert – seine im Text oben noch folgende Kritik an der kulturanthropologischen Sicht, die die Umwelt einer Kultur übersieht, vgl. B. Tibi, *Islam and the Cultural Accommodation of Social Change*, Boulder (Col.) 1990, Anm. 14 auf S. 198.

26 Diese These ist ausgearbeitet in der diese Formel als Titel tragenden Einleitung zu B. Tibi, *Islamischer Fundamentalismus, moderne Wissenschaft und Technologie*, 2. Aufl. Frankfurt a.M. 1993 (zuerst 1992).

27 Michael Wolffsohn, *Frieden jetzt? Nahost im Umbruch*, München 1994.

28 Der Autor gehörte zu den Dialogpartnern. Die im Text vorkommenden Zitate stammen aus meinen Notizen. Vgl. B. Tibi, Der Streit um Jerusalem. Islamisch-Jüdischer Dialog, in: *FAZ* vom 19. Juli 1994, S. 8.

29 Karen Armstrong, *Muhammad. Religionsstifter und Staatsmann*, München 1993; sowie dies., *A History of God*, London 1994[2]; dt. Nah ist und schwer zu fassen der Gott, München 1993.

30 Bernard Lewis, *Die Juden in der islamischen Welt*, München 1987, zum Folgenden S. 165 ff.

31 Zu der Oslo-Prinzipienerklärung, zum Gaza-Jericho-Abkommen und zu diesem Frieden vgl. das Kapitel: Ein Land – zwei Völker, oder die Prognose heißt Frieden, erweiterte Aufl. von B. Tibi, *Die Verschwörung. Das Trauma arabischer Politik* (wie Anm. 16), S. 355 ff.; sowie B. Tibi, Drei Hindernisse des Friedens, in: *Europa-Archiv*, Bd. 49 (1994), Juni-Heft, S. 357–364.

32 Hierzu Mark A. Heller, *A Palestinian State. The Implications for Israel*, Cambridge (Mass.) 1983.

33 Zu dem *Dhimmi* (Schutzbefohlenen)-Konzept für Juden und Christen als islamisches Verständnis von Toleranz vgl. Adel Th. Khoury, *Toleranz im Islam*, München 1980, S. 138 ff.

34 Michael Wolffsohn, *Wem gehört das Heilige Land? Die Wurzeln des Streits zwischen Juden und Arabern*, München 1992[2], fragt:

»Groß-Israel, jüdisch oder demokratisch?«, S. 269 ff. Vgl. auch Dan Diner, *Israel in Palästina*, Königstein/Ts. 1980.

35 Mehr hierüber bei Fakhri Khalil Abu-Safiyya in seiner beim islamischen Himmelfahrt-/*Isra'*-Verlag erschienenen, weit verbreiteten Flugschrift *al-Masdjid al-Aqsa*/al-Aqsa-Moschee, Algier 1991.

36 Zu diesen historischen Belastungen: Karen Armstrong, *Holy War. The Crusades and their Impact on Today's World*, New York 1991[2] (zuerst 1988). Aber es gab auch positive Begegnungen, z.B. die Hellenisierung des Islam; dazu William Montgomery Watt, *Muslim – Christian Encounters. Perceptions and Misperceptions*, London 1991.

37 Vgl. B. Tibi, Die Deutschen und die Welt des Islam, in: *Deutschland-Portrait einer Nation* (Bertelsmann Enzyklopädie in 10 Bdn.), Bd. 10, völlig revidierte Neuauflage Gütersloh 1991[2], S. 264–275.

38 Adrian Zielcke, Das Mittelmeer – Grenze zweier Zivilisationen oder Brücke? B. Tibi plädiert in Stuttgart für den Dialog zwischen Europa und der islamischen Zivilisation, in: *Stuttgarter Zeitung* v. 3. 6. 1994, S. 4. Meine Bosch-Stiftungsvorlesung erschien als Broschüre der Robert Bosch Stiftung: B. Tibi, *Das Mittelmeer als Grenze oder als Brücke Europas zur Welt des Islam*, Stuttgart 1994 (30. S.).

39 Zur Rushdie-Affäre und ihren Zusammenhängen vgl. alle drei Kapitel in dem Rushdie-Teil in B. Tibi, *Im Schatten Allahs* (Anm. 5), S. 119 ff.

40 So berichtete die *Frankfurter Allgemeine Zeitung* im Juni 1994 von der mehrfachen Vergewaltigung einer deutschen Diplomatenfrau am hellichten Tage in Istanbul, die laut nach der vorbeifahrenden Polizeistreife rief, ohne daß die türkischen Polizisten ihr zu Hilfe kamen, weil auch sie glauben, jede europäische Frau wünsche sich den »orientalischen Mann«. Dieses Bild der europäischen Frau im islamischen Orient ist auch in die orientalische Literatur eingegangen, was Rotraud Wielandt, *Das Bild der Europäer in der modernen arabischen Erzähl- und Theaterliteratur*, Wiesbaden 1980, näher untersucht (ausführlicher diskutiert in B. Tibi, wie Anm. 37).

41 Der Ägypter S.E. Ibrahim spielte damit auf die mehrstündige Kommunikation zwischen mir und dem Führer der fundamentalistischen tunesischen al-Nahda-Bewegung, Raschid al-Ghannuschi, am Rande des Kopenhagener euro-islamischen Dialogs an.

42 B. Tibi, Politische Ideen in der Dritten Welt während der Dekoloni-
     sation, in: *Pipers Handbuch der politischen Ideen*, Bd. V, hg. von
     I. Fetscher und H. Münkler, München 1987, S. 361–402.

43 Vgl. den Bericht zu den 21. Römerberggesprächen von Andreas
     Platthaus, Wir sind die Anderen, in: *FAZ*, v. 13. 6. 1994, S. 33.

44 Benjamin Barber, Jihad vs. McWorld, in: *Atlantic Monthly*, März-
     Heft 1992, S. 53–65.

45 Vgl. dazu das Kapitel über Bosnien in: B. Tibi, *Im Schatten Allahs*
     (Anm. 5), S. 315 ff.

46 Mark Juergensmeyer, *The New Cold War?*, Berkeley 1993.

47 B. Tibi, Die Zerstörung des Religionsfriedens auf dem Balkan. Ser-
     bischer Ethno-Fundamentalismus, in: *Universitas*, Bd. 49 (1994),
     H. 3, S. 205–215.

Kapitel 7
Im Schatten der Huntington-Debatte:
Zivilisationskonflikte zwischen Dialog und Konfrontation

1 B. Tibi, *Krieg der Zivilisationen*, Hoffmann & Campe, Hamburg
    1995, Samuel P. Huntington, *Clash of Civilizations*, New York 1996,
    deutsch mit falschem Titel: *Kampf der Kulturen*, Wien 1996. Die
    Debatte begann mit Samuel P. Huntington, The Clash of Civili-
    zations?, in: *Foreign Affairs*, Bd. 72 (1993), H. 3, S. 22–49.

2 Arnulf Baring, *Scheitert Deutschland? Abschied von unserem
    Wunschdenken*, Stuttgart 1997.

3 Die deutsche Übersetzung: Raymond Aron, *Frieden und Krieg*,
    Frankfurt/M. 1986, S. 468 (eigene Hervorhebung).

4 Wolfgang Reinhard, *Die Geschichte der europäischen Expansion*,
    4 Bde., Stuttgart 1983–1990.

5 B. Tibi, *The Challenge of Fundamentalism: Political Islam and the
    New World Disorder*, University of California Press, Berkeley 1998.

6 Zu der Subsystem-Diskussion B. Tibi, *Conflict and War in the
    Middle East. Regional Dynamic and the Superpowers*, published in
    association with Harvard's Center for International Affairs, London
    und New York 1993, S. 30–42. Neue, erweiterte Ausgabe mit dem
    veränderten Untertitel: *From Interstate War to New Security*, Lon-
    don 1998.

7 Anke Houben, *Die zivilisatorische Staatengesellschaft. Eine Studie über Zivilisation und internationale Politik am Beispiel des Nahen Ostens,* Göttinger Dissertation, veröffentlicht Frankfurt – New York 1996, darin besonders Kapitel III.

8 Hedley Bull, wie Anm. 12 zu Kapitel 1.

9 Vgl. oben S. 5 ff. und 9 ff.

10 B. Tibi, Vom Werden eines neuen muslimischen Zentrums in Südostasien, in: *FAZ* v. 27. Oktober 1995, S. 10–11.

11 Aron, *Frieden und Krieg* (wie Anm. 3), S. 469.

12 Mehr hierüber bei W. M. Watt, *Muslim-Christian Encounters. Perceptions and Misperceptions,* London 1991, und N. Daniel, *Islam and the West. The Making of an Image,* Neuauflage Oxford 1993 (zuerst 1960).

13 Nadjib al-Armanazi, *al-Shar' al-duwali fi al-Islam* (Völkerrecht im Islam), Neudruck London 1990 (zuerst 1930). Vgl. auch Kapitel 4 dieses Buches.

14 So lautet der Untertitel meines Essays: Wettkampf der Zivilisationen, erschienen in der Wochenend-Beilage der *FAZ* (Bilder und Zeiten) v. 4. November 1995.

15 Siegfried Kohlhammer, *Die Feinde und Freunde des Islam,* Göttingen 1996.

16 Eric Hobsbawm/T. Ranger (Hg.), *The Invention of Tradition,* Cambridge 1983.

17 General Saadulddin al-Schadhli, *al-Harb al-Salibiyya al-Thamina* (Der achte Kreuzzug), in den meisten arabischen Städten gedruckt, hier die Casablanca-Ausgabe von 1991. Zur Deutung des Balkankrieges als Fortsetzung dieses Kreuzzuges vgl. meinen Beitrag in: Angelika Volle/W. Wagner (Hg.), *Der Krieg auf dem Balkan,* Bonn 1994, S. 105–114. Dort arabische Belege.

18 B. Tibi, Ist der islamische Terrorismus ein Djihad?, in: *FAZ* v. 6. März 1995, S. 8–9. Vgl. auch meinen »Jihad«-Artikel in: *The Encyclopedia of Nonviolent Action,* hrsg. von R. Powers/W. Vogele, New York und London 1997, S. 277–281.

19 Vgl. den anläßlich des Barcelona-Gipfels veröffentlichten, bemerkenswerten Leitartikel von Wolfgang G. Lerch, Über das Mittelmeer, in: *FAZ* v. 25. November 1995. Die ersten großangelegten Versuche, die geopolitische Bedeutung des Mittelmeers in den Mittelpunkt zu rücken, unternahm Werner Weidenfeld (Hg.), *Heraus-*

forderung Mittelmeer, Gütersloh 1992 (Dokumente der internationalen Konferenz in Barcelona 7./8. Okt. 1991).

20 Diese Bemerkung gilt vor allem für den euro-mediterranen Gipfel der EU in Den Haag/März 1997, an dem ich mitgewirkt habe. Hierzu kritisch B. Tibi, *Pulverfaß Nahost. Eine arabische Perspektive*, Stuttgart 1997, Kapitel 8, bes. S. 248 ff.

21 Hierzu ausführlich B. Tibi, War and Peace in Islam, in: Terry Nardin (Hg.), *The Ethics of War and Peace*, Princeton/N.J. 1996, S. 128–145.

22 Vgl. das Kapitel Fundamentalismus und Nationalstaat in: B. Tibi, *Die Verschwörung. Das Trauma arabischer Politik*, aktualisierte DTV-Ausgabe München 1994, S. 132–146.

23 So z. B. Munir Mohammed Nadjib, *al-Harakat al-qaumiyya al-haditha fi mizan al-Islam* (Moderne Nationalbewegung auf der Waagschale des Islam), al-Zarqa (Jordanien), 1983.

24 Hierzu David George, Pax Islamica: An Alternative New World Order, in: A. S. Sidahmet/A. Ehteshami (Hg.), *Islamic Fundamentalism*, Boulder/Col. 1996, S. 71–90. Vgl. auch meine in Anm. 5 zitierte Arbeit.

25 Josef van Ess, *Theologie und Gesellschaft im 2. und 3. Jahrhundert Hidschra. Eine Geschichte des religiösen Denkens im frühen Islam*, Bd. 1, Berlin 1991, S. 17. Vgl. auch B. Tibi, The Simultaneity of the Unsimultaneous. Old Tribes and Imposed Nation-States in the Modern Middle East, in: Ph. Khoury/J. Kostiner (Hg.), *Tribes and State Formation in the Middle East*, Berkeley 1990, S. 127–152.

26 Hierzu umfassend die autoritative Geschichte der islamischen Zivilisation von Marshall G.S. Hodgson, *The Venture of Islam*, 3 Bde., Chicago 1974 (neu als Paperback-Ausgabe).

27 Vgl. Barrie Axford, *The Global System*, New York 1995. Zu den Auswirkungen der Einbeziehung der Welt des Islam in die westliche Moderne vgl. die Kapitel im dritten Teil von B. Tibi, *Der wahre Imam. Der Islam von Mohammed bis zur Gegenwart*, München, zweite Auflage 1997.

28 So z. B. der einstige Scheich von al-Azhar, Mohammed al-Bahi, *al-Fikr al-Islami al-hadith wa silatuhu fi al-isti'mar al-gharbi* (Das moderne islamische Denken im Kontext des westlichen Imperialismus), Kairo, vierte Auflage 1964.

29 Zum ersten islamischen Imperium als Djihad-Staat vgl. Kh.Y. Blankinship, *The End of the Jihad State. The Reign and the Collapse of*

the Umayyads, Albany-New York 1994. Zur Djihad-Doktrin in Vergangenheit und Gegenwart vgl. Kapitel 4 dieses Buches und Anm. 18 und 21.

30 Vgl. B. Tibi, *Der religiöse Fundamentalismus im Übergang zum 21. Jahrhundert*, Mannheim 1995, bes. Kapitel 4 (vgl. auch Anm. 5).

31 Michèle Schmiegelow (Hg.), *Democracy in Asia*, New York 1997 (darin Henrik Schmiegelow auf S. 63 ff. und B. Tibi auf S. 127 ff.)

32 B. Tibi, Die islamische Präsenz in Westeuropa, in: *FAZ* v. 28. Juni 1996, S. 12. Die Papers sind in zwei Bänden erschienen: P.S. van Koningsveld/W.A.R. Shadid (Hg.), *Muslims in the Margin*, Kampen 1996, und Dies., *Political Participation and Identities of Muslims in Non-Muslim States*, Kampen 1996.

33 Vgl. auch B. Tibi, Viele Westler hassen sich selbst, in: *FOCUS* v. 9. September 1996, S. 64–66.

34 Das war das Motiv des islamisch-westlichen Dialogs in Karachi im Oktober 1995; dazu der ausführliche Bericht in der größten englischsprachigen Zeitung Karachis: Ways to Avert Clash between Islam and the West stressed, in: *DAWN* v. 27. Oktober 1995, S. 4.

35 So vulgär-polemisch J. Reissner, Der Westen braucht keine Feindbild-Ideologie, in: *FAZ* (Fremde Feder) v. 14. November 1995, S. 16.

Bibliographie

1. Bücher in westlichen Sprachen

Abd-Allah, Umar F., *The Islamic Struggle in Syria*, Berkeley 1983.

Adams, Charles C., *Islam and Modernism in Egypt. A Study of the Modern Reform Movement Inaugurated by Muhammad Abdu*, New York 1968² (1933¹).

Ahmed, Akbar, *Postmodernism and Islam. Predicament and Promise*, London 1992.

Ahmed, Leila, *Women and Gender in Islam*, New Haven 1992.

Akehurst, Michael, *A Modern Introduction to International Law*, London 1987⁶.

Albrow, Martin/King, Elisabeth (Hg.), *Globalization, Knowledge and Society*, London 1990.

Anderson, Benedict, *Imagined Communities*, London 1991².

An-Na'im, Abdullahi Ahmed, *Toward an Islamic Reformation. Civil Liberties, Human Rights and International Law*, Syracuse (N.Y.) 1990.

Apel, Karl-Otto, *Diskurs und Verantwortung. Das Problem des Übergangs zur postkonventionellen Moral*, Frankfurt a.M. 1992².

Aristoteles, *Politik*, übers. und mit Anmerkungen versehen von Eugen Rolfers, Hamburg 1958.

Arkoun, Mohammed, *Rethinking Islam*, Boulder (Col.) 1994.

Armstrong, Karen, *Holy War. The Crusades and their Impact on Today's World*, New York 1991².

– *Muhammad. Religionsstifter und Staatsmann*, München 1993.

– *A History of God*, London 1994².

Asante, M.K./Gudykunst, W.B. (Hg.), *Handbook of International and Intercultural Communications*, London 1989.

al-Attas, Sayed M. N., *Islam, Secularism and the Philosophy of the Future*, London 1985.

al-Azm, Sadik J., *Unbehagen in der Moderne. Aufklärung im Islam*, Frankfurt a.M. 1993.

Baram, Amatzia, *Culture, History and Ideology in the Formation of Ba'thist Iraq: 1968–1989*, New York 1991.

Barnes, Barry (Hg.), *Sociology and Science*, London 1972.

– *Scientific Knowledge and Sociological Theory*, London 1974.

– /Edge, David (Hg.), *Science in Context*, Cambridge (Mass.) 1982.

Beetham, David, *The Legitimation of Power*, London 1991.

Bernstein, Richard J. (Hg.), *Habermas and Modernity*, Cambridge (Mass.) 1986[2].

Binder, Leonard (Hg.), *The Study of the Middle East*, New York 1976.

Bloch, Ernst, *Avicenna und die Aristotelische Linke*, Frankfurt a.M. 1963.

Bloor, David, *Wittgenstein. A Social Theory of Knowledge*, London 1983.

Borkenau, Franz, *Der Übergang vom feudalen zum bürgerlichen Weltbild*, Darmstadt 1988[2] (Paris 1934[1]).

Braudel, Fernand, *A History of Civilizations*, London 1994.

Brzezinski, Zbigniev, *Out of Control. Global Turmoil on the Eve of the 21st Century*, New York 1993; dt.: *Macht und Moral*, Hamburg 1994.

Bull, Hedley, *The Anarchical Society. A Study of Order in World Politics*, New York 1977.

– /Watson, Adam (Hg.), *The Expansion of International Society*, Oxford 1988[3].

Burton, John, *Conflict: Resolution and Prevention*, Basingstoke/London 1990.

Charnay, Jean-Paul, *L'Islam et la guerre: de la guerre just à la revolution sainte*, Paris 1986.

Chase-Dunn, Christopher, *Global Formation. Structures of World Economy*, Cambridge (Mass.) 1989.

Choueiri, Youssef M., *Islamic Fundamentalism*, Boston 1990.

Cohen, Stephen Ph., *The Security of South Asia*, Urbana/Chicago 1987.

Creveld, Martin van, *Technology and War. From 2000 B.C. to the Present*, New York 1989.

Dabashi, Hamid, *Authority in Islam*, New Brunswick 1993.

Daniel, Norman, *Islam and the West*, Oxford 1993[2].

Descartes, René, *Discours de la Methode*, 1637; dt.: Von der Methode, Hamburg 1960.

Diner, Dan, *Israel in Palästina*, Königstein/Ts. 1980.

– *Weltordnung*, Frankfurt a.M. 1993.

Donnelly, Jack, *Universal Human Rights in Theory and Practice*, Ithaca (N.Y.) 1989.

Durant, Ariel/Durant, Will, *The Story of Civilization*, 11 Bde., New York 1963 ff.

Dwyer, Kevin, *Arab Voices. Human Rights Debate in the Middle East*, Berkeley 1991.

Elias, Norbert, *Über den Prozeß der Zivilisation. Soziogenetische und psychogenetische Untersuchungen*, 2 Bde., Frankfurt a.M. 1979⁶.

Esman, Milton J./Rabinovich, Itamar (Hg.), *Ethnicity, Pluralism, and the State in the Middle East*, Ithaca (N.Y.) 1988.

Esposito, John (Hg.), *Islam in Asia. Religion, Politics and Society*, Oxford/New York 1987.

Fanon, Frantz, *Les damnés de la terre*, Paris 1961; dt.: *Die Verdammten dieser Erde*, Frankfurt a.M. 1966.

Finkielkraut, Alain, *La Défaite de la Pensée*, Paris 1987; dt.: *Die Niederlage des Denkens*, Reinbek 1989.

Finnie, David H., *Shifting Lines in the Sand. Kuwait's Elusive Frontier with Iraq*, Cambridge (Mass.) 1992.

Fromkin, David, *A Peace to End all Peace. The Fall of the Ottoman Empire and the Creation of the Modern Middle East*, New York 1989.

Fukuyama, Francis, *Das Ende der Geschichte: Wo stehen wir?*, München 1992.

Fuller, Graham u.a., *Turkey's New Geopolitics. From the Balkans to Western China*, Boulder (Col.) 1993.

Grazia, Sebastian de la, *Machiavelli in Hell*, Princeton (N.J.) 1985.

Geertz, Clifford, *Dichte Beschreibung. Beiträge zum Verstehen kultureller Systeme*, Frankfurt a.M. 1983.

– *Religiöse Entwicklungen im Islam, beobachtet in Marokko und Indonesien*. Mit einem Essay über Geertz von B. Tibi, Frankfurt 1991².

Gellner, Ernest, *Postmodernism, Reason and Religion*, London 1993².

Gendzier, Irene L., *Managing Political Change. Social Scientists and the Third World*, Boulder (Col.) 1985.

Gewirth, Alan, *Human Rights. Essays on Justification and Application*, Chicago 1982.

Gibb, Hamilton A., *Studies on the Civilization of Islam*, Princeton (N.J.) 1982 (Neudruck).

Giddens, Anthony, *The Nation-State and Violence*, Berkeley 1987.

– *The Consequences of Modernity*, Stanford 1990.

Goldberg, Ellis u.a. (Hg.), *Rules and Rights in the Middle East. Democracy, Law and Society*, Seattle 1993.

Graubard, Stephen, *Bush's War. Adventures in the Politics of Illusion*, New York 1992.

Habermas, Jürgen, *Der philosophische Diskurs der Moderne. Zwölf Vorlesungen*, Frankfurt a.M. 1986³.

Hamidullah, Muhammad, *The Muslim Conduct of State*, Lahore 1977.

Hardacre, Helen, *Shinto and the State*, Princeton (N.J.) 1989.

Hart, H.L.A., *The Concept of Law*, Oxford 1970²; dt.: *Der Begriff des Rechts*, Frankfurt a.M. 1973.

Heller, Mark A., *A Palestinian State. The Implications for Israel*, Cambridge (Mass.) 1983.

Hobsbawm, E.J., *Nations and Nationalism since 1780. Programme, Myth, Reality*, Cambridge (Mass.) 1991.

Hodgson, Marshall G. S., *The Venture of Islam. Conscience and History in a World Civilization*, 3 Bde., Chicago 1974.

Holsti, Kalevi J., *Peace and War: Armed Conflicts and International Order 1648–1989*, Cambridge 1991.

Holton, Gerald, *Science and Anti-Science*, Cambridge (Mass.) 1993.

Horkheimer, Max, *Kritik der instrumentellen Vernunft*, Frankfurt a.M. 1967.

Horowitz, Donald, *Ethnic Groups in Conflict*, Berkeley 1985.

Horsman, Mathew/Marshall, Andrew, *After the Nation-State. Citizens, Tribalism and the New World Disorder*, London 1994.

Hudson, Michael, *Arab Politics*, New Haven 1977.

Huntington, Samuel P., *The Third Wave. Democratization in the Late 20th Century*, Norman (Okl.)/London 1991.

Ismael, Tareq Y. (Hg.), *Middle East Studies. International Perspectives on the State of the Art*, New York 1990.

Jackson, Robert, *Quasi-States: Sovereignty, International Relations and the Third World*, Cambridge 1990.

Johannes Paul II., *Die Schwelle der Hoffnung überschreiten*, Hamburg 1994.

Juergensmeyer, Mark, *The New Cold War? Religious Nationalism Confronts the Secular State*, Berkeley 1993.

Kedourie, Elie, *Nationalism*, London 1993[4].

Kelsay, John, *Islam and War. The Gulf War and Beyond*, Louisville 1993.

Khadduri, Majid, *War and Peace in the Law of Islam*, Baltimore 1955.

al-Khalil, Samir, *Republic of Fear. The Politics of Modern Iraq*, Berkeley 1989.

Khoury, Adel Th., *Toleranz im Islam*, München 1980.

Khoury, Philip, *Syria and the French Mandate*, Princeton (N.J.) 1987.

Kopper, Joachim, *Einführung in die Philosophie der Aufklärung*, Darmstadt 1990[2].

Der Koran, übersetzt von Rudi Paret, Neudruck Stuttgart 1979.

– übersetzt von Adel Th. Khoury, Gütersloh 1987.

Kuckertz, Beate (Hg.), *Das Grüne Schwert. Weltmacht Islam*, München 1992.

Kühnhardt, Ludger, *Die Universalität der Menschenrechte*, Bonn 1987.

Küng, Hans, *Weltethos*, München 1990.

Kurdi, Abdulrahman A., *The Islamic State*, London 1984.

Lambton, Ann, *State and Government in Medieval Islam*, Oxford 1981.

Lapidus, Ira, *A History of Islamic Societies*, Cambridge (Mass.) 1993[5].

Lawrence, Bruce, *Defenders of God. The Fundamentalist Revolt against the Modern Age*, San Francisco 1989.

Lewis, Bernard, *The Emergence of Modern Turkey*, Oxford 1979[2].

– *Die Welt der Ungläubigen. Wie der Islam Europa entdeckte*, Frankfurt a.M. 1987.

– *Die Juden in der islamischen Welt*, München 1987.

– *Islam and the West*, New York 1993.

Lindholm, Tore, *The Cross-Cultural Legitimacy of Human Rights*, Oslo 1990.

Lipson, Leslie, *The Ethical Crises of Civilization. Moral Meltdown or Advance*, Newbury/London 1993.

Makdisi, George, *The Rise of Colleges. Institutions of Learning in Islam and the West*, Edinburgh 1981.

Ma'oz, Moshe, *Asad. The Sphinx of Damascus*, New York 1988.

Marty, Martin/Appleby, Scott (Hg.), *Fundamentalisms Observed*, Chicago 1991.

Mayer, Ann Elizabeth, *Islam and Human Rights. Tradition and Politics*, Boulder (Col.) 1991.

– *War and Peace in the Islamic Tradition – International Law*, Paper, Department of Legal Studies, Wharton School of the University of Pennsylvania, Ref. No. 141 (45 Seiten).

McNeill, William, *The Rise of the West*, Chicago 1993.

Mehden, Fred von der, *Two Worlds of Islam. Interaction between Southeast Asia and the Middle East*, Miami 1993.

Meier, Christian, *Die Entstehung des Politischen bei den Griechen*, Frankfurt a.M. 1989[2].

Mendelsohn, Everett u.a., *The Social Production of Scientific Knowledge*, Dordrecht u.a. 1977.

Mennell, Stephen, *Norbert Elias. Civilization and the Human Self-Image*, Oxford 1989.

– *Norbert Elias. An Introduction*, Cambridge (Mass.) 1992.

Meyer, Hans-Eberhard, *Geschichte der Kreuzzüge*, Stuttgart 1989[7].

Miegel, Meinard/Wahl, Stephanie, *Das Ende des Individualismus. Die Kultur des Westens zerstört sich selbst*, Bonn 1993.

Migdal, Joel S., *Strong Societies and Weak States. State-Society Relations and State Capabilities in the Third World*, Princeton 1988.

Mitchell, Richard, *The Society of Muslim Brothers*, Oxford 1969.

Mottahedeh, Roy, *Loyalty and Leadership in an Early Islamic Society*, Princeton (N.J.) 1980.

– *Der Mantel des Propheten*, München 1987.

Moynihan, Daniel P., *Pandaemonium. Ethnicity in International Politics*, Oxford 1993.

Muslih, Muhammad Y., *The Origins of Palestinian Nationalism*, New York 1988.

Nardin, Terry, *Law, Morality, and the Relations of States*, Princeton (N.J.) 1983.

– /Mapel, David R. (Hg.), *Traditions of International Ethics*, Cambridge 1992.

Nisbet, Robert, *History of the Idea of Progress*, New York 1980.

Northrop, F.S.C., *The Taming of the Nations. A Study of the Cultural Bases of International Policy*, Neudruck Woodbridge (Conn.) 1990 (1952[1]).

Parker, Geoffrey, *The Military Revolution. Military Innovation and the Rise of the West 1500–1800*, Cambridge (Mass.) 1988.

Peters, Rudolph, *Islam and Colonialism. The Doctrine of Jihad in Modern History*, Den Haag 1979.

Piscatori, James, *Islam in a World of Nation-States*, Cambridge 1986.

– (Hg.), *Islamic Fundamentalisms and the Gulf Crisis*, Chicago 1991.

Pye, Lucian W., *Asian Power and Politics. The Cultural Dimensions of Authority*, Cambridge (Mass.)/London 1985.

Rahman, Fazlur, *Islam and Modernity. Transformation of an Intellectual Tradition*, Chicago 1982.

Ralston, David B., *Importing the European Army. The Introduction of Military Techniques and Institutions into the Extra-European World 1600–1914*, Chicago 1990.

Reinhard, Wolfgang, *Geschichte der europäischen Expansion*, 4 Bde., Stuttgart 1983, 1985, 1988, 1990.

Renshon, Stanley A., *The Political Psychology of the Gulf War*, Pittsburgh 1993.

Revel, J.-F., *Democracy against itself*, New York 1993.

Roberts, Adam/Kingsbury, Benedict (Hg.), *United Nations, Divided World: The UN's Role in International Relations*, Oxford 1989.

Robertson, Roland/Garrett, William (Hg.), *Religion and Global Order*, New York 1991.

Rodinson, Maxime, *Mohammed*, Luzern 1975.

– *Islam und Kapitalismus*, erweiterte Auflage, Frankfurt a.M. 1986², mit einer Einleitung von Bassam Tibi, Der Islam und die westlichen Islam-Studien. Vom philologischen und anthropogeographischen Orientalismus zur interdisziplinären und dekolonisierten Islam-Forschung.

Roy, Olivier, *Islam and Resistance in Afghanistan*, Cambridge 1986.

Saage, Richard, *Politische Utopien der Neuzeit*, Darmstadt 1991.

Said, Edward, *Orientalism*, New York 1979; dt.: *Orientalismus*, Frankfurt a.M. 1981.

– *Culture and Imperialism*, New York 1993; dt.: *Kultur und Imperialismus*, Frankfurt a.M. 1994.

Sardar, Ziauddin, *Islamic Futures. The Shape of Ideas to Come*, London 1985.

Schacht, Joseph, *An Introduction to Islamic Law*, Oxford 1964.

Seligman, Adam, *The Idea of Civil Society*, New York 1992.

Senghaas, Dieter, *Weltwirtschaftsordnung und Entwicklungspolitik. Plädoyer für Dissoziation*, Frankfurt a.M. 1977.

Sharma, Arvind (Hg.), *Our Religions*, San Francisco/New York 1993.

Skocpol, Theda, *States and Social Revolutions*, Cambridge (Mass.) 1979.

Smith, Anthony, *The Ethnic Origins of Nations*, Oxford 1986.

Smith, W.C., *The Meaning and End of Religion*, New York 1978².

Stowasser, Karl (Hg.), *Al-Tahtawi. Ein Muslim entdeckt Europa. Die Reise eines Ägypters im frühen 19. Jahrhundert nach Paris*, München 1989.

Taha, Mahmud M., *The Second Message of Islam*, übers. u. hg. von A. An-Na'im, Syracuse (N.Y.) 1987.

Tibi, Bassam, *Arab Nationalism. Between Islam and the Nation-State*, 3. erweiterte Ausgabe London/New York 1997).

– *Die Krise des modernen Islams. Eine vorindustrielle Kultur im wissenschaftlich-technischen Zeitalter, mit einem Essay: Islamischer Fundamentalismus als Antwort auf die doppelte Krise*, 2. Auflage der erweiterten Ausgabe, Frankfurt a.M. 1991 (München 1981¹).

– *Der Islam und das Problem der kulturellen Bewältigung sozialen Wandels*, 3. Auflage Frankfurt a.M. 1991 (1985¹); amerikanische Ausgabe: *Islam and the Cultural Accommodation of Social Change*, Boulder (Col.) 1990.

– *Vom Gottesreich zum Nationalstaat. Islam und panarabischer Nationalismus*, Neuauflage Frankfurt a.M. 1991 (1987¹).

– *Konfliktregion Naher Osten. Regionale Eigendynamik und Großmachtinteressen*, erweiterte Auflage München 1991² (1989¹).

– *Islamischer Fundamentalismus, moderne Wissenschaft und Technologie*, Frankfurt a.M. 1993² (1992¹).

– *Die fundamentalistische Herausforderung. Der Islam und die Weltpolitik*, München 1993² (1992¹).

– *Conflict and War in the Middle East 1967–1991*, veröffentlicht unter der Patronage von Harvard, London/New York 1993. Neuausgabe 1998.

– *Die Verschwörung. Das Trauma arabischer Politik*, erweiterte Auflage Hamburg 1994² (Hamburg 1993¹), aktualisierte dtv-Ausgabe München 1994.

– *Im Schatten Allahs. Der Islam und die Menschenrechte*, München/ Zürich 1994. Serie PiPer – Ausgabe SP-Band 2285, München 1996.

– *Der wahre Imam. Der Islam von Mohammed bis zur Gegenwart*, 2. Auflage München 1997 (Zuerst, 1996).

– *Pulverfaß Nahost. Eine arabische Perspektive*, Stuttgart 1997.

Tilly, Charles (Hg.), *The Formation of National States in Western Europe*, Princeton (N.J.) 1975.

Tucker, Robert/Hendrickson, David, *The Imperial Temptation. The New World Order and America's Purpose*, New York 1992.

Vaux, Kenneth L., *Ethics and the Gulf War. Religion, Rhetoric and Righteousness*, Boulder (Col.) 1992.

Vincent, R.J., *Human Rights and International Relations*, Cambridge 1986.

Watson, Adam, *The Evolution of International Society*, London 1992.

Watt, W. Montgomery, *Islamic Political Thought. The Basic Concepts*, Edinburgh 1962.

– *Islamic Fundamentalism and Modernity*, London 1988.

– *Muslim – Christian Encounters. Perceptions and Misperceptions*, London 1991.

– /Cachia, P., *A History of Islamic Spain*, Edinburgh 1992[4].

Weber, Max, *Soziologie, Weltgeschichtliche Analysen, Politik*, Stuttgart 1984.

Wielandt, Rotraud, *Das Bild der Europäer in der modernen arabischen Erzähl- und Theaterliteratur*, Wiesbaden 1980.

Wolffsohn, Michael, *Wem gehört das Heilige Land? Die Wurzeln des Streits zwischen Juden und Arabern*, München 1992[2].

– *Frieden jetzt? Nahost im Umbruch*, München 1994.

Zilsel, Edgar, *Die sozialen Ursprünge der neuzeitlichen Wissenschaft*, Frankfurt a.M. 1985[2].

2. Aufsätze in westlichen Sprachen

Ben-Dor, Gabriel, »Ethnopolitics and the Middle Eastern State«, in: Milton J. Esman/Itamar Rabinovich (Hg.), *Ethnicity, Pluralism, and the State in the Middle East*, Ithaca (N.Y.) 1988, S. 71–92.

Brown, Kenneth, »Profile of a Nineteenth-Century Moroccan Scholar«, in: Nikki R. Keddie (Hg.), *Scholars, Saints, and Sufis. Muslim Religious Institutions in the Middle East since 1500*, Berkeley u.a. 1972, S. 127–148.

Bull, Hedley, »The Revolt Against the West«, in: Hedley Bull/Adam Watson, *The Expansion of International Society*, Oxford 1988[3], S. 217–228.

Falk, Richard, »Refocusing the Struggle for Human Rights: The Foreign Policy Illusion«, in: *Harvard Human Rights Journal*, Bd. 4 (1991), S. 47–67.

Farer, Tom, »The UN and Human Rights: More than a Whimper, Less than a Roar«, in: Adam Roberts/Benedict Kingsbury (Hg.), *United Nations, Divided World. The UN's Role in International Relations*, Oxford 1988, S. 95–138.

al-Faruqi, Ismail, »Science and Traditional Values in Islamic Society«, in: *Zygon*, Bd. 2 (1969), S. 231–246.

Geertz, Clifford, »Anti-Relativisms«, in: *The American Anthropologist*, Bd. 86 (1984), H. 2, S. 263–278.

Gold, Daniel, »Organized Hinduism. From Vedic Truth to Hindu Nation«, in: Martin Marty/Scott Appleby (Hg.), *Fundamentalisms Observed*, Chicago/London 1991, S. 531–593.

Huntington, Samuel P., »The Clash of Civilizations?«, in: *Foreign Affairs*, Bd. 72 (1993), Nr. 3, S. 22–49.

– »If not Civilizations, What?, Paradigms of the Post-Cold War World«, in: *Foreign Affairs*, Bd. 72 (1993), Nr. 5, S. 2–10.

Kaplan, Robert David, »The Coming Anarchy«, in: *Atlantic Monthly*, Bd. 273 (1994), Nr. 2, S. 44–76.

Kramer, Martin, »Hizbullah: The Calculus of Jihad«, in: Martin Marty/Scott Appleby (Hg.), *Fundamentalisms and the State*, Chicago 1993, S. 539–556.

Lepenies, Wolf, »Anthropological Perspectives in the Sociology of Science«, in: Everett Mendelsohn/Yehuda Elkana (Hg.), *Sciences and Cultures. Anthropological and Historical Studies of the Sciences*, Dordrecht/Boston/London 1981, S. 245–261.

Lewis, Bernard, »Politics and War«, in: Joseph Schacht/E.E. Bosworth (Hg.), *The Legacy of Islam*, Oxford 1974², S. 156–209.

Makdisi, Georg, »Ethics in Islamic and Rationalist Doctrine«, in: Richard G. Hovannisia (Hg.), *Ethics in Islam*, Malibu (Cal.) 1985, S. 47–63.

Mayer, Ann E., »The Schari'a: A Methodology or a Body of Substantive Rules?«, in: Nicholas Heer (Hg.), *Islamic Law and Jurisprudence*, Seattle 1990, S. 177–198.

Nikolaou, T., »Die Orthodoxie auf dem Balkan zwischen Islam und Westchristentum«, in: *Litterae. Zeitschrift der Europäischen Akademie der Wissenschaften und Künste*, Salzburg, H. 4/1994, S. 27–35.

Roberts, Hugh, »A Trial of Strength: Algerian Islamism«, in: James Piscatori (Hg.), *Islamic Fundamentalisms and the Gulf Crisis*, Chicago 1991, S. 131–154.

Sadr, Husain, »Science and Islam: Is there a Conflict?«, in: Ziauddin Sardar (Hg.), *The Touch of Midas. Science, Values and Environment in Islam and the West*, Manchester 1984, S. 15–25.

al-Sayid, Mustapha K., »Slow Thaw in the Arab World«, in: *World Policy Journal*, Bd. VIII (1991), H. 4, S. 711–738.

Tibi, Bassam, »Kommunikationsstrukturen in der Weltgesellschaft und der interkulturelle Konflikt«, in: *Beiträge zur Konfliktforschung*, Bd. 11 (1981), H. 3, S. 57–77.

– »Orient und Okzident. Feindschaft oder interkulturelle Kommunikation. Anmerkungen zur Orientalismus-Debatte«, in: *Neue Politische Literatur*, Bd. 29 (1984), H. 3, S. 267–286.

– »Ein Muslim zwischen Islam und Modernität«, in: *Schweizer Monatshefte*, Oktober/1986, S. 803–809.

– »Politische Ideen in der Dritten Welt während der Dekolonisation« (Band V), in: I. Fetscher/H. Münkler (Hg.), *Pipers Handbuch der politischen Ideen*, München 1987, S. 361–402.

– »The Simultaneity of the Unsimultaneous. Old Tribes and Imposed Nation-States in the Middle East«, in: Ph. Khoury/J. Kostiner (Hg.), *Tribes and State Formation in the Middle East*, Berkeley 1990, S. 127–152.

– »The European Tradition of Human Rights and the Culture of Islam«, in: Abdullahi A. An-Na'im/Francis Deng (Hg.), *Human Rights in Africa*, Washington/D.C. 1990, S. 104–132.

– »The Modern Middle East in German Political Science«, in: Tareq Y. Ismael (Hg.), *Middle East Studies. International Perspectives on the State of the Art*, New York 1990, S. 131–148.

– »Die Deutschen und die Welt des Islam«, in: *Deutschland – Portrait einer Nation* (Bertelsmann Enzyklopädie in 10 Bdn.), Bd. 10, überarbeitete Neuauflage, Gütersloh 1991², S. 264–275.

– »Zwischen islamischem Erbe und kultureller Erneuerung. Die Chancen der Demokratisierung im Nahen Osten nach dem Golfkrieg«, in: Herfried Münkler (Hg.), *Die Chancen der Freiheit. Grundprobleme der Demokratie. Festschrift für Iring Fetscher*, München 1992, S. 199–223.

– »Universality of Human Rights and Authenticity of Non-Western

Cultures: Islam and the Western Concept of Human Rights«, in: *Harvard Human Rights Journal*, Bd. 5 (1992), S. 221–226.

- »Politische Opposition in Westasien und Afrika«, in: Walter Euchner (Hg.), *Politische Opposition*, Göttingen 1993, S. 155–172.
- »Politisches Denken im mittelalterlichen Islam zwischen Philosophie (falsafa) und Religio-Jurisprudenz (fiqh)«, in: I. Fetscher/ H. Münkler (Hg.), *Pipers Handbuch der politischen Ideen* (Band II), München 1993, S. 87–140.
- »Islamic Shari'a and Human Rights – International Law and International Relations«, in: Tore Lindholm/Kari Vogt (Hg.), *Islamic Law Reform and Human Rights*, Nordic Human Rights Publications, Oslo/Kopenhagen 1993, S. 75–96.
- »The Worldview of Sunni Arab Fundamentalists. Attitudes Toward Modern Science and Technology«, in: Martin Marty/Scott Appleby (Hg.), *Fundamentalisms and Society*, Chicago 1993, S. 73–102.
- »Nicht über Bagdad, sondern direkt. Die Schwierigkeit, an der deutschen Universität heimisch zu sein«, in: Namo Aziz (Hg.), *Fremd in einem kalten Land*, Freiburg i.Br. 1993[2], S. 121–136.
- »Der Islam in Europa nach der Wende«, in: *Conturen*, Nr. 11 (1993), H. 4, S. 108–119.
- »Die islamische Dimension des Balkan-Krieges«, in: *Europa-Archiv*, 48. Jahr (1993), 22. Folge, S. 635–644.
- »Die Zerstörung des Religionsfriedens auf dem Balkan. Serbischer Ethno-Fundamentalismus«, in: *Universitas*, Bd. 49 (1994), H. 3, S. 205–215.
- »Fundamentalismus und Totalitarismus«, in: Richard Saage (Hg.), *Festschrift für Walter Euchner*, Berlin 1994, S. 301–314.
- »Zusammenprall der Zivilisationen«, in: *Die Politische Meinung*, April-Heft (1994), Nr. 293, S. 80–85.
- »Drei Hindernisse des Friedens«, in: *Europa-Archiv*, 49. Jg. (1994), F. 12, Juni-Heft, S. 357–364.
- »The Ethics of War and Peace in Islam«, in: Terry Nardin (Hg.), *The Ethics of War and Peace*, Princeton (N.J.) 1995 i.E.

Waterbury, John, »Social Science Research and Arab Studies in the Coming Decade«, in: Hisham Sharabi (Hg.), *The Next Arab Decade*, Boulder (Col.) 1988, S. 239–302.

Weber-Schäfer, Peter, »Aristoteles«, in: Hans Meier u.a. (Hg.), *Klassiker des politischen Denkens*, München 1968, Bd. I, S. 36–63.

3. Arabische Primärquellen

'Abdulfattah, Nabil, *al-mashaf wa al saif*, Kairo 1984.

Abu-Safiyya, Fakhri Khalil, *al-Masdjid al-Aqsa*/al-Aqsa-Moschee, Algier 1991.

'Ali, Haidar Ibrahim, *azmat al-Islam al-siyasi. al jabha al-Islamiyya al-qawmiyya fi al-Sudan* (Die Krise des politischen Islam am Beispiel der islamisch-nationalen Front Sudan), Casablanca 1991.

al-Armanazi, Najib, *al-Shar' al-duwali fi al-Islam*, Neudruck, zuerst veröffentlicht 1930, London 1990.

al-'Awwa, Muhammed Salim, *Fi al-nizam al-siyasi li al-dawla al-Islamiyya*, Kairo 1983[6].

'Awwad, Jawdat Muhammad, *Hawl aslamat al-'ulum*, Kairo 1987.

'Ayashi, Ahmidah, *al-Islamiyyun al-djaza'iriyyun bain al-sulta wa al-rasas* (Die algerischen Islamisten zwischen der Staatsmacht und den Gewehrkugeln), Algier 1991.

al-Azm, Sadik J., *al-Istishraq wa al istishraq ma' kusan* (Orientalismus und Orientalismus in umgekehrtem Sinne), Beirut 1981.

Dessouki, Ali Hilal/Matar, Jamil, *al-Nizam al-iqlimi al-arabi* (Das arabische Regionalsystem), 3. erweiterte Auflage 1983 (zuerst 1979).

Djarischa, 'Ali M./Zaibaq, Muhammad Sh., *Asalib al-ghazu al-fikri li al-'alam al-Islami* (Die Methoden der intellektuellen Invasion der islamischen Welt), Kairo 1979[2].

al-Djundi, Anwar, *Ahdaf al-taghrib fi al-'alam al-Islami (Die Ziele der Verwestlichung in der islamischen Welt)*, Kairo 1987.

– *al Mu'asara fi itar al-asala* (Die Modernität im Rahmen der Authentizität), Kairo 1987.

al-Ghazali, Mohammed, *Huquq al-insan bain ta'alim al-Islam wa'l-ilan al-umam al-muttahidah* (Die Menschenrechte zwischen der Lehre des Islam und der UN-Deklaration), Kairo 1984[3].

Hanafi, Hassan, *al-usuliyya al-Islamiyya* (Der islamische Fundamentalismus), Kairo 1989.

Harb al-khalidj. Wathaiq Islamiyya, hg. vom Verein der Djama'a al-Islamiyya (Islamische Gruppe), Casablanca 1991.

Husain, Adel, *Nahwa fikr 'Arabi Djadid*, Kairo 1985.

Husni, 'Abdullatif, *al-Islam wa al-'alaqat al-duwaliyya. Namudhadj Ahmed ben Khalid al-Nasiri*, Casablanca 1991.

International Institute for Islamic Thought (Hg.), *Islamiyyat al-*

ma'rifah (Die Islamisierung des Wissens), al-Ahram li al-Tawzi', Kairo 1986.

Isma'il, Saiful-Din 'Abdulfattah, *al-Tadjdid al-siyasi wa al-waqi 'al-arabi al-mu'asir. Ru'a Islamiyya* (Die politische Erneuerung und die zeitgenössische arabische Wirklichkeit. Eine islamische Sicht), Kairo 1989.

Jadulhaq, Jadul-haq 'ali, *Bayan ila al-nas* , 2 Bde., Kairo, I. 1984 und II. 1988.

Janinah, Nu'mat-Allah, *Tanzim al-Djihad*, Kairo 1988.

Koran, hg. v. Mu'assasat 'Abdulkarim ben 'Abdullah, Tunis o.J.

Madjmu'at Rasa'il al-Imam al-Schahid Hasan al-Banna, Kairo, »neue legale Edition« 1990.

Mahmud, 'Abdulhalim, *al-Djihad wa al-masir*, Kairo 1968.

al-Mu'mini, Ahmad, *al-Ta'bi'a al-Djihadiyya fi al-Islam*, Constantine (Algerien) 1991.

Nadjib, Munir Muhammad, *al-Harakat al-qawmiyya al-haditha fi mizan al-Islam* (Die modernen nationalen Bewegungen auf der Waagschale des Islam), al-Zarqa (Jordanien) 1983[2].

al-Nasiri, *al-Istiqsa' fi akhbar al-Maghreb al-Aqsa*, 9 Bde., wiederveröffentlicht von Dar al-Kitab, Casablanca 1955.

al-Qaradawi, Yusuf, *al-hulul al-mustawradah wa qaif djanat 'ala ummatuna* (Die importierten Lösungen und was sie unserer *Umma* angetan haben), Beirut 1970 (mehrfach neu gedruckt).

– *Hatmiyyat al-hall al-Islami* (Die Notwendigkeit der islamischen Lösung), 3 Bde., Bd. I u. II: Beirut 1974, Bd. III: Kairo 1989.

Qutb, Sayyid, *al-Salam al-'alami wa al-Islam*, Kairo 10. legale Auflage 1992.

– *al-Mustaqbal li hadha al-din*, Kairo 1981.

– *al-Islam wa mushiklat al-hadarah*, 9. »legale Edition«, Kairo 1988.

– *Ma'alim fi al-Tariq* (Wegzeichen), Neudruck, Kairo 1989[13].

al-Sa'id, Rif'at, *Hasan al-Banna, mata, kaif wa limadha?*, Kairo 1977.

Salamé, Ghassan, *al-Mudjtama' wa al-daula fi al-maschreq al-arabi* (Gesellschaft und Staat im arabischen Osten), Beirut 1987, S. 24.

al-Schadhli, Saaduldin, *al-harb al-salibiyya al-thamina* (Der achte Kreuzzug), Casablanca 1991.

Schadid, Muhammad, *al-Djihad fi al-Islam*, Kairo 1985[7], Neuausgabe Kairo 1989.

Schaltut, Mahmud, *al-Islam aqidah wa Schari'a*, Kairo 1980[10].

Taimiyya, Ibn, *al-Siyasa al-Schar'iyya* (zahlreiche Nachdrucke).

Tibi, Bassam, »al-bina' al-iqtisadi wa al-ijtima'i li al-demoqratiyya« (Die sozioökonomische, strukturelle Untermauerung der Demokratie), in: Centre for Arab Unity Studies (Hg.), *Azmat al-demoqratiyya fi al-Watan al-'Arabi*, Beirut 1984, S. 73–87.

Tu'aymah, Sabir, *al-Shari'a al-Islamiyya fi 'asr al-'ilm*, Beirut 1979.

Yasin, Muhammed N., *al-Jihad. Mayadinahu wa asalibahu*, Algier 1990.

Register

Pressestimmen zu
KRIEG DER ZIVILISATIONEN

»Bassam Tibi, einer der wenigen wirklich kenntnisreichen Nahost-Experten ... zeigt deutlich ... es könnte zu einem Krieg der Zivilisationen kommen, wobei dieser nicht militärisch, sondern im Sinne einer Konfrontation zwischen Norm- und Wertsystemen geführt werde ... Die Gefahr eines neuen weltweiten Fundamentalismus wird thematisiert ... Tibi hat mit seinen kenntnisreichen Büchern dazu wichtige Informationen vorgelegt, sie sollten stärker beachtet werden.«

DAS PARLAMENT

»Der Krieg der Zivilisationen hat längst die Grenzen der islamischen Welt überschritten ... eine Antwort darauf gibt der Islamologe Bassam Tibi ... der große Vorzug des Buches liegt darin, daß Tibi Muslim ist, gleichzeitig aber europäisch denkt ... sich beiden Zivilisationen zugehörig fühlt.«

HANDELSBLATT

»Bassam Tibi ist bekannt auch durch vielfache Fernsehauftritte. Tibis Beitrag zur Diskussion über den Zusammenprall der Zivilisationen ist von größtem Interesse, weil er zu den wenigen profunden Kennern des Islam in Europa gehört.«

HANNOVERSCHE ALLGEMEINE ZEITUNG

»Bassam Tibi kann ohne jede taktische Volte und Finesse die Wahrheit und Wirklichkeit hochhalten ... Er ist ein Wanderer zwischen Harvard/USA und Göttingen und manchmal eben weiterziehend ... bis nach Asien, Afrika und dem Nahen Osten ... Tibi hat sich auf das Schreiben von populärwissenschaftlichen Büchern verlegt, um ein größeres Publikum zu erreichen ... Die neuen Bücher Bassam Tibis ... sind Standardwerke der besten politischen Aufklärungsliteratur, die man sich wünschen kann.«

ASIEN/ Deutsche Zeitschrift für Politik,
Wirtschaft und Kultur

»Der Kalte Krieg ist tot ... Nicht mehr Krieg zwischen Staaten, sondern Krieg zwischen den Zivilisationen ist angesagt ... Bassam Tibis Verdienst ist es, auf eine Entwicklung hingewiesen zu haben, die die meisten Europäer, auch Politiker, einfach nicht zur Kenntnis nehmen wollen. Aber auch darauf, daß die Menschheit eine Einheit sei, ihre Vielfalt aber erhalten bleiben müsse.«

ECKHARTBOTE/WIEN

»Tibis Botschaft lautet: Zwar greift ein neuer Kalter Krieg um sich, hier und da nicht nur mit Intoleranz, sondern auch mit Gewalt ... doch gibt es nur eine vernünftige Alternative ... Rationalismus und Aufklärung ... Bassam Tibis Arbeit sei im Bekenntnisstil empfohlen.«

POTSDAMER TAGESZEITUNG

»Der liberale Humanist Bassam Tibi hält einen globalen, aus der menschlichen Vernunft geborenen Minimalkonsens im Hinblick auf Toleranz und Achtung der Menschenrechte für notwendig, um den Weltfrieden zwischen den Zivilisationen zu gewinnen.«

IDEA SPEKTRUM

»Tibi verweist auf den größten Konflikt zwischen der islamischen und der christlich geprägten westlichen Zivilisation ... fordert aber trotzdem den Dialog zwischen beiden ... Tibis Plädoyer für die Vernunft ist nur zu unterstützen, sein Buch ist ein wichtiger Diskussionsbeitrag für eine internationale Friedenspolitik.«

AKTE

»Tibis Buch ist immer erhellend, wenn er das Denken im Islam für westliche Leser transparent macht und Lösungsvorschläge des Konflikts eingehend auf ihre Tauglichkeit untersucht.«

SÜDWESTFUNK

»Tibi, gebürtiger Damaszener, Muslim und zugleich Verfassungspatriot deutscher Staatsangehörigkeit ... legt dar, daß der Konflikt, daß die Rache der nicht-westlichen Zivilisationen an Europa längst begonnen hat ... Ob der Brückenschlag zwischen den Zivilisationen gelingen kann?«

INTERNATIONALE POLITIK

Bassam Tibi

◆

Die Verschwörung

Das Trauma arabischer Politik

Dieses bahnbrechende Grundlagenwerk erklärt westlichen Lesern die Kernpunkte der Denkweise und der politischen Reaktionen der Menschen im arabischen Raum. Die meisten Araber, gleich welcher politischen Orientierung, sind davon überzeugt, daß permanent auswärtige Verschwörungen gegen sie geschmiedet werden: Von den mittelalterlichen Kreuzzügen bis hin zum Golfkrieg reicht der Bogen der Ereignisse, die sich zum Trauma nahöstlicher Politik verdichtet haben. *368 Seiten, gebunden*

HOFFMANN
UND CAMPE

Bedeutende Persönlich- keiten der Weltgeschichte

»Was will man uns noch mit dem Schicksal! – Politik ist das Schicksal.«

Napoleon zu Goethe

19/552

Erich Fromm

Schriften aus dem Nachlaß

Die nachgelassenen Schriften des großen Sozialpsychologen, Philosophen und Humanisten zeigen seinen gedanklichen Reichtum, sein immenses Einfühlungsvermögen und seine Fähigkeit zu scharfsinnigen Analysen.

Vom Haben zum Sein
Wege und Irrwege der Selbsterfahrung
19/5050

Von der Kunst des Zuhörens
Therapeutische Aspekte der Psychoanalyse
19/5051

Die Entdeckung des gesellschaftlichen Unbewußten
19/5052

Das jüdische Gesetz
Zur Soziologie des Diaspora-Judentums
19/5053

Ethik und Politik
Antworten auf aktuelle politische Fragen
19/5054

Die Pathologie der Normalität
Zur Wissenschaft vom Menschen
19/5055

Gesellschaft und Seele
Sozialpsychologie und psychoanalytische Praxis
19/5056

Humanismus als reale Utopie
Der Glaube an den Menschen
19/5057

Alle 8 Bände sind auch in einer Kassette lieferbar.

Heyne-Taschenbücher

HEYNE BÜCHER

Stichwort

»Die Taschenbuch-
Reihe gibt knappe,
übersichtliche und
aktuelle Auskünfte
zu den jeweiligen
Themen.«

Westfälische Rundschau

Eine Auswahl:

Heyne-Taschenbücher